U0816871

食品科学与工程类系列规划教材

食品微生物学

贺稚非　霍乃蕊　主编

科学出版社
北　京

内 容 简 介

食品微生物学是食品科学与工程、食品质量与安全等专业的必修课程。本书共10章，前7章介绍与食品有关的微生物的形态结构、生理生化特性、生长繁殖规律、环境因素对微生物生长的影响、微生物的分类、微生物生态、微生物遗传变异与育种等内容；第八章至第十章介绍微生物在食品工业中的应用、对食品造成的污染和变质，以及对食品腐败变质的控制等内容。本书内容新颖，兼具启发性，参考国内外主流教材，书后附有参考书目，供读者延伸阅读。

本书适合作为食品科学与工程、食品质量与安全及茶学、食品包装等专业的本科教材，同时对从事食品研究、食品生产和食品检测的相关人员也是一本很好的参考书。

图书在版编目（CIP）数据

食品微生物学/贺稚非，霍乃蕊主编. —北京：科学出版社，2018.10
食品科学与工程类系列规划教材
ISBN 978-7-03-058690-2

Ⅰ.①食… Ⅱ.①贺… ②霍 Ⅲ.①食品微生物-微生物学-高等学校-教材 Ⅳ.①TS201.3

中国版本图书馆CIP数据核字（2018）第202419号

责任编辑：席 慧 文 茜 / 责任校对：杜子昂
责任印制：张 伟 / 封面设计：铭轩堂

科 学 出 版 社 出版
北京东黄城根北街16号
邮政编码：100717
http://www.sciencep.com
北京凌奇印刷有限责任公司 印刷
科学出版社发行 各地新华书店经销
*
2018年10月第 一 版 开本：787×1092 1/16
2023年 8 月第六次印刷 印张：18 1/2
字数：450 000

定价：65.00 元

（如有印装质量问题，我社负责调换）

《食品微生物学》编写委员会

主　编　贺稚非　霍乃蕊

副主编　刘书亮　项锦欣　钟青萍

编　委　（按姓氏笔画排序）

刘书亮（四川农业大学）

刘春芬（徐州工业职业技术学院）

刘素纯（湖南农业大学）

李　翔（澳大利亚南澳大学）

杨吉霞（西南大学）

余　翔（湖北师范大学）

陈晓红（南京农业大学）

项锦欣（重庆理工大学）

钟青萍（华南农业大学）

贺稚非（西南大学）

霍乃蕊（山西农业大学）

前　言

当前，不少有远见卓识的科学家都赞同“21世纪是生物学世纪”的见解。在“生物学世纪”，微生物学将起着非常重要的作用。自然科学中，如果说生命科学还是一个“朝阳科学”，那么，我们只能认为微生物学是一门“晨曦科学”；如果说微生物学是一个“富矿”，那它目前还是一个“刚刚被剥去一层表土的富矿”，这是因为在微生物中存在着高度的物种、遗传、代谢和生态类型多样性。微生物的多样性构成了微生物资源的丰富性，而微生物资源的丰富性则决定了对它的研究、开发和利用的长期性。

人类正面临着多种危机，如粮食危机、食品安全危机、能源匮乏、资源紧缺、生态恶化和人口爆炸等。进入21世纪后，人们遇到了从利用有限的矿物资源时代过渡到利用无限的生物资源时代而产生的一系列新问题。微生物细胞不仅是一个比表面积大、生化转化能力强、能进行快速自我复制的生命系统，而且还具有物种、代谢和生态的多样性，这些使得它们在解决人类面临的各种危机中能够发挥不可替代的独特作用。

（1）微生物与人们的生活：果酒、葡萄酒、啤酒、白酒等各种酒类；酸乳、干酪及各种乳制品；用近代发酵或酶反应技术生产的食品原料，如葡萄糖、麦芽糖、果葡糖浆、甘露糖醇等；食品添加剂，如面包酵母、味精、赖氨酸、柠檬酸、甜味肽、肌苷酸和鸟苷酸（均为增鲜剂）、葡萄糖氧化酶和异维生素C（食品保鲜剂）、乳链菌肽（天然食品防腐剂）等重要的食品工业原料都是微生物发酵的产物。

微生物在其生命活动中产生的代谢产物一般可以分为两类：初级代谢产物和次级代谢产物。初级代谢产物一般属于能量代谢或分解代谢的产物，如乙醇，有机酸（柠檬酸、乳酸、乙酸和丙酸等），核酸，氨基酸，丙酮丁醇，酶制剂，多糖类等；次级代谢产物是在微生物细胞分化过程中产生的，往往不是细胞生长所必需的产物，对细胞的生长并不具有明显的作用，而且通常由一簇结构相似的化合物组成，如具有重要工业应用价值的抗生素、色素、蛋白抑制剂、免疫调节剂、甾体激素类、具有抗癌作用的活性物质、生物农药等。

（2）微生物与食品安全：当今由微生物导致的食品安全问题已经成为一个世界性的公共卫生问题。全球食品安全事件大约有70%是由微生物引起的，近年来大的食品安全事件，如日本的雪印酸乳发生金黄色葡萄球菌中毒、美国的花生酱类食品发生沙门氏菌中毒，以及疯牛病、霍乱杆菌、结核等，给人类的健康带来了威胁。

（3）微生物与粮食：微生物在提高土壤肥力、改进作物特性（如构建固氮植物）、促进粮食增产、防治粮食作物的病虫害、防止粮食霉腐变质，以及把多余粮食转化为糖、单细胞蛋白、各种饮料和调味品等方面，都可大显身手。

（4）微生物与能源：化石能源日益枯竭正在严重困扰着世界各国。微生物在能源生产上有其独特的优点，目前已发现高温厌氧菌——热纤梭菌等能直接分解纤维素产生乙醇，有望降解植物秸秆；利用甲烷菌把自然界蕴藏量最丰富的可再生资源转化成甲烷；利用光合细菌、蓝细菌或厌氧梭菌等微生物生产“清洁能源”——氢气。

（5）微生物与资源：微生物能将地球上永无枯竭的纤维素等可再生资源，转化成各种化工、轻工和制药等工业原料。

（6）微生物与环境保护：利用微生物肥料、微生物杀虫剂或农用抗生素来取代各种会造成环境恶化的化学肥料或化学农药；利用微生物来净化生活污水和有毒工业污水。

“食品微生物学”是食品科学与工程、食品质量与安全等专业的必修课程，它以生物化学、有机化学、生物学、物理学和数学等为基础，专门研究与食品有关的微生物的形态结构、生理生化特性、生长繁殖规律、环境因素对微生物生长的影响、微生物的分类、微生物生态、微生物遗传变异与育种。掌握本门课程的基本理论、基本知识、基本技能，可以指导我们开发利用微生物对人类生活有利的方面，利用有益微生物发酵生产调味品和食品，拓展食品的种类；对于引起食品腐败、导致食源性食物中毒的有害微生物则可以千方百计加以控制，延长食品的货架期，保证食品的质量和安全性，杜绝食物中毒。

本书内容具有新颖性、系统性和启发性，我们参考了国内外优秀的教材，如 M. T. Madigan 等主编的《Brock 微生物生物学》（第八版）、J. M. Jay 等主编的《现代食品微生物学》（第七版）、J. Nicklin 等主编的《微生物学》、周德庆主编的《微生物学教程》（第二版）、沈萍和陈向东主编的《微生物学》（第二版）、刘志恒主编的《现代微生物学》、江汉湖和董明盛主编的《食品微生物学》（第三版）。在书后附有主要的参考文献，供读者查询和使用。

全书共 10 章，分别由西南大学、山西农业大学、南京农业大学、华南农业大学、四川农业大学、重庆理工大学等高校教师完成，编者都是长期从事食品微生物学教学和科研，且经验丰富的老师，第一章、第二章由贺稚非编写；第三章由项锦欣编写；第四章由霍乃蕊编写；第五章由刘书亮编写；第六章由杨吉霞编写；第七章由钟青萍、余翔编写；第八章由陈晓红编写；第九章由刘春芬编写；第十章由刘素纯编写；书中英文内容由澳大利亚南澳大学留学生李翔编写和校稿。

本书在编写过程中得到了西南大学各级领导的关心和支持，科学出版社的领导和责任编辑等的大力支持和关心，以及编委所在单位和领导的支持；研究生翟小波、崔国建、徐谓、汪踔、李杨梅、宋萃等对书稿做了校对工作，在此一并致谢。

编　者

2018 年 6 月

重庆北碚　西南大学

目　录

第一章 绪　论

【内容提要】

本章介绍了微生物和食品微生物学的概念、微生物的生物学特性、微生物学发展史，以及对微生物学诞生为一门学科做出杰出贡献的科学家等内容。

【教学目标】

1. 掌握微生物和食品微生物学的概念。
2. 了解微生物学发展史上每个时期的特点和代表人物的重大贡献。
3. 掌握食品微生物学的主要研究内容。

【重要的概念及名词】

微生物　食品微生物学

第一节　微生物和食品微生物学的概念及特性

1861 年，英国的哲学家和教育家斯宾塞在其著名的《教育论》中提出“人体健康是一切幸福的要素”这个精辟的观点。在现代科学中，与人类健康关系最大、对其贡献最为突出的应该算是微生物（microorganism, microbe）产生的抗生素了，微生物为人类社会的进步和发展做出了重大贡献。

在食品工业中乳酸菌发酵生产的美味酸乳和奶酪、酵母菌发酵生产的芳香面包和酒类，以及微生物发酵生产的火腿、香肠等，使人们享受到了食品微生物带来的恩惠。可以说微生物与食品工业关系的重要性，怎么强调也不过分。但是任何事物都有它的两面性，微生物也是一把十分锋利的双刃剑，它造福于人类的同时也给人类带来了巨大的伤害，甚至是毁灭性的灾难。1347 年，由鼠疫耶尔森氏菌（*Yersinia pestis*）引起的瘟疫几乎毁灭了整个欧洲，有 1/3 的欧洲人口死于这场灾难，后来的 80 年里，这种疾病一再猖狂，毁灭了 75%的欧洲人口，一些历史学家认为这场灾难甚至改变了欧洲文化。我国在 1949 年之前也多次流行鼠疫，死亡率很高。目前疯牛病、高致病性禽流感、艾滋病（AIDS）、肺结核、霍乱等也卷土重来。金黄色葡萄球菌（*Staphylococcus aureus*）、沙门氏菌属（*Salmonella*）、志贺氏菌属（*Shigella*）、蜡状芽孢杆菌（*Bacillus cereus*）等微生物能引起多种食物中毒。因此，掌握食品微生物学的基本知识，利用有益的微生物造福人类，生产种类繁多的发酵食品；在食品生产的过程中，从原料到餐桌实现全程控制，防止有害的微生物污染食品，保障食品的质量安全，是从事食品生产和食品安全研究人员义不容辞的责任。

一、微生物和食品微生物学的概念

微生物是一切个体微小、结构简单、种类多、繁殖快、分布广、肉眼看不见或看不清的微小生物的总称。它们包括原核微生物中的细菌（真细菌和古生菌）、放线菌、蓝细菌（又称蓝绿藻或蓝藻）、支原体、立克次氏体和衣原体；真核微生物中的酵母菌、霉菌、蕈菌、原生动物和显微藻类；以及属于非细胞类的病毒和亚病毒（类病毒、拟病毒和朊病毒）。

食品微生物学是在普通微生物学的基础上，专门研究与食品有关的微生物的性状，以及在一定条件下微生物与食品的相互关系。利用有益微生物发酵生产食品，拓展食品的种类；控制对食品有害微生物的生长繁殖，防止食品的腐败及疾病的传播，保证食品质量安全。

二、微生物的主要生物学特性

缤纷的微生物世界中，微生物细胞的形态和大小差异虽很大，但具有重要的共性，即生长繁殖快，个体微小、比表面积大，种类多、分布广，易变异、适应性强。

1. 生长繁殖快

微生物具有极高的生长和繁殖速度。大肠杆菌（*Escherichia coli*）是人类研究较为透彻的微生物细胞，在适宜的生长条件下，繁殖一代仅需要12.5～20min，按平均20min繁殖一代计算，一个细胞1h可繁殖3次，一昼夜繁殖72次，数量呈几何级增长，最终生成约4.72×10^{13}亿个细胞。实际上，由于营养、代谢产物等条件的变化，微生物快速分裂繁殖的速度只能维持一定的时间，一般在16h左右进入稳定期，在液体培养基中细菌细胞的浓度达10^8～10^9个/ml，最高达到10^{10}～10^{12}个/ml。

2. 个体微小、比表面积大

微生物细胞个体微小，结构简单，一般是单细胞微生物，少数真核微生物为简单多细胞结构，还有非细胞结构的病毒。除极少数外，微生物肉眼直接看不见，必须借助光学显微镜才能看见，一般以微米（μm）为单位描述微生物的大小。微生物细胞的体积越小，其比表面积就越大。微生物细胞比表面积大，就意味着其有大的营养物质吸收面和代谢产物排出面，保证了其环境信息交流功能的正常进行。

3. 种类多、分布广

目前人类对微生物的认识十分有限，细菌、古生菌和病毒的数量估计起来十分困难。微生物种类繁多，据统计，其总数在200万～300万种，有记载的约8万种（其中细菌4760种，真核微生物7.2万种，病毒5000种），每年都有新物种发现。从分布上看，除了火山的喷口中心外，微生物分布在自然界的各个角落，正如苏联学者阿梅里扬斯基对微生物的描述："它们真是无处不在……"。可以认为微生物永远是生物圈上下限的开拓者和各项生存纪录的保持者。

随着分子生物学技术在微生物多样性研究中的迅速应用，人们发现了特殊生态环境中的许多未知微生物。分子生物学技术在医学微生物学、环境微生物学，发现新物种及其新生物学特性方面有重要的意义。PCR技术使我们比较容易地通过分析16S rRNA保守基因来研究微生物多样性，特别是那些不可培养的微生物。然而，从微生物混合样品中用PCR技术扩增基因也有一定的难度。如何设计物种特异性分子探针是值得进一步研究的课题。

微生物的多样性还包括形态多样性、细胞化学多样性、代谢多样性、运动多样性、发育多样性、遗传多样性等，这些内容在后面的内容中有论述。

4. 易变异、适应性强

微生物具有非常灵活的适应性，是任何高等动植物无法比拟的，这归因于微生物细胞体积小、比表面积大的特点。它们可以适应低温、中温、高温、高酸、高盐、高压、高碱、高毒和高辐射等环境，有些甚至对这些条件具有惊人的适应力，堪称生物界之最。

微生物个体一般都是单细胞、简单多细胞或非细胞结构。它们通常都是单倍体，具有繁殖快、与外界环境直接接触等特点，因此即使变异频率十分低，也可在短时间内产生出大量的变异后代。有益的变异可为人类创造巨大的经济效益和社会效益，如产黄青霉（*Penicillium chrysogenum*），1943 年只能发酵生产大约 20 单位的青霉素，现在早已超过 5 万单位；有害的变异也存在，如各种致病菌耐药性变异、高致病菌菌株的变异等对人类健康造成极大威胁，工业菌种生产性状的退化等都是微生物变异的结果。

三、食品微生物学研究的对象和内容

微生物学研究作为一门学科比动物学、植物学要晚得多，至今不过 100 多年。微生物细胞太小，只有在显微镜下才能看清楚，因此微生物学（microbiology）定义为研究肉眼直接看不到的生物生命活动规律的科学。这些微小的生物包括非细胞结构的病毒、亚病毒（类病毒、拟病毒和朊病毒），原核细胞结构的真细菌、古生菌等，真核细胞结构的酵母菌、霉菌和蕈菌、单细胞藻类、原生动物等。近年来发现少数细菌是肉眼可以看见的，如 1993 年正式确定为细菌的费氏刺骨鱼菌（*Epulopiscium fishelsoni*）及 1998 年报道的纳米比亚硫磺珍珠菌（*Thiomargarita namibiensis*）。

食品微生物学研究的对象有细菌、酵母菌、霉菌、放线菌和病毒，以细菌、酵母菌、霉菌为主要的研究对象，主要研究这些微生物的生命活动规律。具体研究微生物的形态结构特征、营养与代谢、生理生化特性、生长繁殖规律、分类鉴定、遗传变异、与其他生物之间的相互关系、在食品加工中的应用等。

在分子水平上研究微生物生命活动规律的分子微生物学，是重点研究微生物与宿主细胞相互关系的新型学科领域。伴随着人类基因组计划兴起的微生物基因组学等分支学科和新型领域的兴起，微生物学的发展又迈上了一个新的台阶，正以全新的面貌进入 21 世纪。

四、微生物在生物分类中的地位

微生物的多样性及其独特的生物学特性使其在整个生命科学中占有十分重要的地位。无论是 1969 年 Whittaker 提出的五界系统，还是 1977 年 Woese 提出的三域（domain）理论，以及 1966 年 Raven 等提出的动物界、植物界、原生生物界、真菌界、真细菌界和古生菌界六界系统，微生物都占据了绝大多数，分别是 3/5、2/3 强和 3/6，可见微生物在整个生物界中分类地位的重要性。

第二节 微生物学发展史

一、微生物形态学发展阶段——微生物的发现

人类在发现微生物细胞之前，已经在不知不觉地利用微生物发酵生产食品和酒类了。我国劳动人民很早就认识到微生物的存在和作用，我国是最早利用微生物的少数国家之一。

根据 Pederson（1971）的报告，最早酿造啤酒的证据是在古巴比伦时代。但是，据考古学家推测，我国在 8000 年前就已经出现曲蘖酿酒；公元前 4000 多年，酿酒在我国十分普遍；公元前 3000 年，埃及人就食用酸牛奶和奶酪；2500 年前，我国发明了酿酱、醋、酱油，知道用曲治疗消化道疾病。日本的酱油、食醋技术在公元 369～404 年由中国传入。公元 6 世纪（北魏时期），我国贾思勰的巨著《齐民要术》详细记载了制曲、酿酒、制酱和酿醋等工艺。

大约 1000 年前，罗马人使用雪来包裹虾和其他易腐败变质的食品。熏肉作为一种贮藏方法可能也是从这个阶段开始的。人们虽然运用了大量微生物学知识和技术，食品的制作和保藏效果也佳，但微生物究竟和食品有什么关系？食品保藏的机理是什么？食品传播疾病的原因是什么？仍然是个谜。到了 13 世纪人们认识到肉食的质量特性，但还是无法解释肉的质量与微生物之间的关系。在此之前，麦角中毒（由真菌麦角菌引起）造成很多人死亡，在公元 943 年法国就因为麦角中毒死亡 40 000 多人，而当时人们不知道是由真菌引起的。

在食品微生物学发展历史上，具有里程碑作用的科学家中我们应该铭记列文虎克、巴斯德和科赫，他们为微生物学诞生为一门学科做出了重大贡献。

17 世纪中叶，荷兰商人安东尼·列文虎克（Antony van Leeuwenhoek，1632～1723）是第一个看见并描述微生物的人。列文虎克用自制的显微镜（放大倍数是 50～300 倍）观察到不同的细菌，首次揭示了一个崭新的微生物世界，由于他划时代的贡献，1680 年被选为英国皇家学会会员。

二、微生物生理学研究阶段

在列文虎克发现微生物形态后的 200 年里，微生物的研究基本上停留在形态描述和分门别类的阶段。19 世纪中期，法国的路易斯·巴斯德（Louis Pasteur，1822～1895）和德国的罗伯特·科赫（Robert Koch，1843～1910）将微生物的研究从形态描述发展到生理学研究，建立了微生物的分离、接种、纯培养、消毒、灭菌等一系列独特的微生物技术，奠定了微生物学科学发展的基础，揭示了微生物是食品发酵、食品腐败、人类和其他动物患病的原因。他们是微生物学的奠基人，当然也是食品微生物学的奠基人。

巴斯德为微生物学的建立和发展做出的卓越贡献如下：①彻底否定了“自然发生学说”。在这之前人类一直认为生物是自然发生的，虽然到了 17 世纪以后，对动植物生长发育和生活循环的研究，使得人们对“自然发生学说”产生了怀疑，但由于技术问题，如何证实微生物不是自然发生的仍是难题，巴斯德在前人工作的基础上，进行了许多实验，其中著名的曲颈瓶实验证实了空气中确实存在微生物，是有机物质腐败的原因。巴斯德自制了一个具有细

长弯曲颈的玻璃瓶，其中盛有有机物质水溶液，经过加热灭菌后，瓶内可以一直保持无菌状态，不发生腐败变质，因为弯曲的瓶颈阻挡了外面空气中的微生物进入有机物质溶液内，如果瓶颈破裂，瓶内溶液中就会出现微生物，有机物质发生腐败变质。巴斯德的实验彻底否定了“自然发生学说”，并从此建立了病原学说，推动了微生物学的发展。②证明发酵是由微生物引起的。乙醇发酵是一个由微生物引起的生物过程还是纯粹的化学反应过程，曾是化学家和微生物学家激烈争论的问题。巴斯德认为一切发酵都与微生物的生长、繁殖有关，并经过多年的研究分离了许多引起发酵的微生物，证实乙醇发酵是由酵母菌引起的。巴斯德还发现乳酸发酵、乙酸发酵和丁酸发酵都是由不同细菌引起的。他的发现推动了微生物由形态学向生理生化及建立微生物的分支学科方向发展，为工业微生物学、食品微生物学和酿造学奠定了基础。③创立了巴斯德消毒法。一直沿用至今的巴斯德消毒法（60～65℃，30min）是杀死有害微生物的一种消毒方法，是巴斯德在研究法国葡萄酒变质和家蚕微粒子病的问题时而发明的，这是巴斯德对人类的重大贡献，它推动了微生物学的发展。④免疫学——预防接种。1798年，英国医学院的Jenner发现了接种牛痘苗可预防天花，但他并不明白其免疫机理。1880年，巴斯德研究了鸡霍乱，发现经过减毒的病原菌可诱发免疫性，从而预防鸡霍乱病。之后他又研究了炭疽病和狂犬病，首次制备了狂犬病疫苗，为人类防治传染病做出了杰出贡献。

科赫和巴斯德是促进微生物发展为一门学科的两位著名的科学家。科赫是著名的细菌学家，其功绩在于：①证实了炭疽病是由炭疽菌引起的；发现了肺结核病的病原菌，这是当时死亡率极高的传染病，因此科赫获得了1905年的诺贝尔生理学或医学奖；提出了证明某种微生物是否为某种疾病病原菌的基本原则——科赫法则。科赫在病原菌研究方面的开创性工作，使19世纪70年代到20世纪20年代成为发现病原菌的黄金时代，包括植物病原菌。②微生物方法学方面的贡献。科赫发明了固体培养基分离纯化微生物技术，这是微生物学研究的基本技术，这项技术一直沿用至今；他发明了配制培养基的方法，也是微生物研究的基本技术之一；他发明了微生物的染色制片等技术，在微生物研究的方法学方面做出了重大贡献。

在微生物学发展的生理学时期，以巴斯德和科赫为代表的科学家在微生物学实验方法上取得了突破性的进展，他们创立的加热灭菌法和微生物纯培养等方法至今仍然是微生物学和其他相关学科研究中有效的、无法取代的基本方法。巴斯德和科赫的杰出工作，使微生物学作为一门独立的学科开始形成，并出现以他们为代表而建立的分支学科，如细菌学、消毒外科技术、免疫学、土壤微生物学、病毒学、植物病理学、真菌学、食品的罐藏防腐和酿造学及化学治疗法等，微生物的研究内容日趋丰富，使微生物学迅速发展。

在生理学研究阶段，其他一些杰出科学家也为微生物学的发展做出了卓越贡献。

1892年，苏联的伊万诺夫斯基发现烟草花叶病毒（TMV），开创了病毒学。

1909年，德国医生和化学家埃尔里赫（P. Ehrlich）用化学药剂控制病菌，发现了治疗梅毒的药物——606，开创了化学治疗。他的成功鼓舞了无数科学家去寻找更多、更好的化学治疗剂，终于在1935年，德国医生G. Domagk和同事发明了治疗链球菌感染的新药，一种红色的染料——百浪多息，同年证实其有效成分是磺胺。

1928年，弗莱明（A. Fleming）发现他培养的葡萄球菌被某种物质杀死了，通过培养、显微镜检测发现是普通面包上生长的青霉菌，他推测青霉菌产生了某种特殊的化学物质，通过研究确定青霉菌分泌了可抑制其他微生物生长的毒素，当时命名为盘尼西林（Penicillin）。

1929 年弗莱明报道了该结果，但他的研究结果没有被重视，直到 1939 年，法国的微生物学家发现了一种细菌产生的化合物能用于阻止细菌的生长时，弗莱明的研究报道才受到重视。

第二次世界大战爆发，军队急需医治伤兵伤口的感染，澳大利亚医生和同事开始分离纯化青霉素，并在美国研究成功了青霉素的扩大发酵和提纯工作，1943 年青霉素成功地应用于突尼斯和西西里战役中 500 名伤兵的治疗，第二次世界大战结束后，青霉素生产量扩大，取代了磺胺类药物。

1944 年，美国微生物学家瓦克斯曼（S. Waksman）从近 1 万株放线菌中找到了疗效显著的链霉素，接着相继发现了氯霉素、金霉素、土霉素、红霉素、新霉素、万古霉素、卡那霉素和庆大霉素等抗生素。

三、现代微生物学时期

20 世纪 80 年代以来，微生物在分子水平上的研究迅速发展，分子微生物学应运而生，出现了新概念，如生物多样性、转化、转导、细菌染色体结构和全基因组测序、细菌基因表达的调控和对环境变化的适应机理、细菌的发育及其分子机理、细菌细胞之间和细菌与动植物之间的信号传递等。

1997 年，第一个真核生物酵母菌全基因组测序完成；大肠杆菌基因组测序完成；流感嗜血杆菌全基因组测序完成。在此之前已经完成几十种微生物基因组的序列测定，在此过程中微生物基因组的测序方法不断改进，为人类基因组计划的序列测定奠定了基础。微生物基因组序列分析表明，在某些微生物中存在一些与人类某些遗传疾病相似的基因，因此可以利用这些细菌的模型来研究这些基因的功能，为认识庞大的人类基因组及其功能提供简便的模式。

综上所述，20 世纪的微生物学与其他学科的交叉和相互促进、取得了令人瞩目的成就，也为整个生命科学的发展做出了巨大贡献，并在生命科学的发展中占有重要地位。20 世纪 70 年代后，基因工程使得人们可以按照意愿定向改造菌种，使获得新型微生物产品成为可能，而如今分子生物学也逐渐成熟为一门独立学科。食品微生物发展大事记和食品立法分别见表 1-1 和表 1-2。

表 1-1　食品微生物发展大事记（江汉湖和董明盛，2014）

时间	重大事件
1659 年	Kircher 证实了牛乳中含有细菌
1680 年	列文虎克发现了酵母细胞
1780 年	Scheele 发现酸乳中主要的酸是乳酸，1782 年瑞典化学家开始使用罐贮的醋
1813 年	Hall 和 Gamble 对罐藏食品采用后续工艺保温技术，认为可使用 SO_2 作为防腐剂
1820 年	德国诗人 Kerner 描述了香肠中毒（可能是肉毒中毒）
1839 年	Kircher 研究发黏的甜菜汁，发现了可在蔗糖液中生长并使其发黏的微生物
1843 年	Winslow 首次使用蒸汽杀菌
1853 年	Chevallier-Appert 食品的高压灭菌获得专利
1857 年	巴斯德证明乳酸发酵是微生物引起的；在英国，Taylor 指出牛乳是伤寒热传播的媒介

续表

时间	重大事件
1861 年	巴斯德用曲颈瓶试验，证明微生物非自然发生，推翻了“自然发生学说”
1864 年	巴斯德建立了巴斯德消毒法
1867～1868 年	巴斯德研究了葡萄酒变质的问题，并采用加热法除去不良微生物，该方法进入工业化实践阶段
1867～1877 年	科赫证明炭疽病是由炭疽菌引起的
1873 年	Gayon 首次发表微生物引起鸡蛋变质的研究；Lister 第一个在纯培养中分离出乳酸乳球菌
1874 年	在海上运输肉的过程中首次广泛使用冰
1876 年	发现腐败物质中的细菌总是可以从空气、物质或容器中检测到
1878 年	首次对糖的黏液进行微生物学研究，并从中分离出肠膜明串珠菌
1880 年	在德国开始对乳进行巴斯德杀菌
1881 年	科赫等首创明胶固体培养基分离细菌；巴斯德制备了炭疽杆菌疫苗
1882 年	科赫发现结核杆菌，从而获得诺贝尔生理学或医学奖
	Krukowisch 首次提出臭氧对腐败菌的杀灭作用
1884 年	Metchnikoff 阐明吞噬作用；Koch 发明了细菌染色和细菌的鞭毛染色
1885 年	巴斯德研究狂犬病疫苗成功，开创了免疫学
1888 年	Miguel 首先研究嗜热细菌；Gaertner 首先从引起 57 人食物中毒的肉食中分离出肠炎沙门氏菌
1890 年	美国对牛乳采用工业化巴斯德杀菌工艺
1894 年	Russell 首次对罐藏食品进行细菌学研究
1895 年	荷兰的 von Geuns 首先进行牛乳中细菌的计数工作
1896 年	van Remenegem 首先发现了肉毒梭状芽孢杆菌，并于 1904 年鉴定出 A 型，1937 年鉴定出 E 型
1897 年	Bucher 用无细胞存在的酵母菌抽提液，对葡萄糖进行乙醇发酵成功
1901 年	von Ehrlich 发现了白喉抗毒素，开创了被动免疫
1902 年	提出嗜冷菌概念，发现了 0℃条件下生长的微生物
1906 年	确认了蜡状芽孢杆菌食物中毒
1907 年	Metchnikoff 等分离并命名保加利亚乳酸杆菌；Barker 提出苹果酒生产中乙酸菌的作用
1908 年	Ehrilich 和 Melchnikoff 提出了体液免疫和细胞免疫
	美国官方批准苯甲酸钠作为某些食品的防腐剂
1912 年	嗜高渗微生物，描述高渗环境下的酵母菌
1915 年	Hammer 从凝固牛乳中分离出凝结芽孢杆菌
1917 年	Donk 从奶油状的玉米中分离出嗜热脂肪芽孢杆菌
1919 年	Bordet 发现血液中补体的存在并定义了补体
1920 年	Bigelow 和 Esty 发表了关于芽孢 100℃耐热性系统研究；Bigelow、Bohart、Richoardson 和 Ball 提出计算热处理的一般方法，1923 年 Ball 简化了这个方法
	Esty 和 Meyer 提出肉毒梭状芽孢杆菌的芽孢在磷酸缓冲液中的 Z 值为 18F
1922 年	Linden、Turner 和 Thom 提出了首例链球菌引起的食物中毒
1926 年	在欧洲首次采用气调方法贮藏苹果
1928 年	弗莱明发现青霉素
1929 年	找到弯曲菌肠炎暴发的原因是变质的牛乳
1938 年	Schleifstein 和 Coleman 确认了小肠结肠炎耶尔森氏菌引起的胃肠炎
1939 年	美国的 Proctor 首次采用离子辐射保存汉堡肉

续表

时间	重大事件
1943 年	Mcclung 首次证实食物中毒中产气荚膜梭菌的致病机理
1945 年	青霉素的发现和它的治疗价值
1951 年	日本的 Fujino 提出副溶血性弧菌是引起食物中毒的原因
1952 年	Hershey 和 Chase 发现噬菌体将 DNA 注入宿主细胞；Lederberg 发明了影印培养法
1954 年	乳酸链球菌肽在奶酪加工中控制梭状芽孢杆菌腐败的技术在英国获专利
1955 年	山梨酸被批准作为食品添加剂
1959 年	Porter 描述了免疫球蛋白结构
1960 年	Burnet 和 Medawar 发现对于组织移植的获得性免疫耐受性
	Moller 和 Scheible 鉴定出 F 型肉毒梭菌；首次报道黄曲霉产生黄曲霉毒素
1969 年	Edeman 测定了抗体蛋白分子的一级结构；确定产气梭状芽孢杆菌的肠毒素，Gimenez 和 Ciccarelli 首次分离到 G 型肉毒梭菌
1971 年	美国马里兰州首次暴发食品介导的副溶血弧菌性胃肠炎；第一次暴发食物传播的大肠杆菌性胃肠炎
1972 年	Eelman 抗体结构研究
1973 年	Ames 建立细菌测定法检测致癌物
1975 年	Kohler 和 Milstein 建立杂交瘤技术生产单克隆抗体；Koupal 和 Deible 证实沙门氏菌肠毒素
1976 年	Blumberg 和 Gajdusck 发现乙型肝炎病毒的起源和传播的机理；慢性毒感染的研究
1977 年	Woese 提出古生菌是不同于细菌和真核生物的特殊类群；Sanger 首次对 ΦX174 噬菌体 DNA 进行了全序列分析
	Yalow 建立了放射免疫分析技术
1978 年	澳大利亚首次出现 Norwalk 病毒引起食物传播的胃肠炎
1980 年	Benacerraf、Mell、Dausset 发现组织相容性抗原
1981 年	美国暴发了食物传播的李斯特菌病；在英国食物传播李斯特菌病
1982～1983 年	Prusiner 发现朊病毒（prion）；美国首次暴发食物介导的出血性结肠炎；Ruiz-Palacios 等描述了空肠弯曲杆菌肠毒素
1983～1984 年	Mullis 发明了 PCR 技术
1984 年	Milstein、Kollei、Jenne 单克隆抗体形成技术的建立；开展免疫学的理论工作
1985 年	在英国发现第一例疯牛病
1987 年	Tonegawa 发现抗体多样性产生的遗传原理
1988 年	在美国，乳链菌肽（nisin）被列为一般公认安全
1990 年	美国对海鲜食品强调实施危害分析的临界控制点（hazard analysis critical control point, HACCP）体系
	第一个超高压果酱食品在日本问世
1995 年	第一个独立生活的流感嗜血杆菌全基因组序列测定完成
1996 年	第一个自养生活的古生菌基因组测定完成；詹姆氏甲烷球菌基因组测序工作完成；酵母基因组测序完成
	大肠杆菌 $O_{157}H_7$ 在日本流行
	Doherty 和 Zinkernagel 发现 T 淋巴细胞识别病毒感染细胞的机理
1997 年	第一个真核生物酵母菌基因组测序完成；大肠杆菌基因组测序完成；发现纳米比亚硫磺珍珠菌，这是目前已知的最大细菌
1999 年	美国超高压技术在肉制品加工中得到商业化应用
2000 年	发现霍乱弧菌有两个独立的染色体

表 1-2　食品立法

时间	项目
1890 年	美国通过了第一部关于肉品检验的国家法令，但只要求检验出口的肉制品
1906 年	美国国会通过了美国食品和药品条例
1919 年	纽约市健康委员会签署了要求对牛奶进行巴氏消毒的法令
1939 年	美国新的食品药物和化妆品条例成为法规
1957 年	美国执行强制性家禽及其制品法规
1958 年	美国通过了食品药物和化妆品有关添加剂的条例
1967 年	美国国会通过安全肉条例，并于 12 月 5 日成为法规
20 世纪 60～70 年代	我国制定了食品卫生微生物检验方法；20 世纪 70 年代出版了《食品卫生检验方法-微生物学部分》
1984 年	颁布中华人民共和国国家标准 GB 4789.1～GB 4789.28《食品检验方法-微生物学部分》；《中华人民共和国食品卫生法（试行）》
1987 年	我国卫生部发布关于食品新资源卫生管理办法的文件
1994 年	我国卫生部批准的中华人民共和国国家标准 GB 14881—1994《食品企业通用卫生规范》，并以通用卫生规范为准则，先后制定了罐头、酒类、面粉、肉类等 15 个专业规范
	颁布中华人民共和国国家标准 GB 14880—1994《食品营养强化剂使用卫生标准》
1995 年	由全国人民代表大会常务委员会通过《中华人民共和国食品卫生法》
1996 年	颁布中华人民共和国国家标准 GB 2760—1996《食品添加剂使用卫生标准》，含标准附录 A、B、C、D，即食品用香料名单、营养强化剂新增品种、胶姆中胶基物质及其配料名单、食品工业加工助剂推荐名单
	我国卫生部颁发《保健食品管理办法》，并相应成立了全国保健食品审评委员会
1997 年	我国卫生部文件关于批准《食品添加剂使用卫生标准》（1997 年增补品种）的通知
2009 年 2 月 28 日	第十一届全国人民代表大会常务委员会第七次会议通过《中华人民共和国食品安全法》，2009 年 6 月 1 日开始执行
2015 年 10 月 1 日	史上最严法典修订后的《中华人民共和国食品安全法》公布，并自 2015 年 10 月 1 日起施行

四、我国微生物学的发展

我国是具有 5000 年文明史的古国，是最早认识和利用微生物的国家之一。在酿造酒、酱油、醋等微生物产品，以及种痘、制麦曲、进行防病治疗等方面具有卓越的贡献。但将微生物作为一门科学来进行研究，我国起步较晚。中国科学家开始从事微生物学研究是在 20 世纪初。1910～1921 年，伍连德用近代微生物学知识对鼠疫和霍乱病原进行探索和防治，在中国最早建立起卫生防疫机构，培养了第一支预防鼠疫的人才队伍，当时这项工作居于国际先进地位。二三十年代，我国学者开始对医学微生物研究较多，其中汤飞凡等在医学细菌学、病毒学、免疫学等方面的某些领域做出过较高水平的研究成果，如沙眼病原体的分离和确证是具有国际领先水平的研究。30 年代，我国开始在高等学校设立酿造科目和农产品制造系，以酿造为主要课程，创建了一批与应用微生物学有关的研究机构。魏岩寿等在工业微生物方面做出了开拓性的工作。戴芳澜和俞大绂是我国的真菌学和植物病理学的奠基人。陈华癸和张宪武对根瘤菌固氮作用的研究创立了我国农业微生物学。高尚荫创建了我国病毒学和第一个微生物学专业。总的来看，1949 年之前，我国微生物学的研究队伍和研究水平较薄弱，没有自己的现代微生物工业。

1949 年后，微生物在我国有了划时代的发展，一些重点大学开设了微生物学专业，20 世纪 50 年代以后，国家培养了一大批人才，轻工院校开设了食品专业、发酵专业，其中食品微生物学是其核心课程。80年代后，许多农业院校建立了食品系，也开设了食品专业，食品微生物学课程和研究工作越来越受到重视，研究的内容和水平有了较大的提升。

第三节 21世纪的微生物学展望

20 世纪的微生物学走过了辉煌的历程，21世纪微生物学将会面对一幅更加绚丽多彩的立体画卷，在这个时期可能还会产生更多人类预想不到的科学成果。

一、微生物基因组学研究将全面展开

“基因组学”于1986年由Thomas Roderick首创，至今已经发展为一门学科，包括全基因组的序列分析、功能分析和比较分析，是结构、功能和进化基因组学的交织学科。21世纪微生物将继续作为人类基因组计划的主要模式生物，除在后基因组研究（认识基因与基因组功能）中发挥不可取代的作用外，还会进一步扩大到其他微生物，特别是与工业、农业、环境、资源及疾病有关的重要微生物。

二、微生物与环境、其他生物相互关系的研究将更加深入

微生物与环境、其他生物及其他微生物之间的相互关系的研究更加深入，将在基因组信息的基础上获得长足的发展，今天人类在不能人工栽培的稀有真菌、固氮菌的固氮分子机理等研究方面获得突破性进展，为人类的生存和健康发挥积极的作用。

三、微生物生命现象的特性和共性将受到高度重视

微生物具有其他生物不具备的生物学特性，如微生物可在极端环境中生存和繁殖，具有其他生物不具有的代谢途径和功能，如化能营养、厌氧生活、生物固氮、肽聚糖合成和不释放氧的光合作用等，反映出微生物丰富的多样性。微生物也具有其他生物共有的基本生物学特性：生长、繁殖和代谢共用一套遗传密码等，甚至其基因组上含有与高等动物同源的基因，充分反映了生物高度的统一性；微生物具有生长繁殖快、容易大规模培养、易变异、重复性强、易于操作等优势。这些生命现象的特性和共性，将使微生物成为21世纪进一步解决生物学重大理论问题，如生命起源与进化、物质运动的基本规律、新的微生物资源的开发利用、能源危机、粮食危机等的最理想材料。

四、微生物与其他学科将实现更广泛的交叉，获得新的发展

20世纪微生物学、生物化学和遗传学的交叉形成了分子生物学；随着学科的发展，各学科之间的交叉和渗透将是必然的发展趋势。21世纪的微生物学将进一步向海洋、大气、太空和地质渗透，使更多的边缘学科得到发展，如微生物地球化学、海洋微生物学、大气微生物

学、太空（或宇宙）微生物学及极端环境微生物学等。微生物与能源、信息、材料、计算机的结合也将开辟新的研究和应用领域。此外，微生物学的研究技术和方法也将会在吸收其他学科技术的基础上，向自动化、定向化和定量化发展。

五、微生物产业将呈现全新的局面

微生物从发现到现在的 300 年间，特别是 20 世纪中期以后，已经在人类的生活和生产实践中得到广泛的应用，并形成了继动植物两生物产业后的第三大产业。微生物产业是以微生物的代谢产物和菌体本身为生产对象的生物产业，所用的微生物主要从自然界分离筛选或选育。21 世纪微生物产业将更广泛地利用和挖掘不同生境（包括极端环境）中的自然微生物资源，基因工程菌将形成一批强大的工业生产菌，用其生产外源基因表达产物（特别是药物）将出现前所未有的新局面，结合基因组学在药物设计上的新策略将出现以 DNA 或 RNA 为靶标的新药物，如反义寡核苷酸、肽核酸、DNA 疫苗等的大量生产，人类将有可能征服癌症、艾滋病及其他疾病。

第四节　食品微生物学研究的对象、内容和任务

一、食品微生物学研究的对象

食品微生物学研究的主要对象是细菌、酵母菌、霉菌、放线菌和病毒，其中以研究细菌、酵母菌和霉菌为重点，放线菌和病毒次之。

二、食品微生物学研究的内容和任务

食品微生物学是研究与食品相关微生物生命活动规律的科学。具体研究微生物的形态结构、营养与代谢、生理生化特性、生长繁殖规律、分类鉴定、遗传变异、微生物与其他生物之间的相互关系；微生物在食品加工中的应用和在有害微生物防治中的应用；利用有益的微生物发酵生产美味的食品或生产食品添加剂；研究食品生产过程中如何控制有害微生物，防止食品发生腐败变质，保证食品的安全性；研究检测食品中微生物的方法，为判断食品的卫生质量提供科学依据。

复习思考题

1. 什么是微生物？
2. 简述微生物的生物学特征，并举例说明。
3. 简述微生物学发展史上每个时期的特点和代表人物的重大贡献。
4. 食品微生物研究的主要内容是什么？微生物在食品中的应用有哪些形式？
5. 第一个用显微镜看见微生物形态的科学家是谁？
6. 简述认识微生物对人类的利弊。

第二章 微生物的主要类群及其形态结构

【内容提要】

本章介绍了微生物的主要类群，以及各类群微生物的形态结构，包括细菌、放线菌、酵母菌、霉菌和病毒的形态结构特征。

【教学目标】

1. 掌握原核微生物与真核微生物的概念和区别。
2. 掌握各大类群微生物的形态结构特征。
3. 了解病毒的结构和生物学特性。
4. 了解微生物分类的方法。

【重要的概念及名词】

芽孢　荚膜　鞭毛　菌毛　PHB　藻青素　L 型细菌　菌胶团　温和噬菌体　烈性噬菌体　菌落　上面酵母　下面酵母

第一节　原核微生物与真核微生物的概念及其区别

微生物是一群繁殖快、分布广、结构简单、种类繁多的生物。具有细胞结构的微生物中，根据细胞核的构造和进化水平上的不同，可将微生物分为原核微生物和真核微生物两大类。

原核微生物是指一类不具有细胞核膜，只有核区（nuclear region）的裸露 DNA 的原始单细胞生物，核区内只有一条双螺旋结构的由脱氧核糖核酸构成的染色体，包括真细菌和古生菌两大类群。真细菌的细胞膜含有由酯键连接的脂类，细胞壁中含有肽聚糖（无壁的支原体除外），DNA 中一般不具有内含子，近年的研究发现其也有例外。蓝细菌、细菌、放线菌、支原体、立克次氏体和衣原体等都属于真细菌。真核微生物具有完整的细胞核，核有核膜、核仁，染色体由 DNA 和组蛋白组成，细胞内有线粒体等细胞器。原核微生物与真核微生物的主要区别见表 2-1。

表 2-1　原核微生物与真核微生物的主要区别（江汉湖和董明盛，2014）

细胞结构	原核微生物	真核微生物
细胞壁	由肽聚糖、其他多糖、蛋白质和糖蛋白组成	常由多糖组成，包括纤维素
质膜	不含固醇，质膜内陷成中体	含固醇，质膜不形成中体
内膜	简单，仅存在于某些细菌中	复杂，构成内质网、高尔基体
核糖体	70S	80S（线粒体和叶绿体中的核糖体为 70S）
具单位膜的细胞器	无	有几种
呼吸系统	在部分质膜和内膜中	在线粒体中

续表

细胞结构	原核微生物	真核微生物
光合色素	在内膜或绿色体中，无叶绿体	在叶绿体中
细胞核	拟核	完整的核
核仁	无	有
DNA	通常为环状大分子，也存在于质粒中	同组蛋白结合，存在于染色体中
细胞分裂	缺有丝分裂	进行有丝分裂
有性生殖	不具备	具备，进行减数分裂
鞭毛结构	鞭毛较细（中空管状结构）	鞭毛较粗
细胞大小	1～10μm	10～100μm

微生物根据不同的进化水平和性状上的明显差别可分为原核微生物、真核微生物和非细胞微生物三大类群。其中原核微生物主要有 6 类，即细菌、放线菌、蓝细菌、支原体、立克次氏体和衣原体；真核微生物包括酵母菌和霉菌；非细胞微生物是指病毒。

第二节　原核微生物的形态结构及生理功能

一、细　　菌

（一）细菌的形态

细菌的基本形态有三大类，即球菌、杆菌和螺旋菌。细菌的形态有其生物学特性，呈球形或卵圆形的细菌称为球菌；圆柱形的细菌称为杆菌；一些杆菌弯曲，通常呈螺旋形，称为螺旋菌。螺旋菌的螺旋不足一环者称为弧菌（vibrio）；满 2～6 环的小型、坚硬的螺旋状细菌称为螺菌（spirillum）；旋转较多、体长柔软的螺旋状细菌称为螺旋体（spirochaeta）（图 2-1）。在自然界存在的细菌中，杆菌最为常见，球菌次之，螺旋菌最少。此外，近年来还陆续发现少数其他形态的细菌，如三角形、方形和圆盘形等。许多原核微生物不仅具有固有形态，还具有一定的排列方式，这也是其生物学特性表现。

（二）细菌的大小

细菌间的大小变化很大，度量细菌大小的单位用微米（μm，即 10^{-6}m），小的 0.1～0.2μm 宽，大的直径可达 5.0μm；杆状原核生物的平均大小约为 1μm×3μm，如大肠杆菌。度量亚细胞构造则要用纳米（nm，即 10^{-9}m）作为单位。

（三）细菌细胞的基本结构

细菌细胞的基本结构包括细胞壁、细胞膜、细胞质和内含物、核区 4 部分，有的细菌有荚膜、芽孢、鞭毛和菌毛等特殊结构（图 2-2）。

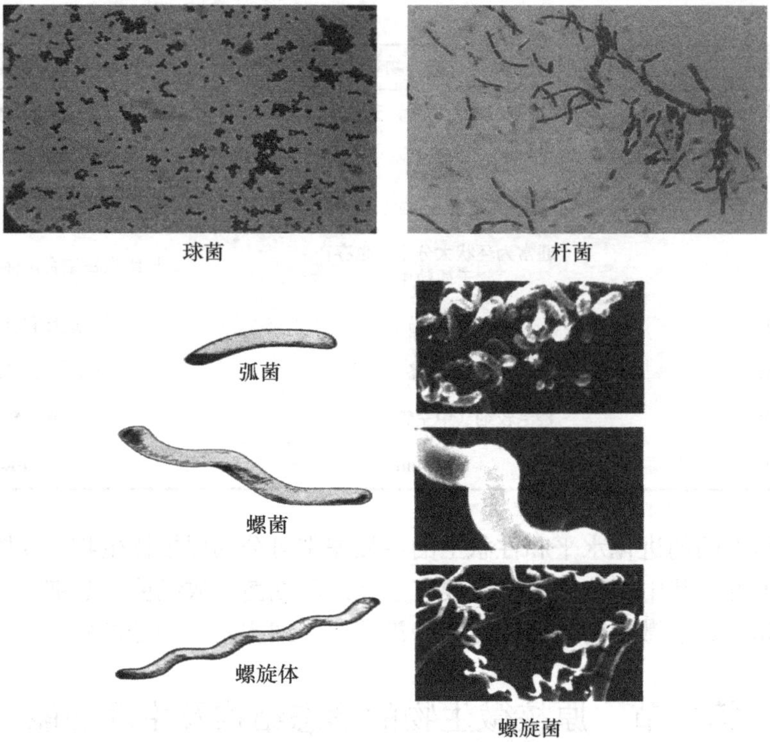

图 2-1　细菌的基本形态（Madigan，2001）

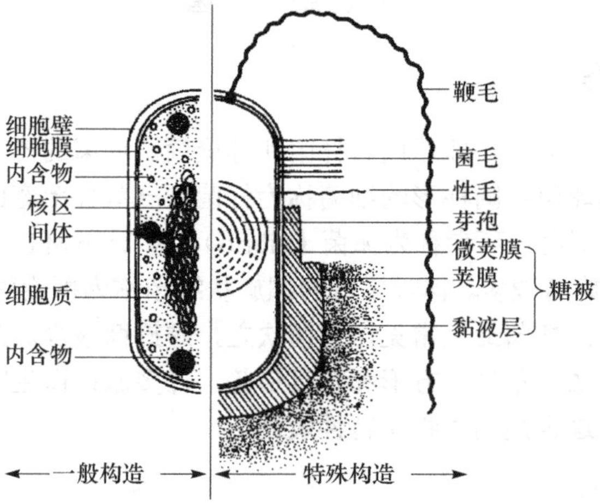

图 2-2　细菌细胞构造的模式图（沈萍等，2002）

1. 细胞壁

细胞壁（cell wall）是位于细胞膜最外的一层厚实、坚韧的外被。通过染色、质壁分离（plasmolysis）或制成原生质体后在光学显微镜下可证实细胞壁的存在；用电子显微镜观察细菌超薄切片等，可确证细胞壁的存在。

细胞壁是细菌的一般构造，但在特殊情况下也可发现有几种细胞壁缺损的或无细胞壁的细菌存在。原生质体（protoplast）是指在人工条件下用溶菌酶除去原有细胞壁或用青霉素抑制细胞壁的合成后，仅由细胞膜包裹着的脆弱细胞，一般由革兰氏阳性菌形成。大多数原核微生物没有细胞壁不能存活，但是少数细菌无细胞壁也能生存，这是一群能引起某种传染性疾病的支原体，支原体实际上是自由生活的原生质体。无细胞壁也能生存是因为它们具有独特坚韧的膜，或是因为它们生活在具有等渗保护性的环境中，如动物体内。某些支原体的细胞膜中含有固醇，它增强了膜的刚性和韧性。热原体属是目前唯一知道的缺少细胞壁的古生菌。

细胞壁的主要功能有：①固定细胞外形；②协助鞭毛运动；③保护细胞免受外力的损伤[如革兰氏阳性菌（G^+）可抵抗15～25个大气压的渗透压，革兰氏阴性菌（G^-）可抵抗5～10个大气压]；④为正常细胞分裂所必需；⑤阻挡有害物质进入细胞（如革兰氏阴性菌细胞壁可阻挡相对分子质量超过800的抗生素进入）；⑥与细菌的抗原性、致病性（如内毒素）和对噬菌体的敏感性密切相关。原核微生物的细胞壁除了具有以上的共性外，在革兰氏阳性菌、革兰氏阴性菌和古生菌中，还有其各自的特性，这就是细胞壁的多样性。图2-3是革兰氏阳性菌和革兰氏阴性菌的细胞壁在构造及成分上的差别。

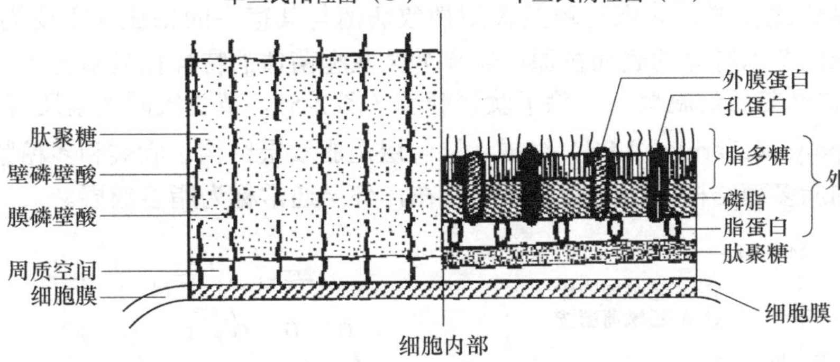

图2-3　革兰氏阳性菌和阴性菌细胞壁构造的比较（沈萍等，2002）

1）革兰氏阳性菌的细胞壁　　金黄色葡萄球菌为典型的革兰氏阳性菌，革兰氏阳性菌的细胞壁特点是厚度大（20～80nm，由40层左右网状分子所组成）和化学组分简单，一般含有90%的肽聚糖和10%的磷壁酸。肽聚糖分子是由聚糖与肽两部分组成的，其中的肽有四肽尾和肽桥两种，聚糖则由*N*-乙酰葡糖胺和*N*-乙酰胞壁酸相互间隔连接而成，呈长链骨架状（图2-4）。

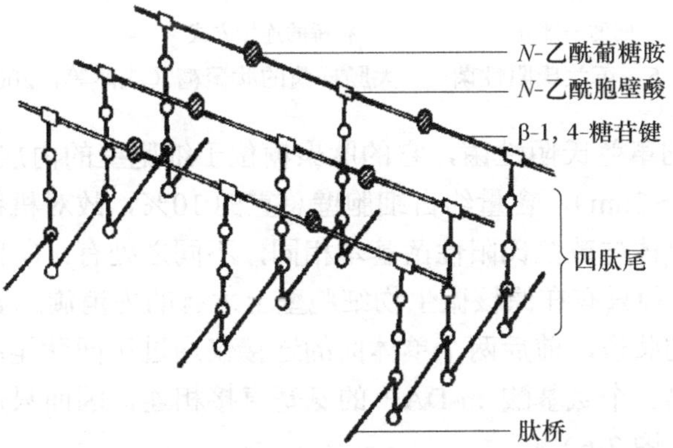

图2-4　革兰氏阳性菌肽聚糖的立体结构（片段）（沈萍等，2002）

聚糖由双糖单位构成，只有*N*-乙酰葡糖胺和*N*-乙酰胞壁酸两种，并且这些糖总是以β-1,4-糖苷键相连接。

四肽尾或四肽侧链：重复单位的四肽只有一个氨基酸表现出变化，即赖氨酸和二氨基庚二酸交替转换。但在一些生物体中D-谷氨酸可以在2位发生羟基化，在其他一些种类中还会发现1、3位氨基酸的替换。

肽桥或肽间桥（peptide interbridge）：目前已知的100多种不同的肽聚糖类型中，它们的最大变化出现在间桥上。四肽中存在的任何一种氨基酸都可出现在间桥中，此外还有许多其他氨基酸也在间桥中出现，如甘氨酸、苏氨酸、丝氨酸和天冬氨酸，但是有一些氨基酸从未在间桥上发现，如支链氨基酸、芳香族氨基酸、含硫氨基酸和组氨酸、精氨酸和脯氨酸。

磷壁酸：革兰氏阳性菌通常具有与细胞壁相连的酸性多糖，称为磷壁酸（teichoic acid），包括所有磷酸甘油或核糖醇磷酸盐残基的壁、膜或荚膜多聚体。磷壁酸的主要功能：①使细胞膜带负电荷，可与环境中的阳离子结合，提高这些离子的浓度，可保证细胞膜上一些合成酶维持高活性之需要；②保证革兰氏阳性致病菌与其宿主的粘连（主要为膜磷壁酸）；③赋予革兰氏阳性菌以特异的表面抗原；④作为某些噬菌体的特异性吸附受体。

2）革兰氏阴性菌的细胞壁　除了肽聚糖层（图2-5），革兰氏阴性菌还有一层壁物质，由脂多糖（lipopolysaccharide，LPS）组成，这一层是脂双层结构。脂类和多糖紧密相连，在外层形成特异的脂多糖结构。因为脂多糖的存在，外层通常称为脂多糖层。

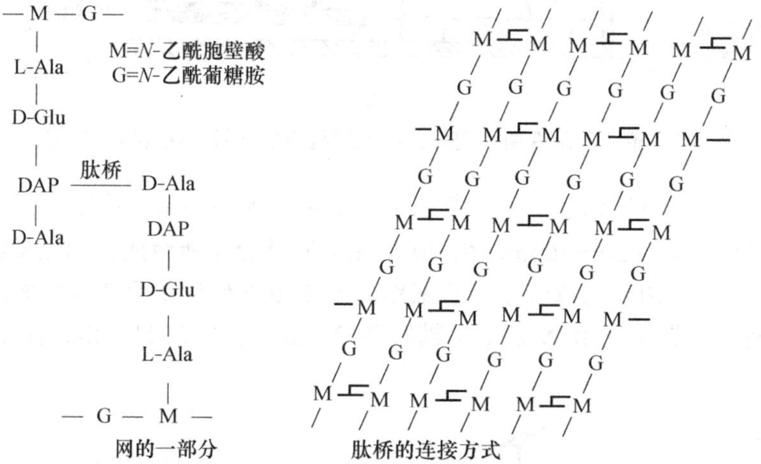

图2-5　革兰氏阴性菌——大肠杆菌的肽聚糖（沈萍等，2002）

大肠杆菌为典型的革兰氏阴性菌，它的肽聚糖位于细胞壁的内层，仅由1～2层网状分子组成肽聚糖薄层（2～3nm），含量约占细胞壁总重的10%，故对机械强度的抵抗力较革兰氏阳性菌弱，其结构单体与革兰氏阳性菌基本相同，不同之处有：①四肽尾的第三个氨基酸不是L-Lys，而是被一种只有在原核微生物细胞壁上才有的内消旋二氨基庚二酸（m-DAP）所代替；②没有特殊的肽桥，前后两个单体间的连接仅通过甲四肽尾的第四个氨基酸D-Ala的羧基与乙四肽尾的第三个氨基酸m-DAP的氨基直接相连，因而只形成较为稀疏、机械强度较差的肽聚糖网套（图2-6）。

外膜（outer membrane）位于革兰氏阴性菌细胞壁外层，由脂多糖、磷脂和脂蛋白等若干种蛋白质组成的膜，有时也称为外壁。

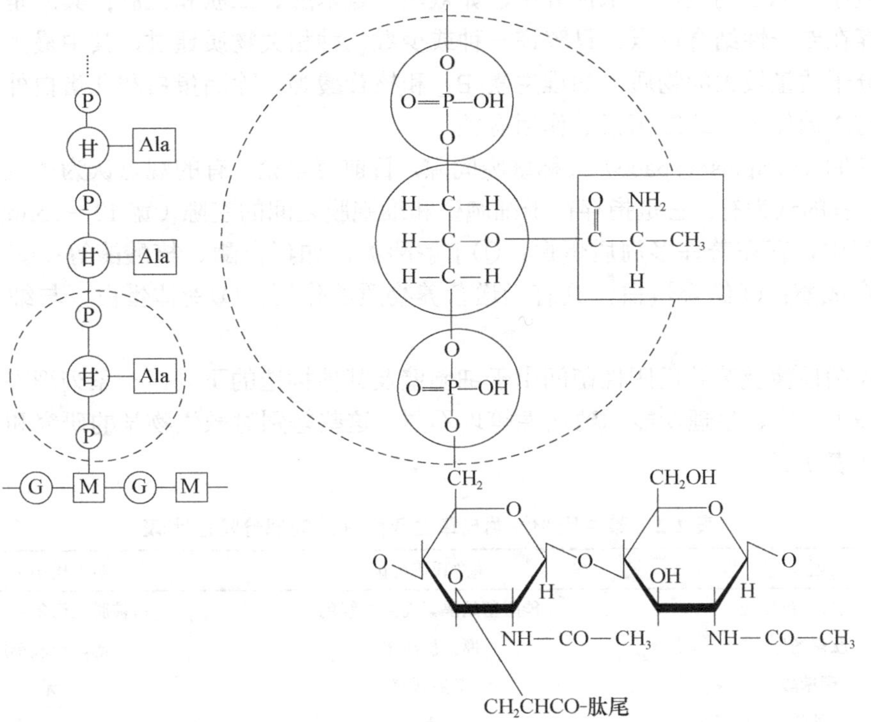

图 2-6 甘油磷壁酸的结构模式（左）及其单体（虚线范围内）的分子结构（右）（沈萍等，2002）

脂多糖是位于革兰氏阴性菌细胞壁最外层的一层较厚（8～10nm）的类脂多糖类物质，由类脂 A、核心多糖（core polysaccharide）和 *O*-特异侧链（*O*-specific side chain，或 *O*-多糖或 *O*-抗原）三部分组成。其主要功能为：①其中的类脂 A 是革兰氏阴性菌致病物质——内毒素的物质基础；②因其负电荷较强，故与磷壁酸相似，也有吸附 Ca^{2+}、Mg^{2+}等阳离子以提高其在细胞表面浓度的作用；③由于 LPS 结构的多变，决定了革兰氏阴性菌细胞表面抗原决定簇的多样性，如根据 LPS 抗原性不同，国际上已报道的沙门氏菌属（*Salmonella*）的抗原型多达 2107 种（1983 年）；④是许多噬菌体在细胞表面的吸附受体；⑤具有控制某些物质进出细胞的部分选择性屏障作用，如它可透过若干种较小的分子（嘌呤、嘧啶、双糖、肽类和氨基酸等），但能阻拦溶菌酶、抗生素（青霉素等）、去污剂和某些染料等较大分子进入细胞膜。要保持 LPS 结构的稳定性，必须有足够的 Ca^{2+}存在。如果用乙二胺四乙酸（EDTA）等螯合剂除去 Ca^{2+}和降低离子键强度，就会使 LPS 解体。这时，其内壁层的肽聚糖分子就会暴露出来，因而易被溶菌酶所水解。

外膜蛋白（outer membrane protein）是指嵌合在 LPS 和磷脂层外膜上的蛋白质，有 20 余种，但大多数外膜蛋白的功能还不清楚。其中的脂蛋白（lipoprotein）是一种通过共价键使外膜层牢固地连接在肽聚糖内壁层上的蛋白质，相对分子质量约为 7200。另外有两种蛋白质研究得较为清楚，称为孔蛋白（porin）。每个孔蛋白分子是由三个相同相对分子质量（36 000）的蛋白亚基组成的一种三聚体跨膜蛋白，中间有 1nm 的孔道，通过孔道的打开、关闭可阻止某些抗生素进入外膜层。已知有两种孔蛋白，其一是非特异性孔蛋白，其充水孔道可通过相对分子质量小于 900 的任何亲水性分子，如双糖、氨基酸、二肽和三肽；其二是特异性孔蛋白，其上存在专一性结合位点，只容许一种或少数几种相关物质通过，其中最大的孔蛋白可通过相对分子质量较大的物质，如维生素 B_{12} 和核苷酸等。除脂蛋白和孔蛋白外，还有一些外膜蛋白与噬菌体吸附或细菌素的作用有关。

周质空间（periplasm space）又称壁膜间隙，目前有争论，有的观点认为革兰氏阳性菌无周质空间，有的认为有。它是指存在于细胞壁和细胞膜之间的空隙（宽 12～15nm），呈胶状。在周质空间中，存在着许多周质蛋白：①水解酶类，如蛋白酶、核酸酶等；②合成酶类，如肽聚糖合成酶；③结合蛋白，具有运送营养物质的作用；④受体蛋白，与细胞的趋化性有关。

革兰氏阳性菌及革兰氏阴性菌间由于细胞壁及其他构造的不同，一系列形态、构造、化学组分、染色反应、生理功能和致病性等均不同，这些差别对微生物学的研究和实际应用都十分重要（表 2-2）。

表 2-2　革兰氏阳性菌与革兰氏阴性菌的部分特性比较

项目	革兰氏阳性菌	革兰氏阴性菌
革兰氏染色反应	能阻留结晶紫而染成紫色	可被脱色而复染成红色
肽聚糖层	厚，层次多	薄，一般单层
磷壁酸	多数含有	无
外膜	无	有
脂多糖	无	有
类脂和脂蛋白含量	低（仅抗酸性细菌含类脂）	高
鞭毛结构	基体上着生 2 个环	基体上着生 4 个环
产毒素	以外毒素为主	以内毒素为主
对机械力的抗性	强	弱
细胞壁抗溶菌酶	弱	强
对青霉素和磺胺	敏感	不敏感
对链霉素、氯霉素和四环素	不敏感	敏感
碱性染料的抑菌作用	强	弱
对阴离子去污剂	敏感	不敏感
对叠氮化钠	敏感	不敏感
对于干燥环境	抗性强	抗性弱
产芽孢	有的产	不产

3）**古生菌的细胞壁**　产甲烷古生菌是一种在代谢过程中产生甲烷的原核微生物，其细胞壁是由一种类似于肽聚糖的多糖构成，称为假肽聚糖。假肽聚糖的骨架由 *N*-乙酰葡糖胺和 *N*-乙酰塔罗糖胺糖醛酸（*N*-acetyltalosaminuronic acid）交替重复组成。假肽聚糖骨架与肽聚糖的不同之处还在于以 1,3-糖苷键取代了肽聚糖的 1,4-糖苷键（图 2-7）。

其他古生菌的细胞壁缺少肽聚糖和假肽聚糖，而是由多糖、糖蛋白或蛋白质组成的。甲烷八叠球菌（*Methanosarcina* spp.）也是一种产甲烷古生菌，含有很厚的多糖壁，由葡萄糖、氨基酸、半乳糖胺和乙酸组成。

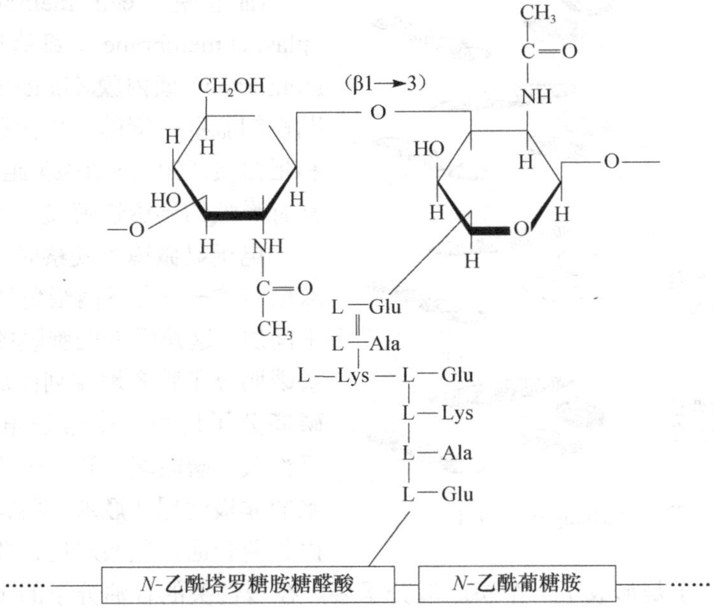

图 2-7　甲烷杆菌细胞壁中假肽聚糖的结构（单体）（沈萍等，2002）

极端嗜盐古生菌，如盐球菌（*Halococcus* spp.）产生的壁与甲烷八叠球菌很相似，但含有大量的硫酸根（SO_4^{2-}）。古生菌种群中有大量的细胞壁类型，由不同分子组成，这些分子与肽聚糖很相似，但都缺少多糖组分，但热原体属的古生菌没有细胞壁结构。所有古生菌细胞壁的基本功能与细菌一样，可阻止渗透溶解，并维持细胞形状。此外，因为它们缺少真细菌的肽聚糖骨架及 1,4-糖苷键，所以古生菌都可自然抵抗溶菌酶的作用（溶菌酶可破坏肽聚糖）。

少数产甲烷菌的细胞壁是由蛋白质组成的，但有的是由几种不同蛋白质组成的，如甲烷球菌和甲烷微菌，而另一些则由同种蛋白质的许多亚基组成，如甲烷螺菌属。

4）*革兰氏染色及其机理*　由革兰（Gram）在 1884 年发明的革兰氏染色法是一种极其重要的鉴别染色法，不仅可用于鉴别真细菌，也可用于鉴别古生菌。20 世纪 60 年代，莎顿（Salton）曾提出细胞壁在革兰氏染色中的关键作用。1983 年，彼弗里奇（Beveridge）等用铂代替革兰氏染色中媒染剂——碘，用电子显微镜观察到结晶紫与铂的复合物可被细胞壁阻留，这就进一步证明了革兰氏阳性菌和阴性菌主要是由于细胞壁化学成分的差异而引起物理特性（脱色能力）的不同，最终导致染色结果的不同。革兰氏阳性菌由于细胞壁较厚、肽聚糖含量较高和其分子交联度较紧密，故在用乙醇脱色时，肽聚糖网孔会因脱水而明显收缩，再加上它基本上不含类脂，故乙醇处理不能在壁上溶出缝隙，因此结晶紫与碘复合物被阻留在细胞壁内，使其呈现出紫色。革兰氏阴性菌因为细胞壁薄、肽聚糖含量低且交联松散，遇乙醇处理时，肽聚糖网孔不易收缩，且它的类脂含量高，所以乙醇处理时脂质溶解，在细胞壁上就会形成较大的缝隙，这样结晶紫与碘的复合物就极易被溶出细胞壁，因此，通过乙醇脱色后，细胞又呈无色，再用沙黄等红色染料进行复染，革兰氏阴性菌便呈现红色，而革兰氏阳性菌仍保留为紫色（图 2-8）。

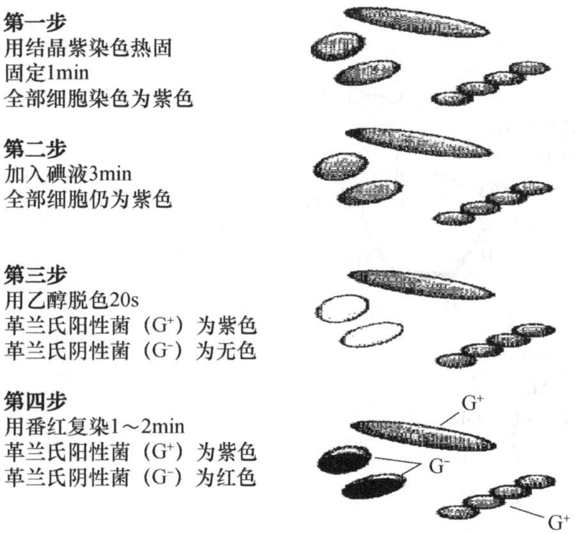

图 2-8　革兰氏染色（Madigan，2001）

2. 细胞膜

细胞膜（cell membrane）又称质膜（plasma membrane）、细胞质膜（cytoplasmic membrane）或内膜（inner membrane），是紧贴在细胞壁内侧的一层由磷脂（20%～30%）和蛋白质（50%～70%）组成的柔软、脆弱、富有弹性的半透性薄膜，厚 7～8nm。

电子显微镜下观察时，细胞膜呈明显的双层结构——上下两暗色层间夹着一浅色的中间层。这是因为细胞膜的基本成分是由两层磷脂分子整齐地排列而成的。其中每一个磷脂分子均由一个带正电荷且能溶于水的极性头（磷酸端）和一个不带电荷、不溶于水的非极性尾（烃端）所构成。极性头朝向内外两表面，呈亲水性，非极性端的疏水尾则埋入膜的内层，于是形成了一个磷脂双分子层。在极性头的甘油分子的 C3 上，不同种的微生物具有不同的 R 基，如磷脂酸、磷脂酰甘油、磷脂酰乙醇胺、磷脂酰胆碱、磷脂酰丝氨酸和磷脂酰肌醇等（图 2-9）。在原核微生物的细胞膜上多数含有磷脂酰甘油，此外，在革兰氏阴性菌中，多数还含有磷脂酰乙醇胺，在分枝杆菌中则含磷脂酰肌醇等。非极性尾则由长链脂肪酸通过酯键连接在甘油的C1和C2位上，其链长和饱和度因细菌种类及生长温度而异，通常生长温度要求越高的菌种，其饱和度也越高，反之则低。

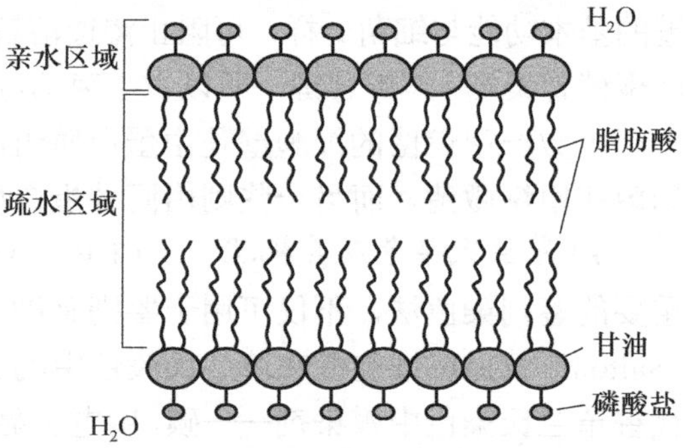

图 2-9　磷脂双分子层的基本结构（周德庆，2002）

单位膜基质是由磷脂组成的，疏水基向内，亲水基向外与水相连。埋入基质的是蛋白质，横跨脂肪酸双分子层的区域具有疏水特性，亲水蛋白质和其他带电荷的物质如金属离子可附着在亲水层表面，尽管在原核生物和真核生物中有一些化学组成不同，但它们细胞膜的结构基本是相似的（图 2-10）。

常温下，磷脂双分子层呈液态，其中嵌埋着许多有运输功能、分子内含有运输通道的整合蛋白（integral protein）或内嵌蛋白（intrinsic protein）。在磷脂双分子层的上面则“漂浮”着许多具有酶促作用的周边蛋白（peripheral protein）或膜外蛋白（extrinsic protein）。它们都可在磷脂表层或内层做侧向移动，完成其生理功能。关于细胞膜的结构和功能，较多的学者倾向于 1972 年由辛格（J. S. Singer）和尼科尔森（G. L. Nicolson）提出的液态镶嵌模型（fluid mosaic model），其要点为：膜的主体是脂质双分子层；脂质双分子层具有流动性；整合蛋白引起表面呈疏水性；故可溶于脂质双分子层的内层中；周边蛋白表面含有亲水基团，可通过静电引力与脂质双分子层表面的极性头相连；脂质分子间或脂质与蛋白质分子间无共价结合。

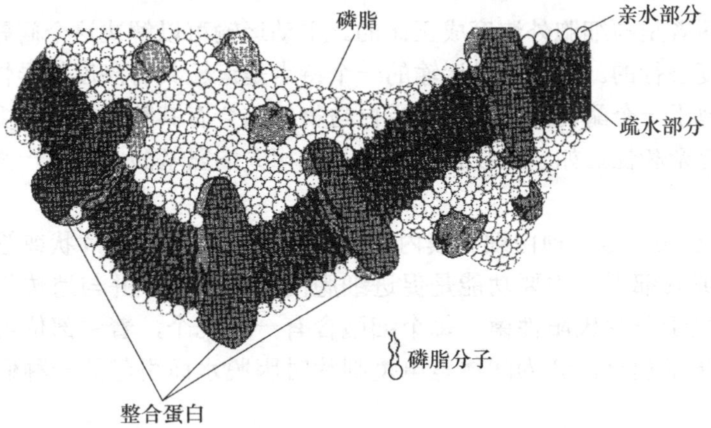

图 2-10　细胞膜结构图解（何国庆，2001）

细胞膜的生理功能：①选择性地控制细胞内外营养物质和代谢产物的运输、交换；②是维持细胞内正常渗透压的屏障；③是合成细胞壁各种组分（LPS、肽聚糖、磷壁酸）和荚膜蛋白等大分子的场所；④是进行氧化磷酸化或光合磷酸化的产能基地；⑤是许多酶（β-半乳糖苷酶、有关细胞壁和荚膜的合成酶、ATP 酶）和电子传递链组分的所在部位；⑥是鞭毛的着生点并提供其运动所需的能量等。

跨膜运输：完整的膜不允许极性分子的自由扩散，但这些物质可以采用其他方式跨膜，通过运输蛋白的作用，使细胞膜外的极性分子运输至细胞内，浓度约可浓缩至原来的 1/1000。目前已经鉴定出三种类型的运输蛋白：单向运输蛋白将一种物质从膜的一侧运输至另一侧（图 2-11）。另外两类运输蛋白运送物质跨膜需要另一种物质的参与，称为协调运输蛋白。同向运输蛋白携带两种物质向同一方向跨膜运输；对向运输蛋白以一个方向运输一种物质穿过膜，而向相反方向运输另一种物质跨膜。

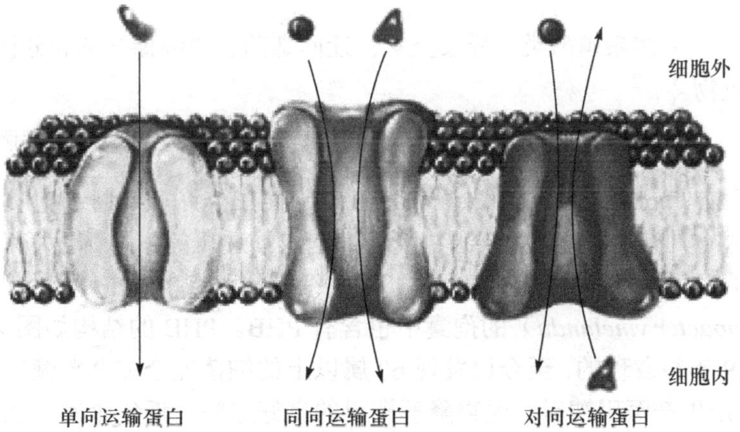

图 2-11　各种类型运输蛋白作用的示意图

微生物对营养物质的吸收中，载体介导运输机制的必要性是显而易见的。如果只有自由扩散运输方式，那么细胞将不能吸收到适当浓度的物质。因为在自由扩散中，吸收速率和细胞内的溶质浓度两者是与细胞外浓度成正比的。主动运输可以解决这个问题，它使细胞积累溶质是逆浓度梯度进行的。载体介导运输的一个特点是运输具有高度特异性。载体与物质结合并运输跨膜类似于一个酶促反应，载体蛋白与物质结合有其特异性，许多蛋白显示出与某一类化学分子具有亲和性，如一些载体能运输某些相关的氨基酸，而另一些可以运输相关的糖类。

间体（mesosome）是一种由细胞膜内褶而形成的一种囊状、片状或管状构造，一般位于细胞分裂部位或其邻近，主要功能是促进细胞间隔的形成，并与遗传物质的复制及其相互分离有关，多见于革兰氏阳性菌。每个细胞含有一至几个，着生部位可在表层或深层。近年来存在其他学术观点，认为间体是电镜制片时因脱水而引起的一种假像，实际上并不存在。

3. 细胞质和内含物

细胞质（cytoplasm）是细胞膜包围的、除核以外的一切半透明、胶状、颗粒状物质的总称。细菌细胞质的主要组分为核糖体（由 50S 大亚基和 30S 小亚基组成）、贮藏物、多种酶类和中间代谢物、质粒、各种营养物和大分子的单体等，少数细菌还有类囊体、羧酶体、气泡或伴孢晶体等。细胞质内形状较大的颗粒状构造称为内含物（inclusion body），包括贮藏物、羧酶体及气泡等。

1）*贮藏物*　贮藏物（reserve material）是一类由不同化学成分累积而成的不溶性沉淀颗粒，主要功能是贮藏营养物质。贮藏物的种类很多，具体如下。

- 贮藏物
  - 有机物
    - 碳及能源类
      - 糖原：大肠杆菌、克雷伯氏菌、芽孢杆菌和细菌等
      - 聚β-羟基丁酸（PHB）：固氮菌、产碱菌和肠杆菌等
      - 硫粒：紫硫细菌、丝硫细菌、贝氏硫杆菌等
    - 氮源类：藻青素，蓝细菌；藻青蛋白，蓝细菌
  - 无机物
    - 多聚磷酸类（异染类）：迂回螺菌、白喉棒杆菌和分枝杆菌
    - 硫粒：紫硫粒细菌、丝硫细菌、贝氏硫杆菌等自养细菌

聚β-羟基丁酸（poly-β-hydroxybutyrate，PHB）存在于许多细菌细胞质内，属于碳源类贮藏物，不溶于水，具有贮藏能量、碳源并降低细胞内渗透压的作用。巨大芽孢杆菌（*Bacillus megaterium*）在含乙酸或丁酸的培养基中生长时，细胞内贮藏的 PHB 可达其干重的 60%。棕色固氮菌（*Azotobacter vinelandii*）的孢囊中也含有 PHB。PHB 的结构如图 2-12 所示。

PHB 是 1929 年被发现的，至今已发现 60 属以上的细菌能合成并贮藏它。它无毒、可塑、易被降解，因此是生产医用塑料、生物降解塑料的良好原料。近年来发现在许多革兰氏阳性菌和革兰氏阴性好氧菌、光合厌氧细菌中，都存在 PHB 类化合物，但结构稍有不同，这类化合物被称为聚羟链烷酸（polyhydroxyalkanoate，PHA）。

多糖类贮藏物包括糖原和淀粉类，在真细菌中以糖原为多。糖原可用碘液染成褐色，在光学显微镜下可见。

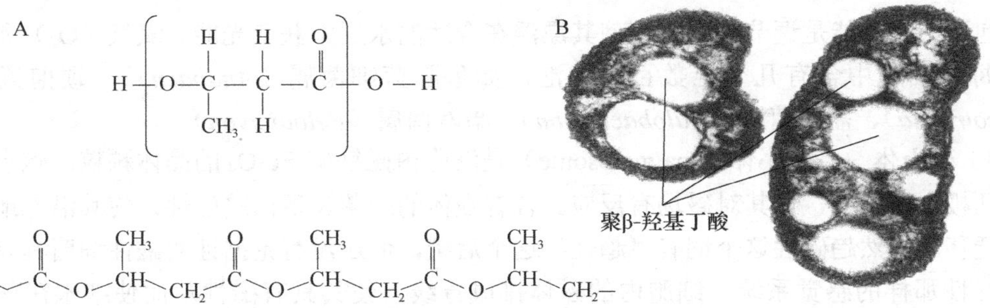

图 2-12　聚 β-羟基丁酸（Madigan, 2001）

A. PHB 的化学结构；B. 含有 PHB 颗粒的光养细菌 *Rhodospirillum sodomense* 的电镜照片

异染粒（metachromatic granule）又称迂回体或捩转菌素（volutin granule），是因为它最早在迂回螺菌（*Spirillum volutans*）中被发现并可用亚甲蓝或甲苯胺蓝染成红紫色。颗粒大小为 0.5～1.0μm，是无机偏磷酸的聚合物，分子呈线状，*n* 值为 2～10^6。一般在含磷丰富的环境下形成，功能是贮藏磷元素和能量，并可降低细胞的渗透压。白喉棒杆菌和结核分枝杆菌中极易见到，所以可用于有关细菌的鉴定。异染颗粒的化学结构为

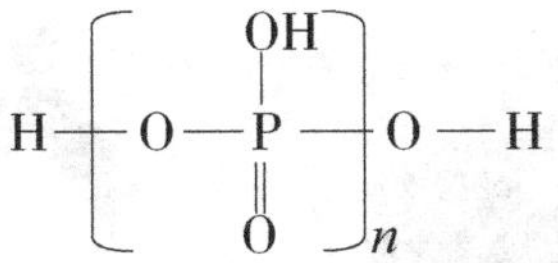

藻青素（cyanophycin）和藻青蛋白通常存在于蓝细菌中，是一种内源性氮源贮藏物，同时还有贮藏能源的作用。藻青素呈颗粒状，由含有精氨酸和天冬氨酸残基（1∶1）的多肽所构成，相对分子质量为 25 000～125 000。例如，柱形鱼腥蓝细菌（*Anabaena cylindrical*）的藻青素结构为

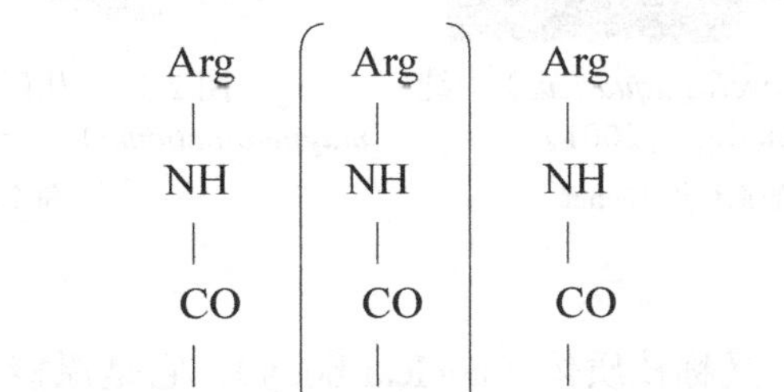

2）羧酶体　　羧酶体（carboxysome）又称羧化体，是一些化能自养细菌中含有的多角形或六角形内含物。大小与噬菌体相仿，约 10nm，内含 1,5-二磷酸核酮糖羧化酶，在自养细菌的二氧化碳（CO_2）固定中起着关键作用。在排硫硫杆菌（*Thiobacillus thioparus*）、那不勒斯硫杆菌（*T. neapolitanus*）、贝日阿托氏菌属（*Beggiatoa*）及硝化细菌和一些蓝细菌中均可找到羧酶体。

3）气泡　　气泡（gas vacuole）是在许多光合营养型无鞭毛运动的水生细菌的细胞内，大小为（0.2～1.0）μm×75nm 的许多充满气泡的小泡囊（图 2-13）。气泡外由 2nm 厚的蛋白

质膜包裹，其功能是调节细胞密度使其漂浮在合适的水层中获取光能、氧气（O_2）和营养物质。每个细胞中含有几个至数百个气泡，如鱼腥蓝细菌属（*Anabaena*）、顶孢蓝细菌属（*Gloeotrichia*）、盐杆菌属（*Halobacterium*）、暗网菌属（*Pelodictyon*）。

4）*磁小体*　磁小体（magnetosome）是细胞内磁铁矿 Fe_3O_4 的晶体颗粒。磁小体赋予细胞两极永久磁性，使其对磁场有反应。含有磁体的细菌表现出趋磁性，使其沿着地磁场转向和迁移。虽然趋磁性这个词有“趋性”这个后缀，但还没有论据证明磁性细菌具有趋化性或趋光性那样的感觉系统。细胞内的磁体排成直线，使其具有磁性从而使细胞在环境中确定方向。

磁小体由一层含有磷脂、蛋白质和糖蛋白的膜包围。磁小体膜蛋白可能在沉淀 Fe^{3+} 为 Fe_3O_4 中起作用（Fe^{3+} 经螯合剂以可溶性方式带入细菌）。磁小体的形态学有种属特征，不同种类的细菌有正方形、长方形、刺状（图 2-14）。

磁小体主要存在于各种水生细菌和一些藻类中（真核）。藻类磁小体可能与细菌中的磁小体一样使藻类细胞具有磁性，通过测量藻类细胞的磁力矩表明，这些细胞的磁力比磁性细菌的磁力要大，这与藻类细胞更大有关。

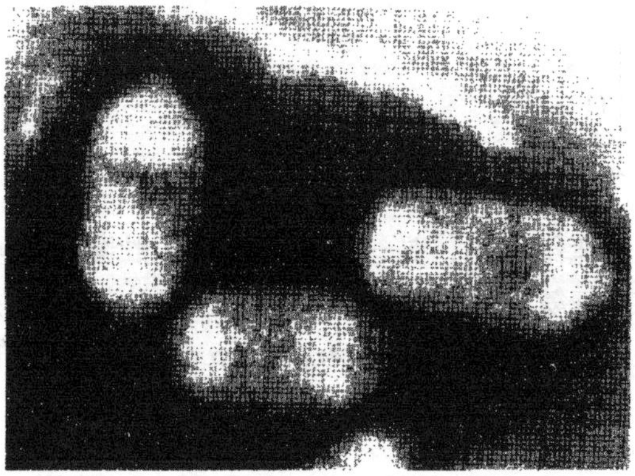

图 2-13　从水生弯杆菌（*Microcyclus aquaticus*）中纯化的气泡的电镜照片（Madigan, 2001）

负染色法观察，单个气泡的直径约 100nm

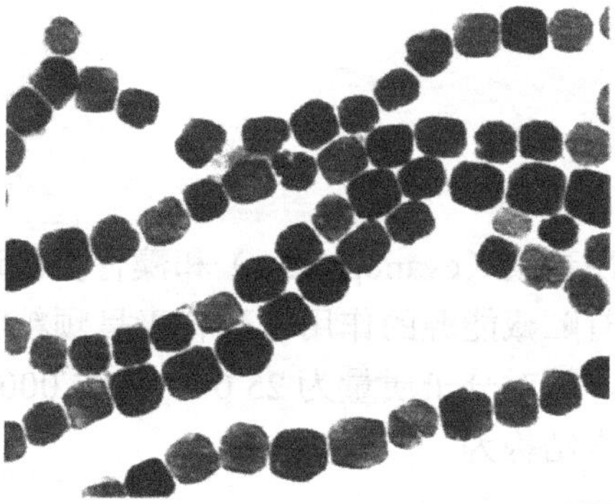

图 2-14　从磁水螺菌（*Aquaspirillum magnetotacticum*）中分离的磁体颗粒（Madigan, 2001）

每个颗粒长约 50nm

4. 核区

核区（nuclear region）又称核质体（nuclear body），它是原核生物所特有的无核膜结构、无固定形态的原始细胞核，又称原核（prokaryon）、拟核（nucleoid）或核基因组（nuclear genome）。用富尔根（Feulgen）染色法染色后，呈紫色的形态不定的核区。大多数细菌的染色体是典型的共价环状双链 DNA 分子，除了某些古生菌与少量蛋白质结合外，原核生物都是紧密裸露的 DNA 分子。但是有一些蛋白质与 DNA 结合，对于维持结构是很重要的。DNA 长度一般为 0.25～3.00mm，如大肠杆菌的染色体 DNA 约 4700bp，核区 DNA 长 1.1～1.4mm，比真核细胞的染色体小许多，枯草芽孢杆菌的 DNA 长大约为 1.7mm，流感嗜血杆菌 DNA 长为 0.832mm。每个细胞所含的核区数与该细菌的生长速度有关，一般为 1～4 个。在快速生长的细菌中，核区 DNA 可占细胞总体积的 20%。细菌的核区除在染色体复制的短时间内呈双倍体外，一般均为单倍体。原核细胞中含有一个或多个环形 DNA 分子，称为质粒（plasmid）。

核区是细菌负载遗传信息的主要物质基础（图 2-15）。

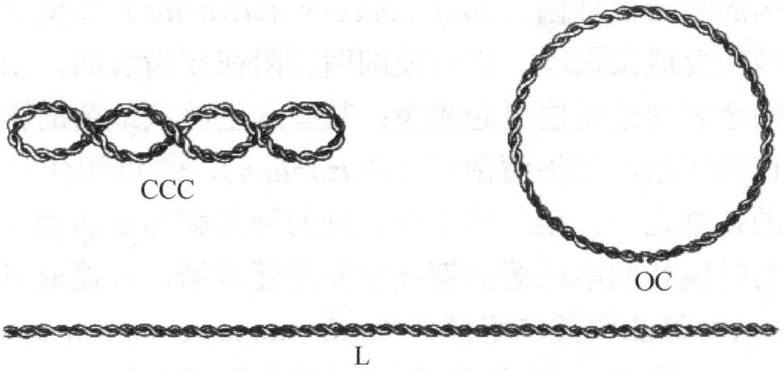

图 2-15　细菌染色体（周德庆，2002）

OC. 开环形式；CCC. 超螺旋形式；L. 线状形式；大多数原核生物的 DNA 以典型的共价闭合形式存在

（四）细菌的特殊结构

不是一切细菌都具有的细胞构造称为特殊构造，包括荚膜、鞭毛、菌毛和芽孢等。它们可以附着在细胞表面或从细胞表面突出，因此又称为细菌的表面结构。

1. 荚膜和糖被

在某些细菌细胞壁外存在着一层厚度不定的胶状物质，称为荚膜，又称糖被。荚膜的有无和厚度与菌种的遗传性有关，还与环境条件（特别是营养）密切相关。根据其厚度的不同，荚膜分为微荚膜(microcapsule)、(大)荚膜(capsule)和黏液层(slime layer)。菌胶团(zoogloea)是指细菌群体的共同荚膜。

- 糖被
  - 包裹在单个细胞上
    - 在壁上有固定层
      - 层次厚：（大）荚膜
      - 层次薄：微荚膜
    - 松散，未固定在壁上：黏液层
  - 包裹在细胞群上：菌胶团

荚膜的含水量很高，用碳素墨水负染色（背景染色）或用荚膜染色法染色后，可在光学显微镜下清楚地观察到细菌的荚膜（图 2-16）。荚膜的主要成分是多糖、多肽或蛋白质，特别是多糖居多。少数细菌如黄色杆菌属既具有 α-聚谷氨酰胺荚膜，又有含大量多糖的黏液层。这种黏液层不能通过离心沉淀，有时甚至将培养容器倒置，呈凝胶状的培养物仍不会流出。

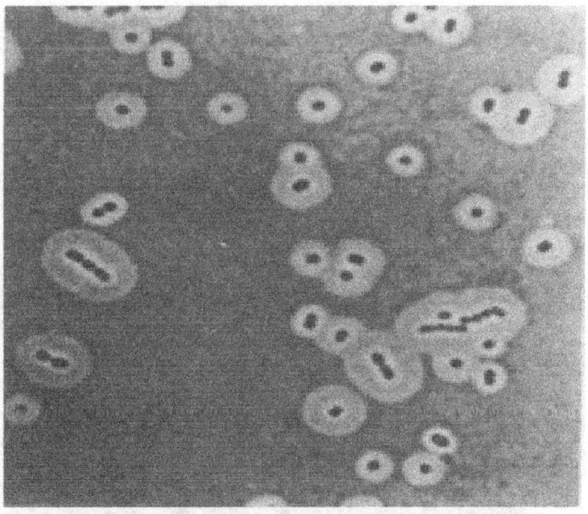

图 2-16　细菌荚膜（周德庆，2002）

用印度墨汁负染后，证明不动杆菌属（*Acinetobacter*）存在荚膜的相差照片

荚膜在细菌中有许多功能：①起保护作用，荚膜上大量极性基团可保护菌体免受干旱损伤，可防止噬菌体的吸附和裂解，一些致病菌的荚膜还可保护它们免受宿主吞噬细胞的吞噬作用。②贮藏养料，荚膜外部的多糖层结合有大量的水，推测荚膜在抵御干燥中

发挥着重要作用。③屏障作用或离子交换系统，可保护细菌免受重金属离子的毒害。④表面附着作用，如引起龋齿的唾液链球菌（*Streptococcus salivarius*）和变异链球菌就会分泌一种己糖基转移酶，使蔗糖转变成果聚糖，它可使细菌黏附在牙齿表面，由细菌发酵糖类产生的乳酸在局部累积，腐蚀牙表珐琅质层引起龋齿；某些水生丝状细菌的鞘衣状荚膜也有附着作用。⑤细菌间的信息识别作用，如根瘤菌属（*Rhizobium*）。⑥堆积代谢废物。

荚膜是细菌鉴定的依据之一。某些难以观察到的微荚膜的致病菌，用灵敏的血清学反应即可鉴定。乳酸菌中的肠膜状明串珠菌的糖被主要是葡聚糖，可提取以制备“代血浆”或生化试剂（如葡聚糖）；利用野油菜黄单胞菌（*Xanthomonas campestris*）的黏液层可提取胞外多糖——黄原胶（Xanthan 或 Xc，又称黄杆胶），黄原胶可作为食品工业的添加剂；产生菌胶团的细菌在污水的微生物治理过程中具有分解、吸附和沉降有害物质的作用。产荚膜的细菌也存在危害，如肠膜状明串珠菌如果污染酒类、制糖厂的糖汁、牛奶和面包等，就会影响生产和降低产品质量；致病菌的荚膜给疾病的防治带来难度，有的链球菌荚膜可引起龋齿，危害人类的健康。

2. 鞭毛

生长在某些细菌体表的长丝状、波曲的蛋白质附属物，称为鞭毛（flagellum），其数目为一至数十条，是细菌的运动器官（图 2-17）。某些细菌能沿着固体表面滑行，有的水生微生物在水中可通过一种称作气泡的充气结构来调整它们的位置，但大多数能运动的原核微生物都是借助鞭毛来运动的。

细菌的鞭毛是一条又细又长的菌体附器，它一端着生在细胞上，另一端是游离的（图 2-18）。鞭毛一般长为 15～20μm，直径为 10～20nm，以致单根鞭毛不能直接在光学显微镜下观察，必须经过特殊的鞭毛染色增加它们的直径后才能看见。在电子显微镜下能容易地观察到鞭毛。在暗视野下，观察水浸片或悬滴标本中运动着的细菌，根据其运动方式可间接判断它们是否具有鞭毛。此外，在半固体（0.3%～0.4%琼脂）直立柱中用穿刺法接种某一细菌，经培养后，如果在穿刺线周围有呈浑浊的扩散生长，说明该菌具有运动能力，并可推测生长有鞭毛，反之则无鞭毛。还可根据某菌在平板培养基上的菌落特征推测其有无鞭毛，一般如果菌落形状大、薄且不规则，边缘极不圆整，说明该菌有鞭毛，运动能力很强；反之，如果菌落外形圆整、隆起、边缘光滑，则说明它是无鞭毛的细菌。

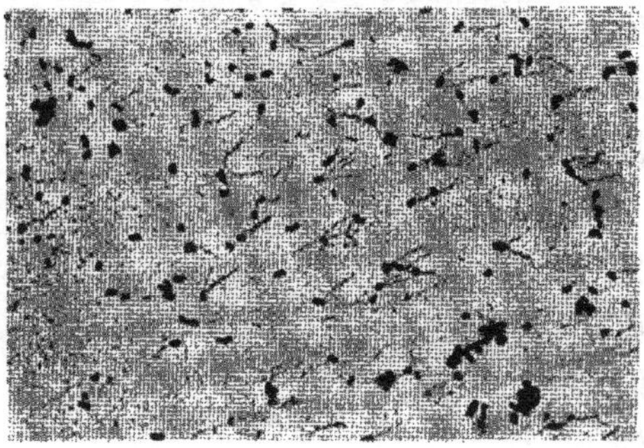

图 2-17　被染色的奇异变形杆菌（*Proteus mirabilis*）细胞鞭毛的显微照片（何国庆，2001）

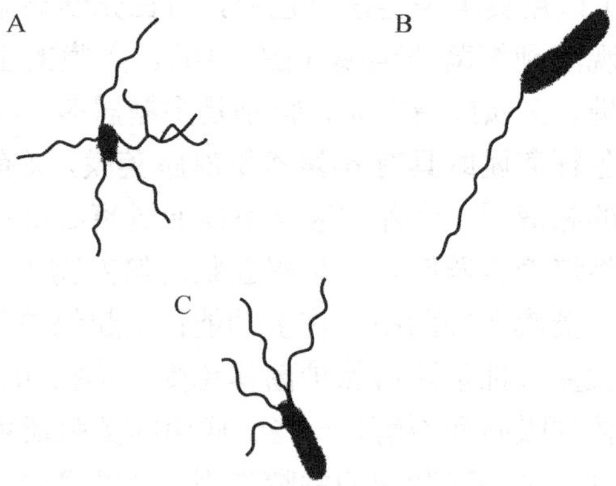

图 2-18　细菌细胞鞭毛形态（沈萍等，2002）
A. 周生鞭毛；B. 极生鞭毛；C. 丛生鞭毛

原核微生物（包括古生菌）鞭毛的构造由基体、钩形鞘和鞭毛丝三部分组成（图 2-19）。鞭毛的基部在结构上与鞭毛丝是不同的，在鞭毛基部有一较宽区域称为钩，这个钩由一单独类型的蛋白质组成，其功能是将鞭毛丝与鞭毛的运动部分连接起来，这个运动部分称为基体（basal body），固定在细胞膜与细胞壁上。基体由一小的中心杆组成，它从一系列的环状结构中穿过。革兰氏阳性菌和革兰氏阴性菌在基体的构造上有一点区别。革兰氏阴性菌的鞭毛最为典型，现以大肠杆菌为例，其基体由 4 个盘状物，即环（ring）组成，最外层的 L 环连在细胞壁最外层的外膜上，接着是连在肽聚糖内壁层的 P 环，第三个是靠近周质空间的 S 环，它与第 4 个环 M 环连在一起称 S-M 环或内环，共同嵌埋在细胞膜上。S-M 环被一对马达蛋白（motor protein）包围，由它驱动 S-M 环快速旋转。在 S-M 环的基部还存在一个 Fli 蛋白，其功能是作为运动开关通过应答细胞内的信号来控制鞭毛的旋转。目前已清楚地知道，鞭毛基体是一个精致的超微型马达，其能量来自于细胞膜上的质子动势（proton motive potential）。一些数据表明鞭毛的每一次旋转大约需要消耗 1000 个质子。把鞭毛基体和鞭毛丝（filament）连在一起的构造称为钩鞘或鞭毛钩（hook），直径约 17nm，其上着生一条长 15～20μm 的鞭毛丝。鞭毛丝是由许多直径为 4.5nm 的鞭毛蛋白亚基沿着中央孔道呈螺旋状盘绕而成的，每周为 8～10 个亚基。鞭毛蛋白呈球状或卵圆状，相对分子质量为 3 万～6 万，它在细胞质内合成，由鞭毛基部通过中央孔道输送到鞭毛游离的顶部进行自装配。因此，鞭毛的生长方式是在其顶部延伸而非基部延伸。革兰氏阳性菌的鞭毛较为简单，如枯草芽孢杆菌鞭毛的基体仅有 S 和 M 两个环，而鞭毛丝和钩形鞘则与革兰氏阴性菌相同。

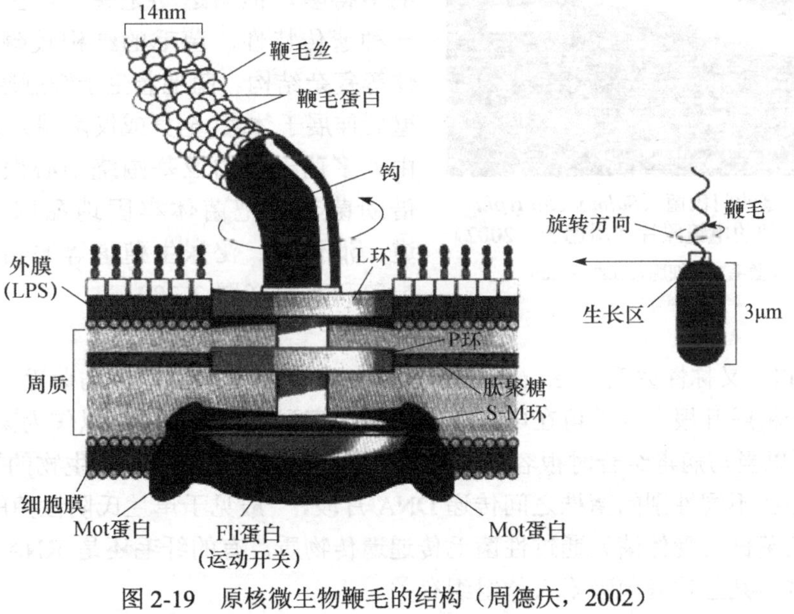

图 2-19　原核微生物鞭毛的结构（周德庆，2002）

L 环埋于 LPS 层，P 环埋于肽聚糖中，S-M 环埋于细胞膜中，Mot 蛋白的功能是驱动鞭毛运动，而 Fli 蛋白的功能是控制运动的开关

在各类细菌中，弧菌、螺菌普遍都具有鞭毛；杆菌中假单胞菌类都有极生鞭毛，其他的有的着生周生鞭毛，有的没有；球菌中，仅个别属着生鞭毛，如动球菌属（*Planococcus*）。

鞭毛在细菌细胞表面的着生方式多种多样，有单端鞭毛菌（monotricha）、端生丛毛菌（lophotricha）、两端鞭毛菌（amphitricha）和周毛菌（peritricha）。

- 鞭毛着生方式
  - 端生
    - 一端生
      - 一根：霍乱弧菌、蛭弧菌、缺陷假单胞菌
      - 一束：荧光假单胞菌等
    - 两端生
      - 一根：鼠咬热螺旋体等
      - 一束：红色螺菌、蔓延螺菌等
  - 周生
    - 肠杆菌科：大肠杆菌、伤寒沙门氏菌、奇异变形杆菌等
    - 芽孢杆菌科：枯草芽孢杆菌、丙酮丁醇梭菌
  - 侧生：反刍月形单胞菌

鞭毛的有无和着生方式在细菌的分类及鉴定工作中，是一项重要的形态学鉴定指标。

3. 菌毛

菌毛（fimbria）又称纤毛、伞毛、线毛或须毛等，是一种长在细菌体表的纤细、中空、短直且数量较多的蛋白质类附属物，具有使菌体附着于物体表面的功能。研究表明，一些致病菌借助菌毛附着在动物组织细胞表面，或在液体表面形成菌膜或浮膜。菌毛在结构上和鞭毛相似，也是由蛋白质组成的，数量比鞭毛多得多，但与运动无关，产生菌毛的能力是一种遗传特性。菌毛的结构较鞭毛简单，无基体等复杂结构。菌毛着生于细胞膜上，穿过细胞壁后伸展于体表（全身或仅两端），直径3～10nm，由许多菌毛蛋白亚基围绕中心做螺旋状排列，借助菌毛可把菌体牢固地黏附于宿主的呼吸道、消化道、泌尿生殖道等的黏膜上，进一步定殖和致病（图 2-20）。

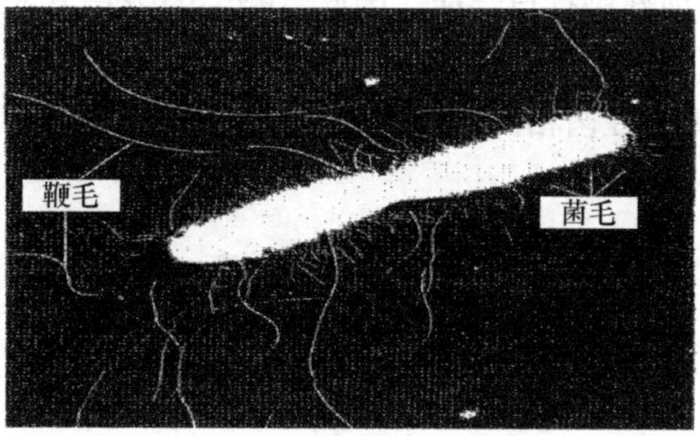

图 2-20　鼠伤寒沙门氏菌（*Salmonella typhimurium*）细胞分裂的电镜照片（周德庆，2002）

显示鞭毛和菌毛，单细胞直径约 0.9μm

4. 纤毛

纤毛（pili）又称性菌毛（sex-pili 或 F-pili），纤毛的构造和成分与菌毛相同，但比菌毛长，数量仅一根或几根。纤毛可在电子显微镜下观察到，因为纤毛可以作为某些病毒粒子的吸附位点，所以当与病毒结合时很容易看到。已充分证明纤毛与原核微生物的接合过程有关，纤毛的功能是在不同性别的菌株之间传递 DNA 片段，一般见于革兰氏阴性菌的雄性菌株（供体菌）向雌性菌株（受体菌）通过性菌毛传递遗传物质，有的纤毛还是 RNA 噬菌体的吸附受体，纤毛也与某些致病菌吸附人体组织有关。

5. 芽孢

某些细菌在生长发育后期，可在细胞内形成一个圆形或椭圆形、壁厚、含水量极低、抗逆性强的休眠体，称为芽孢（spore）[偶译内生孢子（endospore）]（图 2-21）。由于每个细胞仅形成一个芽孢，因此芽孢不是细菌的繁殖形式。芽孢是整个生物界中抗逆性最强的生物体，有极强的抗热、抗辐射、抗化学药物和抗静水压等能力，尤其是抗热性，一般细菌的营

养细胞不能经受70℃以上的高温，但是它们的芽孢却有惊人的耐高温能力。例如，肉毒梭状芽孢杆菌（*Clostridium botulinum*）的芽孢在100℃沸水中要经过5.0～9.5h才能被杀死，经121℃处理，平均要10min才能被杀死；热解糖梭菌（*Clostridium thermosaccharolyticum*）的营养细胞在50℃下经数分钟即可被杀死，但其芽孢群需在132℃下经4.4min才能杀死其中的90%。芽孢的抗紫外线能力一般是其营养细胞的2倍。巨大芽孢杆菌芽孢的抗辐射能力要比大肠杆菌的营养细胞强36倍。芽孢的休眠能力更是突出，在其休眠期间，不能检查出代谢活力，因此称为隐生态（cryptobiosis）。一般的芽孢在普通条件下可保持几年至几十年的生活力。从德国某植物园的标本上曾分离到保存了200～300年的枯草芽孢杆菌和地衣芽孢杆菌（*Bacillus licheniformis*），而凝结芽孢杆菌（*Bacillus coagulans*）和环状芽孢杆菌（*Bacillus circulans*）的芽孢也已保存了50～100年之久。有些湖底沉积土中的芽孢杆菌存活的时间长达数千年。

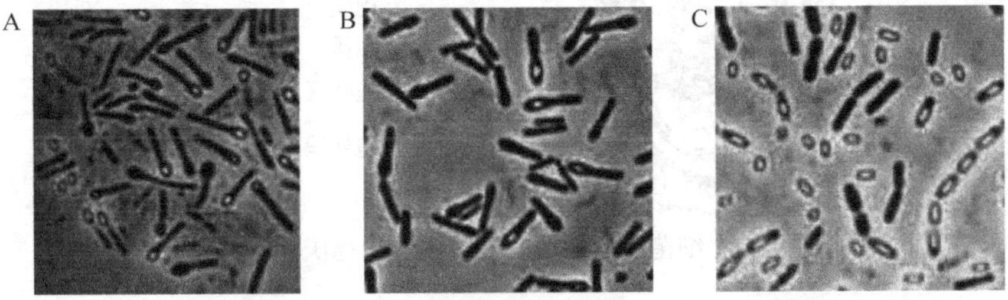

图2-21 细菌的芽孢（何国庆，2001）

几种芽孢的形态和胞内位置的相差显微照片。A. 端生孢子；B. 近端孢子；C. 中央孢子

1）**产生芽孢细菌的种类** 能产生芽孢的细菌属不多，最主要的是革兰氏阳性杆菌的两个属，即好氧性的芽孢杆菌属（*Bacillus*）和厌氧性的梭菌属（*Clostridium*），球菌中只有芽孢八叠球菌属（*Sporosarcina*）产生芽孢，螺菌中的孢螺菌属（*Sporolactobacillus*）也产芽孢。此外，还发现少数其他杆菌可产生芽孢，如芽孢乳杆菌属、脱硫肠状菌属、考克斯氏体属、鼠孢菌属和高温放线菌属等的细菌。芽孢的有无、形态、大小及着生位置是细菌分类和鉴定中的重要指标。芽孢的类型如下。

- 产芽孢的细菌
  - G^+
    - 杆菌
      - 正常型
        - 无伴孢晶体：枯草芽孢杆菌等
        - 有伴孢晶体：苏云金芽孢杆菌
      - 膨大型
        - 中间型：丙酮丁醇梭菌等
        - 末端型：破伤风梭菌等
    - 球菌：脲芽孢八叠球菌
  - G^-：脱硫肠状菌属

2）**芽孢的构造** 芽孢在光学显微镜下容易看到，芽孢不渗透染料，所以在用碱性染料如亚甲蓝染色时，它们常被看作没有染色的区域，为了使芽孢着色，就要用特殊的芽孢染色法。在电子显微镜下看到的芽孢，其结构与营养细胞不同，它比营养细胞的结构更复杂，这是因为它有许多层。最外层称为芽孢外壁（exosporium），是一层由蛋白质组成的薄而纤细的覆盖物。其下是芽孢衣（spore coat），由多层蛋白质层组成。芽孢衣下面是皮层（cortex），由松弛的交联肽聚糖构成。皮层内面是芽孢核心或芽孢原生质体（spore protoplast），它含有普通的细胞壁、细胞膜、细胞质和拟核等，芽孢的核心含水量很低（10%～20%）。皮层的渗透压可高达 2.03×10^6Pa 左右，因此芽孢在结构上不同于营养细胞之处主要在于核壁之外的那些层次结构（图 2-22 和图 2-23）。芽孢还含有特殊的化学物质——吡啶二羧酸（DPA），其位于芽孢的核心，芽孢富含钙离子，大多数的钙离子与吡啶二羧酸结合。核中吡啶二羧酸钙（DPA-Ca）约占芽孢干重的 10%。

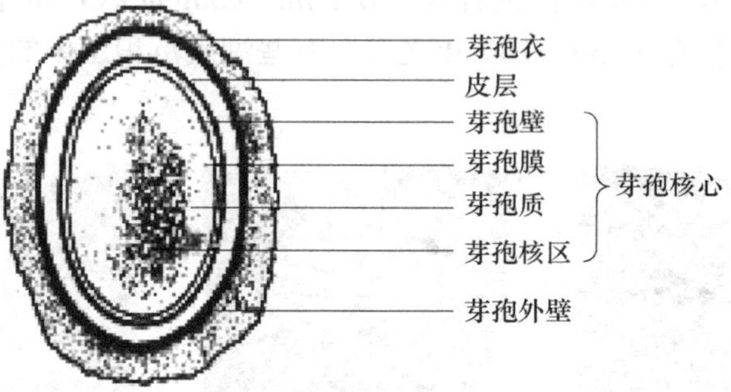

图 2-22　细菌芽孢构造的模式图（周德庆，2002）

产芽孢的细菌
- 芽孢囊：是产芽孢菌的营养细胞外壳
- 芽孢
  - 芽孢外壁：主要含脂蛋白，透性差（有的芽孢无此层）
  - 芽孢衣：主要含疏水性角蛋白，抗酶解和药物，多价离子难通过
  - 皮层：主要含芽孢肽聚糖及DPA-Ca，体积大、渗透压高
  - 核心
    - 芽孢壁：含肽聚糖，可发展成新细胞壁
    - 芽孢膜：含磷脂、蛋白质，可发展成新细胞膜
    - 芽孢质：含DPA-Ca、核糖体、RNA和酶类
    - 芽孢核区：含DNA

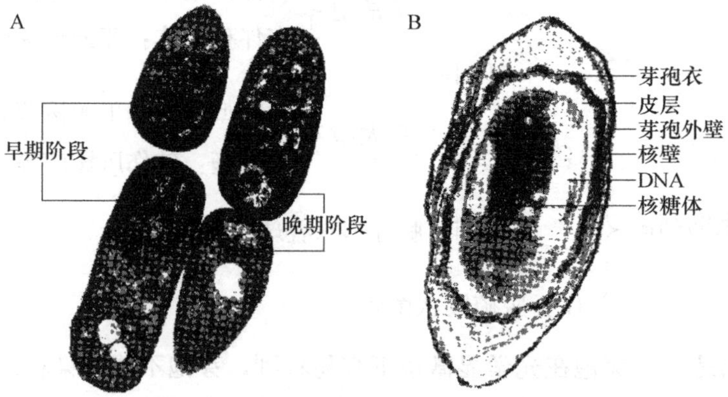

图 2-23　细菌芽孢的电镜照片（Madigan, 2001）

A. 巨大芽孢杆菌（*Bacillus megaterium*）细胞中芽孢的形成阶段，单细胞直径约为 1.5μm；B. 成熟游离芽孢

成熟芽孢的核与营养细胞的核有很大不同。除了具有大量的吡啶二羧酸钙成分外，核还处于脱水状态。成熟的芽孢核心只含营养细胞水分的10%～30%，因此芽孢核心的细胞质是胶态结构。核脱水大大增加了芽孢的抗热能力和抗化学物质（如过氧化氢）能力，同时引起核中的酶失活。

除了芽孢的低水分性质，核胞质的pH也比营养细胞低大约1个单位，而且含较大量的酸溶小芽孢蛋白（SASP）的核心特异蛋白。它们在芽孢形成的过程中产生，而且至少有两种功能。SASP与核中的DNA紧密结合，使DNA免受紫外线剪接及干热的损害；此外，SASP还可作为芽孢萌发形成新营养细胞的碳源和能源，这个过程称作萌芽。

3）*芽孢形成*　当产芽孢的细菌营养物质缺乏和有害代谢产物积累过多时，细胞停止生长，就开始形成芽孢。从形态上来看，芽孢形成（sporulation）可分为7个阶段：①DNA浓缩，束状染色质形成；②细胞膜内陷，细胞发生不对称分裂，其中小体积部分称为前芽孢（forespore）；③前芽孢的双层隔膜形成，这时芽孢的抗辐射性提高；④在上述两层隔膜间充填芽孢肽聚糖后，合成DPA，累积钙离子，开始形成皮层，再经脱水，使折光率升高；⑤芽孢衣合成结束；⑥皮层合成完成，芽孢成熟，抗热性出现；⑦芽孢囊裂解，芽孢游离外出。在枯草芽孢杆菌中，芽孢形成过程约需8h，参与其中的基因约有200个。在芽孢形成过程中，伴随形态变化又发生一系列化学成分和生理功能的变化。

4）*芽孢萌发*　由休眠状态的芽孢变成营养状态细菌的过程，称为芽孢萌发（germination），其过程有三个阶段——活化（activation）、出芽（germination）和生长（outgrowth）。活化作用可由短期热处理或用低pH、强氧化剂处理而引起。例如，枯草芽孢杆菌的芽孢经7天休眠后，60℃处理5min即可促进发芽。当然也有要用100℃加热10min才能促进活化的芽孢。由于活化作用是可逆的，故处理后必须及时将芽孢接种到合适的培养基中。有些化学物质可显著促进芽孢的萌发，称作萌发剂（germinant），如L-丙氨酸、Mn^{2+}、表面活性剂（*n*-十二烷胺等）和葡萄糖等；相反，D-丙氨酸和碳酸氢钠等则会抑制某些细菌芽孢的发芽。芽孢的萌发速度很快，一般仅需几分钟，萌发时，芽孢的通透性增加，随之促进与芽孢萌发有关的蛋白酶活动，接着芽孢衣上的蛋白质逐步降解，外界阳离子不断进入皮层，于是皮层发生膨胀、溶解和消失，外界的水分不断进入芽孢的核心部位，使核心膨胀，各种酶类活化，并开始合成细胞壁。在发芽过程中，芽孢所具有的耐热性、光密度和折射率等特性都逐步下降，吡啶二羧酸钙、氨基酸和多肽逐步释放，核心中含量较高的可防止DNA损伤的酸溶小芽孢蛋白迅速下降，接着就进入生长阶段。芽孢的核心部分开始迅速合成新的DNA、RNA和蛋白质，很快变成新的营养细胞。芽孢发芽时，芽管可以从极向或侧向伸出，这时，它的细胞壁还是很薄甚至不完整，因此，出现了很强的感受态——接受外来DNA而发生遗传转化的可能性增强了。产芽孢细菌的生活周期见图2-24。芽孢转变为营养细胞的过程见图2-25。营养细胞和芽孢的特点比较见表2-3。

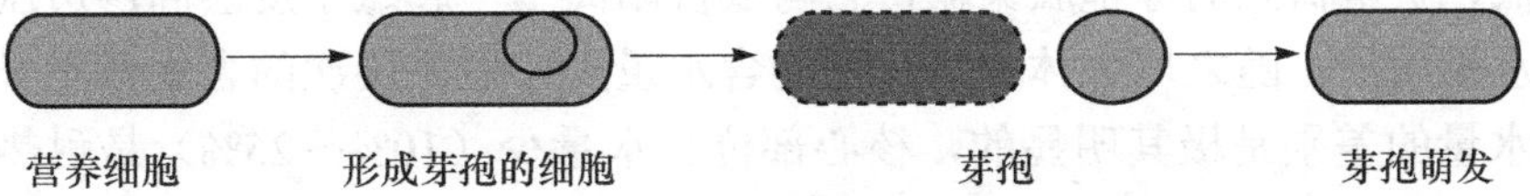

图2-24　产芽孢细菌的生活周期

图 2-25　芽孢转变为营养细胞的显微照片（周德庆，2002）

图片按芽孢萌发的顺序排列

表 2-3　营养细胞和芽孢的特点比较

特点	营养细胞	芽孢
外形	一般为杆状	球状或椭圆状
外包被层次	少	多
折光率	差	强
含水量	高（80%～90%）	低（核心为 10%～20%）
染色性能	良好	极差
含钙量	低	高
含 DPA	无	有
含 SASP	无	有
含 mRNA	高	低或无
细胞质 pH	7	5.5～6.0（核心）
酶活性	高	低
代谢活力	强	接近 0
大分子合成	强	无
抗热性	弱	极强
抗辐射性	弱	强
抗酸或化学药剂	弱	强
对溶菌酶	敏感	抗性
保藏期	短	长或极长

5）芽孢的耐热机制　　芽孢的耐热机制至今尚无科学的解释。较新的理论是渗透调节皮层膨胀学说（osmoregulatory expanded cortex theory），由于综合了较新的研究成果，因此有一定说服力。该学说认为，芽孢的耐热性在于芽孢衣对多价阳离子和水分的透性很差，加之皮层的离子强度很高，从而使皮层产生极高的渗透压去夺取芽孢核心的水分，造成皮层充分膨胀，而核心部分的细胞质却变得高度失水，因此具极强的耐热性。从皮层成分来看，它含有大量交联度低、负电荷强的芽孢肽聚糖，它与低价阳离子一起赋予皮层高渗透压特性，从而使皮层的含水量增加，随之增大体积。芽孢的含水量少，但各层次的含水量不一样，其中皮层和核心含水量的差别是极其明显的，核心部位含水量少（10%～25%）是耐热机制的关键所在。除皮层膨胀渗透调节学说外，还有别的学说来解释芽孢的高度耐热机制，如芽孢在形成过程中合成大量的营养细胞所没有的吡啶二羧酸钙，该物质耐热性强。

6）*研究芽孢的意义*　　芽孢是少数几属真细菌所特有的形态构造，芽孢的有无及形态是细菌分类、鉴定的重要依据。由于芽孢具有高度的耐热性，因此用高温处理含菌样品，很容易筛选分离出芽孢产生菌；由于芽孢的代谢活动基本停止，因此其休眠期很长，为芽孢产生菌的长期保藏提供了方便。食品工业中，芽孢菌是罐头工业的杀菌指标菌，尤其是低酸性的肉类、蛋类、乳类等含蛋白质丰富的食品，必须经 121℃高温高压杀死芽孢菌；发酵工业中对培养基的灭菌也要 121℃高温高压杀菌 15～20min，才能接种发酵。

6. 伴孢晶体

少数芽孢杆菌，如苏云金芽孢杆菌在形成芽孢的同时，会在芽孢旁形成一颗菱形或双锥形的碱溶性蛋白晶体——δ 内毒素，称为伴孢晶体（parasporal crystal）（图 2-26）。它的干重可达芽孢囊重的 30%左右，由 18 种氨基酸组成。由于伴孢晶体对 200 多种昆虫尤其是鳞翅目昆虫的幼虫有毒杀作用，因此可将这类产伴孢晶体的细菌制成有利于环境保护的生物农药——细菌杀虫剂。苏云金芽孢杆菌除产生上述毒素外，有的还会产生 3 种外毒素（α、β、γ）和其他杀虫毒素。

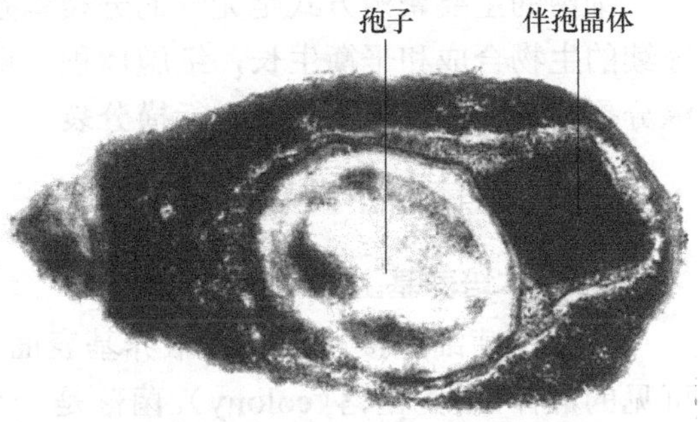

图 2-26　伴孢晶体的形态（Madigan，2001）

7. L 型细菌及其生物学特性

虽然细胞壁是原核生物的最基本构造，在自然界长期进化中和在实验室菌种的自发突变中都会产生缺细胞壁的细菌种类，称为 L 型细菌；此外，在实验室中还可用人为方法抑制新生细胞壁的合成或对已经产生的细胞壁进行酶解而获得缺壁细菌。4 类缺壁细菌归纳如下。

- 缺壁细菌
  - 在实验室或宿主体内形成
    - 缺壁突变——L型细菌
    - 人工去壁
  - 在自然界长期进化中形成——支原体

1）*L 型细菌*　　1935 年，在英国李斯德研究所中发现一种由自发突变而形成的细胞壁缺损细菌——念珠状链杆菌（*Streptobacillus moniliformis*），它的细胞膨大，对渗透压敏感，在固体培养基上形成“油煎蛋”似的小菌落。由于李斯德研究所的首字母是“L”，故称 L 型细菌。以后发现，许多革兰氏阳性菌和革兰氏阴性菌在实验室或宿主体内都可形成 L 型。目前，L 型细菌的概念有时用得较杂，甚至还把原生质体或球状体也包括在内。严格来说，L 型细菌应特指那些实验室或宿主体内通过自发突变而形成的遗传性稳定的细胞壁缺陷菌株。

2）*原生质体*　　原生质体（protoplast）是指在人为条件下，用溶菌酶除尽原有细胞壁或用青霉素抑制细胞壁的合成，所得到的仅由一层细胞膜包裹着的圆球状渗透压敏感性细胞，一般由革兰氏阳性菌形成。

3）*支原体*　　支原体（mycoplasma）是在长期进化过程中形成的、适应自然生活条件的无细胞壁的原核生物。因为它的细胞膜中含有一般原核生物所没有的甾醇，所以即使缺乏细胞壁，其细胞膜仍有较高的机械强度。

4）球状体　又称原生质球（spheroplast），指还残存部分细胞壁的原生质体，一般由革兰氏阴性菌所形成。

原生质体与球状体有几个共同特点，主要是无细胞壁、细胞呈球状、对渗透压十分敏感、即使长有鞭毛也不能运动、对噬菌体不敏感、细胞不能分裂等，如在形成原生质体或球状体前已有噬菌体侵入，则该噬菌体仍能正常增殖和裂解；同样，如在形成原生质体前正在形成芽孢，则该芽孢也能正常形成。

（五）细菌的繁殖

细菌的主要繁殖方式是无性的分裂繁殖，简称裂殖。一个细菌生活在合适条件下，通过连续的生物合成和平衡生长，细胞体积、重量增大，最终导致了繁殖。细菌分裂有横分裂和纵分裂两种方式，一般细菌进行横分裂。

（六）细菌群体的培养特征

1. 固体培养基上的培养特征

单个细菌细胞接种在固体培养基表面，在合适的培养条件下大量生长繁殖，形成肉眼可见的群体，称为菌落（colony）。菌落是一个细胞繁殖形成的，是纯种细胞群或克隆（clone），菌落有特定的生物学性状，如有一定的形态、构造等特征（图 2-27）。如果许多分散的纯种细胞密集地在培养基的表面生长，长出大量的菌落连成一片，就是菌苔（bacterial lawn）。

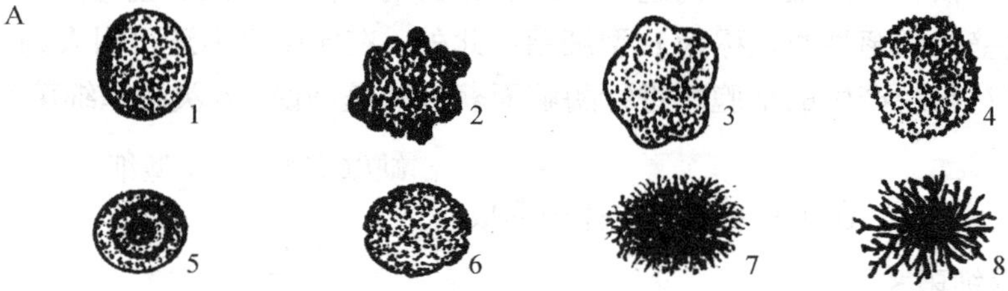

1. 圆形，边缘整齐；2. 卷发状；3. 不规则，颗粒状，边缘叶状；4. 规则，边缘呈扇边状；
5. 规则，有同心环；6. 规则，放射状；7. 不规则，呈丝状；8. 根状

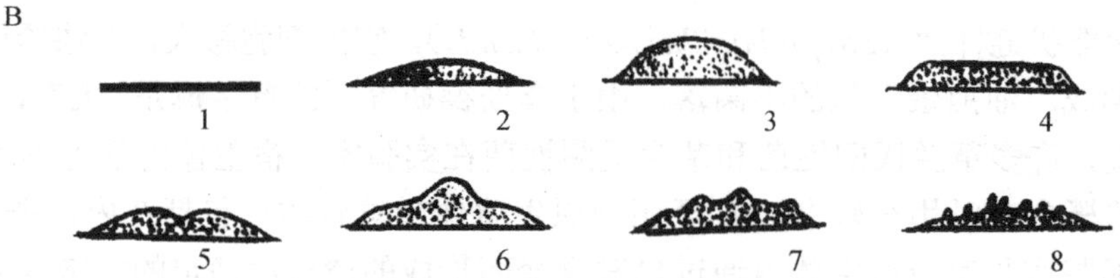

1. 扁平；2. 隆起；3. 高突起；4. 低隆起，表面平坦；5. 脐状；
6. 乳头状；7. 草帽状；8. 低隆起，表面有棘突

图 2-27　细菌的菌落形态特征

A 引自江汉湖和董明盛，2014；B 引自周德庆，2002

细菌的菌落一般呈湿润、较光滑、较透明、较黏稠、易挑取、质地均匀及菌落正反面或边缘与中央部位的颜色一致等特征。不同的细菌，上述特征也会不同，如有的细菌菌落边缘

不规则，甚至呈树根状、花瓣状或波浪形等；有的表面干燥、菌落粗糙，有的湿润；有的菌落直径大，有的小；不同菌落厚度不同；有的菌落有色泽，而有的没有等。菌落特征是菌种鉴定的依据之一。

细菌在半固体培养基中生长时，出现许多特有的培养特征，从半固体培养基的表面和穿刺线上细菌群体的生长状态是否有扩散现象来判断该菌是否有鞭毛。

2. 细菌在液体培养基中的培养特征

细菌在液体培养基中生长的特征有 4 种表现：①均匀分散在液体培养基中，出现浑浊；②一些好氧性的细菌在液面上形成菌醭（pellicle），有的在液体培养基中出现菌膜（scum）；③有的在液体培养基中底部产生沉淀；④有的在液体培养基中容器壁中产生环。

（七）食品工业中常见的细菌

1）*革兰氏阴性无芽孢杆菌*　包括乙酸杆菌属、假单胞菌属、产碱杆菌属、黄杆菌属、无色杆菌属等。假单胞菌属、产碱杆菌属、黄杆菌属和无色杆菌属常常是肉、蛋、乳等蛋白质食品的腐败菌，乙酸杆菌属为食醋发酵的菌种，但对酒类和饮料有害，也可引起水果和蔬菜的变酸腐烂。大肠杆菌属、沙门氏菌属、志贺氏菌属、变形杆菌属来源于动物粪便，是人类重要的肠道致病菌，能引起肠道传染病或食物中毒。

2）*革兰氏阳性无芽孢杆菌*　包括短杆菌属、棒状杆菌属、乳酸杆菌属、双歧杆菌属和丙酸杆菌属等。这些菌种是食品工业中用于发酵酸乳、奶酪、味精和蔬菜等的有益菌种。

3）*革兰氏阳性芽孢杆菌*　包括枯草芽孢杆菌属、多黏芽孢杆菌属、巨大芽孢杆菌属、嗜热脂肪芽孢杆菌属、凝结芽孢杆菌属、芽孢梭菌属等。例如，丙酮丁醇芽孢梭菌发酵糊精和淀粉，产生丙酮、正丁醇、乙醇、乙酸和 CO_2、H_2；巴氏芽孢梭菌能产生丁酸，在大曲酒生产中能赋予白酒浓香型香味成分，如丁酸乙酯和乙酸乙酯；蜡状芽孢杆菌属、肉毒梭状芽孢杆菌属等能引起食物中毒；嗜热脂肪芽孢杆菌属、凝结芽孢杆菌属是罐头食品的平酸败坏菌，常常引起罐头食品外观正常，内部产酸，没有胀罐现象。

4）*革兰氏阳性球菌*　包括微球菌属、小球菌属、链球菌属、明串珠菌属、葡萄球菌属。微球菌属、明串珠菌属、葡萄球菌属参与肉品的发酵；明串珠菌属也参与蔬菜的发酵；金黄色葡萄球菌是食物中毒的致病菌，且能产生毒素。

二、放　线　菌

放线菌（actinomyces）是一类主要呈丝状生长和以孢子繁殖的陆生性较强的原核生物。由于它与细菌十分接近，至今发现的 80 余属放线菌几乎都是革兰氏阳性菌，因此也可将放线菌定义为一类主要呈丝状生长和以孢子繁殖的革兰氏阳性菌。

放线菌广泛分布于含水量较低、有机物质丰富、呈微碱性的土壤中。泥土所特有的泥腥味，主要是由放线菌产生的土腥味素导致的。

放线菌与人类的关系密切，绝大多数是有益菌，对人类健康贡献最突出。人类至今报道的近万种抗生素中，大约 70%是由放线菌产生的；近年来，人类关注放线菌产生的次级代谢产物，如酶的抑制剂、抗癌剂、免疫抑制剂、农用杀虫（杀菌）剂及抗寄生虫剂等。放线菌还

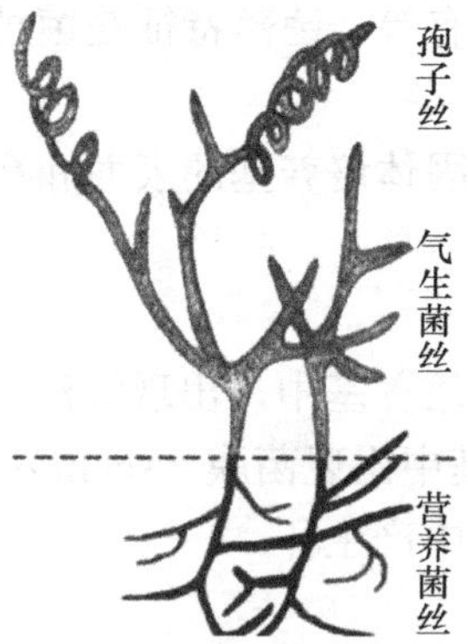

图 2-28　放线菌的形态特征（周德庆，2002）

能产生许多酶和维生素，在甾体转化、石油脱蜡和污水治理中有重要作用。少数放线菌能引起人和动植物致病。

（一）放线菌的形态结构

放线菌的种类很多，形态、构造和生理、生态类型多样。菌丝分为基质菌丝和气生菌丝。基质菌丝又称营养菌丝，是紧贴在固体培养基表面并向培养基里面生长的菌丝，功能是吸收营养物质，有的基质菌丝能产生黄、橙、红、蓝、绿、灰、褐、黑等色素，色素为水溶性或脂溶性，水溶性的色素在培养过程中向培养基中扩散可使菌落周围的培养基出现颜色。气生菌丝是从培养基表面向空气中生长的菌丝，成熟后产生孢子丝（图 2-28），有波曲形、螺旋形、直线形和轮生等各种形态（图 2-29）。

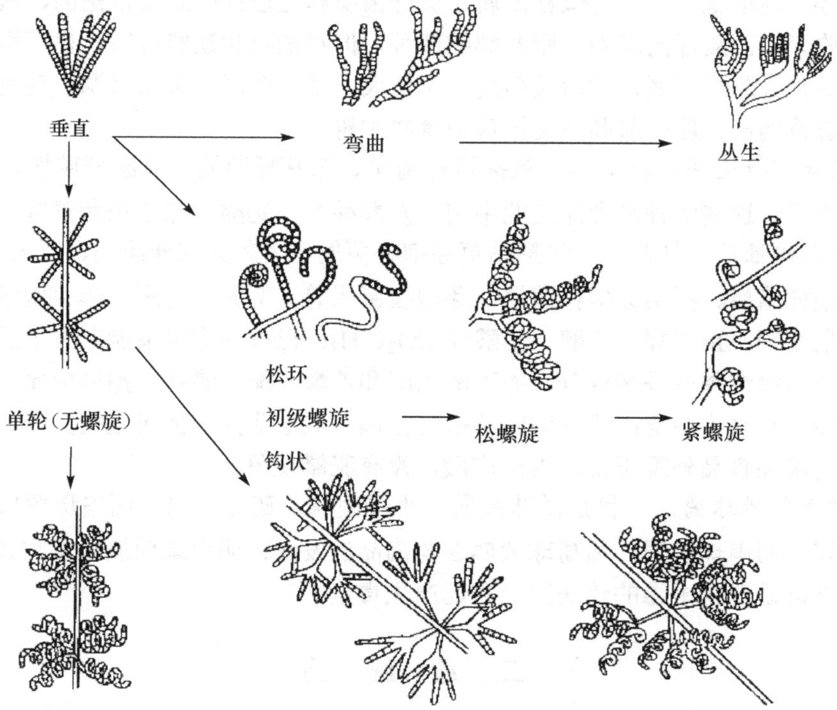

图 2-29　放线菌孢子丝的形态（周德庆，2002）

放线菌的孢子有球形、椭圆形或瓜子形等各种形态，孢子呈白、黄、绿、淡紫、粉红、蓝、褐、灰等颜色。

（二）放线菌的菌落特征

大多数放线菌的菌丝分化为基质菌丝和气生菌丝，气生菌丝成熟后又分化成孢子丝并产生成串的干粉尘状孢子，它们伸展在空间。菌落初期生长的菌丝呈丝绒状白色，后期产生了孢子呈粉尘状，有辐射皱折，表面干燥，不透明，菌落生长缓慢，直径小，与培养基连接紧密，难以挑取；菌落的正反面颜色常常不一致，菌落边缘的琼脂平面有变形的现象。

放线菌在摇瓶培养时，常常可见到液面与瓶壁交界处粘贴着一圈菌苔，培养液不浑浊，其中悬浮着许多珠状菌丝球，一些大型的菌丝团则表现出沉在瓶底等现象。

（三）放线菌的繁殖方式

放线菌主要通过各种无性的孢子进行繁殖，少数以基内菌丝断裂形成孢子状细胞进行繁殖。放线菌在液体培养基中培养时很少形成孢子，各种菌丝片段都有繁殖功能，这一特性对于实验室进行摇瓶培养和工厂大型发酵罐液体深层搅拌培养来说，显得十分重要。

（四）放线菌的生活史

放线菌的生活史如图 2-30 所示。

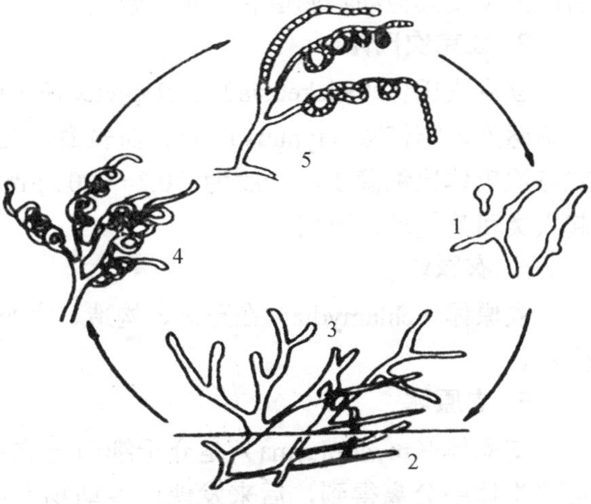

图 2-30　放线菌的生活史（刘志恒，2008）

1. 孢子萌发；2. 基内菌丝体；3. 气生菌丝体；4. 孢子丝；5. 孢子丝分化为孢子

（五）工业上常见放线菌的代表种

1）诺卡氏菌属（*Nocardia*）　诺卡氏菌属在固体培养基上生长只有基质菌丝，没有气生菌丝或有一层很薄的气生菌丝，通过菌丝断裂进行繁殖。该属产生多种抗生素，对结核分枝杆菌特效的利福霉素就是由该属菌产生的。

2）链霉菌属（*Streptomyces*）　链霉菌属在固体培养基上生长形成发达的基质菌丝和气生菌丝，气生菌丝长到一定时期分化产生孢子丝，孢子丝有直形、波曲形、螺旋形等各种形态，孢子有球形、椭圆形、杆状等各种形态，有的孢子表面还有刺、疣、毛发等各种纹饰。链霉菌的气生菌丝和基质菌丝有各种不同的颜色，有的菌丝还产生可溶性色素分泌到培养基中，使培养基出现不同的颜色。链霉菌的许多种类可产生对人类有益的抗生素，如链霉素、红霉素、四环素等。

3）小单孢菌属（*Micromonospora*）　菌丝体纤细，只有基质菌丝，不形成气生菌丝，在基质菌丝上长出许多小分枝，顶端着生一个孢子。该属是产生抗生素如庆大霉素的菌种。

三、其他原核生物类群

1. 蓝细菌

蓝细菌（cyanobacteria）过去一直被称为蓝藻或蓝绿藻（cyanophyta）。自发现这类微生物的细胞核是原核而不像其他藻类的核是真核后，已经改属于原核生物界，称为蓝细菌。其形态为球状和丝状，细胞壁外有黏质称为鞘或荚膜，是无性生殖。

蓝细菌分布广，自热带到两极都有，普遍生长在淡水、海水和土壤内。它们是光合自养菌，能耐受极端环境条件，如高温和干燥等。蓝细菌含有光合作用的色素，包括叶绿素 a、类胡萝卜素，特别是β-胡萝卜素和两种水溶有色蛋白：一种是蓝色藻青蛋白（blue phycocyanin）；另一种是红色的藻红蛋白（red phycoerythrin），以蓝色藻青蛋白居多，这类色素与叶绿素一起使细胞呈蓝绿色，因此称蓝细菌。

2. 螺旋体

螺旋体（spirochetes）的形态特征和运动方式与细菌不同，可归类于一个独立的类群。这类原核生物的菌体细而长，是螺旋状卷曲的单细胞，在一个螺旋体细胞中有多个螺旋，宽为 0.09～0.75μm，长为 2～500μm；革兰氏染色为阴性，无鞭毛，依靠体内轴丝运动，常常引起人类及其他动物肠道和生殖道致病。

3. 立克次氏体

立克次氏体（Rickettsia）是 Ricketts 在 1909 年发现的洛矶山斑疹热病的病原菌，次年他不幸感染斑疹伤寒（typhus fever）而丧命，为了纪念他，这类病原体被命名为立克次氏体。立克次氏体比细菌小，一般为（0.3～1.0）μm×（0.2～0.5）μm，呈球状、杆状或丝状。常引起人类和其他动物致病。

4. 衣原体

衣原体（chlamydia）在形态、构造、大小和染色等方面与立克次氏体相似，也是病原微生物。

5. 支原体

支原体（mycoplasma）是介于细菌与立克次氏体之间的原核微生物，最早从患胸膜肺炎的牛体中分离得到，后来发现许多动物中都可分离，统称类胸膜肺炎微生物，现称支原体。细胞个体小，是已知可自由生活的最小生物，也是最小的原核微生物。对人类和其他动物均有致病性。

支原体、立克次氏体和衣原体三者介于细菌与病毒之间，都是病原微生物。

第三节　真核微生物的形态结构及其生理功能

一、真核微生物的概述

真核微生物（eukaryotes）是一类细胞核具有完整的核膜和核仁，能进行有丝分裂，细胞质中存在线粒体或同时存在叶绿体等多种细胞器的生物。真菌、显微藻类和原生动物等是属于真核生物类的微生物，所以称真核微生物（eukaryotic micro-organism）。真核生物已发展出许多由膜包围着的细胞器（organelle），如内质网、高尔基体、溶酶体、微体、线粒体和叶绿体等，更重要的是，它们已经进化出由核膜包裹着的完整的细胞核，其中存在着构造极其精巧的染色体，它的双链 DNA 已与组蛋白和其他蛋白密切结合，以更完善地执行生物的遗传功能（图 2-31）。

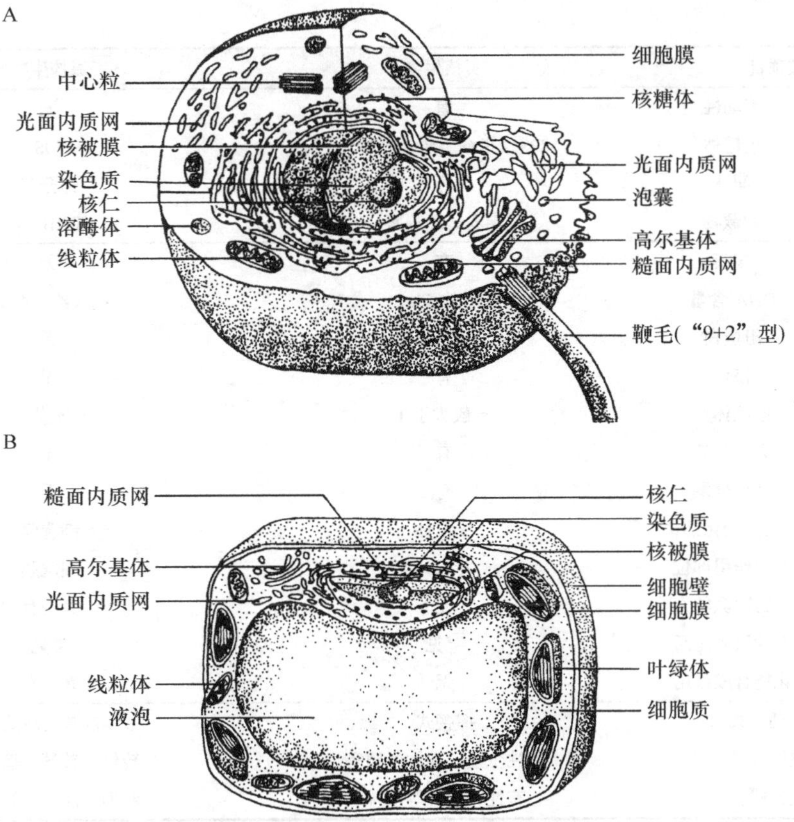

图 2-31　典型真核细胞构造的模式图（沈萍等，2002）

（一）真核生物与原核生物的比较

真核生物与原核生物在细胞的构造和功能等方面有显著差别（表 2-4）。

表 2-4　真核生物与原核生物的比较

<table>
<tr><th colspan="2">比较项目</th><th>真核生物</th><th>原核生物</th></tr>
<tr><td colspan="2">细胞大小</td><td>较大（通常直径＞2μm）</td><td>较小（通常直径＜2μm）</td></tr>
<tr><td colspan="2">如有细胞壁，主要成分</td><td>纤维素、几丁质等</td><td>大多数为肽聚糖</td></tr>
<tr><td colspan="2">细胞膜中甾醇</td><td>有</td><td>无（仅支原体例外）</td></tr>
<tr><td colspan="2">细胞膜中呼吸或光合组分</td><td>无</td><td>有</td></tr>
<tr><td colspan="2">细胞器</td><td>有</td><td>无</td></tr>
<tr><td colspan="2">鞭毛结构</td><td>如有，则粗而复杂（“9+2”型）</td><td>如有，则细而简单</td></tr>
<tr><td rowspan="6">细胞质</td><td>线粒体</td><td>有</td><td>无</td></tr>
<tr><td>溶酶体</td><td>有</td><td>无</td></tr>
<tr><td>叶绿体</td><td>光合自养生物中有</td><td>无</td></tr>
<tr><td>真液泡</td><td>有些有</td><td>无</td></tr>
<tr><td>高尔基体</td><td>有</td><td>无</td></tr>
<tr><td>微管系统</td><td>有</td><td>无</td></tr>
</table>

续表

比较项目		真核生物	原核生物
细胞质	流动性	有	无
	核糖体	80S（指细胞质核糖体）	70S
	间体	无	部分有
	贮藏物	淀粉、糖原等	PHB 等
细胞核	核膜	有	无
	DNA 含量	低（约 5%）	高（约 10%）
	组蛋白	有	无
	核仁	有	无
	染色体数	一般大于 1	一般为 1
	有丝分裂	有	无
	减数分裂	有	无
	氧化磷酸化部位	线粒体	细胞膜
	光合作用部位	叶绿体	细胞膜
	生物固氮能力	无	有些有
	专性厌氧生活	罕见	常见
	化能合成作用	无	有些有
鞭毛运动方式		挥鞭式	旋转马达式
遗传重组方式		有性生殖、准性生殖等	转化、转导、接合等
繁殖方式		有性、无性等多种	一般为无性（二等分裂）

（二）真核微生物的主要类群

真核微生物主要包括菌物界（mycetalia 或广义的 fungi）中的真菌（eumycota 或狭义的 fungi）、黏菌（myxomycota 或 fungi-like protozoa）、假菌（chromista 或 pseudofungi），植物界（plantae）中的显微藻类（algae）和动物界（animalia）中的原生动物（protozoa）。

“菌物界”是我国学者裘维蕃于 1990 年提出的，已获得学术界的一定支持，是指动物界和植物界外的一大群无叶绿素、依靠细胞表面吸收有机养料、细胞壁一般含有几丁质的真核微生物，一般包括真菌、黏菌和假菌三类。

真菌是最重要的真核微生物，是本章的重点，它们的特点是：①无叶绿素，不能进行光合作用；②除酵母菌外，一般具有发达的菌丝体；③细胞壁多数含有几丁质；④营养方式是异养吸收型；⑤以产生大量无性和（或）有性孢子的方式进行繁殖；⑥陆生性较强。

（三）真核微生物的细胞构造

1. 细胞壁

真菌细胞壁的主要成分是多糖，另有少量的蛋白质和脂类。多糖构成了细胞壁中有形的微纤维和无定形基质的成分。微纤维部分可比作建筑物中的钢筋，使细胞壁保持坚韧性，它们都是单糖的 β(1→4) 聚合物，而基质好比混凝土等填充物，包括 β(1→3)、β(1→6) 和 α(1→3) 葡聚糖和甘露聚糖及少量蛋白质。低等真菌的细胞壁成分以纤维素为主，酵母菌以葡聚糖为主；高等陆生真菌则以几丁质为主。即使是同一真菌，在不同生长阶段，细胞壁成分也有明显不同。细胞壁的功能是固定细胞外形和保护细胞免受外界不良因素的损伤。

藻类的细胞壁厚度一般为 10～20nm，有的仅为 3nm，如蛋白核小球藻。其结构骨架多由纤维素组成，以微纤丝的方式层状排列，含量为干重的 50%～80%，其余部分为间质多糖，主要是杂多糖，其成分随种类而异，如褐藻酸、岩藻素或琼脂等。

2. 鞭毛与纤毛

某些真核微生物细胞表面具有或长或短的毛发状、具有运动功能的细胞器，形态较长（150～200μm）的称为鞭毛，较短的（5～10μm）则称为纤毛（cilia）。真核微生物与原核微生物鞭毛的运动功能虽相同，但在构造、运动机理和消耗能源形式方面都有显著的差别。

具有鞭毛的真核微生物有鞭毛纲的原生动物、藻类和低等水生真菌的游动孢子或配子等。具有纤毛的真核微生物主要是属于纤毛纲的各种原生动物，如常见的草履虫等。

鞭毛与纤毛的构造基本相同，都由伸出细胞外的鞭杆（shaft）、嵌埋在细胞膜上的基体（basal body）及这两者相连的过渡区三部分组成。鞭杆的横切面呈“9+2”型，即中心有一对包在中央鞘中的相互平行的中央微管，其外被 9 个微管二联体围绕一圈，整个微管由细胞膜包裹（图 2-32）。每条微管二联体由 A、B 两条中空的亚纤维组成，A 亚纤维是一完全微管，每圈由 13 个球形微管蛋白亚基环绕而成，B 亚纤维则是由 10 个亚基围成，所缺的 3 个亚基与 A 亚纤维共用。A 亚纤维上伸出内外两条动力蛋白臂，这是一种能被 Ca^{2+}和 Mg^{2+}激活的 ATP 酶，可水解 ATP 以释放供鞭毛运动的能量。通过动力蛋白臂与相邻的微管二联体的作用，可使鞭毛弯曲运动。在相邻的微管二联体间有微管连丝蛋白相连。此外，在每条微管二联体上还有伸向中央微管的放射辐条。基体的结构与鞭杆接近，直径 120～170μm，长 200～500μm，在显微镜下横切面却呈“9+0”型，且外围是 9 个三联体，中央则没有微管和鞘。

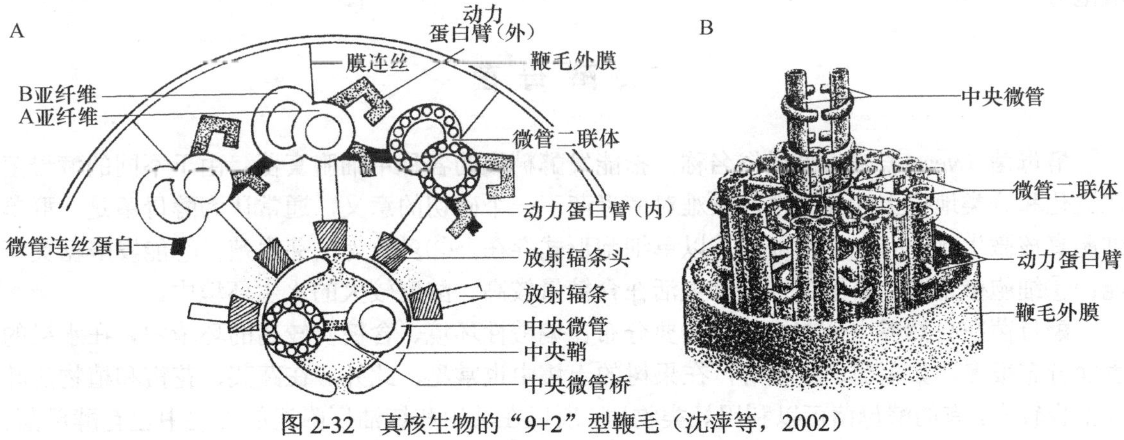

图 2-32　真核生物的“9+2”型鞭毛（沈萍等，2002）

A. 鞭杆横切面；B. 鞭杆的立体模型

3. 细胞膜

真核微生物细胞与原核微生物细胞的细胞膜，在构造和功能上十分相似，真核微生物细胞没有肽聚糖层细胞壁，细胞膜就是它的外部屏障。二者之间有小的差别。

4. 细胞核

细胞核是遗传信息 DNA 贮存、复制和转录的主要部位。真核生物都有外形固定呈球状或椭圆体状、有核膜包裹的细胞核。每个细胞一般只含有一个细胞核，有的有两个或多个，如须霉属（*Phycomyces*）和青霉属（*Penicillium*）的真菌等，在丝状真菌的菌丝顶端细胞中，常常找不到细胞核。

真核细胞的细胞核由核被膜、染色质、核仁和核基质等构成。在真核细胞中，染色体的体积较小。遗传学研究发现，不同真菌的染色体数目差别很大，如构巢曲霉（*Aspergillus nidulans*）为 8，粗糙脉胞菌（*Neurospora crassa*）（又称红色面包霉）为 7，酿酒酵母（*Saccharomyces cerevisiae*）为 17，双胞孢蘑菇（*Agaricus bisporus*）为 13，里氏木霉（*Trichoderma reesei*）为 6 等。

5. 细胞质和细胞器

真核细胞的细胞质为透明、黏稠、不断流动并充满各种细胞器的溶胶。

1）细胞基质和细胞骨架　真核细胞中，除细胞器以外的胶状溶液，称细胞基质（cytomatrix）或细胞溶胶（cytosol），内含赋予细胞一定机械强度的细胞骨架和丰富的酶，以及各种内含物及中间代谢产物等，是细胞代谢活动的场所。

细胞骨架（cytoskeleton）是由微管、肌动蛋白丝（微丝）和中间丝 3 种蛋白质纤维构成的细胞支架，具有支持、运输和运动等功能。

2）内质网和核糖体　内质网是细胞质中一个与细胞基质相隔，但彼此相通的囊腔和细管系统，它由脂质双分子层围成，内侧与核膜的外膜相通。内质网有两类，它们间相互连通。一类在膜上附有核糖体颗粒，称粗面内质网，其功能是合成和运送胞外分泌蛋白；另一类是膜上不含核糖体的光面或滑面内质网，它与脂类和钙代谢等密切相关，主要存在于某些动物细胞中。此外还有核糖体、高尔基体、溶酶体、微体、线粒体，少数微生物还有叶绿体、液泡等。

二、酵 母 菌

酵母菌（yeast）是一个通俗名称，指能发酵糖类的各种单细胞真菌。由于不同的酵母菌在进化和分类地位上的异源性，很难对酵母菌下一个确切的意义，通常认为酵母菌是一群单细胞真核微生物，有 5 个特征：①以单细胞形式存在；②多数为出芽生殖；③能发酵糖类产能；④细胞壁常含甘露聚糖；⑤常生活在含糖量较高、酸度较大的水生环境中。

酵母菌在自然界中分布很广，主要分布在偏酸性环境、含糖质较高的环境中，在水果的表面分布很多，如葡萄、樱桃等，在果树的土壤中也常见，此外，在蔬菜、花蜜和植物的叶片上也较多。有的酵母菌可以利用烃类物质，所以在油田和炼油厂附近的土层中也有酵母菌。由于酵母菌细胞蛋白质含量高，并含有人体必需的氨基酸，因此常用酵母细胞作菌种。用食品加工厂的废液体作原料生产单细胞蛋白，单细胞蛋白可作动物饲料蛋白。大多数酵母菌都能发酵产生乙醇；有的酵母菌可以产生维生素、有机酸；有的能发酵产生柠檬酸、反丁烯二酸、脂肪酸、甘油、甘露醇等。

酵母菌在给人类带来益处的同时，也给人类带来危害。例如，腐生型酵母菌能使含糖的食品类、饮料和纺织品腐败变质，少数嗜高渗透压的酵母菌，如鲁氏酵母、蜂蜜酵母使蜂蜜、果酱败坏；有的发酵调味品、发酵蔬菜的腐败菌，可引起发酵辣椒变黑或蔬菜变暗红色等，出现不良的气味；还有的酵母菌可引起人类和其他动物致病。

（一）酵母菌的个体形态结构

酵母菌是真核生物中最低等的生物细胞，细胞呈圆形、卵圆形、椭圆形、柱状或香肠状等多种，进行出芽生殖时，当子细胞还没有脱落母细胞时，又在子细胞上出芽长出子细胞，这样如此循环形成细胞串状，称为假菌丝（pseudohypha）。

酵母菌细胞的大小为（3～6）μm×（5～10）μm。典型的细胞构造如下。

1）**细胞壁**　25nm 厚，由外向内为甘露聚糖-蛋白质-葡聚糖三层，少量的几丁质成分以环状形式分布在芽痕周围。中间层的蛋白质包括多种酶类，如甘露聚糖酶、葡聚糖酶、蔗糖酶、碱性磷酸酶和酯酶等。

酵母菌的细胞壁用玛瑙螺（*Helix pomatia*）的胃液制备的蜗牛消化酶水解，可形成酵母原生质体；此外，蜗牛消化酶还可用于水解酵母菌的子囊壁，使子囊孢子释放出来。

2）**细胞膜**　酵母菌的细胞膜由三层结构组成，即蛋白质（约占干重的 50%）、类脂（约 40%）和少量的糖类。

细胞膜
- 蛋白质：包括酶类
- 类脂
  - 甘油酯（1、2、3）
  - 甘油磷脂
  - 甾醇：麦角甾醇、酵母甾醇
- 糖类：甘露聚糖等

酵母菌的细胞膜上含有各种甾醇，其中以麦角甾醇居多。经紫外线照射后可形成维生素 D_2，作为维生素 D 的来源。

3）**细胞核**　酵母菌具有多孔核膜包裹起来的定形细胞核真核，可用碱性品红或吉姆萨染色法对固定后的酵母菌染色，可观察到核内的染色体。酿酒酵母有 17 条染色体，1996 年公布了其全基因组序列，长 12.052Mb，共有 6500 个基因，还有质粒，是环状分子的 DNA。这是第一个测出的真核生物基因组序列。

4）**其他构造**　酵母菌细胞中还形成液泡，有氧时形成杆状或球状的线粒体，无氧时形成无嵴的、没有氧化磷酸化的线粒体。

（二）酵母菌的群体形态特征

酵母菌的菌落形态：菌落大，呈圆形，边缘整齐，表面湿润光滑，菌落丰厚，黏稠易挑起，质地均匀，正面与反面、边缘与中心部位的颜色较一致，大多数为乳白色，少数为红色，如赤酵母和克鲁维酵母产生红色素，个别为黑色。另外，凡不产假菌丝的酵母菌，其菌落更为隆起，边缘为圆形，产假菌丝的酵母则菌落扁平。酵母菌菌落具有悦人的酒香味。

酵母菌在液体培养基中的生长特征：产膜或沉淀或均匀浑浊，有起泡现象。

（三）酵母菌的繁殖方式

酵母菌的繁殖方式多样，繁殖方式是酵母菌鉴定的依据之一，主要的方式有以下几种。

1. 无性繁殖

1）芽殖　是酵母菌的主要繁殖方式，在良好的培养条件下，酵母菌生长迅速，这时可以看到所有细胞都长出芽体，子细胞还没与母细胞分离，在芽体上又长出小芽体形成连串的细胞团，这种藕节状的细胞串称为假菌丝。

2）裂殖　酵母菌的裂殖与细菌的裂殖相似，其过程是细胞伸长，核分裂为二的繁殖方式。进行这种繁殖方式的酵母菌较少，常见的裂殖酵母属的八孢裂殖酵母（*Schizosaccharomyces octosporus*）为这种繁殖方式。

3）孢子繁殖　无性的孢子繁殖有掷孢子和孢囊孢子，掷孢子繁殖是少数酵母菌的繁殖方式，外形呈肾形，孢子成熟后通过一种特有的喷射机制将孢子射出，因此常常在培养皿盖上见到掷孢子形成的菌落模糊景象。

此外，有的酵母菌如白假丝酵母菌还能在假菌丝的顶端产生厚垣孢子。

2. 有性繁殖

酵母菌形成有性孢子为子囊孢子。相邻的两个形态相同而性别不同的酵母细胞各自伸出一根管状的原生质突起相互接触，局部融合形成一条通道，然后质配、核配、减数分裂，形成 4～8 个子核，每个子核与其原生质结合一起，在其表面形成一层孢子壁，这样子囊孢子就成熟了，原有的营养细胞则成了子囊，子囊破裂，释放子囊孢子。

有性孢子繁殖：

两个相邻细胞 ⟶ 突起形成 ⟶ 细胞膜消失 ⟶ 核、质融合 ⟶ 接合子 ⟶ 2～3 次的减数分裂 ⟶ 4～8 个核 ⟶ 形成孢子 ⟶ 囊破裂 ⟶ 孢子释放出来（图 2-33）。

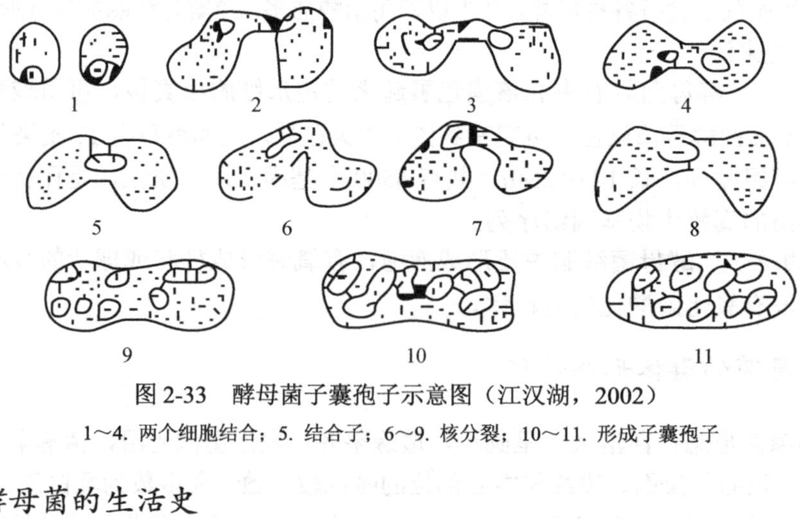

图 2-33　酵母菌子囊孢子示意图（江汉湖，2002）

1～4. 两个细胞结合；5. 结合子；6～9. 核分裂；10～11. 形成子囊孢子

（四）酵母菌的生活史

生活史又称生命周期（life cycle），是指上一代个体细胞经过生长发育阶段产生下一代个体的全部过程。酵母菌有以下 3 类生活史：①营养体既能以单倍体（n）也能以二倍体（$2n$）形式存在；其特点是一般情况下进行出芽生殖，在特定的条件下进行有性繁殖，如酿酒酵母。②营养体只能以单倍体（n）形式存在，如八孢裂殖酵母。③营养体只能以二倍体（$2n$）形式存在，如路德类酵母。

1. 营养体既能以单倍体也能以二倍体形式存在

酿酒酵母属是这类生活史的代表，如图 2-34 所示，特点为：①一般情况下以营养体状态进行出芽生殖；②营养体既能以单倍体（n）形式存在，也能以二倍体（$2n$）形式存在；③形成的二倍体并不马上进行减数分裂，在特定的条件下才进行有性繁殖。

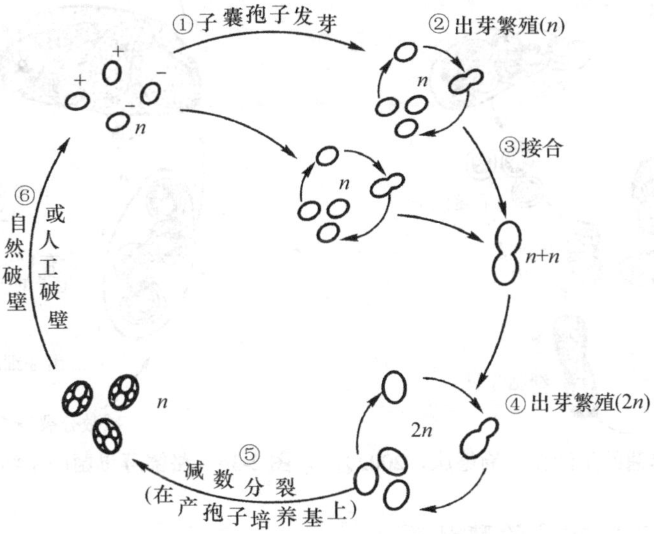

图 2-34　酿酒酵母菌的生活史（周德庆，2002）

酿酒酵母的二倍体细胞因其体积大、生活力强，广泛应用于工业生产、科学研究或遗传工程实验中。

2. 营养体只能以单倍体形式存在

八孢裂殖酵母菌是这类型生活史的代表。特点为：①营养细胞为单倍体；②无性繁殖为裂殖；③二倍体细胞不能独立生活。所以此期很短，很快便进入减数分裂。整个生活史可分为 5 个阶段，如图 2-35 所示：首先是单倍体营养细胞无性分裂繁殖；两个营养细胞接触后形成接合管，发生质配、核配，两个细胞融合为一体；二倍体核分裂三次，第一次为减数分裂；形成 8 个单倍体的子囊孢子；子囊破裂，释放子囊孢子，完成 5 个阶段的全过程。

3. 营养体只能以二倍体形式存在

路德酵母菌（*Saccharomycodes ludwigii*）是这类型生活史的代表。特点为：①营养细胞为二倍体，不断进行芽殖，此阶段较长；②单倍体的子囊孢子在子囊内发生接合；③单倍体阶段仅以子囊孢子的形式存在，不能进行独立生活，所以此期很短。整个生活史可分为 5 个阶段，如图 2-36 所示。其全过程为单倍体的子囊孢子在子囊内发生接合，并发生质配、核配，接合后的二倍体发生萌发，穿破子囊壁；二倍体的营养细胞可独立生活，通过芽殖方式进行无性繁殖；在二倍体营养细胞内的核发生减数分裂，营养细胞为子囊，其中形成 4 个单倍体子囊孢子。

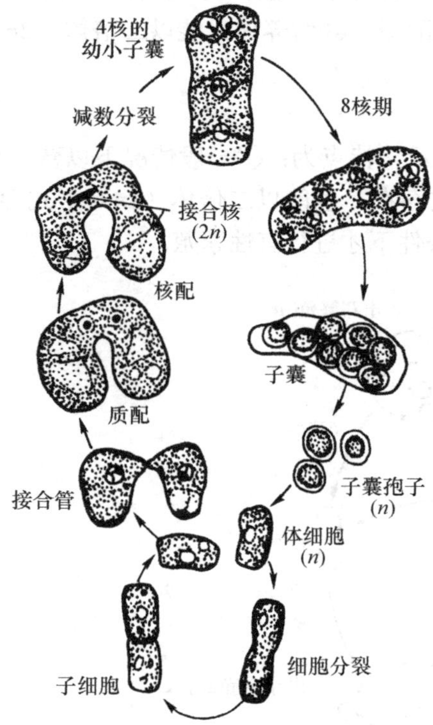

图 2-35　八孢裂殖酵母菌的生活史（周德庆，2002）

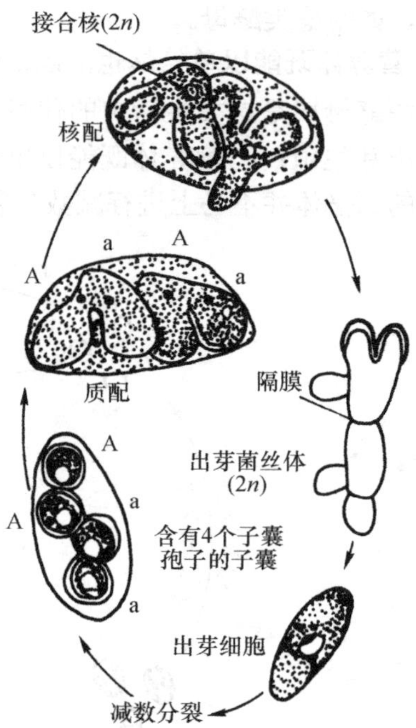

图 2-36　路德酵母菌的生活史（周德庆，2002）

（五）食品工业中常见的酵母菌

1）酵母菌属（*Saccharomyces*）　酵母菌属属于子囊菌亚门半子囊菌纲内孢霉目酵母科。该属的菌种具有典型的形态构造，细胞呈圆形、卵圆形、椭圆形、柱状或香肠状等多种形状，有的有假菌丝，无性繁殖为出芽生殖，有性繁殖形成子囊孢子。此属中种类较多，达几百种，主要是啤酒酵母和葡萄汁酵母。

啤酒酵母（*S. cerevisiae*）：啤酒酵母是酵母菌属中的典型菌种，广泛用于啤酒、白酒和果酒的发酵，也用于面包的制造。由于酵母菌含有丰富的维生素和蛋白质，因此可作为药用，也可用于饲料，还可用于生产食品的风味添加剂，具有较高的经济价值。分布也广泛，在水果的表面较多，特别是葡萄表面上酵母菌种类多，发酵的果汁、酒曲、果园土壤中都可分离到。

葡萄汁酵母（*S. uvarum*）：路德于 1970 年将卡尔斯伯酵母、娄德酵母和葡萄汁酵母合并成一种，称为葡萄汁酵母。其能全发酵棉子糖。25℃在麦芽汁培养基中培养 3 天，细胞呈圆形、卵圆形、椭圆形或长形。可作饲料酵母和药用酵母，也可用作啤酒酵母发酵啤酒。

2）裂殖酵母属（*Schizosaccharomyces*）　裂殖酵母属属于子囊菌亚门酵母科中的裂殖亚科。细胞呈圆柱形或椭圆形，无性繁殖为分裂繁殖。有时形成假菌丝，有性繁殖时营养细胞结合形成子囊，子囊内有 1～4 个或 8 个子囊孢子，子囊孢子是球形或卵圆形。具有乙醇发酵能力，不同化硝酸盐。八孢裂殖酵母菌是这一属的重要菌种，无性繁殖为裂殖，25℃在麦芽汁培养基中培养3天，液体培养基表面无菌醭，菌体沉于管底，液体清凉；在麦芽汁固体培养基上形成乳白色、无光泽菌落，从蜂蜜、蔗糖和水果上可分离到。

3）假丝酵母属（*Candida*） 该属酵母菌没有发现有性繁殖，属于半知菌亚门芽孢菌纲隐球酵母目隐球酵母科。细胞为圆形、卵圆形或长形，无性繁殖为多边出芽，形成假菌丝，有的菌有真菌丝，也可形成厚垣孢子，不产生色素，此属中有许多具有乙醇发酵能力。有的菌种是发酵生产饲料单细胞蛋白的菌种，如热带假丝酵母、解脂假丝酵母和产朊假丝酵母等。

4）球拟酵母属（*Torulopsis*） 该属属于隐球酵母目隐球酵母科，细胞为圆形、卵圆形或略长形，无性繁殖为出芽生殖，无假菌丝，无色素，有乙醇发酵能力。有些种能产生甘油等多元醇，如白色球拟酵母能发酵甘油，能耐受高浓度的糖或盐。

5）毕赤酵母属（*Pichia*） 酵母细胞为圆形、卵圆形或椭圆形，可形成假菌丝，孢子为球形或帽子形，子囊内的孢子数为1～4个。分解糖的能力弱，不产生乙醇，能氧化乙醇；耐受高浓度的乙醇，常使酒类和酱油产生变质并形成浮膜，如粉状毕赤酵母。

6）汉逊氏酵母属（*Hansenula*） 该属酵母细胞为圆形、卵圆形或圆柱形，常形成假菌丝，子囊内的孢子数为1～4个，孢子为球形或帽子形。对糖有强发酵作用，主要产物不是乙醇而是酯。在液体中繁殖可产生浮膜，如异常汉逊氏酵母。

7）赤酵母属（*Rhodotorula*） 该属酵母细胞为圆形、卵圆形、圆筒形或圆柱形，进行多端出芽生殖，菌落特别黏稠，有产生色素的能力，色素为赤色、橙色和灰黄色，如胶红酵母、黏红酵母等，在食品上生长可形成赤色斑点，在发酵的蔬菜上形成巧克力色变。

8）丝孢酵母属（*Trichosporon*） 酵母细胞呈菌丝状，能形成出芽孢子、节孢子，也能产生厚垣孢子。对糖的发酵能力弱，在液体中生长可产生浮膜，如茁芽丝孢酵母常引起酿造食品及冷藏肉品变质。

三、丝状真菌——霉菌的形态结构

霉菌（mould, mold）不是分类学上的名词，是丝状真菌的总称，是单细胞或多细胞丝状真菌，通常指菌丝体较发达但不产生大型肉质子实体结构的真菌。在潮湿的环境下，它们常在有机物上大量生长繁殖，引起粮食、加工食品霉变或果蔬病害。霉菌在分类上属于子囊菌纲（Ascomycetes）、藻状菌纲（Phycomycetes）和半知菌纲（Deuteromycetes）。

霉菌的分布极其广泛，种类繁多，它们在自然界中扮演着重要的有机物分解者的角色，从而把其他生物难以分解利用的数量巨大的复杂有机物，如纤维素、木质素分解，促进了生物圈的繁荣发展。

（一）霉菌的形态结构

1. 个体形态

霉菌大多数都是多细胞形态的微生物，由菌丝和孢子组成。

- 菌丝体
  - 营养菌丝
    - 吸取养料：假根、吸器
    - 附着：附着胞、附着枝
    - 休眠：菌核、菌索
    - 延伸：匍匐枝
  - 气生菌丝
    - 简单
      - 无性：分生孢子头、孢子囊
      - 有性：担子
    - 复杂
      - 无性：分生孢子器、分生孢子座
      - 有性：闭囊壳、子囊壳、子囊盘

2. 菌丝和菌丝体

霉菌的菌丝分为有隔（膜）菌丝和无隔（膜）菌丝两大类，食品工业中常用的毛霉属（*Mucor*）和根霉属（*Rhizopus*）的菌丝为无隔菌丝，是低等的真菌；而曲霉属（*Aspergillus*）和青霉属（*Penicillium*）等高等真菌的菌丝为有隔菌丝（图 2-37）。

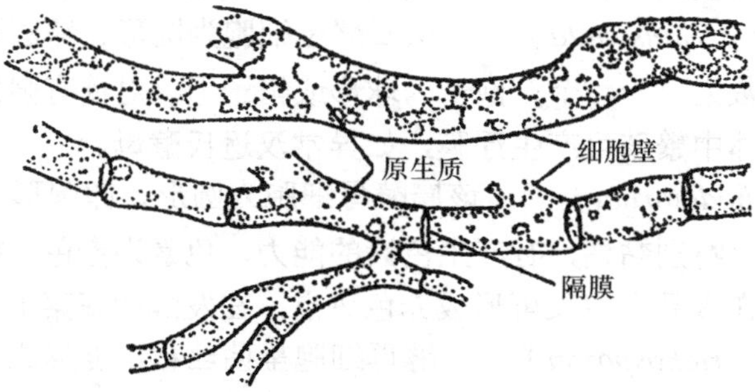

图 2-37　霉菌的菌丝（江汉湖和董明盛，2014）

A. 无隔菌丝；B. 有隔菌丝

霉菌菌丝细胞的构造与酵母菌类似，通过菌丝顶端细胞的不断延伸而实现生长，随着顶端不断向前伸展，细胞壁和细胞质的形态、成分都逐渐变化，加厚并趋向成熟。

霉菌细胞壁的内层是几丁质，外层是蛋白质，在亚顶端部位即次生壁形成区，由内至外分别为几丁质、蛋白质和葡聚糖蛋白网层，在成熟区由内至外相应地为几丁质、蛋白质层和葡聚糖蛋白网层和葡聚糖网层，最后是隔膜区，它由菌丝内壁向内延伸而成的环片状构成。在其他真菌中，有的隔膜环呈封闭状，多为低等真菌在形成繁殖器官或受伤时而形成，有的呈单孔状，如子囊菌，有的呈多孔状，如白地霉等。

生长在固体培养基中的菌丝，主要作用是吸收营养物质，称为营养菌丝体；伸展到空间的菌丝体，称为气生菌丝体。气生菌丝中能产生孢子的菌丝体，称为子实体。有的霉菌的菌丝聚合成团，构成一种坚硬的休眠体，称为菌核，菌核具有较强的抵抗力，在适宜的条件下，菌核可以萌发为新的菌丝体。

3. 营养菌丝体的特化形态

1）假根（rhizoid）　是根霉属等低等真菌匍匐菌丝与固体基质接触处分化出来的根状结构，具有固着和吸收养料的功能。

2）匍匐菌丝（stolon）　又称匍匐枝，如毛霉目（Mucorales）真菌在固体培养基上常形成与培养基表面平行、具有延伸功能的菌丝，称为匍匐菌丝。典型的是根霉菌（*Rhizopus*），在固体基质表面营养菌丝分化为匍匐菌丝，在其上每隔一段距离可长出伸入基质的假根和伸向空间的孢囊梗，随着匍匐菌丝的延伸，不断形成新的假根和孢囊梗，快速蔓延整个培养基容器中，所以不能形成形态固定、大小固定的菌落（图 2-38）。

3）吸器（haustorium）　由几类专性寄生的真菌如锈菌目（Uredinales）、霜霉目（Peronosporales）和白粉菌目（Erysiphales）等菌种生产。其功能是在宿主细胞间隙内形成指状、球状或丝状的构造，以吸收宿主细胞内的养料，吸器是营养菌丝上分化出来的短枝。

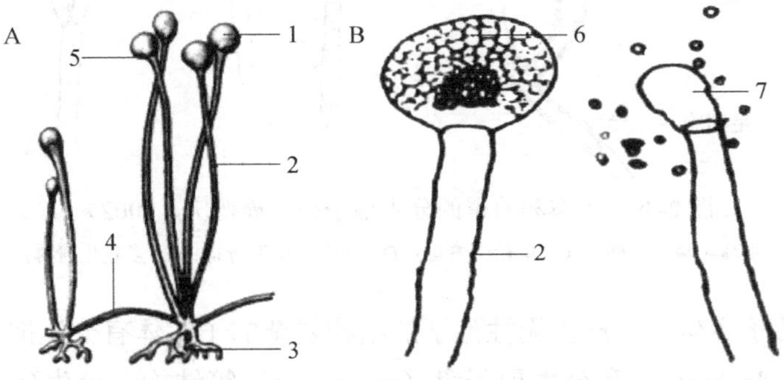

图 2-38　根霉（A）的形态、匍匐菌丝和毛霉（B）的形态

1. 孢子囊；2. 孢子囊梗；3. 假根；4. 匍匐菌丝；5. 囊轴；6. 孢囊孢子；7. 中轴

4）附着胞（adhesive cell）　寄生于植物的致病菌在其芽管或老菌丝顶端发生膨大，分泌黏状物，借以牢固地黏附在宿主细胞上，称为附着胞。在其上再形成纤细的针状感染菌丝，以侵入宿主的角质表皮吸收营养物质。

5）附着枝（adhesive branch）　寄生性的真菌由菌丝细胞生长出 1～2 个细胞的短枝，将菌丝附着于宿主体上，称为附着枝。

6）菌核（sclerotium）　是一种形状、大小不一的休眠菌丝组织，外界条件不良时生命力可保存数年。菌核有的大，有的小，大的如小孩头，小的如油菜菌核。

7）菌索（rhizomorph, funiculus）　菌索一般由菌伞产生，为白色根状菌丝组织，功能是促进菌体蔓延和抵御不良环境。

8）菌环（ring）和菌网（net）　捕虫菌目（Zoopagales）和一些半知菌目的菌丝会分化成圈环或网环的特化菌丝组织，用来捕捉线虫或其他微小动物，再从这类环或网上生出菌丝侵入线虫体内吸收营养物质。

4. 气生菌丝体的特化形态

气生菌丝体主要特化成各种形态的子实体（fruiting body, sporocarp, fructification）。子实体是指在其里面或上面可产生无性孢子或有性孢子，有一定形态和构造的任何菌丝体组织。

1）结构简单的子实体　产生无性孢子的简单子实体有几种类型。常见的有曲霉属（*Aspergillus*）、青霉属（*Penicillium*）等的分生孢子头（conidial head）或分生孢子穗，根霉属（*Rhizopus*）、毛霉属（*Mucor*）等的孢子囊等（图 2-39）。产生有性孢子的简单子实体如担子菌的担子（basidium）。

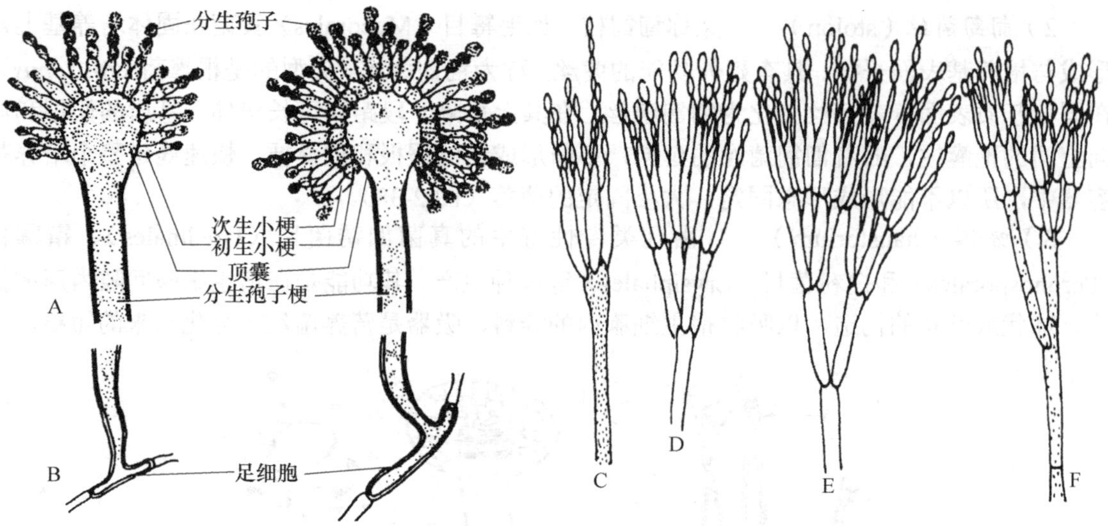

图 2-39　青霉和曲霉的分生孢子头（周德庆，2002）

A. 米曲霉；B. 黑曲霉（两排小梗）；C. 单轮生青霉；D. 对称二轮生青霉；E. 多轮生青霉；F. 不对称生青霉

2）结构复杂的子实体　产生无性孢子的结构复杂的子实体有分生孢子器（pycnidium）、分生孢子座（sporodochium）和分生孢子盘（acervulus）等结构。分生孢子器是产生孢子的场所，呈球形或瓶形，在内壁表面或底部长有极短的分生孢子梗，梗上产生分生孢子。有的真菌分生孢子梗紧密聚集成簇，分生孢子长在分生孢子梗的顶端，形成垫状，称分生孢子座，它是瘤座孢子科真菌的共同特征。分生孢子盘则是一种在宿主的角质层下或表皮下，由分生孢子梗簇生在一起而形成的盘状结构，有时其中还夹杂着刚毛。

能产生有性孢子且结构复杂的子实体，称为子囊果（ascocarp）。子囊果按外形不同分为三类，即闭囊壳、子囊壳、子囊盘。

5. 菌丝体在液体培养基中的生长特征

真菌在液体培养基中通气搅拌或振荡培养时，常产生菌丝球。菌丝体相互缠绕形成颗粒，均匀地悬浮在培养基中，有利于氧溶解及营养物和代谢产物的输送，对菌丝的生长和代谢产物形成有利。

（二）霉菌的菌落特征

霉菌的菌落特征明显，外观上容易辨认。菌落直径大，质地疏松，外观干燥，不透明，菌丝疏松或紧密，孢子有颜色。黑曲霉产黑色孢子，米曲霉产黄绿色孢子，青霉产铜绿色孢子，木霉产绿色孢子，红曲霉产红色孢子等。菌种不同，霉菌菌落不同，菌落特征是鉴定霉菌的依据，在霉菌研究中具有重要意义。

根霉、毛霉的菌落：菌落无定形，根霉菌落呈疏松的蜘蛛网状，毛霉菌落呈绒毛状、棉花状，菌落与培养基连接紧密，不易挑起，菌落正反面的颜色、构造及边缘与中心的颜色、构造常常不一致。根霉和毛霉是食品工业中发酵生产豆豉、豆腐乳等的菌种，前者在 18～20℃生长最好，后者在 30℃生长好。

曲霉的菌落特征：菌落有定形，为圆形，直径为 2～3cm，边缘整齐，菌丝比毛霉、根霉短，呈致密的绒毛状，菌种不同孢子颜色不同。曲霉也是生产糖化酶的菌种。

（三）霉菌的繁殖方式

霉菌的繁殖具有无性繁殖和有性繁殖两种方式，无性繁殖通过菌丝断裂和产无性孢子而实现，霉菌产生的无性孢子有孢囊孢子、分生孢子、裂生孢子（节孢子）和厚垣孢子（图 2-40）等；有性繁殖产生接合孢子、子囊孢子、卵孢子等有性孢子。

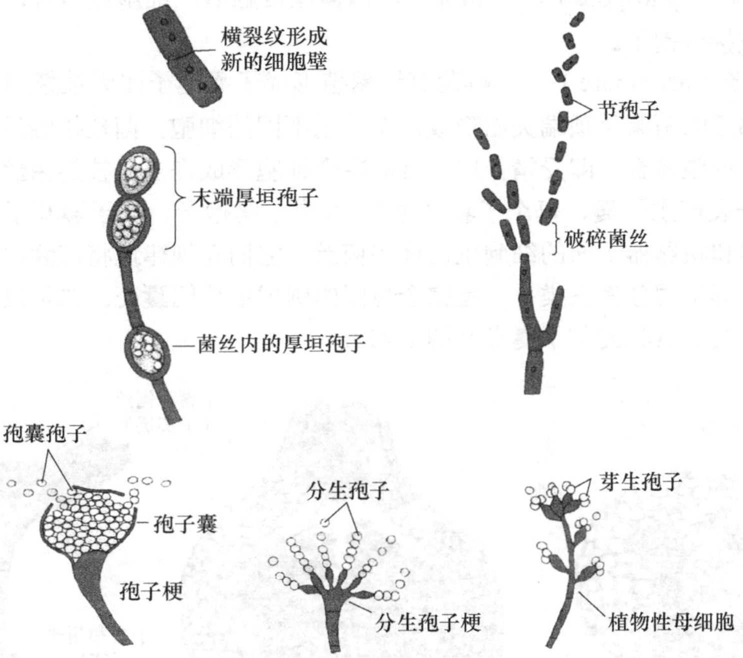

图 2-40　真菌的无性繁殖（刘志恒，2008）

1. 无性繁殖

1）孢囊孢子（sporangiospore）　生长在孢子囊内的孢子称孢囊孢子。这是内生孢子，在孢子形成时，气生菌丝或孢囊梗顶端膨大，并在下方生出横隔膜与菌丝分开而形成孢子囊。孢子囊逐渐长大，然后在囊中形成许多核，每个核周围包以原生质并产生孢子壁，成孢囊孢子，原来膨大的细胞壁为孢囊壁。带有孢子囊的梗称孢囊梗。孢子囊成熟后破裂，孢囊孢子扩散出来，在适宜的条件可萌发成新个体。

2）分生孢子（conidiospora）　分生孢子是霉菌中常见的无性繁殖孢子，是生于霉菌菌丝细胞外的孢子，所以也可称为外生孢子。分生孢子着生于已分化的分生孢子梗的顶端，具有一定的形状，食品工业中常用的菌种如米曲霉、黑曲霉是这一类型的代表。

3）节孢子（arthrospore）　又称裂生孢子、粉孢子或裂孢子，由菌丝断裂而形成。菌丝生长到一定阶段，菌丝上产生横隔膜，然后从隔膜处断裂，产生许多形如短柱状、筒状或钝圆的节孢子。

4）厚垣孢子（chlamydospore）　又称厚壁孢子，是菌丝的中间或顶端形成一种有厚膜结构的孢子。厚垣孢子内含有丰富的营养物质，对不良环境具有很强的抵抗力。在不良环境中菌丝死亡后，厚垣孢子可继续生存，当环境适宜时，它们又能萌发形成新的菌丝体。厚垣孢子形态为圆形、纺锤形或长方形。

5）*游动孢子*（zoospore）　游动孢子产生在由菌丝膨大而形成的游动孢子囊内，孢子通常为圆形、洋梨形或肾形，具有一根或两根鞭毛，能够游动。鞭毛的亚显微结构为“9+2”型。产生游动孢子的大多为水生真菌。

2. 有性繁殖

1）*接合孢子*（zygospore）　相邻近的两菌丝接触后，细胞壁溶解，菌丝内的核和细胞质融合而形成接合孢子。

2）*子囊孢子*（ascospore）　霉菌有性繁殖形成子囊孢子比无性繁殖形成孢囊孢子更为复杂。由相邻近的两菌丝顶端突出形成两个性别不同的细胞，菌丝接触后，呈卷曲状而互相缠绕，两个性细胞融合，即受精作用。接着融合细胞形成许多分枝的菌丝，称造囊丝。造囊丝经过减数分裂产生子囊，每个子囊产生 2～8 个子囊孢子，在子囊和子囊孢子发育过程中，原来的雄器和藏卵器下面的细胞生出许多菌丝，它们有规律地将产囊丝包围形成了子囊果。子囊果按外形不同分为三类：一是完全封闭的圆球形称闭囊壳；二是没有完全封闭有孔的称子囊壳；三是呈盘状的称子囊盘（图 2-41）。

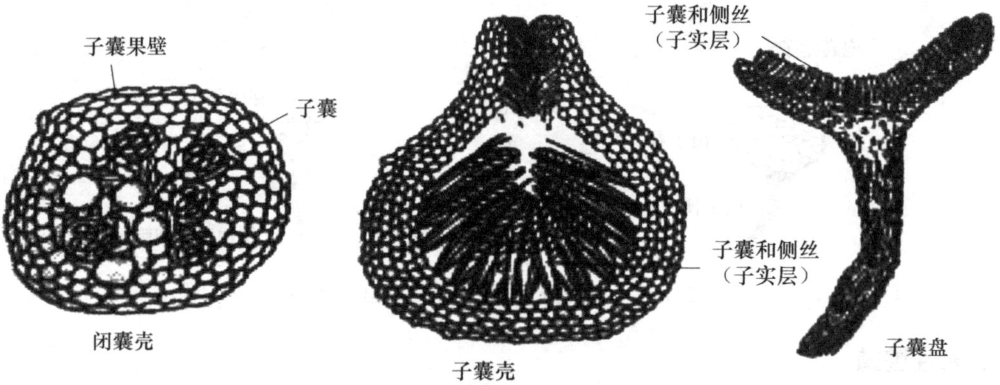

图 2-41　子囊菌的子囊（刘志恒，2008）

子囊孢子成熟后就被释放出来，子囊孢子的形状、大小、颜色、纹饰等差别很大，是子囊菌的分类依据之一。

3）*卵孢子*（oospore）　卵孢子由两个大小不同的配子囊结合发育而成。小型的配子囊称雄器，大型的配子囊称藏卵器。藏卵器中的原生质与雄器配合以前，收缩成一个或数个原生质团，称卵球。雄器与藏卵器配合时，雄器中的原生质和细胞核通过受精管进入藏卵器与卵球配合，卵球生出外壁成为卵孢子，卵孢子的数量取决于卵球的数量。

4）*担孢子*（basidiospore）　担孢子是担子菌产生的有性孢子。在担子菌中，两性器官多退化，以菌丝结合方式产生双核菌丝，在双核菌丝的两个核分裂之前可以产生钩状分枝而形成锁状联合，这有利于双核并裂。双核菌丝的顶端细胞膨大为担子，担子内两个不同性别细胞的核配合形成一个二倍体的细胞核，减数分裂后形成 4 个单倍体的核，同时在担子的顶端长出 4 个小梗，小梗顶端稍膨大，最后 4 个核分别进入小梗的膨大部位，形成 4 个外生的单倍体的担孢子，担孢子呈圆形、椭圆形、肾形或腊肠形。

（四）食品工业中常见的霉菌

1）根霉属（*Rhizopus*）　为单细胞霉菌，生产糖化酶、乳酸、顺丁烯二酸（富马酸）和反丁烯二酸（马来酸），是酿酒和酿造豆腐乳等的菌种。根霉与毛霉同属毛霉目，很多特征相似，根霉有假根和匍匐菌丝，有性繁殖产生接合孢子，无性繁殖产生孢囊孢子，孢子为黑色或褐色。根霉的菌丝体常为白色，无隔膜，单细胞，菌落无定形，呈松的蜘蛛网状，生长迅速可蔓延覆盖整个容器。

2）毛霉属（*Mucor*）　毛霉是接合菌亚门中的重要类群，属于接合菌纲毛霉目毛霉科，种类多，单细胞霉菌，菌丝长，发达初期为白色，呈棉絮状，菌丝多可分枝，菌丝无隔膜，有多个细胞核，不产生假根。无性繁殖为孢囊孢子，孢囊孢子为灰黑色或灰褐色；有性繁殖产生接合孢子。毛霉菌落呈绒毛状、棉花状，菌落与培养基连接紧密，不易挑起，菌落正反面的颜色、构造及边缘与中心的颜色、构造常常不一致等。发酵生产大豆制品、蛋白酶、有机酸等。

3）曲霉属（*Aspergillus*）　是发酵食品加工业的重要菌种。菌丝有隔膜，是多细胞霉菌，菌丝较短，气生菌丝成熟后产生分生孢子梗，分生孢子梗顶端膨大为球形顶囊，顶囊表面长满1～2层辐射状小梗（初生小梗和次生小梗）。最上层小梗呈瓶状，顶端着生成串的球形分生孢子。孢子呈绿、黄、橙、褐、黑等颜色。分生孢子梗生于足细胞上，分生孢子梗的长度、顶囊的形态、小梗是单轮或是双轮，以及孢子的形态、大小、表面结构和颜色是菌种鉴定的依据之一。曲霉属是生产发酵调味品如酱油、豆瓣酱、多种酶制剂、有机酸等的菌种。

4）青霉属（*Penicillium*）　是生产青霉素的重要菌种；种类繁多，其中黄青霉、点青霉等都能产生青霉素，此外还能产生有机酸、酶制剂等。

青霉菌丝与曲霉相似，但没有足细胞，分生孢子梗顶端不膨大，无顶囊，经过多次分枝产生多轮对称或不对称小梗，小梗的顶端产生成串的青色分生孢子，孢子穗形似扫帚。青霉菌属分为4种：一轮生青霉的分生孢子梗只有1轮分枝；二轮生青霉的分生孢子梗有2轮分枝；多轮青霉的分生孢子梗有3轮以上分枝；不对称青霉的分生孢子梗上有不对称的或多或少轮层分枝。孢子穗的形态构造是分类鉴定的重要依据。

5）镰刀菌属（*Fusarium*）　从气生菌丝生长出分生孢子梗和分生孢子，或由培养基内营养菌丝直接生出黏分生孢子团，黏分生孢子团内含有大量的孢子。分生孢子有大小两种类型，大型分生孢子呈镰刀形，常常有3～5个分隔，多的有6～9个分隔，孢子呈卵圆形或椭圆形，少数呈球形、柠檬形等。小型分生孢子大多数是单细胞，少数有1～3个分隔，分生孢子群集时呈黄色、粉红色或橙红色。该菌引起粮食谷物和果蔬的霉变腐烂，有的为植物的病原菌。一些镰刀菌可产生毒素引起人和动物食物中毒，如禾谷镰刀菌。

6）芽枝霉属（*Cladosporium*）　菌丝在培养基表面或内部有匍匐菌丝，菌丝有分隔，分生孢子梗从菌丝顶端生长出，直立并分枝，呈橄榄色。分生孢子从分生孢子梗的顶端芽生，形成树枝状的分生孢子短链。分生孢子也呈橄榄色，球形或卵圆形，初期为单细胞，老后常产生横隔。该属菌引起食品霉变，也可引起纺织品、皮革、纸张和橡胶等物品的霉变。

7）红曲属（*Monascus*）　属于散囊菌目红曲科。能产生红色色素，可作为食品工业中天然红色色素的来源。例如，紫红曲，菌丝体初期为白色，以后呈红色、红紫色，色素可分泌到培养基中去。闭囊壳为橙红色，球形，子囊球形，含 8 个子囊孢子。子囊孢子卵圆形、光滑、无色或淡红色，分生孢子着生在菌丝及其分枝的顶端，单生或呈链状、球形或梨形。

8）木霉属（*Trichoderma*）　菌丝生长初期为白色，有横隔，菌丝在培养基上蔓延生长形成平坦的菌落。分生孢子梗直立、分枝多，不规则分枝或轮生，分枝菌丝与孢子梗多呈直角。分枝上有侧枝分出称为小梗，小梗上长出分生孢子，孢子一般为无色或淡绿色，呈圆形、椭圆形或卵圆形，常常丛生集合在一起似花簇，如绿色木霉。该属霉菌产生纤维素酶，可用于淀粉加工、饲料的发酵和纯棉布的处理等，也可引起木材、皮革和纤维素物品等霉烂。

9）赤霉属（*Gibberella*）　属于核菌纲球壳菌目。有性繁殖产生子囊和子囊孢子。子囊壳球形、光滑，为蓝色。子囊为长棒形，内有 8 个子囊孢子。赤霉菌可产生赤霉素，赤霉素是一种激素，能刺激植物生长，对蔬菜有增产作用。此外，该菌是寄生在植物的病原菌，可引起植物致病。

10）交链孢霉属（*Alternaria*）　菌丝有横隔，匍匐生长。分生孢子梗单生或成簇，大多数不分枝，较短。分生孢子梗的顶端生出分生孢子，形态为桑葚状、椭圆形和卵圆形，大小不定，有纵横隔膜，呈砌砖状排列，顶端延长喙状。孢子褐色到暗褐色，孢子常常数个连接成链。该属菌是植物病原菌，可引起蔬菜食品变质。

11）地霉属（*Geotrichum*）　菌丝分隔，多细胞霉菌，菌丝断裂形成孢子，为裂生孢子，可产生各种颜色，一般为白色，细胞似酵母样的霉菌。该菌可引起果蔬的霉变，由于白地霉细胞含有丰富的营养物质，可用于生产单细胞蛋白，常常用作生产饲料蛋白的菌种。

12）脉孢菌属（*Neurospora*）　子囊孢子表面有纵形花纹，犹如叶脉而得名，又称链孢霉。为多细胞霉菌，菌丝有隔，有分枝，呈疏松网状。无性繁殖生成分生孢子，一般为卵圆形，在气生菌丝顶端形成支链，分生孢子呈橘黄色或粉红色，常常生长在面包等淀粉性食品上，故称红色面包霉。有性繁殖产生子囊和子囊孢子，属于异宗配合。脉孢菌是研究遗传学的好材料。

此外还有虫草属真菌、蘑菇属真菌、灵芝属、木耳属各种食用菌类。

第四节　病　　毒

提到病毒（virus），很多人会想到艾滋病病毒（human immunodeficiency virus，HIV）、乙肝病毒（hepatitis B virus）、疯牛病病毒[朊病毒（prion）]、急性严重呼吸道综合征病毒（severe acute respiratory syndrome virus，SARS 病毒）及禽流感病毒（avian influenza virus）等。据统计，70%～80%的人类传染病是由病毒引起的，病毒对人类和动植物等生命体的生存及健康造成了极大的威胁。

当然，病毒也有其有益的一面。例如，用病毒杀虫剂取代传统的化学杀虫剂，进行生物防治，这样就可以避免化学试剂对自然环境的污染和破坏，另外还可以利用病毒进行疫苗生产和作为遗传工程中的外源基因载体。

病毒是19世纪末才被发现的一类微小的非细胞生物，现代病毒学把非细胞生物分为真病毒（euvirus，简称病毒）和亚病毒（subvirus）两大类（表2-5）。

表2-5　病毒的基本类型

类型		基本特性
	（真）病毒	至少含有蛋白质和核酸两类组分
亚病毒	类病毒	只具有单独侵染性的RNA分子
	拟病毒	只含有不具单独侵染性的RNA分子
	朊病毒	只含蛋白质组分

一、病毒的形态结构

病毒是一类由核酸和蛋白质等少数几种成分组成的超显微“非细胞生物”，遗传物质只含DNA或只含RNA，它们能以感染态和非感染态两种状态存在。在宿主体内时呈感染态（活细胞内寄生），依赖宿主的代谢系统获取能量、复制核酸和合成蛋白质，然后通过核酸与蛋白质的装配而实现大量繁殖；在离体条件下，它们能以无生命的生物状态长期存在，并可保持侵染活性。

（一）病毒的基本特点

病毒的基本特点包括：①个体极其微小。一般都能通过细菌滤器，故必须在电子显微镜下才能观察。②无细胞结构。病毒仅由核酸和蛋白质外壳组成，故又称“分子生物”。③每一种病毒只含一种核酸，即DNA或RNA。④专性活细胞寄生。病毒只携带少数几种酶，没有产能酶系，因而不能独立生活，也不能在无生命的人工培养基上生长，必须依赖寄主细胞提供的酶、营养和能量才能生活。另外，病毒也无完整的蛋白质和核酸合成酶系，只能利用寄主活细胞内现成的代谢系统合成自身的核酸和蛋白质，再将核酸和蛋白质等“元件”装配实现大量繁殖，有些病毒的核酸还能整合到宿主基因组中，并诱发潜伏性感染。⑤对一般抗生素不敏感，但对干扰素敏感。

（二）病毒的形状和大小

病毒形态多种多样，有杆状、球状、卵圆状、砖状、蝌蚪状、子弹状和丝状等（图2-42）。基本形态为杆状、球状（或近似球状）和蝌蚪状。很多植物病毒呈杆状，其中不少为直杆状，如烟草花叶病毒（tobacco mosaic virus，TMV）、苜蓿花叶病毒（alfalfa mosaic virus）等；有的呈稍弯曲的杆状，如马铃薯X病毒(potato virus X)等，而甜菜黄化病毒(beet yellow virus)则呈很长的弯曲丝状。呈球形的植物病毒也不少，如花椰菜花叶病毒（cauliflower mosaic virus）、黄瓜花叶病毒（cucumber mosaic virus）等。有的昆虫病毒，如家蚕核型多角体病毒（*Bombyx mori* nucleopolyhedrovirus）也呈杆状。动物病毒大多为球状，如口蹄疫病毒（foot and mouth disease virus，FMDV）、脊髓灰质炎病毒（polio virus）和腺病毒（adenovirus）等。有的动物病毒，如痘病毒（smallpox）呈砖形或卵圆形。有少数动植物病毒，如水泡性口膜炎病毒、狂犬病病毒及植物弹状病毒则呈子弹状。细菌病毒有的呈蝌蚪状，如 T 偶数噬菌体和 λ 噬菌体等，有的呈球状，有的呈丝状等。在变形虫中还发现一类具有独特形态——长串念珠状的病毒。

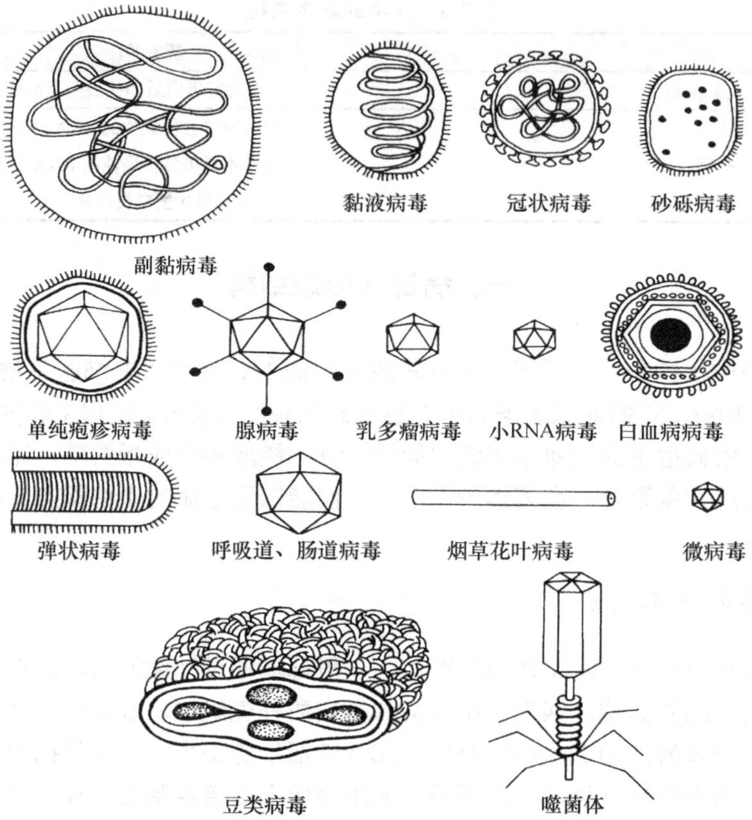

图 2-42　各种病毒颗粒的不同形态和大小比较图（江汉湖和董明盛，2014）

病毒形态极其微小，因此只有借助于电子显微镜才能观察到。绝大多数病毒能够通过细菌滤器。病毒大小的测量单位是纳米（nm，10^{-9}m）。病毒大小相差悬殊，在各类病毒之间和同类病毒中都是这样。最大的病毒是痘病毒，它的大小为（300～450）nm×（170～260）nm；最小的病毒为菜豆畸矮病毒，其直径只有 9～11nm。球状动物病毒的直径多数为 40～150nm，不少球状植物病毒的直径约为 30nm。大多数杆状植物病毒的长度为 110～900nm，宽 10～25nm；在细菌病毒中，蝌蚪状噬菌体的头部长为 47～110nm，尾部大小为（15～170）nm×（10～25）nm，球状噬菌体的直径为 24～30nm；丝（杆）状噬菌体约为 6nm×800nm。

（三）病毒的结构与化学组成

1. 病毒粒子的结构

病毒没有细胞结构，单个病毒个体不能称为“单细胞”，有感染性的完整单个病毒颗粒称为病毒体（virion）或病毒粒子（virus particle）（图 2-43）。病毒体主要由核酸和蛋白质组成，核酸位于中心部位，称为核心（core）或基因组（genome）。核心外由蛋白质包围，形成了衣壳（capsid）。核酸与衣壳组成核衣壳（nucleo-capsid）。衣壳的功能是：保护基因组（核酸），使其免遭环境中核酸酶或其他不利因素的破坏；决定病毒感染的特异性，并能介导病毒核酸进入寄主细胞；具有抗原性。病毒的衣壳由许多衣壳粒（capsomer）组成，每个衣壳粒是由一种或几种肽链折叠而成的蛋白质亚单位。各衣壳粒之间以非共价键连接，呈对称排列，围绕着核酸形成一层保护性外壳。由于核酸的形态和结构不同，多肽排列也不同，因而形成了几种对称形式，这可作为病毒分类学上的一项鉴别指标。小型病毒多数是裸露的核衣壳。有些病毒在核衣壳外还有一层称为包膜（envelope）的外套，有的包膜上还有刺突（spike），包膜由脂肪或蛋白质组成，包膜也被称为囊膜。

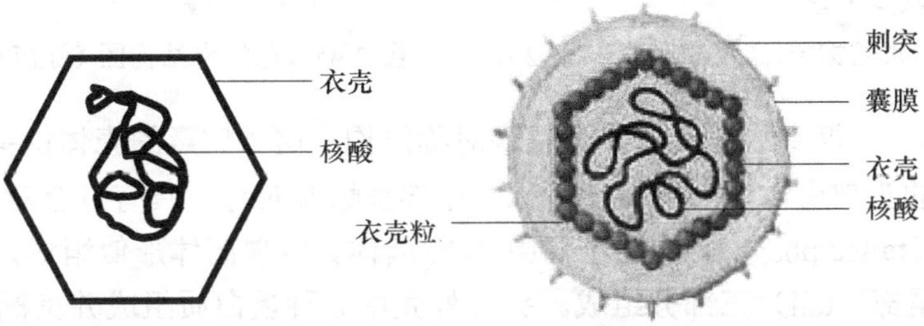

图 2-43　病毒结构示意图（江汉湖和董明盛，2014）

病毒结构
- 基本结构（核衣壳）
  - 核心
  - 衣壳（衣壳粒⟶衣壳）
- 辅助结构 —— 包膜（囊膜）

病毒的形状同其壳体的基本结构有着紧密的联系。病毒的壳体有三种结构类型，与之相对应，病毒颗粒的形状大致可分为下列三种类型。

1）螺旋对称　蛋白质亚基沿中心轴呈螺旋状排列，形成高度有序、对称的稳定结构，核酸位于壳体的螺旋状结构中。具有螺旋对称结构的病毒多数是单链 RNA 病毒，其粒体形态为直杆状（烟草花叶病毒）、弯曲杆状（马铃薯 X 病毒）和线状（大肠杆菌噬菌体 f1）等杆状病毒颗粒。TMV 的杆状壳体由 2130 个衣壳粒螺旋状排列而成，约有 130 个螺旋，螺距为 2.35nm，壳体全长约 300nm。由 95%的衣壳蛋白和 5%的 ssRNA 组成（图 2-44）。由于核酸有合适的蛋白质外壳包裹和保护，故结构十分稳定，可在室温下存活多年而不散失其侵染性。

2）二十面体对称　病毒的壳体为二十面体对称，呈球状，大部分动物病毒和少数植物病毒颗粒均为此结构。各种病毒的衣壳亚基数目不等，排列方式不同，亚基往往聚在一起形成 2、3、4、5 或 6 邻体，因而使电镜下的近球状病毒的外形变化丰富。腺病毒的壳体是这类结构的典型代表，它于 1953 年首次从手术切除的小儿扁桃体中分离得到。由 252 个球形的衣壳粒蛋白排列成一个二十面的对称体（图 2-45）。蛋白质亚基围绕具得立方对称的正多面体的角或边排列，进而形成一个封闭的蛋白质鞘。因二十面体容积最大，能包装更多的病毒核酸，所以病毒壳体多是二十面体对称结构。近年来，又发现一类新型病毒，即双生病毒，它的结构特点是两个二十面体连在一起，每个球体由 12 个蛋白亚基构成，两两连接时黏合处失去一个亚基。

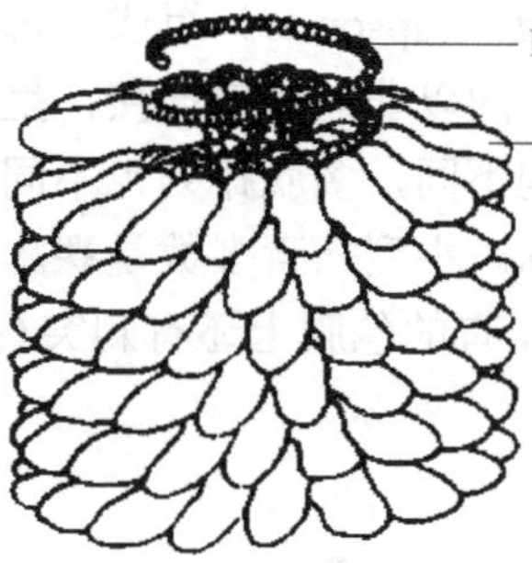

图 2-44　烟草花叶病毒结构图(江汉湖和董明盛，2014)

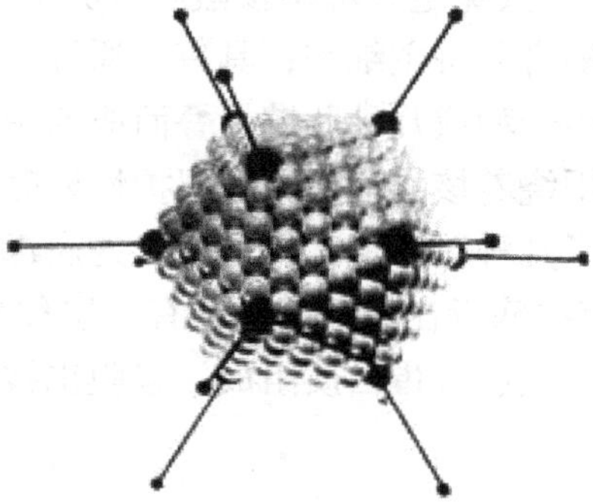

图 2-45　腺病毒结构图（江汉湖和董明盛，2014）

3）复合对称　仅少数病毒壳体为复合对称结构。这类病毒的壳体由头部和尾部组成，包装有病毒核酸的头部通常呈二十面体对称，尾部呈螺旋对称。具有复合对称结构的典型例子是有尾噬菌体（tailed phage），如大肠杆菌 T_4 噬菌体。T_4 噬菌体形似蝌蚪，由头部（head）、颈部（neck）和尾部（tail）三部分组成。头部外壳由 8 种蛋白质组成并呈椭圆形二十面体，含 212 个衣壳粒，dsDNA 核酸位于蛋白质外壳中，长度约 50μm，为头部长度的 650 倍。T_4 噬菌体的尾部为螺旋对称结构，含有两种分子质量较大的蛋白质和 4 种分子质量较小的蛋白质，由 144 个衣壳粒螺旋状排列，形成棒状，含有 24 个螺旋。尾部由尾鞘、尾管、基板、刺突和尾丝组成。尾鞘长 95nm，可收缩。尾管长 95nm，中空，是注射核酸的通道。基板和颈环一样为六角形的盘状结构，其上长有刺突和尾丝（图 2-46）。

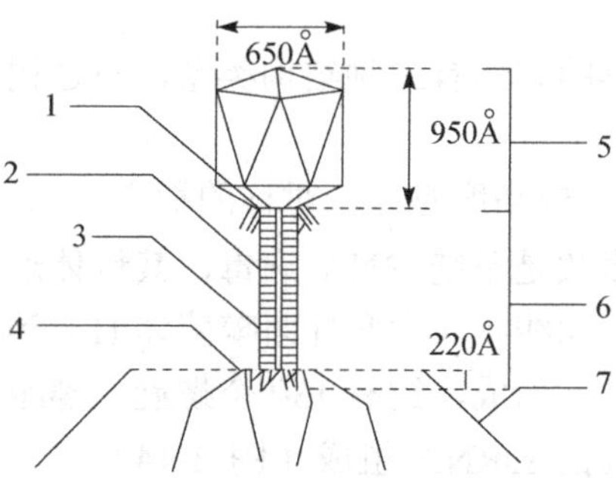

图 2-46　噬菌体的形态（江汉湖和董明盛，2014）

1. 颈环；2. 伸展的尾鞘；3. 中空的核心；4. 刺突；5. 头部；6. 尾部；7. 尾丝

2. 病毒的化学组成

病毒的基本化学组成是核酸和蛋白质。所有成熟的病毒至少由一种或几种蛋白质和一种核酸组成，只有少数几种例外，它们仅以核酸形式存在，如类病毒。有些病毒还含有一定量的脂类物质及碳水化合物等。

1）病毒核酸　核酸是病毒的遗传物质，携带着病毒的全部遗传信息，是病毒遗传和感染的物质基础。一种病毒的病毒颗粒只含有一种核酸，DNA 或 RNA，至今还没发现一种病毒同时兼有两类核酸。病毒核酸以单链、双链或环状形式存在。RNA 病毒多数是单链，极少数为双链；DNA 病毒多数为双链，少数为单链。病毒核酸还有线状和环状之分，如玉米条纹病毒（maize streak virus）的核酸为线性单链 DNA，大丽菊花叶病毒（dahlia mosaic virus）的核酸为闭合环状双链 DNA。但 RNA 病毒核酸都呈线状，罕见环状。

此外，病毒核酸还有正负链之分。凡碱基排列顺序与 mRNA 相同的单链 DNA 或 RNA，称为（+）DNA 链或（+）RNA 链；凡碱基排列顺序与 mRNA 互补的单链 DNA 和 RNA，称为（–）DNA 链或（–）RNA 链。提纯的正链（+）核酸具有侵染性，可直接作为 mRNA 合成蛋白质，而提纯的负链（–）没有侵染性，必须依靠病毒本身携带的转录酶转录成正链后才能作为 mRNA 合成蛋白质。

不同种类的病毒，其核酸含量差别较大，通常为 1%～50%。例如，流感病毒的核酸不到病毒颗粒质量的 1%，大肠杆菌噬菌体 T_2、T_4、T_6 的核酸约占病毒颗粒的一半或更多。由于核酸是病毒的遗传物质，每种病毒颗粒中的核酸含量并不一致，病毒核酸含量同其结构和功能也有一定的关系，结构复杂的病毒有较多的核酸，结构简单的病毒只有较少的核酸。

2）*病毒蛋白* 蛋白质是病毒的另一类主要成分，包括结构蛋白和非结构蛋白。蛋白质在病毒中的含量随病毒种类而异，如狂犬病病毒的蛋白质含量约占整个病毒粒子的 96%，而大肠杆菌 T_3、T_4 噬菌体则只占 40%。

非结构蛋白是指由病毒基因组编码，在病毒复制或基因表达调控过程中具有一定功能，但不结合于病毒颗粒中的蛋白质。

结构蛋白是指构成一个形态成熟的、有感染性的病毒颗粒所必需的蛋白质，包括壳体蛋白、包膜蛋白和酶等。酶根据功能大致分为两类：一类参与病毒侵入、释放等过程，如 T_4 噬菌体的溶菌酶；另一类参与病毒的大分子合成，如反转录病毒的反转录酶。

3）*脂类和糖类* 少数有包膜（或囊膜）的大型病毒除含有蛋白质和核酸外，还含有脂类和糖类等其他成分，如流感病毒除含 19%的脂类外，还含有 6%的非核糖成分的糖类。病毒所含的脂类主要是一些磷脂、脂肪酸、甘油三酯和胆固醇等。这些脂类几乎都是由病毒粒子在细胞内成熟后释放过程中，直接从寄主细胞膜上得到的。病毒脂类的存在与病毒的吸附和侵入有关。病毒所含的糖，主要是葡萄糖、龙胆二糖、岩藻糖、半乳糖等。它们或以糖苷键直接与碱基相连，或与氨基酸残基相连，或以糖蛋白的形式存在。糖蛋白位于有包膜病毒的表面，已知它与血清反应有关。

4）*病毒的包涵体* 有些病毒在寄主细胞内还形成包涵体结构，它们多数位于细胞质内，具嗜酸性；少数位于细胞核内，具嗜碱性；也有细胞质和细胞核内都存在的类型。包涵体是寄主细胞被病毒感染后形成的蛋白质结晶体，内含 1 个到多个病毒粒子。包涵体的个体较大，在光学显微镜下就能看到。

二、病毒的主要类群

自从 1892 年伊万诺夫斯基发现病毒以来，迄今已发现了 3600 多种病毒。很多病毒学家对病毒的分类做了不懈的努力，探索了很多的途径，提出了大量的方案，但目前还不成熟，还不完善。1995 年国际病毒委员会第六次报告中提出了一个病毒分类系统，包括一个目 71 个簇 11 个亚簇和 164 个属（超过 400 个种），这个分类系统仍然有上百个病毒未分类，多数缺乏资料，而且有新的病毒不断出现。所以人们仍然根据病毒对宿主感染的专一性，按宿主的不同将病毒分为微生物病毒、植物病毒、脊椎动物病毒和昆虫病毒。

1）*微生物病毒* 侵染细菌、放线菌、蓝细菌等原核微生物的病毒，通常称为噬菌体。微生物病毒广泛存在于自然界中，在真菌、蓝绿藻中也发现有病毒的感染。据报道，至今已做过电镜观察的噬菌体至少有 2850 种（株），其中 2700 种（株）是有尾的，噬菌体在病毒学中以大肠杆菌中发现的噬菌体最多，也是研究最深入的。

2）*植物病毒* 植物病毒大部分属于 ssRNA 病毒，其基本形态有杆状、丝状和等轴对称的近球状二十面体，一般没有囊膜，只有少数种类才有囊膜，如植物弹状病毒组的莴苣坏死黄化病病毒等。植物病毒虽是严格的细胞内寄生物，但是它们的专化性并不强，往往一种病毒可寄生在不同种、属甚至不同科的植物上，如 TMV 就可以传染 10 多个科 100 多种草本和木本植物。

已知的植物病毒多达 600 多种，绝大多数为种子植物，尤其是禾本科、葫芦科、豆科、十字花科等植物都易发生病毒病。植物患病毒病后，主要出现三类症状：因叶绿体被破坏或不能合成新的叶绿素，而引起花叶、黄化或红化等症状；植株发生矮化、丛枝或畸形等；形成枯斑或坏死等症状。

3）*脊椎动物病毒* 在人类和其他哺乳动物、禽类、鱼类等各种脊椎动物中，广泛存在着相应的病毒。目前研究得较广泛和深入的还是那些与人类健康、畜牧业生产直接相关的脊椎动物病毒，引起的常见疾病如流感病、麻疹、腮腺炎、肝炎、疱疹、流行性乙型脑炎、艾滋病及狂犬病等。此外，据统计，在人类的恶性肿瘤中，约有 15%是由于病毒感染而诱发的。其他哺乳动物的病毒病也相当普遍，如猪瘟、牛瘟、口蹄疫等。家禽中则有新城疫、鸡瘟和鸡劳斯氏肉瘤、禽流感等。

4）*昆虫病毒* 在病毒学领域内，昆虫病毒的研究和开发工作起步较晚，但发展较快。据记载，当前国际上已报道的病毒大约有 6452 种（2017 年）。在昆虫病毒中，80%以上是农林业中常见的鳞翅目害虫的病原体。

大多数昆虫可在宿主细胞内形成包涵体。由于在光学显微镜下观察，昆虫病毒包涵体一般呈多角状，因此称为多角体（polyhedron）。多角体一般是外形呈多角状的多面体，大小一般为 0.5～10μm，多数约为 3μm；多角体成分为碱溶性结晶蛋白，其内包裹着数目不等的病毒粒子。包涵体可在细胞核或细胞质内形成。

根据是否形成包涵体，把昆虫病毒分为包涵体病毒和非包涵体病毒。在包涵体病毒中分为核型多角体病毒（NPV），在宿主细胞核内形成包涵体和杆状的病毒粒子；质型多角体病毒（CPV），在宿主细胞质中形成包涵体和球状病毒粒子；以及颗粒体病毒（GV），可在细胞核或细胞质中形成包涵体和杆状病毒粒子。

三、噬 菌 体

噬菌体（phage，bacteriophage）即原核生物的病毒，包括噬细菌体（bacteriophage）、噬放线菌体（actinophage）和噬蓝细菌体（cyanophage）等，它们广泛存在于自然界。

（一）噬菌体的形态

与其他病毒一样，噬菌体都是由蛋白质和核酸组成的。核酸以单链或双链分子组成环状或线状，病毒粒子外壳有不同形状和大小。基本形态为蝌蚪形、微球形和丝状 3 种。从结构看又可以分为 6 种不同的类型，现将它们概括于表 2-6。

表 2-6　几种噬菌体的形态及其核酸特征

类型	描述	形态	代表
1	蝌蚪形收缩性长尾噬菌体，具六角形头部及可收缩的尾部，dsDNA		T_2、T_4噬菌体
2	蝌蚪形非收缩性长尾噬菌体，具六角形头部，dsDNA		T_1、λ温和噬菌体
3	蝌蚪形非收缩性短尾噬菌体，具六角形头部，dsDNA		T_3、T_7噬菌体
4	六角形大顶衣壳粒噬菌体，12 个顶角各有一个较大的衣壳粒，无尾部，ssDNA	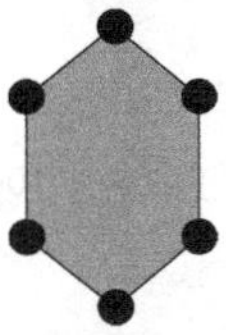	ΦX174、S13
5	六角形小顶衣壳粒噬菌体，球状，ssRNA		MS2、f2、QB
6	丝状噬菌体，无头部，ssDNA		Fd、M13

（二）噬菌体的增殖周期

噬菌体感染细菌细胞后，在胞内增殖，凡导致寄主细胞裂解者称为烈性噬菌体（virulent phage）；而不使寄主细胞发生裂解，并与寄主细胞同步复制的噬菌体，称为温和噬菌体（temperate phage），这种寄主细胞称为溶原菌（lysogen 或 lysogenic bacteria）。

1. 烈性噬菌体的生长周期

定量描述烈性噬菌体生长规律的实验曲线称为一步生长曲线，如图 2-47 所示。该曲线反映出三个重要特征参数：潜伏期、裂解期、裂解量。一步生长曲线的实验方法如下：先把对数生长期的敏感细菌悬浮液与适量的噬菌体混合，通常噬菌体和细菌的混合比例为 10∶1，避免几个噬菌体同时侵染一个细菌细胞。数分钟吸附后，混合液中加入一定量的该噬菌体抗血清，以中和尚未吸附的噬菌体。然后再用培养液进行高倍稀释，以免发生第二次吸附和感染。培养后定时取样，将含噬菌体的样品与敏感细菌混合，涂布平板，计算噬菌斑数。结果可见，在吸附后的开始一段时间内（5～10min），噬菌斑数不见增加，说明噬菌体尚未完成复制和组装，这段时间称为噬菌体的潜伏期。紧接着在潜伏期后的一段时间（感染后 20～

30min），平板中的噬菌斑数突然直线上升，表示噬菌体已从寄主细胞中裂解释放出来，这段时间称为裂解期。每个被感染的细菌释放出新的噬菌体的平均数称为裂解量。当宿主全部裂解，溶液中的噬菌体的效价达到最高点时称为平稳期。

$$裂解量=\frac{裂解期平均噬菌斑数}{潜伏期平均噬菌斑数}$$

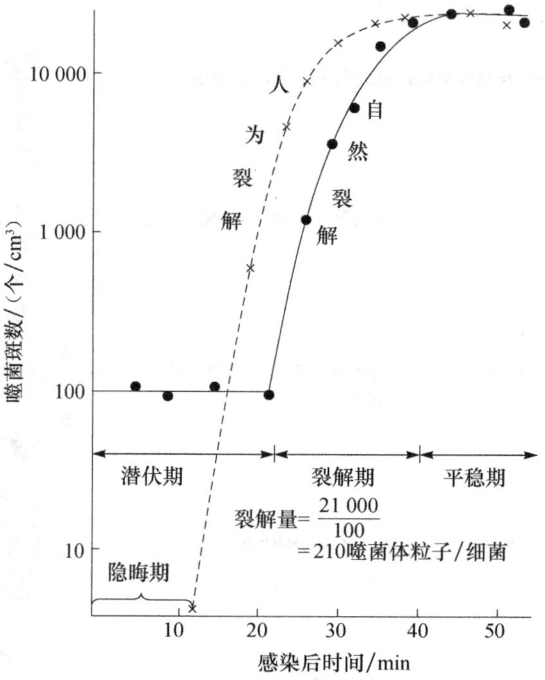

图 2-47　T_4噬菌体的一步生长曲线图

2. 烈性噬菌体的增殖过程

烈性噬菌体的入侵增殖一般包括吸附、侵入、增殖、装配、释放 5 个阶段。在此以大肠杆菌的 T-系噬菌体（双链 DNA）为例，介绍噬菌体的复制过程（图 2-48）。

1）*吸附*　　噬菌体侵染寄主细胞的第一步为吸附。吸附过程一方面取决于菌体表面受体的结构；另一方面取决于噬菌体吸附器官——尾部吸附点的结构。噬菌体与敏感的寄主细胞相遇后，吸附在寄主细胞表面的特异性受点（蛋白质、多糖或脂蛋白-多糖复合物）处，这是一种不可逆的特异性反应。T_4噬菌体是以尾丝与特异性受点结合，完成吸附，随之刺突和基板固定在受点上。一种细菌可被多种噬菌体感染，不同噬菌体在同一菌体的不同受点上吸附。因此，大肠杆菌与 T_4 噬菌体饱和吸附后，并不妨碍和另一种噬菌体（如 T_6）的吸附。吸附过程也受环境因子的影响，如 pH、温度、阳离子浓度等都会影响吸附速度。

2）*侵入*　　大肠杆菌 T_4 噬菌体以其尾部吸附到敏感菌表面后，将尾丝展开并固着于细胞上。尾部的酶水解细胞壁的肽聚糖，使细胞壁产生一小孔，然后尾鞘收缩，将头部的核酸通过中空的尾管压入细胞内，而蛋白质外壳则留在细胞外。大肠杆菌 T-系噬菌体只需几十秒就可完成这个过程，但受环境条件的影响。通常一种细菌可以受到几种噬菌体的吸附，但细菌只允许一种噬菌体侵入，如有两种噬菌体吸附时，首先将核酸注入细菌细胞的噬菌体可以排斥或抑制另一种噬菌体的侵入。即使侵入了，也不能增殖而逐渐消解。尾鞘并非噬菌体侵入所必不可少的。有些噬菌体没有尾鞘，也不收缩，仍能将核酸注入细胞。但尾鞘的收缩可明显提高噬菌体核酸注入的速率，如 T_2 噬菌体的核酸注入速率就比 M13 的快 100 倍左右。

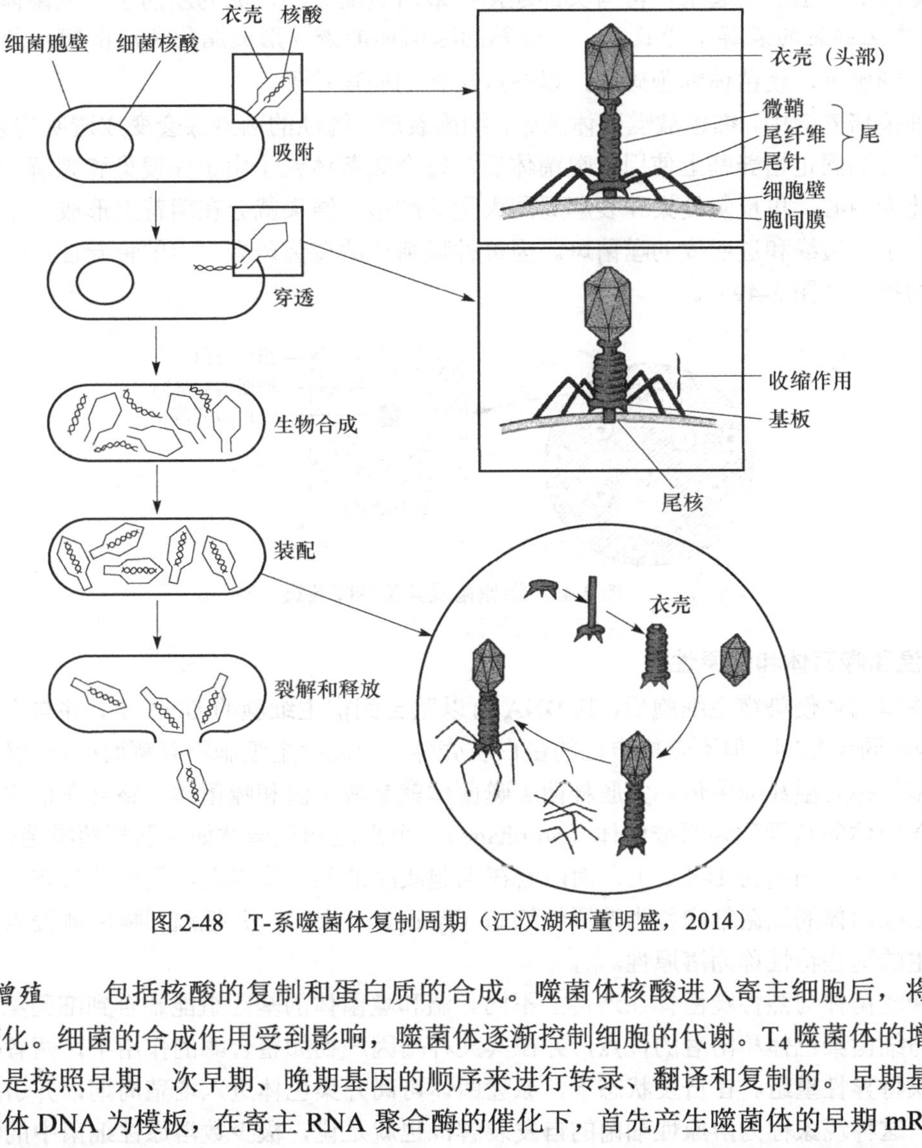

图 2-48　T-系噬菌体复制周期（江汉湖和董明盛，2014）

3）**增殖**　包括核酸的复制和蛋白质的合成。噬菌体核酸进入寄主细胞后，将会引起一系列变化。细菌的合成作用受到影响，噬菌体逐渐控制细胞的代谢。T_4 噬菌体的增殖具有时序性，是按照早期、次早期、晚期基因的顺序来进行转录、翻译和复制的。早期基因的表达以噬菌体 DNA 为模板，在寄主 RNA 聚合酶的催化下，首先产生噬菌体的早期 mRNA，再利用寄主的核糖体翻译产生早期蛋白。早期蛋白是一种更改蛋白，与寄主细胞原有 RNA 聚合酶结合后改变后者性质，使其只能转录噬菌体的次早期基因。次早期基因表达后形成次早期蛋白，次早期蛋白包括一些分解宿主细胞 DNA 的 DNA 酶，复制噬菌体 DNA 的 DNA 聚合酶及供晚期基因表达的晚期 RNA 聚合酶等。晚期基因的可表达晚期蛋白，包括一大批可用于子代噬菌体装配的“部件”，如头部蛋白、尾部蛋白、各种装配蛋白、溶菌酶等。在这时期，细胞内看不到噬菌体粒子，称为潜伏期（latent period）。潜伏期是指噬菌体吸附在宿主细胞至宿主细胞裂解，释放噬菌体的最短时间。至此噬菌体的核酸复制和蛋白质合成就完成了。

4）粒子成熟（装配）　当噬菌体的核酸、蛋白质分别合成后便装配成成熟的、有侵染力的噬菌体粒子。例如，大肠杆菌 T_4 噬菌体的 DNA、头部蛋白质亚单位、尾鞘、尾管、基板、尾丝等部件合成后，DNA 收缩聚集，被头部外壳蛋白质包围，形成二十面体的噬菌体头部。尾部部件也装配起来，再与头部连接，最后装配完毕，成为新的子代噬菌体。

5）寄主细胞的裂解（释放）　成熟的噬菌体能诱导形成脂酶和溶菌酶，分别作用于细胞膜和细胞壁，使菌体细胞破裂，以释放出新的病毒粒子。

在细菌培养液中，细菌被噬菌体感染，细胞裂解，浑浊的菌悬液会变成透明的裂解溶液。在长满菌苔的固定培养基上使用了噬菌体后，每个噬菌体粒子由于先侵染和裂解一个细胞，然后以此为中心，再反复侵染和裂解周围大量的细胞，结果就会在菌苔上形成一个具有一定性状、大小、边缘和透明度的噬菌斑。因每种噬菌体的噬菌斑有一定的特异性，它也是噬菌体鉴定的指标（图 2-49）。

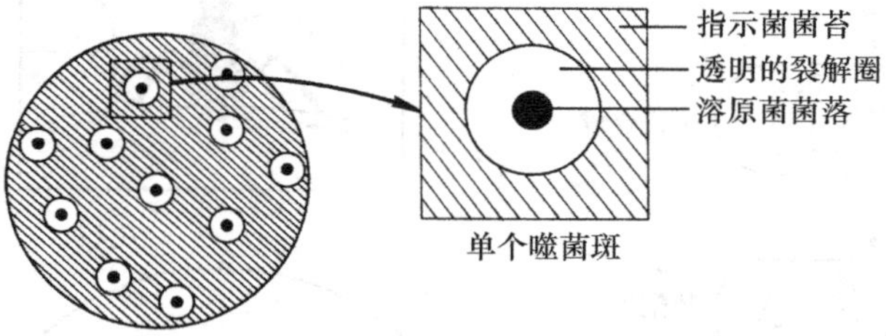

图 2-49　溶原菌及其特殊噬菌斑

3. 温和噬菌体和溶原性

有些噬菌体侵染宿主细胞后，其 DNA 可以整合到宿主细胞的 DNA 上，并与宿主细胞染色体 DNA 同步复制，但不合成自己的蛋白质壳体，因此宿主细胞不裂解而能继续生长繁殖，这类噬菌体称为温和噬菌体。大肠杆菌 λ 噬菌体就是属于温和噬菌体。整合在宿主基因组上的温和噬菌体的基因称为原噬菌体（prophage）。个别温和噬菌体如大肠杆菌噬菌体 P1，其核酸并不整合在细菌的 DNA 上，而附着在细胞质膜的某一位点上，呈质粒状态存在。人们把含有原噬菌体的细菌细胞称为溶原性细胞（lysogenic cell），并把温和噬菌体侵入宿主细胞后所产生的这些特性称为溶原性。

温和噬菌体与烈性噬菌体在遗传上不同。温和噬菌体的基因组能整合到细菌染色体上，有一个与细菌染色体相附着的位点，并在其某种基因产物如整合酶的作用下，两者在此位点发生一次特异性重组。在自发状态下，原噬菌体可离开染色体进入增殖周期，并引起宿主细胞裂解，这种现象称为溶原性细菌的自发裂解，也就是说，极少数溶原性细菌中的温和噬菌体变成了烈性噬菌体。这种自发裂解的频率很低，如大肠杆菌溶原性品系的自发裂解频率为 10^{-5}～10^{-2}。用某些适量的理化因子，如紫外线或各种射线，化学药物中的诱变剂、致畸剂、致癌物或抗癌物、丝裂霉素 C 等处理溶原性细菌，也能诱发溶原细胞大量裂解，释放出噬菌体的粒子。噬菌体与宿主菌细胞之间的关系如图 2-50 所示。

（三）发酵工业中噬菌体污染的防止

在发酵工业和食品工业中，噬菌体带来的危害是污染生产菌种，造成菌体裂解，无法累

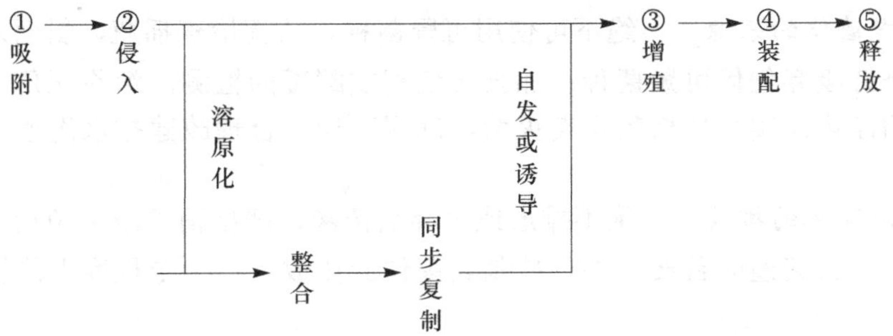

图2-50 噬菌体感染的烈性和溶原性过程示意图（江汉湖和董明盛，2014）

积发酵产物，发生倒罐事件，损失极其严重。噬菌体在细菌发酵工业中普遍存在，而在酵母菌，如啤酒酵母、红酵母中也有类似噬菌体存在。

1. 噬菌体污染的原因

利用微生物发酵常会遇到噬菌体危害。例如，抗生素、味精、有机溶剂和酿酒发酵经常会遭到噬菌体危害，噬菌体污染主要原因之一是发酵菌种本身，几乎所有的菌种都可能是溶原性的，都有释放病毒粒子的可能，在实践中不能忽视因菌种不纯而携带或混有噬菌体的情况。原因之二是噬菌体广泛分布于自然界，凡是有细菌的地方几乎都有噬菌体。一种菌可能被两种以上噬菌体感染，最多的可能有8种之多。原因之三是发酵系统本身的原因，如空气过滤系统失效或发酵罐中存在大量噬菌体等。因此，在发酵进行之前先做噬菌体检测。发酵罐内一旦发生噬菌体污染，随后会通过排气、洗罐水或偶尔的漏液等大量散布噬菌体。车间内空气流量计的出口可以将夹带在排气中的噬菌体源源不断地传播到室内空气中，从而使生产系统的各个环节受到影响。工作人员在取样检测和劳动操作中，很容易将沾在手、工作服、容器、鞋和车辆上的噬菌体传播到各处。从明沟排出的噬菌体，很容易附着于尘埃土粒上，随风飘浮传播。

2. 噬菌体污染的后果

各种发酵系统在污染噬菌体后，常出现一些明显的异常现象，如碳源和氮源的消耗减缓，发酵周期延长，pH异常变化，泡沫剧增，发酵液色泽和稠度改变，出现异常臭味，菌体裂解和减少，引起光密度降低，产物锐减和产品品质下降等。污染严重时，无法继续发酵，应将整个发酵液废弃。

3. 乳品工业发酵中常见的噬菌体

乳品发酵剂受噬菌体污染也是一个非常重要的问题，特别是嗜温型发酵剂更易遭到噬菌体的污染，既包括烈性噬菌体又包括温和噬菌体。侵染 *Lactococcus lactis* subsp. *lactis* 和 *Lactococcus lactis* subsp. *cremoris* 的都属于 Bradley B 群。侵染嗜热链球菌（*Streptococcus thermophilus*）的也属于 Bradley B 群，侵染乳酸杆菌属和明串珠菌属的属于 Bradley A 和 Bradley B 群。由于明串珠属细菌生长缓慢，并且部分菌种在生长过程中产生胞外葡聚糖，可阻碍噬菌体的吸附，因而一般不易被噬菌体侵染。

4. 噬菌体污染的防治措施

防治噬菌体危害，首先是提高有关人员的思想认识，建立“防重于治”的观念。预防的措施主要有以下几方面。

1）*杜绝噬菌体的来源* 绝不可使用可疑菌种，认真检查摇瓶、斜面及种子罐所使用的菌种，坚持废弃任何可疑菌种；加强管道和发酵罐的检测，消除死角；充分注意对空气过滤器的净化，实行严格的定期灭菌，确保干燥；合理改建排水沟道；严格执行会客制度。

2）*控制活菌体的排放* 绝不排放或丢弃活菌液，严格消毒或灭菌后才能排放。活菌体是噬菌体生长繁殖的首要条件，控制其菌体的排放，在一定程度上能控制噬菌体的数量。

3）*严格保持环境卫生* 发酵工厂净化环境是消灭或减少噬菌体和杂菌污染的基本措施之一。应该建立环境卫生制度，定期清扫，定期消毒，定期检查。

4）*不断筛选抗性菌种和经常轮换生产菌种* 如果在大量发酵过程中发现有噬菌体污染，为避免更大经济损失，可以接种另一种菌，继续发酵。轮换使用不同的菌株、选育和使用抗噬菌体的生产菌株是预防噬菌体的一种经济有效手段。

5）*基因重组改造菌种* 一种方法是利用质粒上的抗噬菌体基因，把质粒转化入菌株中；另一种方法是利用反义 RNA 技术，多数噬菌体都有一个 1.6kb 的 *Eco*R Ⅰ片段，不同噬菌体中的 *Eco*R Ⅰ片段具有 90%以上的同源性，把此片段反向插入启动子的下游，可与噬菌体的 mRNA 杂交，形成复合物，从而影响噬菌体的复制，最终起到防治噬菌体的作用。

6）*使用抗噬菌体培养基* 噬菌体对乳品发酵剂的侵染依赖于培养基中的游离钙离子的存在。如果乳中缺少游离钙，则噬菌体对一些乳酸链球菌的侵染受到抑制。现在已有比较成功的抗噬菌体培养基，如 PRM（phage resistant medium）或称为 PIM（phage inhibitory medium）。

如果预防不成，则造成污染，一旦发现噬菌体污染，要及时采取合理措施。例如，尽快提取成品；使用药物抑制；加入某些金属螯合剂（如 0.3%～0.5%的草酸盐、柠檬酸铵，可抑制噬菌体的吸附和侵入）、表面活性剂等；及时改用抗噬菌体的生产菌株。

第五节 微生物的分类鉴定

一、原核微生物的分类鉴定

现代微生物的分类学，已经从原有的按微生物的表型进行分类的经典分类方法发展到了按亲缘关系和进化规律进行分类的微生物系统学阶段。

（一）原核微生物的分类单元

分类单元又称分类单位，种以上的系统分类单元可分成 7 级分类单元（以黄杆菌为例）。

界（kingdom） 细菌界

门（phylum） 黄杆菌门

纲（class） 黄杆菌纲

目（order） 黄杆菌目

科（family） 黄杆菌科

属（genus）　　　　黄杆菌属

种（species）　　　　黄杆菌种

微生物种：是一群表型特征高度相似，亲缘关系极其相近，与同属内的其他物种有着明显差异的一大群菌株的总称。

1. 学名

每种微生物都有自己的专门名称，名称分两类：一是俗名，具有大众化、简明等特点，但往往含义不够确切，易于重复，尤其不利于学术交流，如结核杆菌是结核分枝杆菌（*Mycobacterium tuberculosis*）的俗称；二是学名，它是某一菌种的科学名称，是按《国际命名法规》进行命名并受国际学术界公认的、通用的正式命名。学名的表示方法分双名法和三名法两种。

1）*双名法*　由属名和种名构成。属名的首字母必须大写，种名加词的字母必须小写。例如：

$$\text{学名}=\underbrace{\text{属名}+\text{种名加词}}_{\text{斜体}}+\text{（首次定}\underbrace{\text{名人}+\text{现名定名人}+\text{现名定}}_{\text{正体，一般省略}}\text{名年份）}$$

大肠埃希氏菌（大肠杆菌）

Escherichia coli (Migula) Castellani et Chalmers 1919

2）*三名法*　当某种微生物是一个亚种（subspecies，subsp）或变种（variety，var）时，学名就应该按三名法拼写：

$$\text{学名}=\text{属}\underbrace{\text{名}+\text{种名}}_{\text{斜体}}\text{加词}+\underbrace{\text{符号subsp或var}}_{\text{正体，可省略}}+\underbrace{\text{亚种或变种的加词}}_{\text{斜体，不可省略}}$$

2. 有关学名的其他知识

1）*属名*　属名是一个表示微生物主要特征的名词或用作名词的形容词，单数，首字母应大写。其词源可来自拉丁词、希腊词或其他拉丁化的外来词，也有以组合的方式拼成。属名在重复出现时可缩写成一个、两个或三个字母，在其后加上一个点。例如，*Bacillus* 芽孢杆菌属可缩写成“*B.*”或“*Bac.*”，*Pseudomonas* 假单胞菌属可缩写成“*P.*”，*Aspergillus* 曲霉属可缩写成“*Asp.*”或“*A.*”。

2）*种名加词*　又称种加词，它代表一个物种的次要特征。与属名一样，种名加词也由拉丁词、希腊词或外来词组成。字母要小写。

3）*亚种*（subspecies，subsp，ssp）*以下的几个分类名词*　①亚种是进一步细分种时所用的单元，一般指除某一明显而稳定的特征外，其余鉴定特征都与模式种相同的种，命名同“三名法”。②变种（variety，var）是亚种的同义词，故在《国际命名法规》中已不主张再用这一名词。③型（form）曾用作菌株的同义词，现已废除，仅作若干变异型的后缀，如生物变异型、形态变异型、致病变异型、噬菌变异型和血清变异型等。④菌株（strain）又称品系（在非细胞的病毒中则称毒株或株），它表示任何由一个独立分离的单细胞（或单个病毒粒）繁殖而成的纯遗传型的群体及其一切后代。因此，一种微生物的每一不同来源的纯培养物或分离物均可称为某菌种的一个菌株。

（二）原核微生物的分类鉴定方法

1. 经典的分类鉴定方法

- 形态
  - 个体：细胞形态、大小、排列、运动性、特殊构造和染色反应等
  - 群体：菌落形态、在半固体或液体培养基中的生长状态
- 生理生化反应
  - 营养要求：能源、碳源、氮源、生长因子等
  - 酶：产酶种类和反应特性等
  - 代谢产物：种类、产量、颜色和显色反应等
  - 对药物的敏感性
- 生态特性：生长温度，与氧、pH、渗透压的关系，与宿主的关系等，生活史、有性生殖情况
- 血清学反应
- 对噬菌体的敏感性
- 其他

2. 现代分类鉴定方法

1）*核酸分类鉴定微生物遗传型*　①DNA G+C 含量测定：生物的 G+C 含量可反映物种的亲缘关系，G+C 含量的测定分析是建立新分类单元的可靠指标。②核酸分子杂交法：是比 G+C 含量分析更可靠的遗传性指标。③rRNA 寡核苷酸编目分析。④全基因组序列测定分析。

2）*细胞化学成分分析*　①细胞壁的化学成分分析；②细胞水解液的糖型分析；③磷酸类脂成分分析；④醌类分析；⑤脂肪酸和醇类等分析。

3）*数值分类法*　数值分类法又称统计分类法，是依据数值分析的原理，借助现代计算机技术对拟分类的微生物按大量表型特征的相似程度进行统计、归类的方法。该方法要求用 50 个以上甚至几百个特征进行比较，且所用特征越多，结果越准确。

原核生物的鉴定，采用实验结果查阅《伯杰氏细菌学手册》，1923 年美国的 D. Bergey 出版第一版，以后科学家不断对该书加以修订和完善，至 1994 年已出版第九版。从 1974 年第八版起，编写队伍进一步国际化和扩大化，从 1980 年开始，该书组织了国际上 20 余个国家的 300 多位专家，合作编写了 4 卷本的新手册，书名改成《伯杰氏系统细菌学手册》，使原核生物分类从以往以表型、实用性鉴定为主的旧体系向鉴定遗传型的系统进化分类新体系逐渐转变，该书是目前国际上权威的实用版本，第二版从 2000 年起分卷陆续发行。

二、酵母菌的分类鉴定

酵母菌的鉴定方法，采用实验结果查阅罗德（Lodder）的分类手册。酵母菌不是分类学上的名词，它是指以芽殖为主、大多数为单细胞的一类真菌，它分属于真菌的子囊菌纲、担子菌纲、半知菌纲。该分类手册 1952 年由 Lodder 编写，1970 年出版了第二版，将酵母菌分为 46 属。1984 年出版了第三版，根据构造、G+C 含量、DNA 的同源性等将酵母菌分为

66属。

三、霉菌的分类鉴定

真核生物霉菌的鉴定，我国学术界于1990年初提出了以“菌物”代替过去不够准确的“真菌”的建议，获得了认同。1992年根据A.T. Bull等的估计，地球上有150万种菌物，目前已经记载的只有7万～9万种，全球每年有约1500个新种被报道。有代表性的菌物分类系统有10余个，如Martin（1950年）、Whittaker（1969年）、Ainsworth（1966年）、Margulis（1974年）、Leedale（1974年）、Smith（1975年）和Alexopoulos（1979年）等提出的菌物分类系统。学术界广泛采用实验结果查阅Ainsworth的菌物分类系统，1983年出版第七版，1995年出版第八版；菌物分类系统把菌物列入真核生物域的3个界中，其余的变化也很大。

- 真核生物域
  - 原生动物界
    - 集合黏菌门
    - 网柱黏菌门
    - 黏菌门
    - 肿根菌门
    - 鞭毛菌亚门
  - 假菌界
    - 丝壶菌门
    - 网黏菌门
    - 卵菌门
  - 真菌门
    - 接合菌门：如毛霉、根霉等
    - 子囊菌门：如红曲霉等
    - 担子菌门：银耳、木耳、蘑菇等
    - 壶菌门
    - 有丝孢真菌类门

复习思考题

1. 名词解释：芽孢、鞭毛、荚膜、菌毛、PHB、LPS、藻青素、L型细菌、间体、伴胞晶体、原生质体、菌胶团、磁小体、基内菌丝、气生菌丝、羧酶体。
2. 什么是菌落？如何描述菌落的特征？
3. 细菌的基本形态有哪些？
4. 原核微生物细胞的基本结构有什么？特殊结构有什么？
5. 革兰氏阳性菌与革兰氏阴性菌细胞壁的结构和化学成分有什么不同？
6. 叙述革兰氏染色的方法步骤，革兰氏阳性菌与革兰氏阴性菌染色的结果如何？
7. 什么是菌落？什么是菌苔？
8. 芽孢有何性质？芽孢耐热的机理是什么？
9. 真核微生物细胞壁的化学组成是什么？

10. 真核微生物有哪些细胞器？这些细胞器有什么功能？
11. 什么是单细胞蛋白？为什么酵母菌是一种优良的单细胞蛋白？
12. 什么是酵母菌的假菌丝？
13. 霉菌能形成哪些有性孢子和无性孢子？
14. 食品工业中常见的酵母菌、霉菌有哪些？
15. 比较细菌、放线菌、酵母菌、霉菌的菌落特征和液体培养基中的生长特征。
16. 细菌的主要繁殖方法是什么？酵母菌的主要繁殖方式是什么？
17. 衡量微生物细胞大小的单位是什么？一般细菌、酵母菌分别多大？
18. 描述放线菌的细胞形态，孢子丝有几种形态？放线菌的繁殖方式是什么？
19. 什么是酵母菌的假菌丝？
20. 什么是上面酵母？什么是下面酵母？
21. 酵母菌的主要繁殖方式是什么？
22. 原核微生物细胞与真核微生物细胞有何区别？
23. 种以上的分类单元分几级？试举例一菌种按 7 级单元排列一下。
24. 什么是《伯杰氏细菌学手册》？有何作用？
25. 微生物鉴定方法的经典内容研究什么？
26. 什么是病毒、噬菌体？
27. 病毒的一般特性是什么？
28. 病毒的成分及其结构是什么？
29. 病毒核酸有哪些类型？
30. 病毒有哪几种对称方式？
31. 病毒分成哪几大类？
32. 什么是病毒的一步生长曲线？对生产和科研有何指导意义？
33. 什么是烈性噬菌体？简述其增殖裂解细胞的过程。
34. 什么是温和噬菌体？温和噬菌体与溶原性细胞的关系如何？
35. 在发酵工业中，为何常常遭噬菌体危害？如何防治？

第三章 微生物的营养

【内容提要】

本章介绍了微生物的营养物质的种类和功能，微生物吸收营养物质的方式，微生物营养类型的分类依据及每种营养类型的特点，并介绍了制备微生物培养基的方法步骤，以及培养基的种类和功能。

【教学目标】

1. 了解微生物营养物质的种类和功能。
2. 掌握微生物吸收营养物质的方式，以及每种方式的特点。
3. 掌握微生物营养类型的分类依据，以及每种营养类型的特点。
4. 掌握制备微生物培养基的方法步骤，以及培养基的种类和功能。

【重要的概念及名词】

碳源　氮源　生长因子　氨基酸自养型　自养型微生物　异养型微生物　单纯扩散　促进扩散　主动运输　基团移位　选择性培养基　鉴别性培养基

第一节　微生物细胞的化学组成和营养要素

微生物与其他生物一样，需要不断地从外部环境中吸取生长所需要的各种营养物质，合成自身的细胞物质和提供机体进行各种生理活动所需要的能量，才能使机体进行正常的生长与繁殖，保证生命的连续性，并能够进一步合成有益的各种代谢产物。

营养物（或营养素，nutrient）是指具有营养功能的物质，常常还包括光能这种非物质形式的能源在内。微生物的营养物可为它们正常生命活动提供结构物质、能量、代谢调节物质和良好的生理环境。营养则是指从环境中吸收营养物质的过程。

一、微生物细胞的化学组成

微生物细胞的化学组成与自然界其他生物的化学元素组成基本相似，主要由碳、氢、氧、氮、磷、硫、钾、钙、镁、铁等常量元素构成，微量元素钼、锌、锰、钴、碘、镍、钒等含量极微。不同的微生物细胞内，化学元素的种类和含量有差异，即使是同一种微生物也会随生长期、培养条件等发生变化。微生物的营养需求也取决于其细胞的化学元素组成。

微生物细胞中，化学元素组成不同的化合物，进而构成各种复杂结构，行使不同的功能。这些化合物主要以水、无机盐和有机化合物的形式存在。其中水分占微生物鲜重的80%左右，其余20%左右为干物质。在干物质中碳、氢、氧、氮四大元素占全部干重的90%～97%，其余3%～10%为磷、硫等矿质元素。

二、微生物的营养要素及其生理功能

微生物的培养基种类繁多，且新的种类层出不穷。仅据 1930 年 Levine 等在《培养基汇编》（*A Compilation of Culture Media*）中记载就多达 2500 种。迄今为止，至少有数万种。

微生物的营养需求与异养型动物和自养型植物都非常相似，主要营养要素为碳源、氮源、能源、生长因子、无机盐和水（表 3-1）。

表 3-1　微生物和动物、植物营养要素的比较

营养要素	生物类型			
	动物（异养）	绿色植物（自养）	微生物	
			异养	自养
碳源	糖类脂肪	二氧化碳、碳酸盐	糖、醇、有机酸等	二氧化碳、碳酸盐
氮源	蛋白质或其降解物	无机氮化物	蛋白质或其降解物、有机氮化物、无机氮化物、氮	无机氮化物、氮
能源	与碳源同	利用日光能	与碳源同	氧化无机物或利用日光能
生长因子	维生素	不需要	一部分需要维生素等生长因子	不需要
无机盐	无机盐	无机盐	无机盐	无机盐
水	水	水	水	水

（一）碳源

凡能够提供微生物营养所需的碳元素（碳架）的营养源，称为碳源（carbon source）。碳源在微生物体内通过一系列复杂的化学变化合成细胞物质，并为机体提供生理活动所需要的能量。因此，对于大多数微生物而言，碳源也是能源。一般细菌细胞含碳量占细胞干重的 50%，是主要组成成分。

微生物可利用的碳源范围非常广泛，根据来源分为有机碳源和无机碳源两大类。有机碳源主要有糖类、有机酸、醇、脂类及烃等，无机碳源主要是 CO_2 及碳酸盐（表 3-2）。大多数微生物只能利用有机碳源，称为异养微生物。凡是能利用无机碳源的微生物，称为自养微生物，如光能自养型的蓝细菌、绿硫细菌等，化能自养型的硝化细菌、硫化细菌等。

表 3-2　微生物可利用的碳源物质（贺稚非，2013）

种类	碳源物质	说明
糖类	葡萄糖、果糖、蔗糖、麦芽糖、淀粉、半乳糖、乳糖、甘露糖、纤维二糖、纤维素、半纤维素、甲壳素、木质素等	单糖优于双糖，己糖优于戊糖，淀粉优于纤维素
有机酸	葡萄糖酸、乳酸、柠檬酸、延胡索酸、低级脂肪酸、高级脂肪酸、氨基酸等	与糖相比效果较差，有机酸较难进入细胞，且会导致 pH 下降，当环境中缺乏碳源物质时，氨基酸可被微生物作为碳源利用
醇	乙醇	在低浓度条件下被某些酵母菌和醋酸菌利用
脂	脂肪、磷脂	主要利用脂肪，在特定条件下将磷脂分解为甘油和脂肪酸后利用
烃	天然气、石油、石油馏分、液体石蜡等	利用烃的微生物细胞表面有一种由糖脂组成的特殊吸收系统，可将难溶的烃充分乳化后吸收利用
CO_2	CO_2	为自养微生物所利用
碳酸盐	$NaHCO_3$、$CaCO_3$ 等	为自养微生物所利用

微生物的碳源谱虽然很广，但微生物对碳源物质的利用具有选择性。一般来说，糖类是最广泛利用的碳源，其次是醇类、醛类、有机酸类和脂类等。在糖类中，单糖优于双糖和多糖，己糖优于戊糖，葡萄糖、果糖优于半乳糖、甘露糖；在多糖中，淀粉明显优于纤维素或几丁质等纯多糖，纯多糖优于琼脂等杂多糖和其他大分子多糖如木质素。

上述碳源谱是从整个微生物界的角度来讨论的，单就某一具体微生物而言，则不同微生物对碳源利用范围差异很大。例如，洋葱假单胞菌（*Pseudomonas cepacia*）可利用的碳源物质有 90 多种，而产甲烷菌的碳源则仅 CO_2 和少数几种 1C 和 2C 化合物，一些甲烷氧化菌则仅局限于甲烷和甲醇两种。

实验室培养微生物常用的碳源主要有葡萄糖、果糖、蔗糖、甘油等，在微生物发酵工业中，常根据不同微生物的营养需要，利用各种农副产品，如玉米粉、米糠、麦麸、马铃薯、甘薯及各种野生植物的淀粉，作为微生物生产的廉价碳源。

（二）氮源

凡能提供微生物生长繁殖所需氮元素的营养源，称为氮源（nitrogen source）。一般细菌细胞含氮量占细胞干重的 12%～15%，是细胞的重要组成部分。氮对微生物的生长繁殖有重要作用，是合成蛋白质和核酸等的主要元素。与碳源相似，微生物能利用的氮源种类也非常广泛（表 3-3）。

表 3-3 微生物可利用的氮源物质（贺稚非，2013）

种类	氮源物质	说明
蛋白质类	蛋白质及其不同程度降解产物（胨、肽、氨基酸等）	大分子蛋白质难以进入细胞，一些真菌和少数细菌能分泌胞外酶将其降解后利用，大多数细菌只能利用相对分子质量较小的降解产物
氨及铵盐	NH_3、$(NH_4)_2SO_4$ 等	易被微生物吸收利用
硝酸盐	KNO_3 等	易被微生物吸收利用
分子氮	N_2	固氮微生物可利用
其他	嘌呤、嘧啶、脲、胺、酰胺、氰化物等	大肠杆菌不能以嘧啶为唯一氮源，在氮限量的葡萄糖培养基上生长时，可诱导合成分解嘧啶的酶，进而分解嘧啶作为氮源利用

从微生物所能利用的氮源种类来看，可分为无机氮化合物和有机氮化合物。不同种类微生物利用氮源物质的能力不同。只有少数具有固氮能力的微生物（如固氮菌、根瘤菌）能利用分子态的氮。一些微生物可以利用无机氮化合物，如铵态氮（NH_4^+）、硝态氮（NO_3^-）和简单的有机氮化物（如尿素），它们能把非氨基酸的简单氮源（如尿素、铵盐、硝酸盐、和氮气）自行合成所需要的氨基酸，可称为“氨基酸自养型微生物”。大部分微生物只能利用有机氮化合物（如蛋白质、氨基酸）作为必需的氮素营养，这类微生物可称为“氨基酸异养型微生物”。根据这一分类，可以更好地利用氨基酸自养型微生物将人或动物无法利用的无机氮转化成有机氮，以丰富人类的食物资源及动物饲料来源。

实验室中培养微生物，常以铵盐、硝酸盐、牛肉膏、蛋白胨、酵母膏等为主要氮源物质，在发酵工业生产中，豆饼粉、花生饼粉、鱼粉、血粉、蚕蛹粉等常作为氮源。

（三）能源

能源（energy source）即是能为微生物的生命活动提供最初能量来源的营养物质或辐射能。少数微生物（光能自养和光能异养型）可以利用辐射能，绝大多数微生物（化能自养型和化能异养型）只能利用营养物质转化的化学能。化能自养型微生物的能源物质都是一些还原态的无机物质，如 NH_4^+、NO_2^-、S、H_2S、H_2 和 Fe^{2+}等，能利用这些物质的都是原核微生物，如硝酸细菌、亚硝酸细菌、硫化细菌、硫细菌、氢细菌和铁细菌等。化能异养型微生物的能源为有机物，与它们的碳源相同。

在能源中，有些营养物质只有一种功能，有的则有多种功能。例如，NH_4^+既是硝酸细菌的能源，又是其氮源，称为双功能营养物质；蛋白质、氨基酸等同时具有碳源、氮源和能源的功能，称为三功能营养物质。

（四）无机盐

无机盐为机体提供必需的矿质元素，是微生物生长必不可少的一类营养物质。这些矿质元素在机体中的生理作用主要有参与酶的组成、维持细胞结构的稳定性、调节与维持细胞的渗透压平衡、控制细胞的氧化还原电位和作为某些微生物生长的能源物质等（如 S、Fe^{2+}等）。根据微生物生长所需的量，将其为分常量元素和微量元素，所需浓度在 10^{-4}～10^{-3}mol/L 的，称为常量元素，如 P、S、K、Mg、Ca、Na 和 Fe 等；所需浓度在 10^{-8}～10^{-6}mol/L 的，称为微量元素，如 Cu、Zn、Mn、Mo 和 Co 等（表 3-4）。

表 3-4 微生物生长所需的矿质元素、存在形式及生理功能（周长林，2009）

矿质元素	主要存在形式	重要生理功能
常量元素	磷 $H_2PO_4^-$、HPO_4^{2-}、PO_4^{3-}	构成核酸、磷脂、辅酶，参与磷酸化，调节 pH
	硫 H_2S、S、$S_2O_3^{2-}$、SO_4^{2-}	构成氨基酸、酶活性基团、维生素，提供能源
	镁 $MgSO_4$、$MgCl_2$	组成酶活性部位，酶激活剂，维持膜活性
	钾 KH_2PO_4、K_2HPO_4、KNO_3	作为酶激活剂，维持渗透压，与物质运输有关
	钠 NaCl、NaH_2PO_4	与物质运输有关，维持渗透压，维持酶稳定性
	钙 $CaCl_2$、$CaCO_3$、$Ca(NO_3)_2$	降低膜透性，调节 pH，作为酶辅因子，芽孢抗热
	铁 $FeSO_4$	构成细胞色素、酶活性基团，提供能源
微量元素	$CoCl_2$	构成维生素 B_{12}、酶辅基
	$MnSO_4$	多种酶激活剂，参与羧化反应
	$CuSO_4$、$CuCl_2$	多元酚氧化酶活性基，与孢子色素形成有关
	$ZnSO_4$	酶的活性基，酶的激活剂
	$MoSO_4$	参与酶组成，促进固氮作用

（五）生长因子

生长因子（growth factor）是指那些微生物正常生长代谢所必需的、细胞自身不能合成或合成量不足、必须从外界摄入的微量有机营养因子，主要分为维生素、氨基酸和碱基（嘌呤及嘧啶）三大类。维生素是最早发现的生长因子，主要是 B 族维生素。氨基酸是合成蛋白质的前体，碱基则是合成核酸的原料，都是微生物生长所必需的（表 3-5）。

表 3-5　一些微生物生长因子及其生理功能

维生素	代谢功能
硫胺素（B_1）	焦磷酸硫胺素是脱羧酶、转醛酶、转酮酶的辅基，与 α-酮酸的氧化脱羧和酮基转移有关
核黄素（B_2）	黄素核苷酸 FMN 和 FAD 的前体，它们构成黄素蛋白的辅基，转移氢
烟酸（B_5）	NAD 和 NADP 的前体，是脱氢酶的辅酶，参与递氢过程及氧化还原反应
吡哆醇（B_6）	磷酸吡哆醛是氨基酸消旋酶、转氨酶与脱羧酶的辅基，参与氨基酸的消旋、脱羧和转氨
泛酸	辅酶 A 的前体，乙酰载体的辅基，转移酰基，参与糖和脂肪酸合成
叶酸	辅酶 F（四氢叶酸），参与一碳基的转移，与合成嘌呤、嘧啶、核苷酸、丝氨酸和甲硫氨酸有关
生物素（H）	各种羧化酶的辅基，在 CO_2 固定、氨基酸和脂肪酸合成及代谢中起作用
维生素（B_{12}）	钴酰胺辅酶，参与一碳基传递，与甲硫氨酸和胸苷酸的合成和异构化有关
胆碱	构成磷脂的极性部分
尿嘧啶	核酸（RNA）的合成原料
B-丙氨酸	辅酶的组分，合成氨基酸原料
精氨酸	蛋白质合成原料，与酶活性部位有关
甲硫氨酸	蛋白质合成原料，维持酶的天然构象
色氨酸	蛋白质合成原料

根据微生物对生长因子的需求，可将微生物分为以下三大类。

1）生长因子自养型微生物　这类微生物能够合成自身所需要的生长因子，不需从外界获取，如多数真菌、放线菌和部分细菌属于这种类型。

2）生长因子异养型微生物　这类微生物不能合成生长因子，或者合成量不足，需要从外界吸收多种生长因子才能维持正常的生长代谢，如乳酸菌、动物病原菌及支原体等属于这一类。

3）生长因子过量合成的微生物　有些微生物在其代谢过程中，会合成出大量的维生素及其他生长因子。因此，可作为维生素等的生产菌。例如，生产维生素的阿舒假囊酵母（*Eremothecium ashbyii*），其维生素 B_2 产量可达 2.5g/L 发酵液，谢氏丙酸杆菌（*Propionibacterium shermanii*）可用于生产维生素 B_{12} 等。

（六）水

水是细胞维持正常生命活动必不可少的物质。水的生理功能主要有：①水是微生物细胞的重要组成成分，占鲜重的 70%～90%；②机体内的一系列生理生化反应都离不开水；③水作为一种溶剂，能起到胞内物质运输介质的作用，营养物质的吸收与代谢产物的分泌都是通过水来完成的；④水的比热高，又是热的良好导体，因而能有效地吸收代谢过程中放出的热并迅速地散发出去，避免细胞内温度突然升高，故能有效地控制温度的变化。

第二节　营养物质进入微生物细胞的方式

营养物质必须进入微生物细胞才能被分解利用。由于微生物没有专门的摄食器官，因此绝大多数是以渗透方式吸收营养物质。微生物细胞表面的细胞壁和细胞膜构成细胞的天然屏障。细胞壁的通透性强，对物质进出影响不大。细胞膜的磷脂双分子层及嵌合蛋白质结构对营养物质具有高度选择性，在物质进出上起着极其重要的作用。物质进出微生物细胞是一个复杂的生理过程，一般概括为 4 种运送方式，即单纯扩散、促进扩散、主动运输和基团移位，其中主动运输最为重要。

一、单纯扩散

单纯扩散（simple diffusion）又称为被动运输（passive transport），是在无载体蛋白参与下，营养物质由细胞内外浓度梯度推动，以物理扩散方式进入细胞，是最简单的一种运送方式。营养物质通过细胞膜中的含水小孔由高浓度的胞外环境向低浓度的胞内扩散，这种扩散不消耗能量，也不需要运载蛋白参与，没有特异性，但膜上小孔的孔径大小和形状对被扩散物质有一定选择性。一般分子质量小、极性小、脂溶性强的营养物质容易扩散进入，如水、脂肪酸、乙醇、甘油、某些氨基酸分子及一些气体分子（O_2、CO_2）等。单纯扩散不是微生物细胞吸收营养物质的主要方式，因为细胞既不能通过这种方式来选择必需的营养物质，也不能逆浓度运送代谢产物。

二、促进扩散

促进扩散（facilitated diffusion）也是一种物质运送方式，与单纯扩散相同之处是物质在运输过程中不需要能量，物质本身分子结构也不会发生变化，不能进行逆浓度运送，运送的速率与膜内外物质的浓度差成正比。不同之处是物质在运送过程中，需要借助膜上载体蛋白参与物质的运送，并且每种载体蛋白具高度专一性，只运送特定的物质，如葡萄糖载体蛋白只转运葡萄糖。被转运物质与相应载体之间存在一种亲和力，这种亲和力在细胞膜内外的大小不同，当物质与相应载体在细胞外的亲和力大而在细胞内的亲和力小时，通过这种亲和力的大小变化，使该物质与载体发生可逆性的结合与分离，从而使物质通过细胞膜进入细胞内。被运送物质与载体之间亲和力大小变化是通过载体分子的构象变化来实现的。载体蛋白本身在转运前后不发生化学变化，且在促进扩散中载体蛋白只影响物质的运输速率，并不改变该物质在膜内外形成的动态平衡状态。

这种特异性的扩散，主要存在于真核生物中，原核生物中比较少见。通过促进扩散进入细胞的营养物质主要有氨基酸、单糖、维生素及无机盐等。

三、主动运输

主动运输（active transport）是一类需要提供能量，并通过细胞膜上特异性载体蛋白构象的变化使细胞膜外低浓度的溶质进入膜内的一种运送方式，是微生物吸收营养物质的主要方式。主动运输和促进扩散都需要载体蛋白参与，二者的主要区别在于，在主动运输过程中载体蛋白构型的变化需要消耗能量且可逆浓度差进行，而促进扩散不需能量也不能进行逆浓度差运输。在主动运输过程中所需能量来源因微生物不同而异，好氧微生物与兼性厌氧型微生物直接利用呼吸能，厌氧微生物利用化学能（ATP），光合微生物利用光能等。

通过主动运输的营养物质主要有氨基酸，有机酸，核苷酸，糖类和一些无机离子（K^+、Na^+、PO_4^{3-}、SO_4^{2-}）等，这些物质在主动运输中本身不发生化学变化。

四、基 团 移 位

基团移位（group translocation）也是一种既需要载体蛋白又需要消耗能量的主动运输方式。与主动运输不同的是，它是由一个复杂的运输酶系统来完成物质的转运，且运输前后物质分子发生了化学结构变化。基团移位主要存在于厌氧和兼性厌氧细菌中，主要用于糖类及衍生物的运输，以及脂肪酸、核苷、碱基等物质的运输。

基团移位最典型的例子是磷酸转移酶系统（PTS），大肠杆菌摄入葡萄糖及金黄色葡萄球菌对乳糖的吸收，都是依靠PTS来实现的。PTS通常由5种蛋白质组成，分别是酶Ⅰ，酶Ⅱ（包含a、b、c 3个亚基）和一种低相对分子质量的热稳定蛋白质（heat-stable-carrierprotein，HPr）。酶Ⅰ是非特异性的细胞质蛋白；酶Ⅱ是结合在细胞膜上的特异性酶，是诱导酶，对特定的糖起作用；HPr是结合在细胞膜上的一种可溶性蛋白质，具有高能磷酸载体的作用。

以糖为例，营养物质的基团移位过程如下。

1）*HPr的激活*　细胞内高能化合物磷酸烯醇丙酮酸（PEP）的磷酸基团通过酶Ⅰ的作用将HPr激活。

$$\text{PEP} + \text{HOr} \xrightleftharpoons{\text{酶 I}} \text{丙酮酸} + \text{P-HPr}$$

2）*糖被磷酸化后运入膜内*　膜外环境中的糖先与外膜表面的酶Ⅱ结合，再被运送到内膜表面。此时，糖被P-HPr上的磷酸激活，通过酶Ⅱ的作用把糖-磷酸释放到细胞内。

$$\underset{\text{（细胞外）}}{\text{P-HPr+糖}} \xrightarrow{\text{酶 II}} \underset{\text{（细胞内）}}{\text{糖-P+HPr}}$$

几种营养物质跨膜运输方式的特点和区别见表3-6。

表3-6　4种跨膜运输方式的比较

项目	单纯扩散	促进扩散	主动运输	基团移位
消耗能量	不需要	不需要	需要	需要
特异性载体蛋白	无	有	有	有
物质运输方向	由浓到稀	由浓到稀	由稀到浓	由稀到浓
运输速度	慢	快	快	快
平衡时内外浓度	相等	相等	内部浓度高	内部浓度高
运输前后的物质分子	不变	不变	不变	改变
载体饱和效应	无	有	有	有
运输抑制剂	无	有	有	有

第三节　微生物的营养类型

微生物种类繁多，营养类型复杂，划分标准多样化。根据微生物生长所需碳源不同，分为自养型和异养型；根据能量来源不同，分为光能营养型和化能营养型；根据氢供体不同，分为无机营养型和有机营养型。通常，根据碳源、能源和氢供体的不同，可将绝大多数微生物分为光能自养型、光能异养型、化能自养型、化能异养型 4 种营养类型（表 3-7）。

表 3-7　微生物的营养类型

营养类型	能源	碳源	氢供体	代表微生物
光能自养型	光	CO_2	无机物	蓝细菌、紫硫细菌、绿硫细菌、藻类
光能异养型	光	CO_2及简单有机物	有机物	红螺菌科的细菌（即紫色无硫细菌）
化能自养型	无机物	CO_2	无机物	硝化细菌、硫化细菌、铁细菌、氢细菌、硫黄细菌等
化能异营型	有机物	有机物	有机物	绝大多数细菌和全部真核微生物

一、光能自养型微生物

光能自养型微生物以光能作为能源，以无机物（CO_2或可溶性碳酸盐CO_3^{2-}）作为唯一的碳源或主要碳源，以无机物（H_2O、H_2S、硫代硫酸钠等）为氢供体，还原CO_2合成细胞的有机物质。这类微生物主要有蓝细菌、红硫细菌、绿硫细菌等少数原核微生物，由于自身含有光合色素，能将光能转化为化学能，供细菌直接利用。

$$\text{蓝细菌}CO_2 + 2H_2O \xrightarrow[\text{叶绿素}]{\text{光}} [CH_2O] + H_2O + O_2\uparrow$$

$$\text{绿硫细菌}CO_2 + 2H_2S \xrightarrow[\text{叶绿素}]{\text{光}} [CH_2O] + H_2O + 2S$$

也可表示为以下通式：

$$CO_2 + 2H_2A \xrightarrow[\text{光合色素}]{\text{光}} [CH_2O] + H_2O + 2A$$

二、光能异养型微生物

光能异养型微生物以光能作为能源，利用有机物作为碳源及氢供体，还原CO_2合成细胞的有机物质。这类微生物也能利用CO_2作为碳源，但不能是唯一碳源，必须在有机物存在条件下才能利用CO_2。例如，深红螺菌（*Rhodospirillum rubrum*）利用异丙醇作为氢供体进行光合作用，将CO_2还原为细胞物质并积累丙酮。这类微生物在人工培养时需要供给外源生长因子。

$$2(CH_3)_2CHOH + CO_2 \xrightarrow[\text{光合色素}]{\text{光}} 2CH_3COCH_3 + [CH_2O] + H_2O$$

三、化能自养型微生物

化能自养型微生物的能源来自于无机物氧化所产生的化学能，以CO_2或可溶性碳酸盐

CO_3^{2-}作为唯一或主要碳源，利用无机物（NH_3、NO_3^-、Fe^{2+}、H_2S 或 H_2 等）作为电子供体将 CO_2 还原成细胞物质。硫细菌、铁细菌、（亚）硝化细菌、氢细菌等属于这类微生物。

例如，亚硝化细菌能将氨氧化为亚硝酸并从中获得能量，用以还原 CO_2 形成碳水化合物。

$$2NH_3+3O_2+2H_2O \xrightarrow{\text{亚硝化细菌}} 2HNO_2+4H^++4OH^-+\text{能量}$$

$$CO_2+4H^+ \longrightarrow [CH_2O]+H_2O$$

这类微生物完全可以生活在无机环境中，氧化合适的还原态无机物获得能量，用以还原 CO_2 合成自身有机碳化物。

四、化能异养型微生物

化能异养型微生物的能源和碳源都来自于有机物，能源来自有机物的氧化分解，ATP 通过氧化磷酸化产生，碳源直接取自有机碳化合物。这类微生物数量众多，包括自然界绝大多数的细菌，以及全部的放线菌、真菌和原生动物。

根据生态习性将这类微生物分为腐生型和寄生型两大类：①腐生型，从无生命的有机体获得营养物质。引起食品腐败变质的某些霉菌和细菌就属这一类型，如引起腐败的梭状芽孢杆菌、毛霉、根霉、曲霉等。②寄生型，必须寄生在活的有机体内，从寄主体内获得营养物质才能生存，称为寄生微生物，又分为绝对寄生和兼性寄生。只能在活的生物体内寄生的即为绝对寄生，它们是引起人、动物、植物及微生物病害的病原微生物，如病毒、噬菌体、立克次氏体等。有些微生物既能寄生在活的生物体，又能在死的有机残体上生长，同时也可在人工培养基上生长，称为兼性寄生微生物，大多数病原微生物属于此类，如人和动物肠道内普遍存在的大肠杆菌，在人和动物肠道内是寄生，随粪便排出体外，又可在水、土壤和粪便中腐生。

上述四大营养类型的划分并不是绝对的，在不同生长条件下往往可以互相转变。例如，紫色非硫细菌在有光和厌氧条件下生长时，可以利用光还原 CO_2，此时它们属于光能自养型微生物。在有机物存在的条件下，它们又可以利用有机物与光能生长繁殖，此时它们又属于光能异养型微生物。异养微生物也不是绝对不能利用 CO_2，只是不能以 CO_2 作为唯一碳源或主要碳源进行生长，某些异养微生物在有机物存在的条件下也可以利用 CO_2，将其还原成部分的细胞物质。自养微生物利用 CO_2 作为唯一碳源进行生长，但不是说它们绝对不能利用有机物进行生长。

第四节　微生物培养基

培养基（medium 和 culture medium）是人工配制的适合于不同微生物生长繁殖或积累代谢产物的混合营养物质。因此，任何培养基都应具备微生物生长繁殖所需要的六大营养元素，且各营养素的比例是合适的。培养基配制好后，必须立即灭菌，否则很快导致杂菌生长，破坏其固有成分。

一、培养基配制的原则

微生物的种类繁多、营养类型各异，再加之培养微生物的目的不同，因此培养基的配方和种类很多，但是培养基的配制还是有一定的原则可以遵循的。

（一）选择适宜的营养物质

不同的微生物营养需求不同。配制培养基时，首先要根据微生物的营养需求确定营养成分；其次同一种微生物，培养目的不同，培养基的成分也有差异。

自养型微生物有较强的合成能力，能利用简单的无机物合成细胞生长所需要的糖类、脂类、蛋白质、核酸、维生素等复杂的有机物，因此其培养基主要由无机物构成。异养型微生物不能利用简单无机物合成有机物，因此培养基中需要加入有机物。对于一些营养需求特殊的微生物，还需在培养基中添加多种生长因子才能满足其特殊的营养要求。例如，培养乳酸菌时，需要在培养基中加入一定量的氨基酸和维生素等才能良好生长；培养肠膜明串珠菌时，需要添加30多种生长因子。

（二）营养协调

培养基中的营养物质往往在浓度适宜的条件下才能促进微生物良好生长，浓度过低或过高均不利于其生长。浓度过低不能满足微生物正常生长需求，浓度过高抑制微生物生长，如糖类物质、无机盐、重金属离子等在高浓度时，具有抑菌或杀菌作用。

从微生物菌体成分分析可知，微生物细胞中的不同成分或元素间有较稳定的比例（表3-8）；另外，异养微生物中，碳源还兼作能源，而能源的需要量是很大的。这两个关键条件是设计培养基的重要参考依据。

表3-8 微生物细胞中各种有机物和元素的含量（%干重）（周德庆，2002）

成分	细菌	酵母菌	霉菌
碳	48（46～52）	48（46～52）	48（45～55）
氮	12.5（10～14）	7.5（6～8.5）	6（4～7）
蛋白质	55（50～60）	40（35～45）	32（25～40）
糖类	9（6～15）	38（30～45）	49（40～55）
脂类	7（5～10）	8（5～10）	8（5～10）
核酸	23*（15～25）	8（5～10）	5（2～8）
灰分	6（4～10）	6（4～10）	6（4～10）
磷		1.0～2.5	
硫、镁		0.3～1.0	
钾、钙		0.1～0.5	
钠、铁		0.01～0.1	
锌、铜、锰		0.001～0.01	

* 用快速生长的细胞分析值

培养基中各营养物质之间的浓度配比也直接影响微生物的生长繁殖、代谢产物的形成和积累，其中碳氮比（C/N）的影响较大。严格地讲，C/N 是指微生物培养基中所含的碳源中碳原子的摩尔数与氮源中氮原子的摩尔数之比，而不能简单理解为碳源的重量与氮源的重量之比，因不同种类的碳源或氮源，其中的含碳量或含氮量差别很大（表 3-9）。

表 3-9　常用氮源的含氮量（周德庆，2002）

	氨	尿素	硝酸铵	碳酸铵	硫酸铵
含氮量/%	82	36	35	29.2	21

通常情况下，微生物需要 1 份碳源构成细胞物质，4 份碳源提供能源。碳源不足，菌体易早衰；氮源不足，菌体生长缓慢。不同种类的微生物对 C/N 要求不同，如细菌和酵母菌培养基的 C/N 为 5/1；霉菌培养基的 C/N 为 10/1。同一种微生物，控制不同的 C/N，可以控制菌体生长和代谢产物的产量。例如，在谷氨酸的发酵过程中，将 C/N 控制为 4/1 时，菌体大量繁殖，谷氨酸积累少；将 C/N 控制为 3/1 时，菌体繁殖受到抑制，但谷氨酸产量则大量增加。

（三）选择最适的理化条件

培养基的理化条件一般是指 pH、氧化还原电位、水分活度等。

1）pH　　pH 对微生物的生长影响较大，各种微生物都有它们最适生长的 pH 范围。一般细菌的最适 pH 为 7.0～8.0，酵母菌为 3.8～6.0，霉菌为 5.0～5.8，放线菌为 7.5～8.5。一些特殊的微生物可大大突破上述的界限。

微生物生长繁殖的过程中会产生一些代谢产物引起培养基的 pH 改变，尤其是不少微生物有很强的产酸能力，如不适当地加以调节，就会抑制生长或发酵，甚至杀死微生物自身。因而设计培养基时，必须考虑培养基的 pH 调节能力。通过向培养基内添加一些 pH 缓冲剂发挥作用，这称为 pH 的内源调节，常添加 K_2HPO_3、KH_2PO_3 和 $CaCO_3$ 等物质组成的混合物。此外还有外源调节，在培养过程中按实际需要不断或间断向培养基中添加酸液或碱液以调节 pH 的变化。

2）氧化还原电位　　氧化还原电位（Eh）是度量某氧化还原系统中还原剂释放电子或氧化剂接受电子趋势的一种指标，单位是伏（V）或毫伏（mV）。不同类型微生物对氧化还原电位的要求不同。一般好氧菌在 0.3～0.4V 生长良好，厌氧菌只能在 0.1V 以下的环境生长，兼性厌氧菌在 0.1V 以上时进行好氧呼吸产能，在 0.1V 以下则进行发酵产能。氧化还原电位与氧分压及 pH 有关，也受某些代谢产物的影响。一般来说，培养基的氧化还原电位对需氧和兼性厌氧微生物影响不大，但对专性厌氧的微生物影响较大。因此，在培养严格厌氧微生物时，除应驱走空气中的氧外，还需在培养基中加入还原剂，以降低培养基的氧化还原电位。常用的还原剂有抗坏血酸、巯基乙酸、半胱氨酸、谷胱甘肽、硫化钠、铁屑等。

（四）经济节约

配制培养基也应当遵循经济节约的原则，尤其是在设计大规模生产用的培养基时更应如此。在生产实践中，大体可从这些方面加以实施：“以粗代精”“以野代家”“以废代好”“以简代繁”“以氮代朊”“以纤代糖”“以烃代粮”等。例如，木薯、薯芋、土茯苓、金刚刺和苦楝子等野生植物均富含淀粉质，可作为碳源部分取代粮食作物用于工业发酵。将工农业生产中废弃物作为微生物培养基的原料更好，既经济节约又保护环境，如工业上利用废水、废渣作为原料进行甲烷发酵；豆制品工业废液用于酵母菌生产单细胞蛋白等。

二、培养基的类型

培养基的种类繁多，分类方法各异。

1. 按培养基成分来源划分

1）*天然培养基*（complex medium，undefined medium） 天然培养基是指利用动、植物或微生物或其提取物制成的培养基，不完全清楚其中的营养成分及含量。例如，培养各种细菌所用的肉汤蛋白胨培养基，培养酵母菌的麦芽汁等。天然培养基的优点在于取材方便、营养丰富、种类繁多、配制方便；缺点是确切成分不明确也不稳定，因而在做精细的科学实验时，会导致数据不稳定，重复性差。因此，天然培养基只适合配制实验室的一般粗放性实验及工业生产中的种子培养基或发酵培养基。

2）*合成培养基*（synthetic medium） 合成培养基是一类用几种化学试剂配制成的、各成分性质和含量都确切知道的培养基。例如，培养细菌的葡萄糖铵盐培养基，培养放线菌的淀粉硝酸盐培养基（即高氏一号培养基），培养真菌的蔗糖硝酸盐培养基（即察氏培养基）等。合成培养基的优点是成分精确、重复性好；缺点是价格较贵、微生物生长速度较慢且配制较烦琐。因此，一般用于在实验室进行微生物营养、代谢、生理、生化、遗传、育种、菌种鉴定和生物测定等定量要求较高的研究工作上。

3）*半合成培养基*（semi-synthetic medium） 半合成培养基，即一部分营养物质是天然成分，一部分营养物质是化学试剂的培养基。例如，培育真菌用的马铃薯蔗糖培养基等。这类培养基能更有效地满足微生物的营养需求，微生物生长良好，是应用最广泛的一类培养基。

2. 按培养基外观物理状态划分

1）*固体培养基*（solid medium） 固体培养基外观呈固体状态，常见的有两种类型。一种是天然固体培养基，是由天然固体直接配制成的培养基，如麸皮、豆粕、米糠、玉米、马铃薯等制成的培养基。另一种是凝固培养基，是在液体培养基中加入适量的凝固剂使之凝结成固体状态的培养基。常用的凝固剂有琼脂、明胶和硅胶。

理想凝固剂应具备的条件有：①不被所培养的微生物分解利用；②有适当的凝固点，在微生物生长的温度范围内保持凝固状态；③对所培养的微生物无毒害作用；④透明度好，凝固力强；⑤结构稳定，不因高温灭菌而被破坏；⑥价格低廉，容易配制。相比之下，琼脂是最理想的凝固剂（表 3-10）。

表 3-10 常见凝固剂的性能比较

性能	琼脂	明胶	硅胶
化学组成	聚半乳糖硫酸酯	蛋白质	HCl、硅酸钠、硅酸钾
微生物利用能力	无	作氮源	无

续表

性能	琼脂	明胶	硅胶
融化温度	96℃	25℃	一旦凝固，不再融化
凝固温度	40～45℃	20℃	
常用浓度	0.5%～2%	5%～12%	1∶10
耐高温灭菌	强	弱	强

固体培养基在科学研究和生产实践上应用广泛，如菌种的分离、鉴定、菌落计数、杂菌检验、选种、育种、菌种保藏，以及抗生素等生物活性物质的测定，获取大量真菌孢子等。

2）*半固体培养基*（semi-solid medium） 半固体培养基是指在液体培养基中添加少量凝固剂而制成的半固体状态的培养基，琼脂添加量一般为0.2%～0.7%。半固体培养基在微生物研究工作中有许多独特的用途，如细菌的动力观察（在半固体直立柱中央进行穿刺接种，培养后观察细菌的运动能力）、噬菌体效价测定（双层平板法）、微生物趋化性的研究、各种厌氧菌的培养及菌种保藏等。

3）*液体培养基*（liquid medium） 液体培养基是指不含任何凝固剂，呈液体状态的培养基，它在微生物学实验和生产中应用极其广泛。在实验室中主要作各种生理、代谢研究和获得大量菌体之用；在生产实践上，绝大多数发酵培养基都采用液体培养基。

4）*脱水培养基*（dehydrated medium） 又叫脱水商品培养基或预制干燥培养基（pre-fabricated dried culture medium），指含有除水以外的一切成分的商品培养基，使用时只要加入适量水分并加以灭菌即可，使用方便。

3. 按培养基的功能划分

1）*基础培养基*（minimum medium） 基础培养基是指含有一般微生物生长繁殖所需基本营养成分的培养基，能够满足大多数微生物生长繁殖的营养需求，如牛肉膏蛋白胨培养基是一般细菌培养最常用的基础培养基，马铃薯葡萄糖培养基、麦芽汁琼脂培养基是酵母菌和霉菌的基础培养基。基础培养基也可以作为特殊培养基的基础成分，向其中加入某些微生物生长所需的特殊营养成分即可满足这些微生物生长需求。

2）*加富培养基*（enrichment medium） 加富培养基是指在基础培养基中加入某些特殊营养物质制成的一类营养更为丰富的培养基。常见的特殊营养物质有血液、血清、酵母浸膏、动植物组织液等。加富培养基一般用于对营养要求比较苛刻的微生物，如培养某些致病菌需要在基础培养基中添加血液、血清等。加富培养基还可用于富集和分离某种微生物，在多种微生物共同生长的培养基中添加待分离微生物的特殊营养成分，促进其快速生长，逐步富集成为优势群菌，达到分离目的。

3）*选择性培养基*（selective medium） 选择性培养基是指从混杂的微生物群落中选择性地分离某种或某类微生物的培养基。利用不同微生物的特殊营养要求或对某种理化因素的敏感性不同，将待分离微生物从混杂的微生物群体中分离出来。

选择性培养基的设计与制备主要有两种方法：一种是利用待分离的微生物对某种营养物质的特殊需求而设计，如从混杂的微生物群落中分离纤维素分解菌时，可将纤维素作为唯一碳源制作选择性培养基，则其他不能分解纤维素的微生物将难以生长，从而达到分离目的。

另一种是利用待分离的微生物对某些理化因素具有抗性而设计的，如在培养基中加入胆酸盐可抑制革兰氏阳性菌生长，从而分离革兰氏阴性菌；在培养基中加入青霉素、链霉素可抑制细菌，从而分离霉菌与酵母菌。

4）鉴别性培养基（differential medium）　鉴别性培养基是指用于鉴别不同类型微生物的培养基。在培养基中加入某种特殊的化学物质，某种微生物在该培养基中生长后能产生某种代谢产物，而这种代谢产物可以与培养基中的特殊化学物质发生特定的化学反应，并产生明显的特征性变化，根据这种特征性变化，可将该种微生物与其他微生物区分开来。

最常见的鉴别性培养基是伊红亚甲蓝乳糖（eosin methylene blue，EMB）培养基，伊红和亚甲蓝两种苯胺染料可抑制革兰氏阳性细菌和一些难培养的革兰氏阴性细菌。在低酸性条件下，这两种染料结合形成沉淀，起着产酸指示剂的作用。样品中的多种肠道菌在 EMB 培养基上产生相互易区分的特征菌落。特别是大肠杆菌，分解乳糖能力强而产生大量混合酸，菌体带 H^+，故可染上酸性染料伊红，因伊红与亚甲蓝结合，使菌落呈深紫色，并带有金属光泽，而其他几种产酸力弱的肠道菌的菌落呈棕色，易于区分。

三、培养基制备的基本方法

根据微生物生长的生态环境，可以模拟该天然基质或直接取用该天然基质来制作培养基。在制作培养基时，通过查阅资料，精心设计配方，反复进行培养实验来确定。对于标准培养基，应严格按照其规定进行配制，如培养基各成分的精确称取，加热煮沸过程中严防焦化，pH 的调整，液体培养基的过滤澄清，热敏性成分的除菌方法等，每一步都关系培养基的最终品质，必须严格按照标准操作。

——复习思考题

1. 什么是营养物？营养物有哪些生理功能？
2. 什么叫碳源？请列出微生物的碳源谱。
3. 微生物在利用碳源方面有哪些特点？
4. 什么叫氮源？请列出微生物的氮源谱。
5. 微生物在利用氮源方面有哪些特点？
6. 什么叫氨基酸自养微生物？试举一些代表菌说明在实践上的重要性。
7. 什么叫能源？试以能源为主、碳源为辅对微生物的营养类型进行分类。
8. 配制微生物的培养基时，是否需要专门加入能源物质？
9. 什么是生长因子？它包括哪几大类物质？是否任何微生物都需要生长因子？如何才能满足微生物对生长因子的需要？
10. 什么叫常量元素？什么叫微量元素?举例说明它们在生理上的重要性。
11. 营养物质进入微生物细胞有几种方式？试比较 4 种方式的特点。
12. 什么是培养基？天然培养基、半合成培养基、合成培养基各有什么用途？
13. 什么是固体培养基？什么是半固体培养基？它们各有什么用途？
14. 什么是选择性培养基？它在微生物工作中有什么重要性？举例说明选择性的原理。

15. 什么是鉴别性培养基？它有何重要性？试以 EMB（伊红亚甲蓝乳糖琼脂培养基）为例，分析鉴别性培养基的作用原理。

16. 什么叫碳氮比？为什么植物病原菌以真菌居多？而动物病原菌则以细菌居多？

17. 在设计一种新培养基时，为什么要遵循“目的明确”的原则？你能举例来说明吗？

18. 为什么在设计大生产用的发酵培养基时，必须时刻牢记经济节约的原则？可从哪些方面考虑？

19. 简述高压蒸汽灭菌的方法步骤，灭菌锅中的空气排除度对灭菌效果有何影响？

第四章 微生物的代谢

【内容提要】

本章介绍了化能异养微生物的生物氧化与产能，自养微生物的生物氧化与产能，微生物的分解代谢与合成代谢，微生物的发酵作用，包括乳酸发酵、乙醇发酵、柠檬酸等发酵，革兰氏阳性菌肽聚糖的合成。

【教学目标】

1. 熟练掌握化能异养微生物的生物氧化与产能，EMP、HMP、ED、PK 途径，TCA 循环。
2. 理解自养微生物的生物氧化与产能。
3. 熟练掌握微生物的发酵作用定义。
4. 掌握微生物肽聚糖合成的方法和步骤。

【重要的概念及名词】

EMP　HMP　ED　PK　氧化磷酸化　循环光合磷酸化　非循环光合磷酸化　发酵作用　有氧呼吸　无氧呼吸

第一节　微生物的能量代谢

代谢（metabolism）是指活细胞内发生的一切化学反应的总和。对于病毒这类非细胞生物，其代谢活动依赖于宿主细胞及其酶系。代谢是一种能量形成与消耗的平衡行为（energy-balancing act），相应地分为释放能量的物质分解代谢（catabolism）和消耗能量的物质合成代谢（anabolism），可见能量代谢与物质代谢总是相伴发生。代谢是生命的特征，生命的存在以物质代谢为基础，以能量代谢为动力。代谢活动停止，微生物便失去了生长与繁殖能力，意味着生命的终结。微生物通过代谢实现生长繁殖，人类利用微生物的代谢活动进行发酵生产。

能量代谢为微生物细胞的合成代谢、部分分解代谢，以及营养物质的主动运输、细胞分裂、鞭毛运动等生理活动提供了动力。化能异养微生物、化能自养微生物、光能营养菌利用各自的酶系分别将有机物、还原态无机物、日光辐射能等这些初级能源转换成通用能源 ATP。

一、化能异养微生物的生物氧化与产能

生物氧化（biological oxidation）是指微生物细胞内发生的一系列产能化学反应的总称。不同于燃烧的一步式、快速、剧烈、发光的产热形式，生物氧化是由酶催化发生、比较温和的多步式反应，蕴藏在底物中的化学能逐步以 ATP 形式释放；又因其发生在微生物活细胞内，

故得名生物氧化。除能量外，生物氧化还产生还原力[H]和小分子物质。为方便理解，将生物氧化过程分为脱氢（或电子）、递氢和受氢 3 个阶段。

（一）有机底物的脱氢

环境中的大分子有机物通过微生物分泌的胞外酶降解为小分子物质，这些小分子物质进入细胞后通过生物氧化进一步降解成更小的物质，并产生能量和还原力。这里以糖类物质的降解产物葡萄糖（glucose，G）为例，讲述其在微生物细胞内的 4 条脱氢途径。

1）EMP 途径　由首次发现并描述该途径的 3 位生物化学家而得名 Embden-Meyerhof-Parnas 途径，简称 EMP 途径，也称作糖酵解过程（glycolysis）。此途径在第一阶段将葡萄糖（G）先转化成 1,6-二磷酸-果糖，又被称作已糖二磷酸途径（hexose diphosphate pathway）。EMP 途径是发生在大多数活细胞（包括动物细胞）内的一种将葡萄糖氧化生成丙酮酸的生化过程，是大多数微生物共有的一条主流代谢途径，普遍存在于酵母菌、真菌和多数细菌中。

如图 4-1 所示，该途径的关键酶是第三步和第四步反应的磷酸已糖激酶和果糖二磷酸醛缩酶；整个过程不需要氧的参与，通过 10 步反应将 G 降解为 2 分子丙酮酸（pyruvic acid，Pyr），2 分子 $NADH+H^+$（$NADH_2$），并且净生成 2 分子 ATP。

EMP 途径的总反应式如下：

$$G+2[NAD]^{+}+2[ADP+Pi]\xrightarrow{10步反应}2Pyr+2[NADH]+2H^{+}+2[ATP]+2H_2O$$

丙酮酸是一种重要的中间代谢产物，在有氧条件下，EMP 途径与 TCA 循环（三羧酸循环）连接，丙酮酸被进一步彻底氧化成 CO_2 和 H_2O；在无氧条件下，不同类型微生物将其发酵生成不同的代谢产物，如啤酒酵母菌将其还原成乙醇，同型发酵乳酸菌则将其直接全部还原成乳酸。

生成的 $NADH_2$ 不能累积，必须被重新氧化为 NAD 后，才能保证 EMP 途径全部反应的顺利进行。

2）HMP 途径　该途径与 EMP 途径同时进行，除亚氧化乙酸杆菌（*Acetobacter suboxydans*）单独以 HMP 降解 G 外，独具 EMP 途径或独具 HMP 途径的微生物极少。G 先经已糖激酶催化生成 6-磷酸-葡萄糖，但没有像 EMP 途径那样再生成已糖二磷酸，而是在 6-磷酸-葡萄糖酸脱氢酶催化下生成 6-磷酸-葡萄糖酸，故得名已糖单磷酸途径（hexose monophosphate pathway），简称 HMP 途径。6-磷酸-葡萄糖酸进一步被降解为 CO_2 和 5-磷酸-核酮糖，CO_2 以气体形式逸走，所以 HMP 途径会流失一个 C。5-磷酸-核酮糖在异构酶作用下又可生成另外两种磷酸戊糖，即 5-磷酸-核糖和 5-磷酸-木酮糖，HMP 途径故又名磷酸戊糖途径。磷酸戊糖的进一步代谢比较复杂，在转酮酶系和转醛酶系作用下发生碳架重排，生成三碳糖、四碳糖、六碳糖及七碳糖。所以，6-磷酸葡萄糖酸脱氢酶和转酮-转醛酶系是 HMP 途径的关键酶，后者作用于丙糖、赤藓糖（四碳糖）、戊糖、已糖及庚糖的相互转化。3 分子磷酸戊糖经转酮-转醛酶系最终生成 2 分子 6-磷酸果糖和 1 分子 3-磷酸-甘油醛。2 分子 3-磷酸-甘油醛可缩合成 6-磷酸-葡萄糖，故 HMP 途径还可逆生 6-磷酸-葡萄糖，这便是 HMP 途径的整个反应过程。

如果生成的 3-磷酸-甘油醛经过 EMP 途径（图 4-1）转化成丙酮酸，则为不完全 HMP 途径，总反应式为

$$6\text{-磷酸-葡萄糖} + 7H_2O + 12NADP \longrightarrow CH_3COCOOH + 3CO_2 + 6NADPH_2 + ATP$$

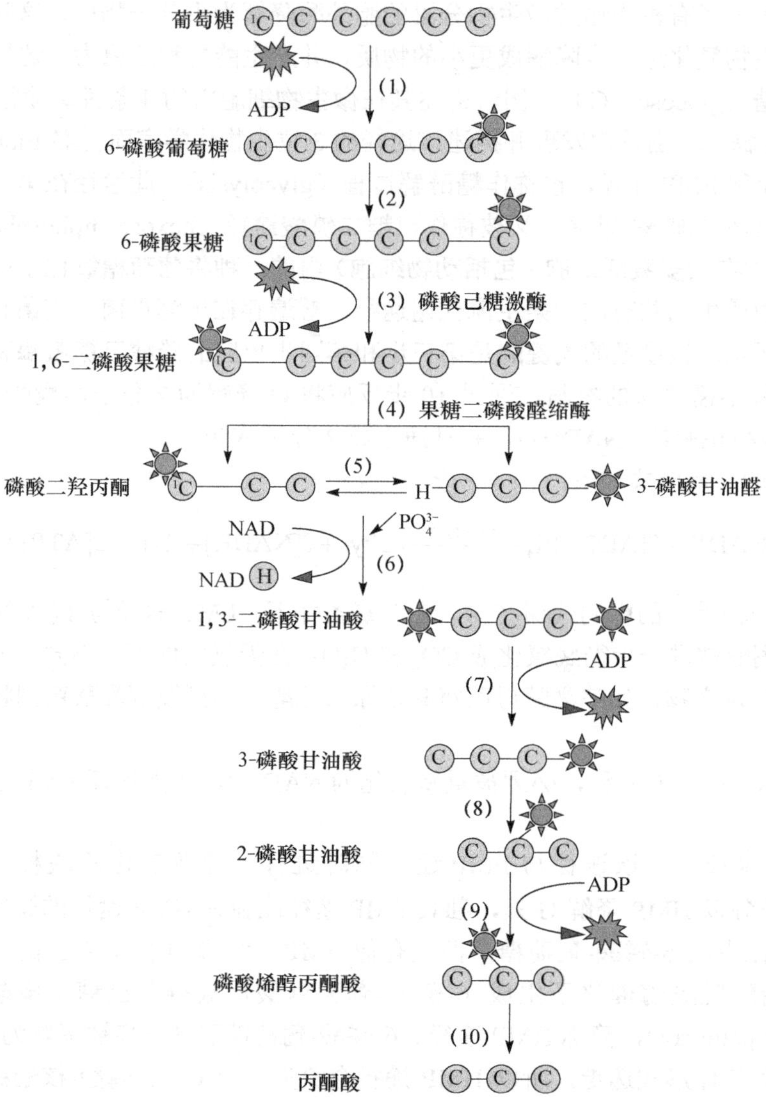

图 4-1　EMP 途径（刘志恒，2008）

1 分子葡萄糖经 HMP 途径不生成或只生成 1 分子 ATP，生成的 $NADPH_2$ 在转氢酶作用下虽可形成 $NADH_2$，再经呼吸链传递产生 ATP，但一般认为 $NADPH_2$ 主要是为细胞生物合成供氢，因此 HMP 不是主要的产能途径，但其生理功能是多方面的，在微生物生命活动中意义重大，主要表现在：①为细胞生物合成提供大量的 C_3～C_7 前体物质，其中磷酸戊糖是合成核苷酸及某些辅酶的重要底物，赤藓糖-4-磷酸参与芳香族、杂环族氨基酸的合成，如苯丙氨酸、酪氨酸、色氨酸和组氨酸等。②产生大量的 $NADPH_2$，为脂肪酸、固醇等重要细胞物

质的合成提供了还原力[H]。③扩大了碳源利用范围，具有 HMP 途径的微生物可利用 C_3～C_7 的各种糖。④EMP 途径通过 6-磷酸-果糖和 3-磷酸-甘油醛与 HMP 连接，从而为生物合成提供更多的 C_3～C_7 前体物质。⑤中间代谢产物 1,5-二磷酸-核酮糖（RuBP）是光合细菌固定 CO_2 合成葡萄糖的受体。

另外，HMP 途径与化能自养菌的碳代谢也有密切联系。

3）*ED 途径*　ED 途径（Entner-Doudoroff pathway）也是以发现者名字命名的。特点是步骤简单、快速，但产能效率低。G 只需经历 4 步反应便可获得 EMP 途径需 10 步反应才能获得的丙酮酸。其第一步反应与 EMP 和 HMP 相同，由 G 生成 6-磷酸-葡萄糖。第二步与 HMP 相同，由 6-磷酸-葡萄糖脱氢生成 6-磷酸-葡萄糖酸。后两步为 ED 途径的特征性反应（图 4-2），先在 6-磷酸葡萄糖酸脱水酶作用下，生成 2-酮-3-脱氧-6-磷酸葡萄糖酸（KDPG），因此该途径亦被称为 2-酮-3-脱氧-6-磷酸葡萄糖酸途径。醛缩酶随后催化 KDPG 裂解为丙酮酸和 3-磷酸-甘油醛，后者进入 EMP 途径转变成丙酮酸。

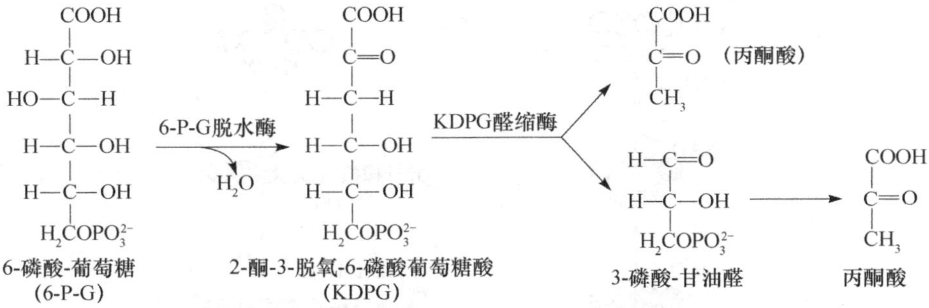

图 4-2　ED 途径中的关键反应（江汉湖和董明盛，2014）

具有 ED 途径的微生物缺乏完整的 EMP 途径，多为革兰氏阴性菌，由于是一个厌氧降解途径，故在好氧菌中分布不普遍，是运动发酵单胞菌（*Zymomonas mobilis*）、嗜糖假单胞杆菌（*Pseudomonas saccharophila*）及铜绿假单胞菌（*Pseudomonas aeruginosa*）等降解葡萄糖的主要途径。多数情况下 ED 途径与 HMP 途径共存，但也可以独立存在于某些细菌中。

ED 途径的总反应式为

$$C_6H_{12}O_6 + ADP + Pi + NADP + NAD \longrightarrow 2CH_3COCOOH + ATP + NADPH_2 + NADH_2$$

4）*磷酸解酮酶途径*　在微生物降解己糖的过程中，除 EMP、HMP、ED 途径外，异型乳酸发酵菌还独具一条磷酸解酮酶途径，详见本章第二节相关内容。

5）*三羧酸循环*　三羧酸循环（tricarboxylic acid cycle），简称 TCA 循环，又称 Krebs 循环或柠檬酸循环（citric acid cycle），由德国学者 H. A. Krebs 于 1937 年提出，并于 1953 年获得诺贝尔生理学或医学奖。通过 TCA 循环，丙酮酸或乙酰 CoA 被彻底氧化，这是一个广泛存在于各种生物体中的重要化学反应，在各种好氧微生物中普遍存在。除琥珀酸脱氢酶催化的反应外，其余各反应均发生在真核微生物的线粒体内或原核微生物的细胞质中。

TCA 循环的第一步反应是柠檬酸合成酶催化草酰乙酰（C_4）与乙酰 CoA（C_2）合成柠檬酸（C_6）的反应。乙酰 CoA 是丙酮酸（来自 EMP、HMP 或 ED 途径）脱羧脱氢的产物，草酰乙酸参与反应并被再生。

TCA 循环如图 4-3 所示，氧虽不直接参与反应，但 TCA 循环必须在有氧条件下运转，因为氢受体（NAD^+和 FAD）的再生必须在有氧条件下运行。通过电子传递系统，每分子$NADH_2$生成 3 分子 ATP，每分子$FADH_2$生成 2 分子 ATP，故 TCA 循环每氧化 1 分子乙酰 CoA，可产生 12 分子 ATP。如果把丙酮酸进入 TCA 循环前生成乙酰 CoA 的入门反应（gateway step）也计入能量计算，每分子丙酮酸经 TCA 循环可产生 15 分子 ATP（图 4-4），因此，TCA 循环的产能效率很高。

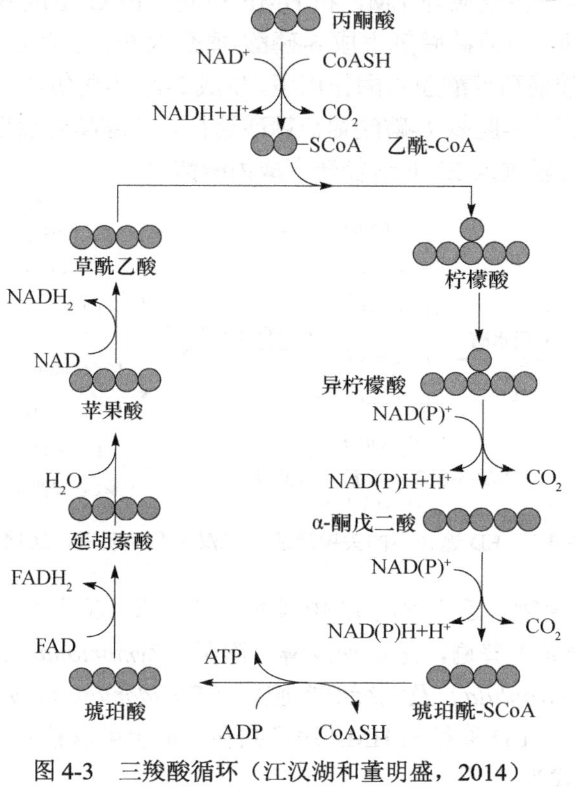

图 4-3　三羧酸循环（江汉湖和董明盛，2014）

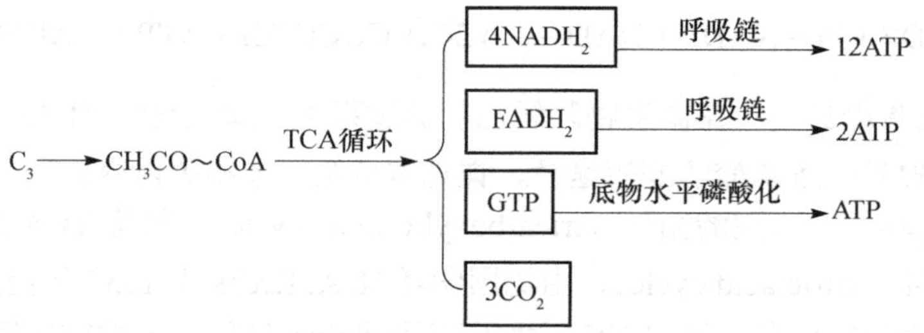

图 4-4　TCA 循环的主要产物

G 经 EMP 途径和 TCA 循环降解的总反应式如下：

$$CH_{12}O_6 + 6O_2 + 38(ADP + Pi) \longrightarrow 6CO_2 + 6H_2O + 38ATP$$

除为微生物生命活动供能外，TCA 循环实际上还是微生物糖类、蛋白质、脂类代谢的中心枢纽。途径中的乙酰 CoA 是脂肪酸合成的起始物质。α-酮戊二酸、草酰乙酸可合成谷氨酸和天冬氨酸，这两种氨基酸可转变为其他氨基酸参与蛋白质合成。TCA 不仅是糖有氧降解的主要途径，也是脂类、蛋白质降解的必经途径。脂肪酸通过 β 氧化生成的乙酰 CoA，蛋白质的降解产物丙酮酸、草酰乙酸、α-酮戊二酸等均进入 TCA 循环而被彻底氧化。TCA 循环在发酵工业中也应用广泛，通过筛选获得的优良菌株，实现了柠檬酸、异柠檬酸、α-酮戊二酸、苹果酸等的发酵生产。

（二）递氢和受氢

生物氧化过程中，G 在 EMP、HMP、ED、磷酸解酮酶途径及 TCA 循环中氧化脱下来的 H，先暂时交给 $NAD(P)^+$、FAD 或 FMN 等电子载体，再传给氢受体或经呼吸链传递。根据氢受体来源及性质不同，可把生物氧化分为有氧呼吸、无氧呼吸和发酵 3 种类型。

1. 有氧呼吸

在有氧呼吸（aerobic respiration）过程中，TCA 循环与电子传递链共同作用，前者使丙酮酸脱羧生成 3 分子 CO_2 和 1 分子 ATP，后者使脱下的 H 经过电子传递系统（electron transport system，ETS）递给分子氧生成水，并伴有 14 分子 ATP 生成。这种最终氢受体是外源分子氧的生物氧化过程，称为有氧呼吸。可见有氧呼吸分为糖酵解、TCA 循环、电子传递 3 个产能阶段。

2. 无氧呼吸

无氧呼吸（anaerobic respiration）是少数厌氧和兼性厌氧微生物在无氧条件下进行的生物氧化或产能代谢，其特点是以外源无机氧化物作为最终电子受体或氢受体。由于无机氧化物的氧化还原电位低于分子氧，因此无氧呼吸的 ETS 较短，合成的 ATP 也比有氧呼吸少。根据末端氢受体不同，无氧呼吸又可分为硝酸盐呼吸、硫酸盐呼吸、硫呼吸、铁呼吸和碳酸盐呼吸等（表 4-1）。无氧呼吸底物氧化不彻底，故产能水平居中，低于有氧呼吸，高于发酵。

表 4-1 微生物呼吸过程中的电子受体及其还原产物（刘志恒，2008）

呼吸类型		电子受体	还原产物	微生物类型
有氧呼吸		O_2	H_2O	所有需氧菌、所有真菌、原生动物及藻类
无氧呼吸	硝酸盐呼吸	NO_3^-	NO_2^-	肠道细菌
		NO_3^-	NO_2^-、NO、N_2O、N_2	假单胞菌属（*Pseudomonas*）和芽孢杆菌属（*Bacillus*）等反硝化细菌
	硫酸盐呼吸	SO_4^{2-}	SO_3^{2-}、$S_3O_6^{2-}$、H_2S、$S_2O_3^{2-}$	脱硫弧菌属（*Desulfovibrio*）、脱硫肠状菌属（*Desulfotomaculum*）等反硫化细菌
	碳酸盐呼吸	CO_2、CO	CH_4	所有产甲烷菌（Methanogenus）
		HCO_3^-	CH_3COOH	产乙酸细菌（acetogenic bacteria）
	硫呼吸	S^0	H_2S	脱硫单胞菌属（*Desulfuromonas*）和热变形菌属（*Thermoproteus*）
	铁呼吸	Fe^{3+}	Fe^{2+}	假单胞菌属（*Pseudomonas*）和芽孢杆菌属（*Bacillus*）

1）**硝酸盐呼吸**（nitrate respiration） 又称反硝化作用（denitrification）或异化性硝酸盐还原作用，是指在无氧条件下某些兼性厌氧微生物等以硝酸盐作为最终氢受体，还原成 NO_2^-、NO、N_2O 直至 N_2 的过程，同时葡萄糖被氧化成 CO_2 和 H_2O。在通气不良的土壤中，反硝化作用会造成氮肥的损失，其中间产物 NO、N_2O 还会污染环境，故应设法防止。

2）硫酸盐呼吸（sulfate respiration）　是一类称作反硫化细菌的硫酸盐还原细菌（严格厌氧菌）在无氧条件下获取能量的方式，底物脱氢后，经呼吸链传递给末端氢受体硫酸盐。在浸水或通气不良的土壤中，反硫化细菌对植物生长十分不利，可引起水稻秧苗的烂根，也应设法防止。

3）碳酸盐呼吸（carbonate respiration）　是一类专性厌氧菌以 CO_2 或重碳酸盐（$MHCO_3$）作为呼吸链末端氢受体的无氧呼吸。根据还原产物不同分为产甲烷菌和产乙酸细菌的碳酸盐呼吸。产甲烷菌为古生菌，自然界含有有机物的厌氧环境（沼泽地、湖底、海底淤泥及粪池中）及反刍动物瘤胃等处均有分布，能在氢、乙酸和甲醇等物质的氧化过程中，以 CO_2 作为最终的电子受体，将其还原成甲烷，这就是通常所说的甲烷发酵。

3. 发酵

无论是有氧呼吸还是无氧呼吸，呼吸的最终电子受体均是外源性的，而发酵（fermentation）的最终电子受体（氢受体）是内源性中间代谢产物，底物脱氢产生的还原力[H]不经呼吸链传递而直接交给氢受体，以实现底物水平磷酸化产能的一类生物氧化反应，详见本章第二节相关内容。

二、自养微生物的产 ATP 和产还原力

无论是化能自养菌还是光能自养菌，最重要的反应都是把 CO_2 先还原成简单有机物[CH_2O]，然后再进一步合成复杂的细胞物质，这是一个大量耗能和耗还原力的过程。

（一）化能自养微生物

化能自养菌（chemoautotroph）一般都是好氧菌，脱氢酶或氧化还原酶催化无机底物脱氢，获得还原 CO_2 所需的还原力[H]和 ATP。化能自养菌的呼吸链组分更为多样化。在所有还原态的无机底物中，除了 H_2 的氧化还原电位低于呼吸链起点的 $NAD^+/NADH$ 外，其余均很高，并在相应位置进入呼吸链，因此产能效率低。

亚硝化细菌（ammonia-oxidizing bacteria）和硝化细菌（nitrifying bacteria）是一类广泛分布于土壤和水体中的化能自养微生物。亚硝化细菌能把 NH_3 氧化成 NO_2^-，净生成的 $2e^-$ 可到达呼吸链末端的氧化酶 Cyt a_3，产生 1 分子 ATP，反应式如下：

$$NH_3 + O_2 + 2H^+ + 2e^- \xrightarrow{\text{氨单加氧酶}} NH_2OH + H_2O$$

$$NH_2OH + H_2O \xrightarrow{\text{羟胺氧还酶}} HNO_2 + 4H^+ + 4e^-$$

硝化细菌可把 NO_2^- 氧化为 NO_3^-，引起的反应式为

$$NO_2^- + H_2O \xrightarrow{\text{亚硝酸氧化酶}} NO_3^- + 2H^+ + 2e^-$$

由于 NO_2^- 的还原电位很高，故 H^+ 和 e^- 只能从 Cyt a_3 部位进入呼吸链而产生 1 分子 ATP。而还原 CO_2 所需的大量还原力[H]需要 H^+ 和 e^- 逆呼吸链传递，因此需要消耗大量 ATP 后才能形成。可见硝化细菌的产能效率、生长速度、细胞得率都很低，这也解释了为什么在硝化作

用旺盛的土壤中，却只能分离到很少量的硝化细菌菌体。

（二）光能自养微生物

归属于红螺菌目（Rhodospirillales）的光合细菌只能利用 H_2S、H_2 或有机物，而不能利用 H_2O 作为还原 CO_2 的氢供体，故进行的是不放氧光合作用。光合细菌在无氧条件下通过循环光合磷酸化把光能转变为 ATP。藻类、蓝细菌和绿色植物一样进行放氧型光合作用，在有氧条件下通过非循环光合磷酸化将光能转化成 ATP。

1）循环光合磷酸化（cyclic photophosphorylation） 光合细菌中没有叶绿体，菌绿素受日光照射成为激发态（电位从+0.5V 变为−0.7V），由它逐出的电子经脱镁菌绿素、CoQ、Cyt bc_1、铁硫蛋白和 Cyt c_2 组成的类呼吸链传递，重新被菌绿素接受。电子传递过程中建立了质子动势并推动 1 分子 ATP 的合成。H_2S、H_2 等外源无机氢供体消耗 ATP 逆电子流传递产生还原力[H]，用于固定 CO_2。可见，产能与产还原力是分别进行的。光合细菌是水生细菌，广泛分布于缺氧的深层淡水或海水中，由于细胞内所含的菌绿素和类胡萝卜素的量及比例不同，菌体呈现出红、橙、蓝绿、紫红、紫、褐等不同颜色。由于光合细菌是在厌氧条件下进行的不产氧光合作用，利用有毒的 H_2S 或污水中的有机物（脂肪酸、醇类等）作氢供体，因此可用于污水净化，所产生的菌体还可用作饵料、饲料，甚至生产食品添加剂等。

2）非循环光合磷酸化（non-cyclic photophosphorylation） 由于还原力 NADPH 中的[H]来自 H_2O 分子，因此这是一种由绿色植物、藻类和蓝细菌进行的放氧型光合作用。反应在有氧条件下进行，且电子传递途径不是循环式的。由 H_2O 光解产生 1/2 O_2、$2H^+$和 $2e^-$。1/2 O_2 即时释放，H^+和 e^-先后经光合系统Ⅱ（PSⅡ）和光合系统Ⅰ（PSⅠ）传递，最终传递给 NADP，形成 NADPH＋H^+，即 $NADPH_2$，用于还原 CO_2。电子在传递过程中在两处发生光合磷酸化反应生成 ATP，为固定 CO_2 提供能量。PSⅡ含叶绿素 b，利于蓝光吸收，产生 O_2 和 1 分子 ATP；PSⅠ含有叶绿素 a，电子传递过程中产生 $NADPH_2$ 和 ATP。

第二节 微生物的分解代谢

分解代谢是微生物将胞外环境中的糖类、蛋白质、脂肪等大分子物质降解为简单小分子并产生能量的过程。分解代谢所产生的小分子产物为细胞的物质合成提供了原料，所产能量为合成代谢、部分分解代谢及微生物生理活动提供了动力。

一、糖类物质的分解

糖类是微生物可利用的主要碳源和能源物质。一般情况下，多糖需在微生物分泌的胞外酶作用下降解成单糖或双糖才能被微生物细胞所利用。天然多糖主要有淀粉、纤维素、半纤维素、果胶质和几丁质等。

（一）淀粉的分解

淀粉是葡萄糖通过糖苷键连接而成的一种大分子物质。自然界中的直链淀粉由 250～300

个 G 单位经α-1, 4-糖苷键连接而成，相对分子质量可达 6 万，呈螺旋形，每个螺旋有 6 个 G 分子。支链淀粉带有分支，在直链与支链的交界处以α-1, 6-糖苷键连接，相对分子质量大于 20 万。天然淀粉中绝大部分是支链淀粉，占 80%～90%，直链淀粉仅占 10%～20%。淀粉被胞外淀粉酶水解成单糖与双糖后方可被细胞吸收，在细胞内进一步被分解利用。

微生物分泌至胞外的α-淀粉酶（α-amylase）为内切酶，可任意切割淀粉内部的α-1, 4-糖苷键，但不能作用于α-1, 6-糖苷键及其附近的 α-1, 4-糖苷键，可将淀粉水解为葡萄糖、麦芽糖、低聚糖和含α-1, 6-糖苷键的糊精，从而使淀粉溶液的黏度下降，也被称作液化型淀粉酶。

β-淀粉酶则为端切酶（外切酶），从淀粉的非还原型末端以双糖为单位水解 α-1, 4-糖苷键，生成麦芽糖。其缺点是不能作用也不能越过α-1, 6-糖苷键，因此水解终产物为麦芽糖和β-极限糊精。

葡萄糖苷酶从淀粉非还原型末端逐个作用于 α-1, 4-糖苷键，生成葡萄糖。此酶虽不能水解α-1, 6-糖苷键，但能越过此键，因此作用于支链淀粉时，生成葡萄糖和带有 α-1, 6-糖苷键的寡糖。直链淀粉则几乎被此酶完全水解为葡萄糖分子，根霉和曲霉普遍都能合成和分泌葡萄糖苷酶。

糖化酶既可作用于α-1, 4-糖苷键又可作用于α-1, 6-糖苷键，不过对后者的水解速度较慢，糖化酶可使淀粉彻底水解为葡萄糖。

异淀粉酶专门作用于α-1, 6-糖苷键，切下淀粉的侧链而生成直链淀粉和直链糊精。

（二）纤维素的分解

许多细菌、霉菌和放线菌可合成和分泌纤维素酶而利用纤维素。纤维素是构成植物细胞壁的主要成分，是由葡萄糖通过 β-1, 4-糖苷键连接而成的直链大分子物质，不溶于水，性质稳定。纤维素酶有 C_1 酶、C_x 酶和 β-葡萄糖苷酶，纤维素的水解过程如下，可见 C_{x2} 酶为端切酶，作用于水合非结晶纤维素非还原末端的 β-1, 4-糖苷键，而 C_{x1} 酶是内切酶。

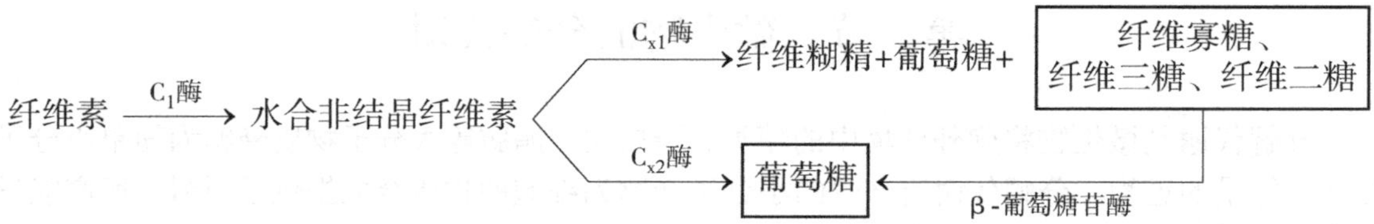

（三）半纤维素的分解

半纤维素在植物中的含量仅次于纤维素，真菌细胞壁中也含半纤维素。半纤维素是由各种五碳糖、六碳糖及糖醛酸组成的大分子，分为同聚糖和异聚糖。同聚糖仅含一种单糖，如木聚糖、半乳聚糖、甘露聚糖等；异聚糖则至少由两种单糖或糖醛酸组成。木聚糖是最常见的半纤维素。

与纤维素相比，微生物更容易分解半纤维素。产半纤维素酶的微生物主要有曲霉、根霉与木霉等。由于半纤维素分子多样，分解利用的酶也有很多，如木聚糖由木聚糖酶催化，阿拉伯聚糖则由阿拉伯聚糖酶催化。

（四）果胶质的分解

果胶质是由D-半乳糖醛酸通过α-1,4-糖苷键连接而成的直链高分子化合物。原果胶是一种存在于相邻植物细胞间的不溶于水的无定形物质，其分子中的大部分羧基被甲基化而形成甲基酯。不含甲基酯的果胶质称为果胶酸。分解果胶的微生物主要是一些细菌和真菌。芽孢杆菌属（*Bacillus*）、梭状芽孢杆菌属（*Clostridium*）、曲霉属（*Aspergillus*）、葡萄孢霉属（*Botrytis*）和镰刀菌属（*Fusarium*）分解果胶的能力均很强。参与果胶分解的酶系很多，主要是果胶酯酶（果胶甲酯水解酶）和果胶酸酶（聚半乳糖醛缩酶），分解过程如下，所形成的半乳糖醛酸最终进入糖代谢途径。

原果胶 $\xrightarrow{\text{原果胶酶}}$ 水溶性果胶 $\xrightarrow{\text{果胶甲酯水解酶}}$ 甲醇
　　　　　　　　　　　　　　　　　　　　果胶酸 $\xrightarrow{\text{果胶酸酶}}$ 半乳糖醛酸

果胶在浆果中含量最多，在果汁加工、葡萄酒生产中引起榨汁困难，因此添加果胶酶可提高出汁率并利于果汁澄清。

（五）几丁质的分解

几丁质与纤维素的区别是单体不同，组成几丁质的单体是*N*-乙酰葡糖胺，后者是葡萄糖。几丁质是真菌细胞壁和昆虫体壁的组成成分，只能被少数微生物分解和利用，如溶几丁质芽孢杆菌（*Bacillus chitinovirous*）和链霉菌属（*Streptomycetaceae*）。几丁质的降解过程如下，分解生成的*N*-乙酰葡糖胺可作为细胞壁合成的原料，葡萄糖则进入糖代谢途径。

几丁质 $\xrightarrow{\text{几丁质酶}}$ 几丁二糖 $\xrightarrow{\text{几丁二糖酶}}$ *N*-乙酰葡糖胺 $\xrightarrow{\text{脱氨基酶}}$ 葡萄糖＋氨

二、蛋白质的分解

微生物对环境中蛋白质的利用也是通过分泌胞外蛋白酶实现的。不同微生物分解利用蛋白质的能力有所不同，因而可将蛋白质的分解能力作为微生物的分类依据。某些细菌如梭状芽孢杆菌、芽孢杆菌、变形杆菌、假单胞菌、小球藻等，许多放线菌、曲霉、毛霉等的蛋白质分解能力就很强；而大肠杆菌不能分解天然蛋白质，只能分解蛋白质的降解产物。在细菌中，一般革兰氏阳性菌分解蛋白质的能力强于革兰氏阴性菌。酱油、豆豉、豆腐乳等许多食品的制作就是利用了微生物对蛋白质的降解作用。

肽酶是一种胞内酶，菌体自溶后释放到环境中，将肽水解成氨基酸。肽酶也是端（外）切酶，其中氨肽酶作用于游离氨基端，羧肽酶则作用于游离羧基端的肽键。产物氨基酸一般被微生物直接用于细胞物质的合成。在厌氧与缺乏碳源时，氨基酸被进一步分解利用，作为某些细菌的能源、碳源及氮源。

微生物主要通过脱氨与脱羧两种方式分解氨基酸。氨基酸脱羧酶的专一性强，大多是诱导酶。基本上每种氨基酸都有其独特的脱羧酶，催化形成相应的生物胺。例如，酪氨酸、精氨酸和色氨酸分别在各自脱羧酶催化下脱羧形成相应的酪胺、精胺和色胺。尸碱是一元氨基酸和二元氨基酸脱羧形成一胺和二胺的总称，有一定的毒性，肉类腐败常生成二胺，故不能食用。研究表明生物胺在食品安全方面具有重要意义，其含量与肉类腐败进程高度相关。

脱氨作用释放氨，是一种氨化作用（ammonification）。脱氨方式依微生物类型、氨基酸种类、环境条件不同而不同。好氧微生物在有氧条件下进行氧化脱氨，生成α-酮酸；某些专性厌氧菌在无氧条件下进行还原脱氨，往往利用某一种氨基酸作为氢供体，另一种氨基酸作为氢受体，在特定的两种氨基酸之间进行氧化还原反应生成有机酸并释放出能量，此类反应称作 Stickland 反应，这种偶联反应只能发生在特定的氨基酸对之间，如丙氨酸、缬氨酸、亮氨酸常优先作为氢供体，而甘氨酸、羟脯氨酸、脯氨酸常优先作为与之相对应的氢受体。Stickland 反应生成小分子有机酸，产能很少，显然不经济，因而只有在蛋白质丰富而又缺氧的环境中发生。在水解脱氨过程中，水分子参与反应，生成羟酸与氨，羟酸再经脱羧生成一元醇，因此水解脱氨过程中伴随着脱羧过程，米曲霉（*Aspergillus oryzae*）等好氧微生物便以此种方式脱氨。最后一种脱氨方式是普遍存在于细菌和酵母菌中的分解脱氨，在此过程中，氨基酸直接脱氨生成不饱和酸。例如，大肠杆菌细胞内的 L-天冬氨酸酶催化 L-天冬氨酸直接脱氨而生成延胡索酸。

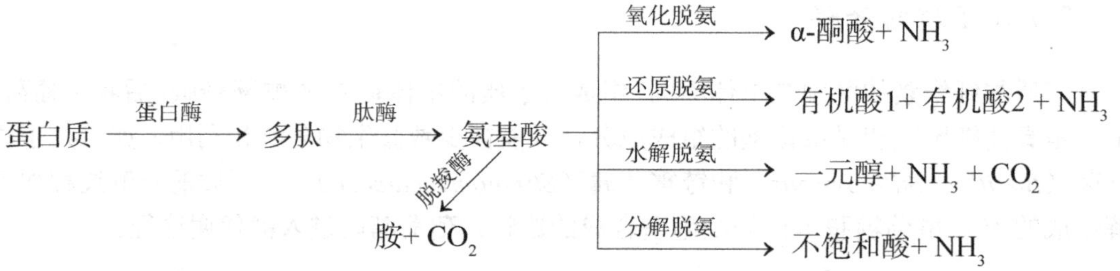

微生物分解氨基酸的能力有别，分解方式也不尽相同，产物自然也不同，因此可根据微生物对氨基酸的分解作用方式来进行菌种鉴定。吲哚试验和硫化氢试验就是常用的两个鉴定试验。此外，氨基酸的分解产物也是许多发酵食品的挥发性风味组分。

三、脂肪和脂肪酸的分解

微生物只有在环境中没有比脂肪更容易利用的碳源与能源时，才利用脂肪，因此相关酶系属于诱导酶。脂肪是脂肪酸的甘油三酯，不能进入细胞，细胞内储存的脂肪也不能直接进入糖代谢途径，因此脂肪先需胞外或胞内脂肪酶作用将其水解成甘油和长链脂肪酸。甘油通过转化为磷酸二羟丙酮或 3-磷酸-甘油醛进入糖代谢途径。长链脂肪酸则在脂肪酸分解酶系作用下降解生成 C_6～C_{16} 短链脂肪酸，再通过基团移位进入细胞，同时形成酯酰 CoA，酯酰 CoA 随后在细胞内进入 β-氧化途径。如果脂肪酸的 C 原子数是偶数，通过 β-氧化最终得乙酰 CoA，直接进入 TCA 循环。如果是奇数，除生成乙酰 CoA，还生成 1 分子丙酰 CoA，丙酰 CoA 通过羧化反应和分子内重排，转化成琥珀酰 CoA 后进入 TCA 循环。

β-氧化在原核细胞的细胞膜和真核细胞的线粒体内进行。细菌产脂肪酶的能力较弱，真菌普遍可产脂肪酶，如假丝酵母属（*Candida*）、镰刀菌属（*Fusarium*）和青霉属（*Penicillium*）的产脂肪酶能力就较强。

$$RCH_2CH_2COOH + ATP + HSCoA \xrightarrow{\text{酰基CoA合成酶}} RCH_2CH_2COCoA + AMP + PPi$$

脂肪酸（$C_6 \sim C_{16}$）　酯酰CoA → 进入β-氧化途径

$$丙酰CoA + CO_2 + ATP \xrightarrow{\text{丙酰CoA合成酶}} 琥珀酰CoA + ADP + Pi$$

琥珀酰CoA → 进入TCA循环

四、微生物发酵的代谢途径

发酵（fermentation）是葡萄糖或其他碳水化合物在无氧或有氧条件下的不完全氧化。此过程以内源有机物作为最终电子受体并且生成少量ATP。糖类物质的发酵产品主要有醇和有机酸两大类。蛋白质衍生物、核酸及其他物质通过微生物发酵可用来生产维生素、抗生素，甚至激素，如氢化可的松（hydrocortisone）。

（一）乙酸发酵

参与乙酸发酵的微生物主要是细菌，统称为乙酸细菌。乙酸细菌为革兰氏阴性杆菌，两端钝圆，单个或呈链状排列，有鞭毛，无芽孢。好氧性乙酸细菌，如纹膜乙酸杆菌（*Acetobacter aceti*）、氧化乙酸杆菌（*Acetobacter oxydans*）、巴氏乙酸杆菌（*Acetobacter* sp.）、氧化乙酸单胞菌（*Acetomonas oxydans*）等进行好氧性乙酸发酵，在有氧条件下通过有氧呼吸将乙醇直接氧化为乙酸，脱下的H经呼吸链和分子氧结合形成水并释放能量。好氧性乙酸发酵是食醋酿造的基础，制醋原料既可以是淀粉质原料，也可以是乙醇。淀粉质原料经糖化，再经酒化后方可进行乙酸发酵。将乙酸发酵液提纯便制得化工原料冰醋酸。

$$\underset{\text{乙醇}}{CH_3CH_2OH} \xrightarrow{-2H} \underset{\text{乙醛}}{CH_3CHO} \xrightarrow{+H_2O} \underset{\text{水合乙醛}}{CH_3C(OH)_2H} \xrightarrow{-2H} \underset{\text{乙酸}}{CH_3COOH}$$

厌氧性乙酸细菌，如热乙酸梭菌（*Clostriolium themoacidophilus*）、胶乙酸杆菌（*Acetobacter xylinum*）等进行厌氧性乙酸发酵，通过EMP途径发酵葡萄糖，产生3分子乙酸，其中1分子乙酸是在辅酶M（CoM）催化下以CO_2作为氢受体生成的，反应式如下。厌氧性乙酸发酵是糖醋酿造的主要途径。

$$2CH_3COCOOH + 2H_2O + 2ADP + 2Pi \xrightarrow[\text{乙酸激酶}]{\text{丙酮酸脱羧酶}} 2CH_3COOH + 2CO_2 + 4H + 2ATP$$

$$2CO_2 + 8H \xrightarrow{CoM} CH_3COOH + 2H_2O$$

（二）柠檬酸发酵

柠檬酸在食品工业中作为酸味剂用于饮料、果汁、果酒、糖果等的加工，也广泛应用于化工和医药行业。

人类最初从柠檬、柑橘中提取柠檬酸。1893年，Wehmer发现淡黄青霉可分泌柠檬酸后，便逐步过渡到微生物发酵制取，1952年，美国的Mile公司开创了柠檬酸的液体深层发酵法生产。大多数微生物代谢过程都合成柠檬酸，但由于微生物自身的代谢调控，在正常生理状况下很少有柠檬酸积累。

能够累积柠檬酸的菌种以曲霉属、青霉属和橘霉属（*Citromyces*）为主。其中以黑曲霉（*Aspergillus niger*）、米曲霉（*A.oryzae*）、灰绿青霉（*Penicillium glaucum*）、淡黄青霉（*Pen. luteum*）、光橘霉（*Citromyces glaber*）等产酸量最高。

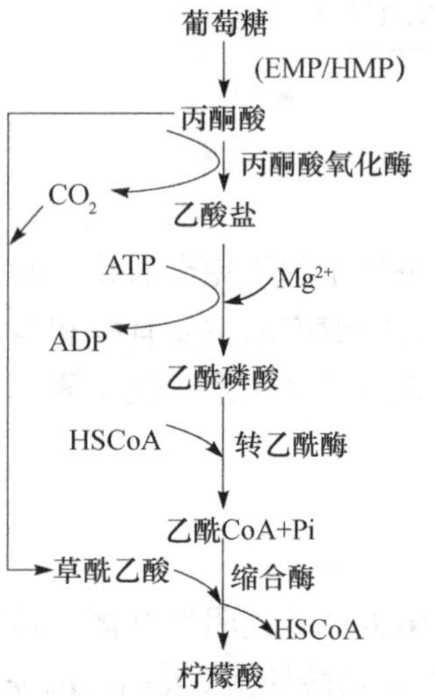

图 4-5　黑曲霉发酵生产柠檬酸的代谢途径（江汉湖和董明盛，2014）

黑曲霉是以糖质为原料发酵生产柠檬酸的最好菌种，产酸量和转化率都很高。我国经过大量菌种选育工作，使发酵菌种的产酸量和转化率逐步提高，产酸量由宇佐美曲霉（*A. usamil*）N-588 的 6%～7%到黑曲霉 T419 的 15%～20%，转化率最终可达 97%。黑曲霉 T419 和黑曲霉 Co827 还具有糖化率高、发酵周期短、产物单一、营养要求粗放、不以柠檬酸为主要碳源且能耐受高浓度柠檬酸、遗传性状稳定等优点。

1）由葡萄糖合成柠檬酸　目前认为柠檬酸的合成不以 TCA 循环为主，而是采用图 4-5 的方式。葡萄糖先经 EMP、HMP 等途径生成丙酮酸，然后 2 分子丙酮酸之间发生羧基转移，1 分子丙酮酸脱羧生成乙酰 CoA，另 1 分子丙酮酸羧化生成草酰乙酸，乙酰 CoA 和草酰乙酸在柠檬酸合成酶（缩合酶）催化下合成柠檬酸。乌头酸水合酶和异柠檬酸脱氢酶在 TCA 中位于柠檬酸合成酶的下游，柠檬酸发酵菌种中此两种酶的活性很低，而柠檬酸合成酶活性很高，所以柠檬酸得以大量累积。

由图 4-5 可见，黑曲霉发酵生产柠檬酸的过程中没有 C 原子的损失，HSCoA 也得以再生。按理论计算，1 分子葡萄糖只能产生 2/3 分子柠檬酸，相当于 100g 葡萄糖产生 71.1g 柠檬酸，而生产上却可得到 75～87g 柠檬酸。^{14}C 同位素试验证明，柠檬酸合成过程中还伴随着大量 CO_2 的固定，这就是柠檬酸超量合成的原因。

由于葡萄糖经 HMP 途径生成戊糖时会损失 1 个 C 原子，故经 HMP 途径合成柠檬酸的转化率低于 EMP 途径。

2）由乙酸合成柠檬酸　如图 4-6 所示，在以乙酸为原料合成柠檬酸时，被乙酸激活的异柠檬酸裂解酶催化来自 TCA 循环的异柠檬酸裂解生成乙醛酸，乙醛酸再与由乙酸合成的乙酰 CoA 缩合形成苹果酸。

3）由正烷烃合成柠檬酸　当以正烷烃为原料合成柠檬酸时，正烷烃首先氧化为脂肪酸，脂肪酸经 β-氧化生成乙酸，然后由乙酸按图 4-6 的途径合成柠檬酸，在代谢过程中无 C 原子损失，但此途径的需氧量是以葡萄糖为碳源时的 3 倍多，产生的 ATP 自然也较多。

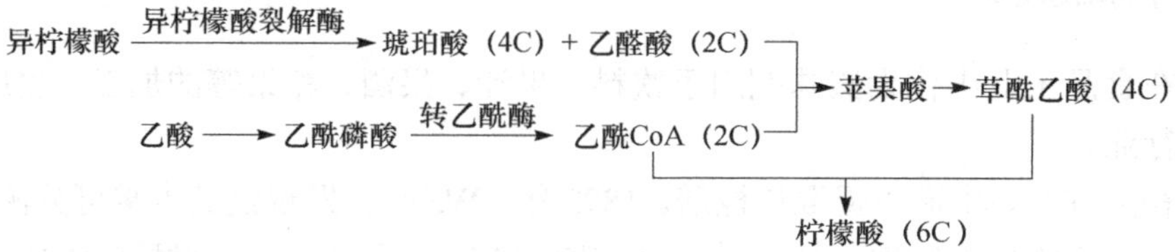

图 4-6　由乙酸合成柠檬酸的途径

（三）乙醇发酵

乙醇发酵是重要的发酵工业之一，是酿酒工业和乙醇生产的基础。进行乙醇发酵的微生物主要是酵母菌，如啤酒酵母（*Saccharomyces cerevisiae*）。此外还有少数细菌，如发酵单胞菌（*Zymononas mobilis*）、解淀粉欧文氏菌（*Erwinia amylovora*）等。有些假单胞菌，如林奈假单胞菌（*Pseudomonas lindreri*）、嗜糖假单胞菌（*Pseudomonas saccharophila*）等通过 HMP 途径，在单磷酸己糖基础上分解 G，生成乙醇和 CO_2。总状毛霉（*Mucor racemosus*）深层培养时也可产生乙醇。

当以淀粉质原料进行乙醇发酵生产时，需将其全部或部分转化成葡萄糖等酵母菌可利用的可发酵糖，此过程称为糖化，所用催化剂称为糖化剂。糖化剂可以是由微生物制成的固体或液体糖化曲，也可以是商品酶制剂。在实际生产中主要用曲霉和根霉作为糖化菌来生产糖化曲，毛霉也是常用的糖化菌。近年来应用重组 DNA 技术构建集糖化与发酵于一体的酵母菌已获成功，其转化淀粉的效果与直接添加酶进行糖化的效果相当。

酵母菌在不同条件下发酵结果是不同的。乙醇发酵是酵母菌的正常发酵形式，又称为第一型发酵。当发酵条件改变，如在亚硫酸钠存在时通过第二型发酵生成甘油，碱性条件下则进行第三型发酵。因而可通过控制环境条件来控制微生物的代谢活动来生产不同产品。

1）第一型发酵　酵母菌在无氧条件下，通过糖酵解作用，将 G 转变为 2 分子丙酮酸，丙酮酸再在丙酮酸脱羧酶作用下脱羧生成乙醛和 CO_2，最后乙醛在乙醇脱氢酶作用下被还原为乙醇。总反应式：

$$C_6H_{12}O_6 + 2ADP + 2Pi \longrightarrow 2CH_3CH_2OH + 2CO_2 + 2ATP$$

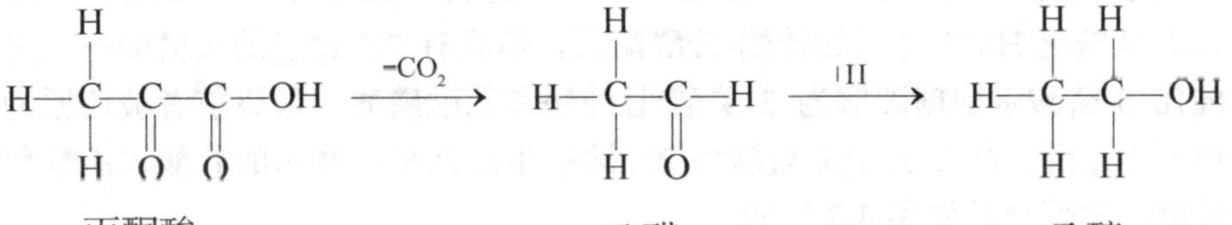

丙酮酸　　　　　　乙醛　　　　　　乙醇

2）第二型发酵　亚硫酸钠存在时，乙醛和亚硫酸钠发生加成作用生成难溶的磺化羟乙醛，而不能作为氢受体被还原，此时磷酸二羟丙酮代替乙醛作为氢受体被还原成α-磷酸甘油，继而水解生成甘油。

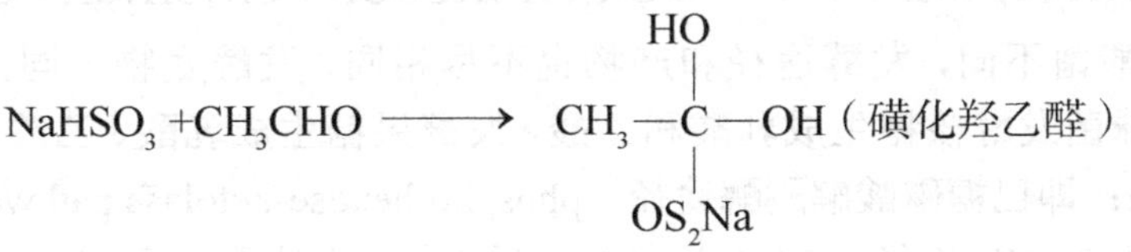

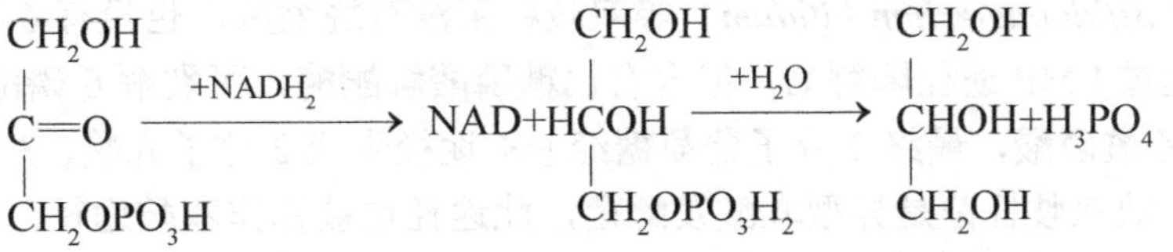

3）第三型发酵　碱性条件促使乙醛不能作为正常氢受体，迫使磷酸二羟丙酮作为氢受体而被还原成甘油。而2分子乙醛之间发生氧化还原反应，1分子被氧化生成乙酸，另1分子被还原生成乙醇。用此途径生产甘油时，必须不间断地向发酵液中添加 Na_2CO_3 以维持碱性，否则产生的乙酸会使pH降低而回复第一型发酵。总反应式：

$$2C_6H_{12}O_6 \longrightarrow 2\text{甘油} + \text{乙酸} + \text{乙醇} + 2CO_2$$

（四）乳酸发酵

能发酵葡萄糖生成大量乳酸的微生物，称为“乳酸菌”。凡发酵产物中只有乳酸的乳酸菌称为同型乳酸发酵菌。而异型乳酸发酵菌的发酵产物中除乳酸外，还有乙醇、乙酸及 CO_2 等。

1）同型乳酸发酵（homoplastic fermentation）　同型发酵乳酸菌主要有双球菌属（*Diplococcus*）、链球菌属（*Streptococcus*）及乳酸杆菌属（*Lactobacillus*）等，发酵基质主要是己糖。乳酸杆菌属在工业发酵中最常用，如德氏乳杆菌（*L. delbrueckii*）、保加利亚乳杆菌（*L. bulgaricus*）、干酪乳杆菌（*L. casei*）等。

葡萄糖经EMP途径生成的丙酮酸不进入TCA循环，而在乳酸脱氢酶作用下直接被还原成乳酸。总反应式：

$$C_6H_{12}O_6 + 2ADP + 2Pi \xrightarrow{\text{乳酸脱氢酶}} 2CH_3CHOHCOO$$

2）异型乳酸发酵

（1）PK途径：即戊糖磷酸解酮酶途径（phospho-pentose-ketolase pathway），P是pentose的首字母，代表戊糖，PK途径是HMP途径的变异途径。某些异型乳酸发酵（heteroplastic fermentation）菌缺乏HMP途径的转酮-转醛酶系，但具有PK途径的关键酶——磷酸木酮糖解酮酶，催化5-磷酸木酮糖裂解为3-磷酸-甘油醛和乙酰磷酸，最终前者被还原为乳酸，乙酰磷酸被还原为乙醇。故1分子葡萄糖经PK途径生成几乎等摩尔的乳酸、乙醇和 CO_2，属异型乳酸发酵，发酵途径如图4-7所示。

经PK途径的异型发酵乳酸菌有肠膜明串球菌（*Leuconostoc mesenteroides*）、葡萄糖明串球菌（*Leuconostoc dextranicum*）、短乳酸杆菌（*Lactobacillus brerie*）、甘露乳酸杆菌（*Lactobacillus manitopoeum*）、番茄乳杆菌（*Lactobacillus lycopersici*）等。

总反应式：$C_6H_{12}O_6 + ADP + Pi \longrightarrow CH_3CHOHCOOH + CH_3CH_2OH + CO_2 + ATP$

异型发酵乳酸菌不同，发酵途径和产物也不尽相同，发酵底物不同，产物也会不同。例如，肠膜明串球菌发酵核糖生成乳酸和乙酸，发酵果糖生成乳酸、乙酸、CO_2 和甘露醇。

（2）HK途径：即己糖磷酸解酮酶途径（phospho-hexose-ketolase pathway），H是hexose的首字母，代表己糖，HK途径是EMP途径的变异途径。双歧乳杆菌（*Lactobacillus bifidus*）、两歧双歧杆菌（*Bifidobacterium bifidum*）等双歧杆菌没有醛缩酶，也没有6-磷酸葡萄糖脱氢酶，所以不能通过EMP途径降解G，但含有己糖磷酸解酮酶，可裂解6-磷酸-葡萄糖生成4-磷酸-赤藓糖和乙酰磷酸，最终2分子葡萄糖经HK途径生成2分子乳酸、3分子乙酸，并产生5分子ATP，故双歧杆菌是异型乳酸发酵菌，此途径也被称作双歧途径。

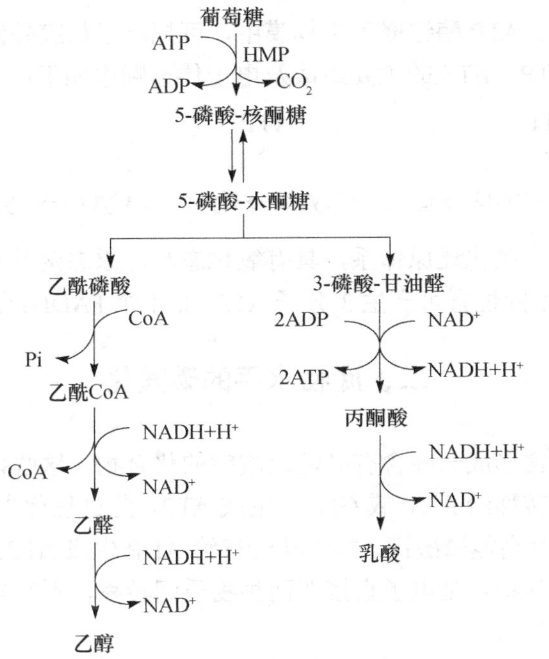

图 4-7　肠膜明串球菌等的异型乳酸发酵途径（沈萍等，2002）

总反应式：$2C_6H_{12}O_6 + 5ADP + 5Pi \longrightarrow 2CH_3CHOHCOOH + 3CH_3COOH + 5ATP$

第三节　能 量 转 换

生物氧化为生命活动提供了能量，当微生物获得能量后，一般先将其贮存在腺嘌呤核苷三磷酸（ATP）的高能磷酸键中，需要时 ATP 水解，重新释放出能量。ATP 是微生物细胞内理想的“能量货币”。利用生物氧化过程中释放的能量合成 ATP 的生化反应，称为氧化磷酸化（oxidative phosphorylation）。能量代谢就是指能量的产生、保存和利用。把利用光能合成 ATP 的反应，称为光合磷酸化。微生物通过氧化磷酸化生成 ATP 的方式有以下两种。

一、电子传递磷酸化

在电子传递磷酸化中，e^-和 H^+经呼吸链传递给氢受体，并将此过程中释放的能量和 ADP 的磷酸化偶联起来，生成 ATP。

呼吸链即电子传递链（ETS），是由一系列质子和电子载体组成的多酶体系，除铁硫蛋白不是酶外，ETS 的其余组分都是酶，且含有辅酶（NAD^+/$NADP^+$）或辅基（FAD/FMN/血红素等），这些辅酶和辅基是 e^-和 H^+的实际传递体。ETS 位于真核微生物的线粒体嵴（cristae）上以及原核微生物的细胞膜上，来源于 TCA 及其他生物氧化过程中的 $NADH_2$ 和 $FADH_2$，H 原子以 H^+和 e^-形式沿 ETS 进行同步传递，在此过程中将释放的能量用于 ADP 磷酸化，合成 ATP，故得名，有时电子传递磷酸化也被称作氧化磷酸化。

组成 ETS 的相关酶系可将底物分子上的质子从膜的内侧转运到外侧，形成质子动势，为

ATP 合成提供能量来源。ATP 酶镶嵌于生物膜中，可把质子从膜外侧重新输回到内侧，消除质子动势的同时合成 ATP。ETS 的主要组成及电子传递顺序如下：

$$\begin{array}{ccccccccccccccc} & & & & \text{ATP} & & & & \text{ATP} & & & & & & \text{ATP} \\ & & & & \uparrow & & & & \uparrow & & & & & & \uparrow \\ \text{NAD(P)} & \rightarrow & \text{FAD} & \rightarrow & \text{CoQ} & \rightarrow & \text{Cyt b} & \rightarrow & \text{Cyt } c_1 & \rightarrow & \text{Cyt c} & \rightarrow & \text{Cyt a} & \rightarrow & \text{Cyt } a_3 \end{array}$$

每个传递体都是一个氧化还原体系，具有氧化态和还原态两种形式。1 个 $NADH_2$ 分子，经电子传递磷酸化，在不同位置可产生 3 分子 ATP，而 1 个 $FADH_2$ 分子，只产生 2 分子 ATP。

二、底物水平的磷酸化

生物氧化过程中，常形成一些含有高能磷酸键的化合物，这些化合物在酶的作用下，将存储于其上的能量直接转移给 ADP 或 GDP，生成 ATP，此过程称为底物水平磷酸化。例如，1, 3-二磷酸甘油酸就含有高能磷酸键，并将其转移给 ADP 生成 ATP。底物水平磷酸化在生物氧化过程中十分普遍，其特点是电子直接在两种物质间转移，不经电子传递链。催化底物水平磷酸化的酶位于细胞质内。

第四节　微生物独特的合成代谢

一、自养微生物 CO_2 的固定

自养微生物生物氧化产能的类型很多，途径也十分复杂，有些还处于未知状态，但所有自养微生物都具有固定 CO_2 的能力，即先把 CO_2 还原成[CH_2O]水平的简单有机物，再进一步合成复杂的细胞物质，此过程需要消耗大量能量及还原力[H]。化能自养微生物通过氧化还原态无机物获取能量，还原力则是通过 H^+和 e^-的逆呼吸链传递而产生。光能自养微生物则通过光合磷酸化获得能量和还原力[H]。

微生物固定 CO_2 的途径主要有三条：Calvin 循环、厌氧乙酰-CoA 途径和还原性 TCA 途径。

（一）Calvin 循环

Calvin 循环（Calvin cycle）是绿色植物、蓝细菌、绝大多数光合细菌、自养菌共有的 CO_2 固定途径，因此十分重要。如图 4-8 所示，2 个 Calvin 循环便可固定 6 分子 CO_2 合成 1 分子葡萄糖。Calvin 循环的第一阶段通过羧化反应实现碳固定：3 分子 CO_2 受体（RuBP）通过核酮糖二磷酸羧化酶固定 3 分子 CO_2，并转变成 6 分子 3-磷酸-甘油酸。在第二阶段主要发生还原反应，将 6 分子 3-磷酸-甘油酸还原为 6 分子 3-磷酸-甘油醛，其中 1 分子用于葡萄糖合成，另 5 分子进入第三阶段再生成 3 分子 CO_2 受体，即 1,5-二磷酸-核酮糖（RuBP），重新固定 CO_2。Calvin 循环不需要光，因此被称为 CO_2 暗固定。

（二）厌氧乙酰-CoA 途径

利用厌氧乙酰-CoA 途径（anerobic acetyl-CoA pathway）固定 CO_2 的微生物是一些不存在

Calvin 循环并能利用氢的严格厌氧菌，包括产甲烷菌、产乙酸菌、硫酸盐还原菌等。由图 4-9 可知，具有该途径的微生物利用氢化酶产生还原力[H]，将 1 分子 CO_2 固定，生成甲基-X；另 1 分子 CO_2 被 CO 脱氢酶还原成 CO，CO 使甲基-X 羧化，形成乙酰-X，随后形成乙酰-CoA，乙酰-CoA 固定第三分子 CO_2 生成丙酮酸，丙酮酸经由已知代谢途径合成各种有机物。

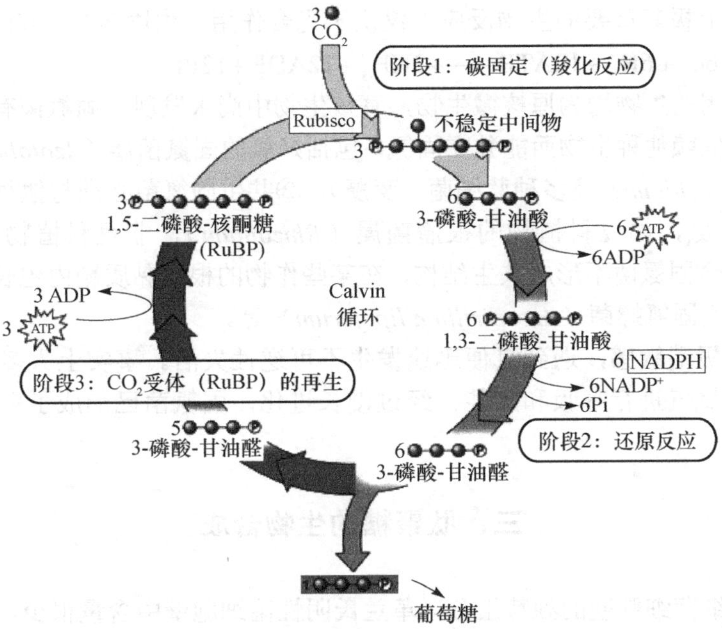

图 4-8　Calvin 循环简图（Cowan and Talaro，2006）

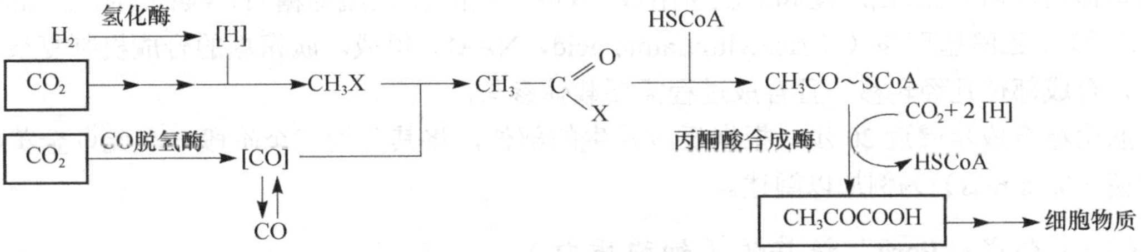

图 4-9　厌氧乙酰-CoA 途径（沈萍等，2002）

（三）还原性 TCA 循环途径

只有少数光合细菌，如嗜硫代硫酸盐绿菌（*Chlorobium thiosulfatophilum*）具有还原性 TCA 循环途径（reductive tricarboxylic acid cycle）。CO_2 通过琥珀酰-CoA 的还原性羧化作用而被固定，如下式：

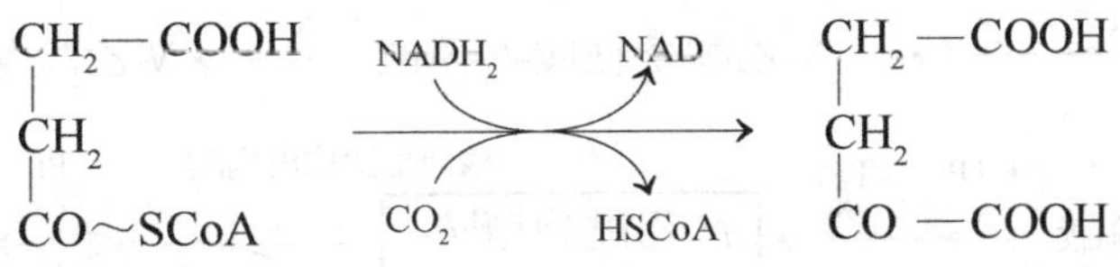

琥珀酰-CoA　　α-酮戊二酸

二、生 物 固 氮

N 是构成生命物质的基本元素。空气中 N_2 约占 79%，但只有通过某些微生物将其转化为含氮化合物后，才能被高等植物利用，此过程称为生物固氮（biological nitrogen fixation）。生物固氮是地球上极其重要的生物反应，仅次于光合作用，由固氮酶（nitrogenase）催化，总反应式：$N_2 + 6e^- + 6H^+ + 12ATP \longrightarrow 2NH_3 + 12ADP + 12Pi$

具有固氮作用的生物均为原核微生物，真核生物中尚未发现。固氮菌有三大生态类型：①自生固氮菌不依赖他种生物而能独立固氮，包括好氧的固氮菌属（*Azotobacter*），厌氧的巴氏固氮梭菌（*Clostridium*）及多种蓝细菌（蓝藻）。②共生固氮菌必须与他种生物生成特有的共生结构才能固氮，如豆科植物的根瘤菌属（*Rhizobium*），非豆科植物的弗兰克氏菌属（*Frankia*）。③联合固氮菌不形成共生结构，在某些作物的根系黏质鞘内生长，并把固定的氮供给植物，如产脂固氮螺菌（*Azospirillum lipoferum*）等。

固氮酶对氧极端敏感，遇到氧便迅速发生不可逆性失活。事实上大多数固氮菌都是好氧菌，需要利用氧气进行呼吸和产能，经过漫长进化，固氮菌已形成了多种对固氮酶的保护机制。

三、肽聚糖的生物合成

肽聚糖是真细菌细胞壁的独特组分，革兰氏阴性菌细胞壁中含量很少，肽聚糖是构成革兰氏阳性菌细胞壁的主体成分，是由肽聚糖亚单位（单体）构成的一种大分子物质。一个肽聚糖单体由双糖单位、四肽尾和五肽桥组成。双糖单位由 *N*-乙酰葡糖胺（*N*-acetylglucosamine，NAG）和 *N*-乙酰胞壁酸（*N*-Acetylmuramic acid，NAM）组成。肽聚糖的合成机制复杂，步骤多，合成部位几经转移，且合成过程需要载体参与。

肽聚糖合成步骤近 20 步，根据反应发生的部位，将其分为三个阶段，在此以金黄色葡萄球菌（*S. aureus*）为例加以阐述。

（一）合成“Park”核苷酸（细胞质内）

1）由葡萄糖合成 NAG 和 NAM　　NAG 和 NAM 都是葡萄糖的衍生物，二者靠β-1, 4-糖苷键连接并交替排列，构成肽聚糖的多糖链骨架，合成途径如下：

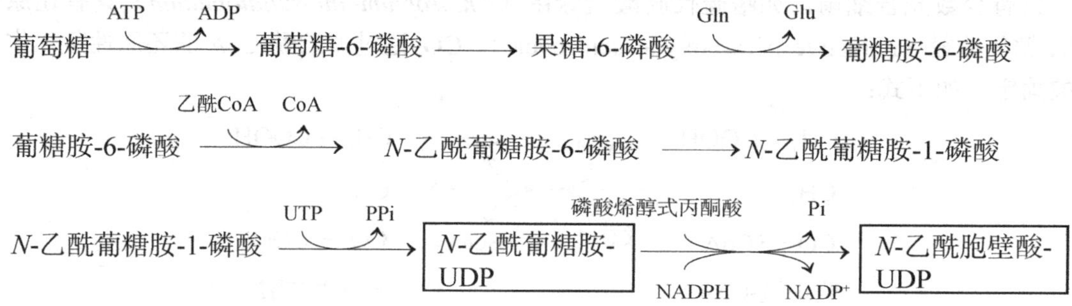

2）由*N*-乙酰胞壁酸合成“Park”核苷酸　在细胞质内，尿苷二磷酸（uridine diphosphate，UDP）作为NAM的载体，经过一系列反应，在NAM分子上连上五肽尾，合成“Park”核苷酸，过程如图4-10所示。最后加入的D-丙氨酰胺-D-丙氨酸（D-Ala-D-Ala）是由2分子L-Ala依次在L-丙氨酸消旋酶和D-丙氨酰胺-D-丙氨酸合成酶催化下通过2步反应合成。

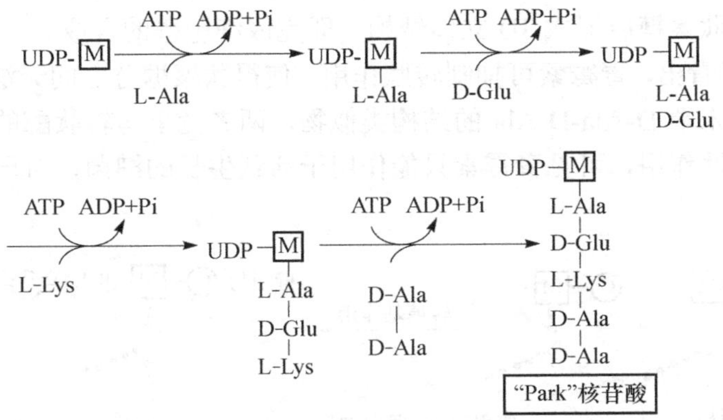

图4-10　“Park”核苷酸的合成过程（江汉湖和董明盛，2014）

M代表*N*-乙酰胞壁酸

（二）合成肽聚糖单体（细胞膜上）

“Park”核苷酸在细胞质中合成后，其上的UDP载体助其穿入细胞膜，交由类脂载体。在细胞膜上带有五肽尾的NAM先后与NAG和甘氨酸五肽桥结合，组装成一个肽聚糖亚单位，随后类脂载体将组装好的肽聚糖单体带到膜外细胞壁生长点处，进行肽聚糖的合成。类脂载体，即细菌萜醇（bactoprenol），为十一异戊烯磷酸，除参与肽聚糖合成外还参与微生物多种胞外多糖和脂多糖的生物合成。

由图4-11可以看出，UDP携带NAM进入细胞膜后，便将其交给类脂载体，自身得以循环。NAG也需要以UDP为载体穿入细胞膜与类脂载体所携带的NAM发生反应。

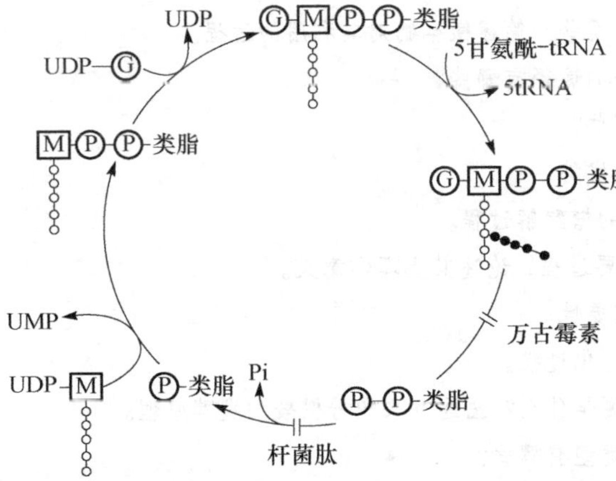

图4-11　葡萄球菌肽聚糖亚单位的合成（江汉湖和董明盛，2014）

M代表*N*-乙酰胞壁酸；G代表*N*-乙酰葡糖胺

（三）交联作用形成肽聚糖（细胞膜外）

与 DNA 体外合成需要引物类似，类脂载体运送出细胞膜外的肽聚糖亚单位合成肽聚糖时也需要由 6～8 个肽聚糖亚单位构成的肽聚糖短链（细胞壁残片）作为引物，发生转羰基作用，实现亚单位之间横向连接，使肽聚糖链得以延伸。然后再通过转肽作用实现链与链之间的纵向交联，使肽聚糖层形成 3D 立体结构，即完成细胞壁的合成。

由图 4-12 可以看出，青霉素可抑制转肽作用，使得肽聚糖链之间无法交联。青霉素是肽聚糖亚单位五肽尾末端 D-Ala-D-Ala 的结构类似物，两者竞争与转肽酶的活性中心结合，从而竞争性抑制了转肽作用，可见青霉素只能作用于活跃生长的细菌，对已经合成的细胞壁几乎无作用。

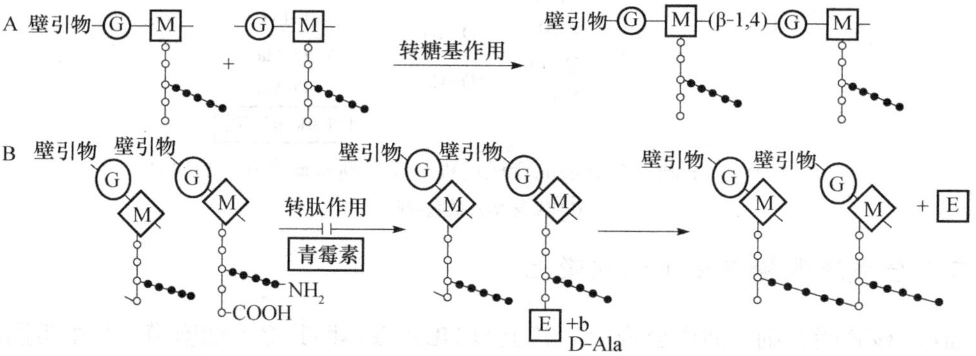

图 4-12　肽聚糖亚单位的横向连接（A）及肽聚糖链之间的纵向交联（B）（沈萍等，2002）

复习思考题

1. 什么是生物氧化？描述其过程和类型。
2. 微生物合成 ATP 的方式有哪些？
3. 描述蛋白质、脂肪、氨基酸降解的生化过程。
4. 自然界常见的多糖有哪些？简述微生物对其利用的过程。
5. 葡萄糖降解为丙酮酸的途径有哪些？
6. 丙酮酸代谢途径有哪些？
7. 比较同型和异型乳酸发酵。
8. 简述 EMP 途径进行的糖酵解过程。
9. 描述 HMP 途径的主要过程，论述其生理学意义。
10. 简述 TCA 循环的重要性。
11. 描述柠檬酸发酵的生化过程。
12. 柠檬酸发酵菌种主要是什么？描述其累积柠檬酸的发酵原理。
13. 酵母菌乙醇发酵的类型有哪些？
14. 青霉素的抑菌机理是什么？为什么只作用于生长期的细菌？
15. 自氧微生物固定 CO_2 的途径有哪些？
16. 以金黄色葡萄球菌为例，简要说明肽聚糖的合成过程。

第五章 微生物生长及控制

【内容提要】

本章介绍了微生物生长的测定方法，微生物群体生长繁殖的规律，影响微生物生长的因素及对有害微生物生长的控制。

【教学目标】

1. 掌握微生物生长的测定方法，以及每种方法的特点和应用。
2. 熟练掌握微生物群体生长繁殖的规律。
3. 熟练掌握影响微生物生长繁殖的几种物理因素，特别是温度的影响。
4. 熟练掌握影响微生物生长繁殖的几种化学因素，特别是 pH 的影响。
5. 掌握有害微生物生长的控制方法。

【重要的概念及名词】

延滞期　对数期　稳定期　衰亡期　连续培养　同步培养　嗜冷微生物　灭菌　消毒　商业灭菌　防腐　无菌　*D* 值　*F* 值　*Z* 值　TDT　巴氏灭菌　超高温瞬时灭菌　高压蒸汽灭菌　辐射

第一节　微生物生长

一、微生物生长的概念

通常所说的“微生物生长”，实际包含了微生物的生长、发育和繁殖。一个微生物细胞在适宜的外界环境条件下，不断地吸收营养物质，并按其自身的代谢方式进行新陈代谢，若同化（合成）作用大于异化（分解）作用，则其原生质的总量（包括质量、体积、大小）不断地增加，就称为微生物的生长。

单细胞微生物，如细菌，其个体细胞增大是有限的，当体积增大到一定程度时，就以二分裂方式形成两个相似的子细胞，子细胞又重复上述过程，使细胞数目增加，称为繁殖。单细胞微生物的生长实际是以群体数目的增加为标志的。在多细胞微生物中，如某些霉菌，细胞数目的增加若不伴随着个体数目的增加，只能称作生长，不能称作繁殖。菌丝细胞的不断延长和分枝或分裂产生同类细胞均属于生长，只有通过形成无性孢子或有性孢子使其个体数目增加的过程才称作繁殖。

一般情况下，只要环境条件适合，生长与繁殖始终是交替进行的。从生长到繁殖是一个由量变到质变的过程，这个过程就是发育。群体中各个个体的进一步生长和繁殖构成了群体生长。图示如下：

个体生长→个体繁殖→群体生长

群体生长 = 个体生长 + 个体繁殖

除了特定目的外，在微生物的研究和应用中只有群体的生长才有实际意义。因此，在微生物学中提到“生长”均指群体生长，这一点与研究大生物时有所不同。

微生物的生长繁殖是其内外各种因素相互作用的综合反映。因此，生长繁殖情况就可作为研究各种生理、生化和遗传等问题的重要指标。发酵工业中为微生物提供最适条件，有利于微生物生长、繁殖和发酵；但在食品加工中，要研究最佳的灭菌方法和抑制微生物在食品中生长和繁殖，保证食品安全，延长食品的货架期。

二、微生物生长量的测定

测定微生物生长量的方法有很多，适用于一切微生物，但是这些方法可根据研究目的和条件不同选择性使用。

（一）直接法

1）测体积法　这是一种较为粗放的方法，适用于初步比较。例如，把待测培养液放在刻度离心管中做自然沉降或适当离心，然后观察微生物细胞沉降物的体积。

2）称干重法　可用离心法或过滤法测定，一般微生物菌体干重为湿重的10%～20%。将待测培养液放入离心管中，离心洗涤1～5次后，收集并干燥菌体沉淀。干燥温度可采用105℃、100℃或红外线烘干，也可在较低温度下（40℃）进行真空干燥，然后称干重。以细菌为例，一个细胞重10^{-13}～10^{-12}g。另一种方法为过滤法，丝状真菌可用滤纸过滤，而细菌则可用醋酸纤维素膜等滤膜过滤。过滤后，细胞可用少量水洗涤，然后在40℃或80℃下干燥，称重。以大肠杆菌为例，在液体培养物中细胞的浓度可达2×10^9个/ml，100ml培养物可得10～90mg干重的细胞。

（二）间接法

1. 比浊法

细胞培养物在生长过程中，由于微生物数量的增加，会引起培养物浑浊度的升高。最古老的方法是采用McFarland比浊管，用不同浓度的$BaCl_2$与稀H_2SO_4配制成的10支试管，其中形成的$BaSO_4$的10个浓度梯度，分别代表10个相对的细菌浓度（预先用相应的细菌测定）。某一未知浓度的菌液只要在透射光作用下用肉眼与某一比浊管进行比较，如果两者透光度相当，即可目测出该菌的大约浓度。

如果要做精确测定，则可用分光光度计进行测定，在可见光为450～650nm波长时均可测定。如果要连续测定某一微生物培养物生长动态，可用有侧臂的三角烧瓶做原位测定。

2. 生理指标法

与生长量相平行的生理指标很多，它们都可用作生长测定中的相对Z值。

1）测含氮量　大多数细菌的含氮量为其干重的12.5%，酵母菌为7.5%，霉菌为6.0%。用含氮量乘以6.25，即为粗蛋白的含量，然后再换算成生物量。常用凯氏定氮法测定含氮量。此法适用于细胞浓度较高的样品，由于操作过程繁琐，主要用于科学研究中。

2）测含碳量　微生物新陈代谢必然要消耗或产生一定量的物质，可用以表示其生长量。将少量（干重为 0.2～2.0mg）生物材料混入 1ml 水或无机缓冲液中，用 2ml 2%的重铬酸钾溶液在 100℃下加热 30min，冷却后，加水稀释至 5ml，然后在 580nm 波长下读取光密度值（用试剂作空白对照，并用标准品作标准曲线），即可推算出生长量。

3）测其他物质含量　磷、DNA、RNA、ATP、DAP（二氨基庚二酸）和 *N*-乙酰胞壁酸等的含量，以及产酸、产气、产 CO_2（用标记葡萄糖作基质）、耗氧、黏度和产热等指标，都可用于生长量的测定。其中，ATP 生物发光法目前广泛地用于食品加工条件快速评价和食品中微生物快速检测，同时在危害分析和关键控制点（HACCP）管理中也被用于 CCP 监测，与传统检测方法不同之处在于几分钟内可获得结果，而且荧光光度计是便携式的，使用方便，适合现场检测。它不仅可以检测最小的污染物水平，还能检测食品加工设备及其表面的清洁程度。

（三）计数法

计数法是指计数微生物繁殖出的个体数目，此法适宜于单细胞状态的微生物或丝状微生物所产生的孢子，如计数单细胞状态的细菌和酵母菌，而放线菌和霉菌等丝状微生物只能计数它们的孢子。

1. 直接法

直接计数法是在显微镜下直接观察细胞并进行计数的方法，计数结果包括死细胞在内的总菌数，此法常用。为了区分死活细胞，可采用特殊染色方法染色后再在光学显微镜下观察计数。例如，亚甲蓝染色法对酵母菌染色后，光学显微镜观察活菌为无色，死菌为蓝色；细菌经吖啶橙染色后，在紫外光显微镜下可观察到活细胞发出橙色荧光，死细胞发出绿色荧光，因此可分别做活菌和总菌计数。

1）比例计数法　这是一种粗放的计数法。将已知颗粒（如霉菌的孢子或红细胞等）浓度的液体与待测细胞的菌液按一定比例均匀混合，然后镜检各自的数目，求出未知菌液中的细胞浓度。

2）血细胞计数器法　计数一定容积中的细胞总数的常用方法，此法对细胞较大的酵母菌和霉菌孢子较为适用。

2. 间接法

它是一种活菌计数法，其原理是活菌在液体培养基中生长繁殖使液体浑浊，在固体培养基中形成菌落，然后计数活菌的方法。

1）平板菌落计数法　这是样品（如食品）中菌落总数计数的一种常用方法。具体可分为倾注法和涂布法。倾注法是指用标准方法将待测样品稀释，然后取适宜的稀释度样品与固体培养基混匀，凝固后培养，每一个活细胞就形成一个单菌落，即“菌落形成单位”（colony forming unit，cfu），然后计数平板上出现的菌落数乘以样品的稀释倍数，即可计算出样品的含菌数。涂布法是指将稀释样品接种在凝固的平板培养基上，后续方法同前。此法的优点是检测结果较为精确，缺点是方法繁琐，获得检测结果的时间长。目前国内外已经出现多种微型、快速、商品化的菌落计数纸片或密封琼脂板，其原理是加在培养基中的指示剂 TTC（2,3,5-氯化三苯基四氮唑），它可使菌落在很微小时就被染色成玫瑰红色。法国生物-梅里埃集团还开发了细菌总数快速测定仪，但设备成本高。

2）*液体稀释法*　对未知样品做10倍系列稀释，选适宜的3个连续的10倍稀释液各取5ml，接种到3组共15支液体培养基试管中，每管接入1ml，培养一定时间后，记录每个稀释度出现生长的试管数，然后查最近似数（most probable number，MPN）表，根据样品的稀释倍数可计算出其中的活菌含量。

3）*膜过滤培养法*　当样品中菌数很低时，可以将一定体积的饮用水、湖水或海水等样品通过膜过滤器，然后将膜转到相应的培养基上进行培养，对形成的菌落进行统计，如饮用水中肠球菌、产气荚膜梭菌等的检测。

4）*厌氧菌的菌落计数法*　可以采用平板菌落计数法，只是培养甚至整个样品处理、接种等操作需要在厌氧条件下进行。也可用亨盖特滚管培养法（Hungate roll-tube technique）进行，但此法设备较复杂，技术难度很高。为此，周德庆曾设计出一种简便快速测定双歧杆菌和乳酸菌等厌氧菌活菌数的半固体深层琼脂法。其主要原理是试管中的深层半固体琼脂有良好的厌氧性能，凝固前可作稀释用，凝固后又可代替琼脂平板作菌落计数用。此法兼有省工、省料、省设备和菌落易辨认等优点。

第二节　微生物的群体生长规律

单细胞微生物，如细菌、酵母菌在液体培养基中，可均匀地分布，每个细胞接触的环境条件相同，都有充足的营养物质，故每个细胞都迅速地生长繁殖。霉菌多数是多细胞微生物，菌体呈丝状，在液体培养基中生长繁殖的情况与单细胞微生物不一样，如果采取摇床培养，则霉菌在液体培养基中的生长繁殖情况，近似于单细胞微生物。因液体被搅动，菌丝处于分布比较均匀的状态，而且菌丝在生长繁殖过程中不会像在固体培养基上那样有分化现象，孢子产生也较少。

一、典型的生长曲线

对某些单细胞微生物在封闭式容器中进行分批（纯）培养的研究发现，在适宜条件下，微生物细胞数目的增加随时间而变化，并有严格的规律。

定量描述液体培养基中单细胞微生物群体生长规律的实验曲线，称为生长曲线（growth curve）。将少量单细胞微生物纯培养菌种接种到新鲜的液体培养基中，在适宜条件下培养，在培养过程中定时测定菌体的数量，再以几何曲线表示，以菌数的对数为纵坐标，时间为横坐标，所绘成的曲线即为生长曲线。生长曲线严格来说应称为繁殖曲线，因为单细胞微生物，如细菌等都以细菌数增加作为生长指标。这条曲线代表了细菌从适应新环境，到生长繁殖，再到衰老死亡的动态变化。根据微生物生长速率常数（growth rate constant）的不同可将其分为延滞期、对数期、稳定期和衰亡期4个时期，如图5-1所示。

（一）延滞期

延滞期（lag phase）又称适应期、调整期或缓慢期，是指把少量微生物接种到新培养基

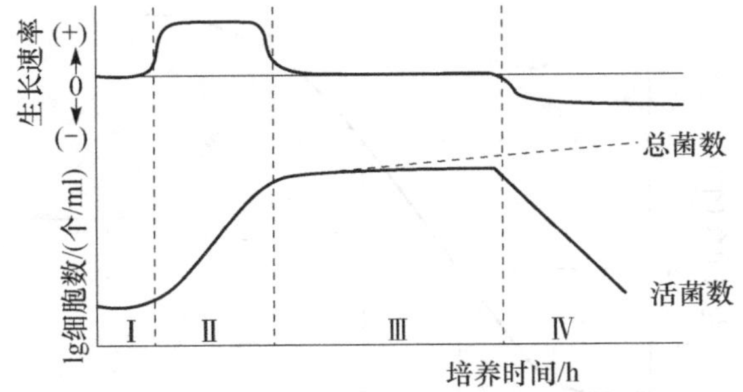

图 5-1　典型生长曲线（江汉湖和董明盛，2014）

Ⅰ. 延滞期；Ⅱ. 对数期；Ⅲ. 稳定期；Ⅳ. 衰亡期

中刚开始的一段时间，在此期间细胞数目不增加，甚至还可能减少。延滞期特点如下：①生长的速率常数 R 为零。②细胞的体积增大（如巨大芽孢杆菌的长度由 3.4μm 增长到 9.1～19.8μm），DNA 含量增多，为分裂做准备。③细胞内的 RNA 含量增加，特别是 rRNA 含量高，合成代谢旺盛，酶类合成加快，易产生诱导酶。④对不良环境敏感，如 pH、NaCl 溶液浓度、温度和抗生素等化学物质。

延滞期的出现可能是为了重新调整代谢。当细胞接种到新的环境（如从固体培养基接种到液体培养基）后，需要重新合成必需的酶类、辅酶或某些中间代谢产物，以适应新的环境。

影响延滞期长短的因素很多，主要有菌种、接种龄、接种量、培养基成分等。为了提高生产效率，发酵工业中常常要采取措施缩短延滞期，这具有十分重要的意义。其方法主要有：①以对数期的菌体作种子菌。因对数期的菌体生长代谢旺盛，繁殖力强，抗不良环境和噬菌体的能力强，采用对数期的菌体作种子，延滞期就短。②适当增大接种量。生产上接种量的大小是影响延滞期的一个重要因素，接种量大，延滞期短，接种量小，则延滞期长。一般采用 3%～8%的接种量，根据生产上的具体情况而定，最高不超过 1/10。③调整培养基的成分。为了减少培养基的营养成分差异，常常在种子培养基中加入生产培养基的某些营养成分，使种子培养基尽量接近发酵培养基，且应适当丰富些。

（二）对数期

对数期（logarithmic phase）又称指数期（exponential phase），是指在生长曲线中，紧接着延滞期后的一段细胞数以几何级数增长的时期（图 5-2）。此期的特点如下：①菌体细胞生长的速率常数 R 最大，分裂快，因而细胞每分裂一次所需的时间——代时（generation time，G，又称世代时间或增代时间）或原生质增加 1 倍所需的倍增时间（doubling time）短；②细胞进行平衡生长（balanced growth），菌体各部分的成分均匀；③菌体内酶系活跃，代谢旺盛；④菌体数目以几何级数增加，用指数形式表示为 $2^0 \to 2^1 \to 2^2 \to 2^3 \cdots 2^n$，这里的 n 就是细菌分裂代数，也就是 1 个细菌繁殖 n 代后产生 2^n 个细菌，此时期的细菌数的对数与培养时间呈直线关系；⑤群体的形态特征与生理特征最一致；⑥抗不良环境的能力强。

在一定条件（如营养成分、温度、pH 和通气量等）下，每种微生物的代时是恒定的，这是微生物菌种的一个重要特征。以分裂增殖时间除以分裂增殖代数（n），即可求出代时（G）。

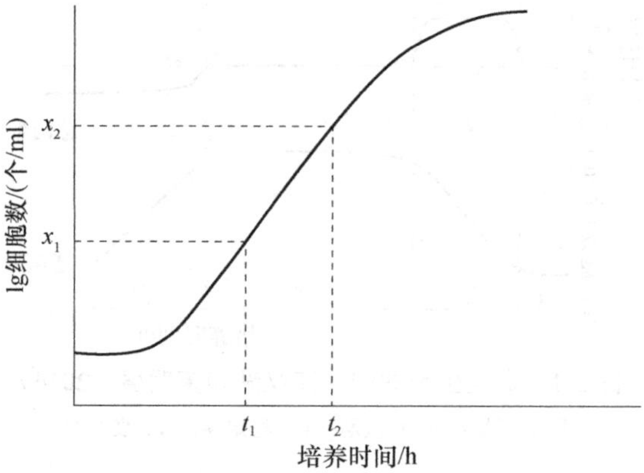

图 5-2　对数期（周德庆，2002）

在对数期，以下 3 个参数尤为重要。

设对数期开始时的时间为 t_1，菌数为 X_1，对数期结束时的时间为 t_2，菌数为 X_2。

（1）繁殖代数（n）由图 5-2 可以得出：

$$X_2 = X_1 \cdot 2^n$$

用对数表示为

$$\lg X_2 = \lg X_1 + n\lg 2 (\lg 2 = 0.301)$$

$$n = 3.322(\lg X_2 - \lg X_1)$$

（2）生长速率常数（R）。根据定义，生长速率常数可用下式表示：

$$R = \frac{n}{t_2 - t_1} = \frac{3.322(\lg X_2 - \lg X_1)}{t_2 - t_1}$$

（3）代时（G）。根据平均代时的定义可知：

$$G = \frac{1}{R} = \frac{t_2 - t_1}{n} = \frac{t_2 - t_1}{3.322(\lg X_2 - \lg X_1)}$$

影响对数期微生物代时长短的因素较多，主要有菌种、营养成分、营养物浓度、温度等。

1）菌种　不同微生物代时差别大（表 5-1）。在一定条件下，各种微生物的代时是相对稳定的，多数为 20～30min，有的长达 33h，短的只有 9.8min。

表 5-1　几种细菌在最适条件下生长的代时（何国庆等，2009）

菌名	培养基	温度/℃	代时/min
漂游假单胞菌	肉汤	27	9.8
大肠杆菌	肉汤	37	17
乳链球菌	牛乳	37	26
金黄色葡萄球菌	肉汤	37	27～30
枯草芽孢杆菌	葡萄糖肉汤	25	26～32
肉毒梭菌	葡萄糖肉汤	37	35
梅毒密螺旋体	家兔	37	1980

2）营养成分　同一种微生物，在营养丰富的培养基中生长，其代时就短，反之则长。

如同在37℃培养，大肠杆菌在牛奶中代时为12.5min，而在肉汤培养基中为17.0min。

3）营养物浓度　在一定范围内，生长速率与营养物浓度成正比。凡在较低浓度范围便可影响生长速率的营养物，称为生长限制因子。因此，代时与生长限制因子的浓度相关。

4）培养温度　温度是影响微生物生长速率的重要物理因素。微生物在最适生长温度范围内培养时，代时就短。表5-2为大肠杆菌在不同温度下的代时，这一规律对发酵实践、食品保藏和防止食物变质、食物中毒都有重要的参考价值。

表5-2　大肠杆菌在不同温度下的代时（郑晓冬，2001）

温度/℃	代时/min	温度/℃	代时/min
10	860	35	22
15	120	40	17.5
20	90	45	20
25	40	47.5	77
30	29		

处于对数期的微生物的个体形态、化学组成和生理特性等均较一致，代时稳定，代谢旺盛，生长迅速，是研究基本代谢的良好材料，也是发酵生产的良好种子，用处于对数期的菌体进行接种可以缩短延滞期，从而缩短发酵生产周期。

（三）稳定期

稳定期（stationary phase）又称最高生长期或恒定期。出现稳定期的原因主要有：在一定容积的培养基中，由于微生物经过对数生长期的旺盛生长后，某些营养物质被消耗，有害代谢产物积累，以及pH、氧化还原电位、无机离子浓度等的变化限制了菌体继续高速度增殖，稳定期初期菌体分裂间隔的时间开始延长，曲线上升逐渐缓慢。随后，部分细胞停止分裂，少数细胞开始死亡，使新生细胞数与老细胞死亡数几乎相等，处于动态平衡，细菌数达到最高水平。

处于稳定期的微生物，由于新繁殖的细胞数与衰亡细胞数几乎相等，即正生长与负生长达动态平衡，此时生长速度逐渐趋向于零。

进入稳定期，细胞内开始积累糖原、异染颗粒和脂肪等内含物；芽孢杆菌在此时开始形成芽孢；有些微生物开始以初级代谢产物作前体，通过复杂的次生代谢途径合成抗生素等各种次生代谢产物。菌体的生长期包括以指数期为主的菌体增殖期和以稳定期为主的代谢产物合成期。

稳定期是以生产菌体或生产与菌体生长相平行的代谢产物，如单细胞蛋白、乳酸等为目的的一些发酵生产的最佳收获期，稳定期的微生物，在数量上达到了最高水平，产物的积累也达到了高峰。这时，菌体的总产量与所消耗的营养物质之间存在着一定关系。此外，由于对稳定期到来原因进行研究，促进了连续培养技术的产生和研究。生产上常常通过补料、调节温度和pH等措施，延长稳定期，以积累更多的代谢产物。

（四）衰亡期

稳定期后，环境变得不适合于微生物的生长，细胞活力衰退，死亡率增加，以致细胞死亡数大大超过新生数，群体中活菌数急剧下降，出现了“负生长”（R 为负值），此期称作衰亡期（decline phase）。衰亡期细胞常出现多形态（如衰退形）及液泡，革兰氏阳性菌常变成革兰氏阴性。有许多微生物在衰亡期后期产生自溶现象，使工业生产中后处理时过滤困难；也有微生物在此期产生抗生素等次生代谢产物；一些芽孢释放往往也发生在这一时期。

二、微生物的连续培养

连续培养（continuous culture）又称开放培养（open culture），是相对分批培养（batch culture）或密闭培养（closed culture）而言的。

微生物置于一定容积的培养基中，经过一段时间的培养，最后一次性地收获，称分批培养。在分批培养中，培养基是一次性加入，不再补充，随着微生物的生长繁殖活跃，营养物质逐渐消耗，有害代谢产物不断积累，细菌的对数生长期不可能长时间维持。

在研究分批培养微生物典型生长曲线的基础上，分析稳定期到来的原因，产生了连续培养。连续培养是指向培养容器中连续流加新鲜培养液，使微生物的液体培养物长期维持稳定、从而保持微生物高速生长状态的一种溢流培养技术。这种微生物培养方法在生产实践上也称为连续发酵（continuous fermentation）。具体来讲，当微生物以单批培养方式培养到指数期后期时，一方面以一定速度连续流加新鲜培养基和通入无菌空气（厌氧菌除外）并立即搅拌均匀；另一方面利用溢流的方式，以同样的流速不断流出培养物。于是容器内的培养物就可以达到动态平衡，其中的微生物可长期保持在指数期的平衡生长状态和恒定的生长速率上，于是就形成了连续生长，特别有利于生产单细胞蛋白或与微生物生长相平行的代谢产物。连续培养不仅可随时为微生物的研究工作提供一定生理状态的实验材料，还可提高发酵工业的生产效益和自动化水平，此法已成为目前发酵工业的发展方向。

连续培养的方法主要有以下两类。

1）**恒浊法**　其原理是根据培养器内微生物的生长密度，用光电控制系统（浊度计）来检测培养液的浊度（即菌液浓度），并控制培养液的流速，从而获得菌体密度高、生长速度恒定的连续培养液。当培养器中浊度增高时，通过光电控制系统的调节，可促使培养液流速加快，反之则慢，以此来达到恒密度的目的。

在恒浊器中的微生物，始终能以最高生长速率进行生长，并可在允许范围内控制不同的菌体密度。在生产实践上，为了获得大量菌体或与菌体生长相平行的某些代谢产物（如乳酸、乙醇）时，可以采用恒浊法。

2）**恒化法**　与恒浊法不同的是，恒化法是使培养液流速保持不变，即控制在恒定的流速，使微生物始终在低于最高生长速率条件下进行生长繁殖的一种连续培养方法。常常通过控制某一种营养物的浓度，使其成为限制性的因子，而其他营养物均为过量，这样细菌的生长速率将取决于限制性因子的浓度。随着细菌的生长，菌体的密度会随时间的延长而增高，而限制性生长因子的浓度又会随时间的延长而降低，两者互相作用的结果，出现微生物的生长速率正好与恒速加入的新鲜培养基流速相平衡。这样，既可获得一定生长速率的均一菌体，又可获得虽低于最高菌体产量，但能保持稳定一定密度的菌体。

恒化法连续培养主要用于实验室的科学研究中，特别是用于与生长速率相关的各种理论研究中。

连续发酵与分批发酵相比有许多优点：①自控，便于利用各种仪表进行自动控制；②高效，它简化了装料、灭菌、出料、清洗发酵罐等许多单元操作，从而减少了非生产实践和提高了设备的利用率；③产品质量较稳定；④节约了大量动力、人力、水和蒸汽，使水、汽、电的负荷均匀合理。

但恒化法也有不足之处：①主要是菌种易退化，可以设想，使微生物长期处于高速繁殖的状态下，即使自发的突变率较低，也难以避免变异的发生；②易污染杂菌，在连续发酵中，要保持各种设备无渗漏，通气系统不出任何故障，是极其困难的，因此，“连续”是有时间限制的，一般可达数月至1～2年；③连续培养中，营养物的利用率低于分批培养。

在发酵工业中，连续培养技术已广泛用于酵母单细胞蛋白的生产，乙醇、乳酸、丙酮和丁醇等发酵，用解脂假丝酵母（*Candida lipolytica*）等进行石油脱蜡，以及用自然菌种或混合菌种进行污水处理。在国外，有人还把微生物连续培养的原理扩大运用于提高浮游生物的产量，并收到了良好的效果。

三、同 步 生 长

如上所述，在分批培养中，细菌群体以一定速率生长，但并非所有细胞同时进行分裂，即培养液中的细胞不处于同一生长阶段，它们的生理状态和代谢活动也不完全一样。要研究每个细胞所发生的变化是很困难的。为了解决这一问题，就必须设法使微生物群体处于同一发育阶段，使群体和个体行为变得一致，所有的细胞都能同时分裂，因而发展了单细胞的同步培养（synchronous culture）技术。使微生物群体内的细胞分裂同步化，这种培养称为同步培养，利用同步培养技术使它们处于同一生长阶段，使所有的细胞都能同时分裂，这种生长方法称为同步生长。

同步培养法有两种：筛选法和诱导法。由于微生物易受环境条件变化的影响，在选择方法时应注意所用的方法不应引起微生物形态、结构、生理生化特性的改变。

1. 筛选法

筛选法又称淘析法，主要有过滤法、区带密度梯度离心法和膜洗脱法等。

1）*过滤法*　　是将微生物细胞用滤器过滤，让处于细胞周期较早阶段的小细胞通过，收集这些细胞。转入新鲜培养基中，即可获得同步细胞。

2）*区带密度梯度离心法*　　是将随机生长的细胞悬浮于蔗糖梯度溶液表面，然后离心，不同生长周期的细胞由于体积和质量大小不同，沉降系数不同，同一生长周期的细胞就聚集在离心液的同一个区带上，小细胞在上，大细胞在下。这种方法便于收集处于较早周期的小细胞，本法已成功应用于芽殖和裂殖酵母、大肠杆菌等细胞的同步培养。

3）*膜洗脱法*　　是根据某些滤膜可以吸附与该膜带相反电荷的细胞而设计的，可获得比上述两种方法数量更大、同步性更高的细胞（图5-3）。有代表性的

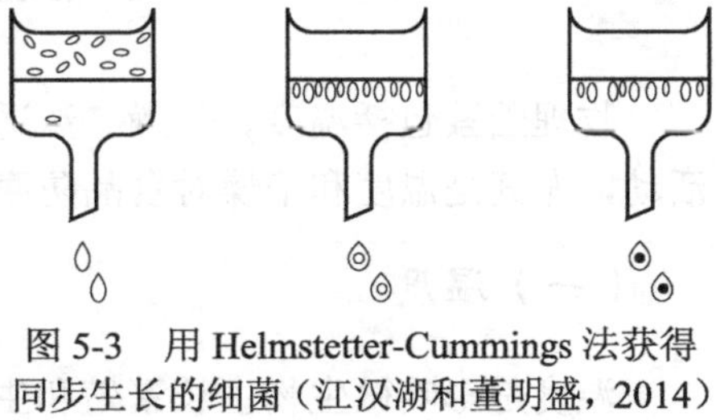

图5-3　用Helmstetter-Cummings法获得同步生长的细菌（江汉湖和董明盛，2014）

是硝酸纤维素薄膜法（Helmstetter-Cummings）。根据某些细菌会黏附在硝酸纤维微孔滤膜上的原理，人们设计了一个具体的选择方法：将非同步的细菌液体培养物通过微孔滤膜，让细胞吸附于其上；然后将滤膜反置，再以新鲜培养液滤过。这时，一些没有粘牢固的细胞先被冲洗掉，接着脱落的是那些新分裂形成的细胞，于是就获得了同步生长细胞。

2. 诱导法

诱导法是利用一些生理学手段强制微生物达到同步生长的方法。

1）*化学诱导* 通过停止或限制供给微生物细胞分裂所必需的某种营养成分，使所有细胞都进入临分裂状态但不分裂，然后在某一时刻恢复供给这种分裂必需的养分，就能诱导出同步细胞群体。

2）*物理诱导* 利用某些物理因子，使处于即将分裂的细胞的代谢活动受到抑制，从而使细胞在分裂阶段前停止，以求得以后分裂的同步。例如，温度，就是基于细胞周期不同，相对地对温度的敏感性也不同。其他物理因子如脉冲（对光合微生物）、X 射线等也能诱导同步生长。

值得注意的是，同步生长的细菌，在培养的过程中会很快地丧失其同步性。例如，在第一个细胞分裂周期中，开始细胞数一直不增加，到后来，数目突然增加 1 倍。在第二个分裂周期时，情况就没有那么明显了，到第三个周期时，几乎完全丧失同步性，其原因是不同个体间，细胞分裂周期一般都有较大的差别。

第三节 影响微生物生长的主要因素

前面讨论的微生物生长都是在理想实验条件下的生长。影响微生物生长的外界因素很多，其一是前面讨论过的营养物质，其二是许多物理、化学因素。当环境条件改变，在一定限度内，可引起微生物形态、生理、生长、繁殖等特征的改变；当环境条件的变化超过一定极限时，则导致微生物的死亡。一种环境条件或许对这种微生物是有害的，而对另一种微生物却是有利的。研究环境条件与微生物之间的相互关系，有助于了解微生物在自然界的分布与作用，也可指导人们在食品加工中有效地控制微生物的生命活动，保证食品的安全性，延长食品的货架期。

无论是在自然界中微生物与其他生物之间的相互作用，还是实验室中纯培养微生物之间的相互作用，环境因素都能在很大程度上影响它们的生长和代谢活动。

对微生物有影响的环境因素，可分为物理、化学、生物三类，本章重点介绍理化因素对微生物生长的影响。有关生物因素对微生物的影响将在第七章中讨论。

一、物理因素对微生物生长的影响

物理因素包括温度、干燥、渗透压、辐射、超声波等。这些因素均能影响微生物的生命活动，尤其是温度和干燥对食品防腐保藏很重要。

（一）温度

温度是影响微生物生长繁殖和生存最重要的因素之一。温度以两种相反的方式影响微生物细胞。在一定温度范围内，细胞的代谢活动与生长繁殖随着温度的上升而增加，当温度上升到一定程度，开始对细胞产生不利的影响，微生物细胞内的蛋白质、核酸和细胞组分会受到不可逆转的损害，再继续升高，则细胞功能急剧下降以至死亡。

与其他生物一样，任何微生物的生长温度尽管有高有低，但总有最低生长温度、最适生长温度和最高生长温度这 3 个重要指标，这就是生长温度的 3 个基本点。它反映了每一类微生物的特征，但不完全固定，因为它们可能被其他环境因素特别是生长所用的培养基组成轻微地改变。一般最适生长温度更接近于最高生长温度而不是最低生长温度。如果将微生物作为一个整体，它的温度三基点是极其宽的，由以下可看出。

生长温度三基点
- 最低：一般为-10～-5℃，极端为-30℃
- 最适
  - 低温菌：<20℃（一般为15℃）
  - 中温菌（20～45℃）
    - 室温菌：约25℃
    - 体温菌：约37℃
  - 高温菌：>45℃（一般为50～60℃）
- 最高：一般为80～95℃，极端为105～150℃

就总体而言，微生物生长的温度范围较广，已知微生物在-12～100℃均可生长，而每一种微生物只能在一定的温度范围内生长。

最低生长温度：是指微生物能进行繁殖的最低温度界限。处于这种温度条件下的微生物生长速率很低，如果低于此温度则生长完全停止。不同微生物的最低生长温度不一样，这与它们细胞质以及细胞膜的物理状态和化学组成有关系，也可随环境条件而变化。

最适生长温度：是指微生物细胞分裂代时最短或生长速率最高时的培养温度。但是即使是同一微生物，在不同的生理生化过程也有着不同的最适温度，也就是说，最适生长温度并不等于某种发酵产物积累最高时的温度，也不等于发酵速度最快时的培养温度，更不等于累积某一代谢产物量最高时的培养温度。因此生产上要根据微生物不同生理代谢过程温度的特点，采用分段式变温培养或发酵。例如，嗜热链球菌的最适生长温度为37℃，最适发酵温度为47℃，累积产物的最适温度为37℃。

最高生长温度：是指微生物生长繁殖所能承受的最高温度界限。在此温度下，微生物细胞易于衰老和死亡。微生物所能适应的最高生长温度与其细胞内酶的性质有关。例如，细胞色素氧化酶及各种脱氢酶的最低破坏温度常与该菌的最高生长温度有关（表 5-3）。

表 5-3　细胞色素氧化酶及各种脱氢酶的最低破坏温度与该菌最高生长温度的关系（何国庆等，2009）

细菌	最高生长温度/℃	最低破坏温度/℃		
		细胞色素氧化酶	过氧化氢酶	琥珀酸脱氢酶
蕈状芽孢杆菌	40	41	41	40
单纯芽孢杆菌	43	55	52	40

续表

细菌	最高生长温度/℃	最低破坏温度/℃		
		细胞色素氧化酶	过氧化氢酶	琥珀酸脱氢酶
蜡状芽孢杆菌	45	48	46	50
巨大芽孢杆菌	46	48	50	47
枯草芽孢杆菌	54	60	56	51
嗜热芽孢杆菌	67	65	67	59

致死温度：最高生长温度如进一步升高，便可杀死微生物。这种致死微生物的最低温度界限即为致死温度。在一定的温度下处理时间越长，微生物死亡率越高，所以致死温度与处理时间有关，严格地讲，一般应以 10min 为标准时间，致死温度被定义为细菌在 10min 被完全杀死的最低温度。测定微生物的致死温度一般在生理盐水中进行，以减少有机物质的干扰。

微生物按其生长温度范围可分为低温微生物、中温微生物和高温微生物 3 类（表 5-4）。

表 5-4　不同温型微生物的生长温度范围（何国庆等，2009）

微生物类型		生长温度范围/℃			分布的主要处所
		最低	最适	最高	
低温型	专性嗜冷	–12	5～15	15～20	两极地区
	兼性嗜冷	–5～0	10～20	25～30	海水及冷藏食品上
中温型	室温	10～20	20～35	40～45	腐生菌
	体温	10～20	35～40	40～45	寄生菌
高温型		25～45	50～60	70～95	温泉、堆肥、土壤表层等

1. 低温型微生物

低温型微生物称嗜冷微生物，可在较低的温度下生长。它们常分布在地球两极地区的水域和土壤中，即使在其微小的液态水间隙中也有微生物的存在。常见的产碱杆菌属、假单胞菌属、黄杆菌属、微球菌属等常使冷藏食品腐败变质。有些肉类上的霉菌在–10℃仍能生长，如芽枝霉、荧光极毛菌可在–4℃缓慢生长，并造成冷冻食品质量下降。

耐冷微生物比嗜冷微生物的分布广泛得多，可从温带环境的土壤、水、肉、奶及奶制品和贮存在冰箱中的苹果汁、蔬菜及水果中分离到。耐低温微生物在 20～40℃能很好地生长。夏天，温带环境变暖，变暖后的环境不利于热敏感嗜冷微生物的生存，环境变暖实际上起着一种选择作用，它有利于耐高温微生物种属的生存，却把耐低温微生物淘汰掉。虽然耐低温微生物能在 0℃生长，但它们并不能很快很好地生长，在培养基中常常要几个星期才能用肉眼观察到。细菌、真菌、藻类及原核微生物的许多种属中都存在耐低温微生物。

低温也能抑制微生物的生长。在 0℃以下，菌体内的水分冻结，生化反应无法进行而停止生长。有些微生物在冰点下就会死亡，主要原因是细胞内水分变成了冰晶，造成细胞脱水或细胞膜的物理损伤。因此，生产上常用低温保藏食品，各种食品的保藏温度不同，分为寒冷温度、冷藏温度和冻藏温度。

嗜冷的分子机制：嗜冷微生物产生的酶，在寒冷条件下酶的功能最佳，在非常温和的温度下，这些酶常常变性或失活。嗜冷微生物的原生质膜构造与一般微生物的不同，它们含有较高的不饱和脂肪酸，这些不饱和脂肪酸即使在低温条件下也能保持半流动状态（主要由饱和脂肪酸组成的膜在极低的温度下会变成凝固状失去功能），嗜冷微生物在低温下能够进行主动运输。某些嗜冷细菌的细胞膜组成中有聚不饱和脂肪酸和多个双键的碳氢化合物，现已经从生存在南极的细菌脂类组分中鉴别出了有 9 个双键的碳氢化合物。

2. 中温型微生物

绝大多数微生物属于这一类。最适生长温度为 20～40℃，最低生长温度为 10～20℃，最高生长温度为 40～45℃。它们又可分为嗜室温和嗜体温性微生物。嗜体温性微生物多为人及温血动物的病原菌，它们生长的极限温度为 10～45℃，最适生长温度与其宿主体温相近，为 35～40℃，人体寄生菌为 37℃左右。引起人和动物疾病的病原微生物、发酵工业应用的微生物菌种，以及导致食品原料和成品腐败变质的微生物都属于这一类群的微生物。因此，它与食品工业的关系密切。

3. 高温型微生物

微生物的最适生长温度在 45℃以上的称嗜热微生物，在 80℃以上的称嗜高温微生物。嗜热微生物适于在 45℃以上的温度中生长，在自然界中的分布仅局限于某些地区，如温泉、日照充足的土壤表层、堆肥、发酵饲料等腐烂有机物中，如堆肥中温度可达 60～70℃。能在 55～70℃中生长的微生物有芽孢杆菌属（*Bacillus*）、梭状芽孢杆菌（*Clostridium*）、嗜热脂肪芽孢杆菌（*B. stearothermophilus*）、高温放线菌属（*Thermoactinomyces*）、甲烷杆菌属（*Methanobacterium*）等。链球菌属和乳杆菌属也属于高温型微生物。有的高温型微生物可在近 100℃的高温中生长，给罐头工业、发酵工业等带来了一定难度。

嗜热的分子机制：高温型微生物的耐热机理可能是菌体内的蛋白质和酶比中温型微生物更能抗热，尤其蛋白质对热更稳定；研究发现，嗜热微生物细胞中的酶，它们的氨基酸序列与嗜温微生物中催化相同反应的酶的氨基酸序列只有很小的差别，一个关键的氨基酸的替代，便使此酶以不同的方式进行折叠，从而能耐受热的变性作用；同时高温型微生物的蛋白质合成机构——核糖体和其他成分对高温的抗性也较大；细胞膜中饱和脂肪酸含量高，与不饱和脂肪酸相比，可以形成更强的疏水键，因此可保持在高温下的稳定性并行使正常功能。

4. 热对微生物的致死作用

如果超过最高生长温度，微生物便死亡。高温致死的机理是由于微生物蛋白质和核酸发生了不可逆的变性，或者高温破坏了细胞的其他成分，如细胞膜被热溶解形成了极小的孔，使细胞内含物泄漏引起死亡。高温对微生物的致死作用，广泛用于医药卫生、食品工业及日常生活中。

在食品工业中微生物耐热性常用以下几个数值表示。

1）**热力致死时间**（thermal death time，TDT） 在特定条件和特定温度下，杀死一定数量微生物的时间，称为热力致死时间。

2）*D* 值（decimal reduction time） 在一定温度下加热，活菌数减少一个对数周期（即90%的活菌被杀死）时，所需要的时间（min），即为 *D* 值（图 5-4）。测定 *D* 值时的加热温度在 *D* 的右下角标明。例如，含菌数为 10^5 个/ml 的菌悬液，在 100℃的水浴温度中，活菌数降低至 10^4 个/ml 时，所需时间为 10min，该菌的 *D* 值为 10min，即 D_{100}=10min。如果加热的温度为 121.1℃（250℉），其 *D* 常用 Dr 表示（图 5-4）。

3）*Z* 值 在加热致死曲线中，时间降低一个对数周期（即缩短 90%的加热时间）所需要升高的温度（℃），即为 Z 值（图 5-5）。

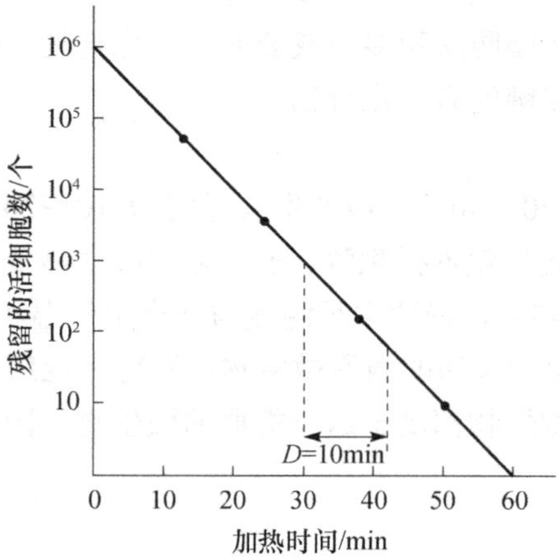

图 5-4　残存活细胞曲线（江汉湖和董明盛，2014）

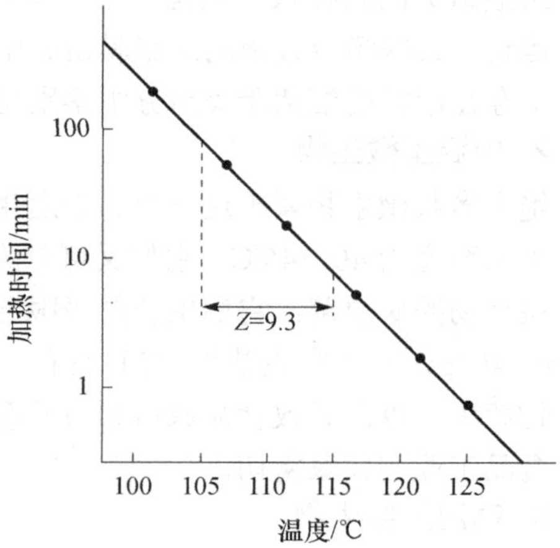

图 5-5　加热致死时间曲线（江汉湖和董明盛，2014）

4）F 值　在一定的基质中，其温度为 121.1℃，加热杀死一定数量微生物所需要的时间（min）即为 F 值。

5. 影响微生物对热抵抗力的因素

1）菌种　不同微生物由于细胞结构和生物学特性不同，对热的抵抗力也不同。一般的规律是：嗜热菌的抗热力大于嗜温菌和嗜冷菌，芽孢大于非芽孢菌，球菌大于非芽孢杆菌，革兰氏阳性菌大于革兰氏阴性菌，霉菌大于酵母菌，霉菌和酵母的孢子大于其菌丝体和营养体。细菌的芽孢和霉菌的菌核抗热力特别大。

2）菌龄　同样的条件下，对数生长期的菌体抗热力较差，而稳定期的老龄菌体抗热力较强，细菌的老龄芽孢较幼龄芽孢的抗热力强。

3）菌体数量　菌数越多，抗热力越强，加热杀死最后一个微生物所需的时间也长；另外，微生物群集在一起时，受热致死不是同时而是有先有后，同时菌体能分泌一些有保护作用的蛋白质物质，菌数多分泌的保护物质也多，抗热性也就强。

4）基质的因素　微生物的抗热力随含水量减少而增大，同一种微生物在干热环境中比在湿热环境中抗热力大；基质中的脂肪、糖、蛋白质等物质对微生物具有保护作用，微生物的抗热力随这类物质的增多而增大；微生物在 pH7 左右，抗热力最强，pH 升高或下降都可以降低微生物的抗热力，酸性环境使微生物的抗热力减弱更明显。

5）加热的温度和时间　加热的温度越高，微生物的抗热力越弱，越容易死亡。加热的时间越长，热致死作用越大。一定高温范围内，温度越高杀死微生物所需时间越短。另外，其他因素如盐类等，在基质中有降低水分活性作用，从而增强抗热力；而另一类盐类，如钙盐、镁盐可减弱微生物对热的抵抗力。

（二）干燥

水分对维持微生物的正常生命活动是必不可少的。干燥会造成微生物失水代谢停止以致死亡。不同的微生物对干燥的抵抗力是不一样的，以细菌的芽孢抵抗力最强。霉菌和酵母菌的孢子也具较强的抵抗力，依次为革兰氏阳性球菌、酵母菌的营养细胞、霉菌的菌丝。影响微生物对干燥抵抗力的因素较多，干燥时温度升高，微生物容易死亡，微生物在低温下干燥时，抵抗力强，所以，干燥后存活的微生物若处于低温下，可用于保藏菌种；干燥的速度快，微生物抵抗力强，缓慢干燥时，微生物死亡多；微生物在真空干燥时，加保护剂（血清、血浆、肉汤、蛋白胨、脱脂牛乳）于菌悬液中，分装在安瓿内，低温下可保持长达数年甚至10年的生命力。食品工业中常用干燥方法保藏食品。

（三）渗透压

大多数微生物适于在等渗的环境生长，若置于高渗溶液，如20% NaCl溶液中，水将通过细胞膜流失，造成细胞脱水而引起质壁分离，使细胞不能生长甚至死亡。

若将微生物置于低渗溶液，如0.01% NaCl溶液或水中，外环境中的水分从溶液进入细胞内引起细胞膨胀，甚至破裂而死。

在海水中发现的微生物，一般能在海水的水活度下最适生长以外，对氯化钠有特殊要求，这些微生物称嗜盐菌。根据微生物对嗜盐量的要求不同，分为轻度嗜盐菌和中度嗜盐菌，前者一般需要1%～6% NaCl，后者需要6%～15% NaCl。能在极高盐环境中生长的微生物称极端嗜盐微生物，其能在10%～30% NaCl溶液中生长；能在高糖环境中生长的微生物称嗜高渗微生物；能够在极干燥环境中生长的微生物称嗜干性微生物。

一般微生物不能耐受高渗透压，因此食品工业中利用高浓度的盐或糖保存食品，如腌渍蔬菜、肉类及果脯蜜饯等，糖的浓度通常为50%～70%，盐的浓度为5%～15%。由于盐的分子质量小，并能电离，在二者百分浓度相等的情况下，盐的保存效果优于糖。

食品工业中有些微生物耐高渗透压的能力较强，如鲁氏酵母。

（四）辐射

电磁辐射包括可见光、红外线、紫外线、X射线和γ射线等，它们均具有杀菌作用。在辐射能中无线电波最长，对生物效应最弱；红外辐射波长为800～1000nm，可作为光合细菌的能源；可见光部分的波长为380～760nm，是蓝细菌等藻类进行光合作用的主要能源；紫外辐射的波长为136～400nm，有杀菌作用。可见光、红外辐射和紫外辐射的最强来源是太阳，由于大气层的吸收，紫外辐射与红外辐射不能全部达到地面；而波长更短的X射线、γ射线、β射线和α射线（由放射性物质产生），往往引起水与其他物质的电离，对微生物起有害作用，故被作为一种灭菌措施。

紫外线波长以265～266nm的杀菌力最强，其杀菌机理是复杂的，细胞原生质中的核酸及其碱基对紫外线吸收能力强，吸收峰为260nm，而蛋白质的吸收峰为280nm，当这些辐射能作用于核酸时，便能引起核酸的变化，破坏分子结构，主要是对DNA的作用，最明显的是形成胸腺嘧啶二聚体，妨碍蛋白质和酶的合成，引起细胞死亡。

紫外线的杀菌效果，因菌种及生理状态而异，照射时间、距离和剂量的大小也有影响。由于紫外线的穿透能力差，不易透过不透明的物质，即使透过薄层玻璃也会被滤掉大部分，在食品工业中适于厂房内空气及物体表面消毒，也可用于饮用水消毒的。

适量的紫外线照射，可引起微生物的核酸物质DNA结构发生变化，培育新性状的菌种。

因此，紫外线常常作为诱变剂用于育种工作中。

（五）超声波

超声波（频率在 20 000Hz 以上）具有强烈的生物学作用。超声波使微生物致死的机理是形成强烈的冲击波引起微生物细胞破裂，内含物溢出而死。超声波作用的效果与频率、处理时间、微生物种类、细胞大小、形状及数量等有关系，一般频率高比频率低杀菌效果好，病毒和细菌芽孢具有较强的抗性，特别是芽孢。

二、化学因素对微生物生长的影响

影响微生物生长的化学因素有很多，除了营养物质外，主要还有氢离子浓度、氧气等。

（一）pH

微生物生长的 pH 范围极广，一般在 pH2～8，有少数种类还可超出这一范围，只有少数几个种属微生物能在 pH 低于 2 或大于 10 的环境中生长。能够在低 pH 环境中生长的生物体称嗜酸微生物。真菌属比细菌更倾向于耐酸。许多真菌的最适生长 pH 为 5 或更低一些，只有少数几种能在 pH 为 2 的环境中很好地生长。有几种细菌是嗜酸菌，这些细菌中某些是专性嗜酸的，不能在中性 pH 条件下生长。专性嗜酸细菌包括硫杆菌（*Thiobacillus*）和古细菌中几个属，即硫化叶菌属（*Sulfolobus*）和热原体属（*Thermoplasma*）。还有几种微生物的最适生长 pH 较高，有时达 11～12，这些微生物被认为是嗜碱菌，通常可以在高度嗜碱性栖息地，如纯碱湖和高碳土壤中发现嗜碱微生物。许多嗜碱性原核生物是好氧的非海洋细菌，且许多是芽孢杆菌属（*Bacillus*）。大多极端嗜碱细菌也是嗜盐细菌，并且很多也是古生菌。某些嗜碱菌已经用于工业中，它们能产生蛋白水解酶，这些蛋白酶在碱性条件下功能发挥得最好，用于日化工业中。事实上，绝大多数种类都生长在 pH5～9。

不同的微生物都有其最适生长 pH 和一定的 pH 范围（表 5-5），即最高、最适与最低 3 个数值，在最适 pH 范围内微生物生长繁殖速度快，在最低或最高 pH 的环境中，微生物虽然能生存和生长，但生长非常缓慢而且容易死亡。一般霉菌适应 pH 范围最大，酵母菌适应的范围较小，细菌最小。霉菌和酵母菌生长最适 pH 都在 5～6，而细菌的生长最适 pH 在 7 左右。一些最适生长 pH 偏于碱性范围内的微生物，有的是嗜碱性，称嗜碱性微生物（basophile），如硝化菌、尿素分解菌、根瘤菌和放线菌等；有的不一定要在碱性条件下生活，但能耐较碱的条件，称耐碱微生物（basotolerant microorganism），如若干链霉菌等。生长 pH 偏于酸性范围内的微生物也有两类：一类是嗜酸微生物（acidophile），如硫杆菌属等；另一类是耐酸微生物（acidotolerant microorganism），如乳酸杆菌、乙酸杆菌、许多肠杆菌和假单胞菌等。

表 5-5　不同微生物生长的 pH 范围

微生物	pH		
	最低	最适	最高
乳杆菌	4.8	6.2	7.0
嗜酸乳杆菌	4.0～4.6	5.8～6.6	6.8

续表

微生物	pH		
	最低	最适	最高
金黄色葡萄球菌	4.2	7.0～7.5	9.3
大肠杆菌	4.3	6.0～8.0	9.5
伤寒沙门氏菌	4.0	6.8～7.2	9.6
放线菌	5.0	7.0～8.0	1.0
一般酵母菌	3.0	5.0～6.0	8.0
黑曲霉	1.5	5.0～6.0	9.0
大豆根瘤菌	4.2	6.8～7.0	11.0

不同的微生物有其最适生长的 pH 范围，同一微生物在其不同生长阶段和不同的生理、生化过程中，也要求不同的最适 pH，这一点对发酵工业中 pH 的控制、积累代谢产物特别重要。例如，黑曲霉最适生长 pH 在 5.0～6.0，pH 在 2.0～2.5 有利于产柠檬酸，在 7.0 左右时，则以合成草酸为主。又如，丙酮丁醇梭菌的最适生长的 pH 在 5.5～7.0，在 4.3～5.3 发酵生产丙酮、丁醇。抗生素生产菌最适生长的 pH 与最适发酵 pH 也是不一致的。

需要强调的是，微生物最适生长所用的 pH 只代表了外环境的 pH，而内环境 pH 必须接近中性，以防止酸碱对细胞内大分子的破坏。极端嗜酸菌和嗜碱菌，它们内部的 pH 可以从中性改变 1～1.5。大多数微生物生长的最适 pH 在 6～8，它们的细胞膜保持中性或接近中性。微生物在其代谢过程中，细胞内的 pH 相当稳定，一般都接近中性，保护核酸和酶的活性不被破坏。但微生物会改变环境的酸碱度，使培养基的原始 pH 发生变化，其发生的原因为：①糖类和脂肪代谢产酸；②蛋白质代谢产碱，以及其他物质代谢产生酸碱。一般随着培养时间的延长，培养基会变得较酸。碳氮比例高的培养基，如培养真菌的培养基，经培养后其 pH 常会明显下降；而碳氮比例低的培养基，如培养一般细菌的培养基，经培养后，其 pH 常会明显上升。

在发酵工业中，为高效积累代谢产物，及时调整发酵液的 pH 是生产中一项重要措施，方法如下：

- pH调节
  - “治标”
    - 过酸时：加NaOH、Na_2CO_3等中和
    - 过碱时：加HCl、H_2SO_4等中和
  - “治本”
    - 过酸时
      - 加适当氮源：如尿素、$NaNO_3$、NH_4OH或蛋白质等
      - 提高通气量
    - 过碱时
      - 加适当碳源：如糖、乳酸、乙酸、柠檬酸或油脂等
      - 降低通气量

强酸如硫酸、盐酸的杀菌力虽强，但腐蚀性大，因此生产上不宜作消毒剂。食品中应用的酸类防腐剂常常是有机酸或有机酸盐类，要求对人体无毒，并且不影响食品应有的风味，

加入的量应严格按国标执行。强碱浓度越高杀菌力越强，食品工业中常用石灰水、氢氧化钠、碳酸钠等作为环境、加工设备、冷藏库，以及包装材料如啤酒玻璃瓶等的灭菌剂。

食品工业中常用的酸类防腐剂有苯甲酸或苯甲酸钠、山梨酸或山梨酸钾盐（山梨酸钠盐）、丙酸及其钙盐或钠盐、脱氢乙酸及其钠盐和乳酸等。

（二）氧气

氧气对微生物的生命活动有着重要影响。按照微生物与氧气的关系，可把它们分成好氧菌（aerobe）和厌氧菌（anaerobe）两大类。好氧菌中又分为专性好氧、兼性厌氧和微好氧菌；厌氧菌分为专性厌氧菌和耐氧菌（图 5-6）。表解如下：

- 微生物与氧的关系
  - 好氧菌
    - 专性好氧菌：需氧，在正常大气压下通过有氧呼吸产能
    - 兼性厌氧菌
      - 兼性厌氧菌以有氧呼吸为主，兼营发酵产能
      - 兼性厌氧菌以有氧呼吸为主，兼营厌氧呼吸
    - 微好氧菌：需在微量氧环境中生活
  - 厌氧菌
    - 耐氧菌：不需氧，只以发酵产能，氧对其无毒害作用
    - 专性厌氧菌：氧对其有毒害或致死作用，以发酵或无氧呼吸产能

1）**专性好氧菌**　专性好氧菌（strict aerobe）要求必须在有分子氧的条件下才能生长，有完整的呼吸链，以分子氧作为最终氢受体，细胞有超氧化物歧化酶（superoxide dismutase，SOD）和过氧化氢酶。绝大多数真菌和许多细菌都是专性好氧菌，如米曲霉、乙酸杆菌、荧光假单胞菌、枯草芽孢杆菌和蕈状芽孢杆菌等。

2）**兼性厌氧菌**　兼性厌氧菌（facultative aerobe）在有氧或无氧条件下都能生长，但有氧的情况下生长得更好。有氧时进行呼吸产能，无氧时进行发酵或无氧呼吸产能；细胞含 SOD 和过氧化氢酶。许多酵母菌和许多细菌都是兼性厌氧菌，如酿酒酵母、大肠杆菌和普通变形杆菌等。

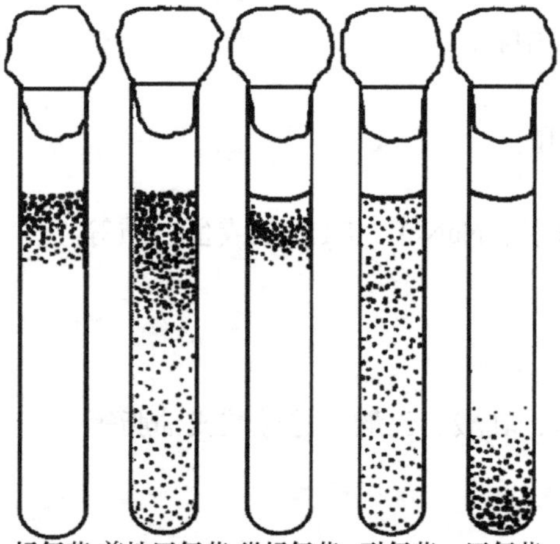

图 5-6　氧气对微生物的影响
（何国庆等，2009）

3）**微好氧菌**　微好氧菌（microaerophilic bacteria）只能在较低的氧分压（1～3kPa，正常大气压为 20kPa）下才能正常生长的微生物。也通过呼吸链以氧为最终氢受体而产能，如霍乱弧菌、一些氢单胞菌、拟杆菌属和发酵单胞菌属。

4）**耐氧菌**　耐氧菌（aerotolerant anaerobe）是一类可在分子氧存在时进行厌氧呼吸的厌氧菌，即它们的生长不需要氧，但分子氧存在对它也无毒害。它们不具有呼吸链，仅依靠专性发酵获得能量。细胞内存在 SOD 和过氧化物酶，但没有过氧化氢酶。一般

乳酸菌多数是耐氧菌，如乳链球菌、乳酸乳杆菌、肠膜明串珠菌和粪链球菌等，乳酸菌以外的耐氧菌如雷氏丁酸杆菌。

5）专性厌氧菌　专性厌氧菌的特征是：分子氧存在对它们有毒，即使是短期接触空气，也会抑制其生长甚至死亡；在空气或含 10% CO_2 的空气中，它们在固体或半固体培养基的表面上不能生长，只能在深层无氧或低氧化还原势的环境下中能生长；其生命活动所需能量是通过发酵、无氧呼吸、循环光合磷酸化或甲烷发酵等提供；细胞内缺乏 SOD 和细胞色素氧化酶，大多数还缺乏过氧化氢酶。常见的专性厌氧菌有罐头工业的腐败菌，如肉毒梭状芽孢杆菌、嗜热梭状芽孢杆菌、拟杆菌属、双歧杆菌属，以及各种光合细菌和产甲烷菌等。

一般绝大多数微生物都是专性好氧菌或兼性厌氧菌。专性厌氧菌的种类相对较少，但近年来已发现越来越多的专性厌氧菌。

关于专性厌氧菌的氧毒害机理直到 1971 年有人提出 SOD 的学说后，才有了进一步的认识。专性厌氧菌缺乏 SOD，因此易被生物体内产生的超氧阴离子自由基毒害致死。除分子氧、单体氧对专性厌氧菌有毒外，其他强毒性氧包括超氧阴离子（O_2^-）、过氧化氢（H_2O_2）和羟自由基（·OH），这些都是呼吸过程中 O_2 还原成水时偶然产生的副产品。核黄素蛋白、醌、硫醇类及其铁-硫蛋白也能把 O_2 还原成 O_2^-。细胞内超氧化物都是强反应性的，能把任何一种有机化合物氧化，包括细胞内生物大分子和细胞组分。其中羟自由基是所有毒性氧形式中毒性最大的，能氧化细胞内任何一种有机物质。

（三）氧化剂

氧化剂的杀菌效果与作用时间和浓度成正比，杀菌机理是氧化剂放出游离氧作用于微生物蛋白质的活性基团（氨基、羟基和其他化学基团），造成代谢障碍而死亡。

1）臭氧　臭氧（O_3）灭菌技术近年在纯净水生产中应用较广，灭菌的效果与浓度有一定的关系，但浓度大了会使水产生异味。

2）氯　氯具有较强的杀菌作用，其机理是使蛋白质变性。氯在水中能产生新生态的氧，如下式：

$$Cl_2 + H_2O \longrightarrow HCl + HClO \longrightarrow 2HCl + [O]$$

氯气常常用于城市生活用水的消毒，饮料工业用于水处理工艺中杀菌。

3）漂白粉　漂白粉[$Ca(ClO)_2$]中有效氯为 28%～35%。当浓度为 0.5%～1%时，5min 可杀死大多数细菌，5%浓度时在 1h 可杀死细菌芽孢。漂白粉常用于饮水消毒，也可用于蔬菜和水果的消毒。

4）过氧乙酸　过氧乙酸（CH_3COOOH）是一种高效广谱杀菌剂，它能快速地杀死细菌、酵母菌、霉菌和病毒。据报道，0.001%的过氧乙酸水溶液能在 10min 内杀死大肠杆菌，0.005%的过氧乙酸水溶液只需 5min。0.001%的过氧乙酸水溶液杀死金黄色葡萄球菌需要 60min，但浓度提高为 0.01%时只需 2min。0.5%的过氧乙酸水溶液可在 1min 内杀死枯草芽孢杆菌，0.04%的过氧乙酸水溶液在 1min 内杀死 99.99%的蜡状芽孢杆菌。能够杀死细菌繁殖体的过氧乙酸浓度，足以杀死霉菌和酵母菌；过氧乙酸对病毒杀灭效果也好，是高效、广谱和速效的杀菌剂，并且几乎无毒，使用后即使不去除，也无残余毒，其分解产物是乙酸、过氧化氢、水和氧。其适用于一些食品包装材料（如超高温灭菌乳、饮料的利乐包等）的灭菌，也适于食品（如水果、蔬菜和鸡蛋）表面，食品加工厂工人的手，地面和墙壁的消毒，以及各种塑料、玻璃制品和棉布的消毒。用于手消毒时，只能用0.5%以下的低浓度溶液，才不会对皮肤有刺激性和腐蚀性。

（四）重金属盐类

重金属盐类对微生物都有毒害作用，其机理是金属离子容易和微生物的蛋白质结合而发生变性或沉淀。汞、银、砷离子对微生物的亲和力较大，能与微生物酶蛋白的—SH 结合，影响其功能。汞化合物是常用的杀菌剂，杀菌效果好，用于医药业中。重金属盐类虽然杀菌效果好，但对人有毒害作用，所以严禁用于食品工业中防腐或消毒。

（五）有机化合物

对微生物有杀菌作用的有机化合物种类很多，其中酚、醇、醛等能使蛋白质变性，是常用的杀菌剂。

1）**酚及其衍生物**　酚是芳香烃环上的氢被羟基（—OH）取代的一类芳香族化合物，最简单的酚为苯酚，又称石炭酸，可使微生物蛋白质变性，并具有表面活性剂作用，破坏细胞膜的通透性，使细胞内含物外溢而致死。酚浓度低时有抑菌作用，浓度高时有杀菌作用，2%～5%酚溶液能在短时间内杀死细菌的繁殖体，杀死芽孢则需要数小时或更长的时间。许多病毒和真菌孢子对酚有抵抗力。酚适用于医院的环境消毒，不适于食品加工用具及食品生产场所的消毒。

2）**醇类**　醇类是脱水剂、蛋白质变性剂，也是脂溶剂，可使蛋白质脱水、变性，损害细胞膜而具杀菌能力。70%乙醇杀菌效果最好，超过70%浓度的乙醇杀菌效果较差，其原因是高浓度的乙醇与菌体接触后迅速脱水，表面蛋白质凝固，形成了保护膜，阻止了乙醇分子进一步渗入。

乙醇常常用于皮肤表面消毒，实验室用于玻棒、玻片等用具的消毒。醇类物质的杀菌力是随着分子质量的增大而增强，但分子质量大的醇类水溶性比乙醇差，因此醇类中常常用乙醇作消毒剂。

3）**甲醛**　甲醛是一种常用的杀细菌与杀真菌剂，杀菌机理是与蛋白质的氨基结合而使蛋白质变性致死。市售的福尔马林溶液就是37%～40%的甲醛水溶液。0.1%～0.2%的甲醛溶液可杀死细菌的繁殖体，5%的浓度可杀死细菌的芽孢。甲醛溶液可作为熏蒸消毒剂，对空气和物体表面有消毒效果，但不适宜食品生产场所的消毒。

第四节　微生物生长繁殖的控制

周围环境中的微生物，一部分对人类有害，它们通过气流，水流，接触（人与人、人与动植物、人与物、生物之间）和人工接种等方式，传播到合适的基质或生物对象上而造成种种危害。例如，引起食品或工农业产品的霉腐变质；实验室中的微生物、动植物组织或细胞纯培养物的污染；培养基、生化试剂、生物制品或药物的染菌变质；发酵工业中的杂菌污染；以及人和动植物受病原微生物感染而患各种传染病等。对这些有害微生物必须采取有效措施来防止、杀灭或抑制它们。下面介绍几个有关的基本概念。

防腐（antisepsis）是一种抑菌措施，利用一些理化因素使物体内外的微生物暂时处于不生长繁殖但又未死亡的状态。食品工业中常利用防腐剂防止食品变质，如面包、蛋糕和月饼的防霉剂，酸性食品用苯甲酸钠、山梨酸钾、山梨酸钠防腐。除化学手段外，防腐还有低温、干燥、高渗等物理方法。

消毒（disinfection）是指杀死所有病原微生物的措施。消毒以防止疾病传播为目的。例如，将物体在100℃煮沸10min或60～70℃加热30min，就可杀死病原菌的营养体，但杀不死芽孢。食品加工厂的厂房和加工工具都要进行定期消毒，操作人员的手也应进行消毒。具有消毒作用的物质称为消毒剂。

灭菌（sterilization）是指用物理或化学因子，使存在于物体中的所有活的微生物，永久性地丧失其生活力，包括耐热的细菌芽孢。这是一种彻底的杀菌方法。

商业灭菌（commercial sterilization）是从商品角度对某些食品所提出的灭菌方法。就是指食品经过杀菌处理后，按照所规定的微生物检验方法，在所检食品中无活的微生物检出，或者仅能检出极少数的非病原微生物，并且它们在食品保藏过程中，不可能进行生长繁殖，这种灭菌方法称商业灭菌。

在食品工业中，常用“杀菌”这个名词，它包括上述的灭菌和消毒，如牛奶的杀菌是指消毒；罐藏食品的杀菌，是指商业灭菌。

无菌（asepsis）即没有活的微生物存在的意思。例如，发酵工业中菌种制备的无菌操作技术、食品加工中的无菌罐装技术等。

死亡（dead）是指微生物不可逆地丧失了生长繁殖的能力，即使再放到合适的环境中也不再繁殖。

化疗（chemotherapy）即化学治疗。它是利用具有高度选择毒力，即对病原菌具高度毒力而对其宿主基本无毒的化学物质，来抑制宿主体内病原微生物的生长繁殖，借以达到治疗该宿主传染病的一种措施。这类具有高度选择毒力、可用于化学治疗目的的化学物质称化学治疗剂，包括磺胺类等化学合成药物、抗生素、生物药物素和若干中草药中有效成分等。

当人们认识和掌握了微生物的生命活动规律之后，一方面可为有益微生物提供有利的生长条件；另一方面可对有害微生物进行有效控制或杀灭。在实践中了解和应用任何一种理化因素对微生物的抑制或致死作用时，还应考虑多种因素的综合效应。灭菌、消毒和抑菌都是常用的控菌方法，它们之间的关系如下。

- 控制有害菌措施
  - 杀灭
    - 彻底杀灭——灭菌
      - 杀菌
      - 杀灭
    - 部分杀灭——消毒
  - 抑菌
    - 抑制腐败和霉变微生物——防腐
    - 抑制宿主体内病原菌——化疗

一、控制微生物生长的物理因素

如前所述，控制微生物生长的物理因素很多。物理灭菌因素的种类主要有高温、辐射、超声波、微波和高压等。另外，通过过滤等物理措施也能除菌。

（一）物理杀菌因素的代表——高温

具有杀菌效应的温度范围较广。高温的致死作用，主要是它引起蛋白质、核酸和脂质等重要生物分子发生降解或改变其空间结构等，从而使生物分子变性或破坏。加热是消毒和灭菌中使用最广泛、效果较好的方法。加热灭菌可分干热和湿热两类。

1. 干热灭菌

1）火焰灭菌法 直接用火焰灼烧使微生物烧死。这种方法灭菌彻底迅速，主要应用于接种针、试管口、某些金属器械，以及带有病原菌的物品材料或动植物体的灭菌。

2）干热灭菌法 干热灭菌法（dry heat sterilization）利用电热加热空气，使烘箱的温度达到 160～170℃维持 1～2h，就能将所有的微生物杀死。适用于一些玻璃器皿、金属及其他干燥耐热物品的灭菌。

2. 湿热灭菌

湿热灭菌就是利用水蒸气的热量将物品灭菌。同样温度下，湿热灭菌比干热灭菌更有效。这一方面是由于水蒸气穿透力强，易于传导热量，使被灭菌的物品外部和深层的温度能在短时间内达到一致水平；另一方面蛋白质的含水量与其凝固温度成反比，因此湿热更易破坏蛋白质的氢键结构，从而加速其变性凝固。此外，由于蒸汽在被灭菌的物品表面凝结，释放出潜热，能迅速提高灭菌物品的温度，缩短灭菌所需的时间。总之，湿热灭菌具有经济、快速等优点，广泛用于培养基和发酵设备等的灭菌。湿热灭菌常用的方法有以下几种。

1）煮沸消毒法 这种消毒方法是将要消毒的物品放在水中煮沸（100℃）15～20min，一般微生物的营养细胞即可死亡。但不能杀死抗热力强的芽孢，要杀死芽孢必须煮沸 1～2h，或在水中添加 0.5%石炭酸或碳酸钠可加速芽孢死亡。这种方法适用于一般食品、器材、器皿、衣服等小型日用品的消毒。

2）间歇灭菌法 该法利用流动蒸气进行灭菌。一般每日蒸煮 30min 可杀死繁殖体，连续进行 3d，通常于第一次灭菌后于 30℃左右保温 2h，待芽孢发芽，再进行两次同样的灭菌，这样就可杀死所有的繁殖体和芽孢。这种方法适用于高温易变性的微生物培养基，以及在没有高压蒸汽灭菌设备的情况下，如进行食用菌栽培料的灭菌。

3）巴氏消毒法 一般用于不宜用高温灭菌的一些物品或食品。在低于 100℃以下进行，这样既可杀死食品中的病原微生物及其他微生物的营养体，又尽可能减少食品营养成分和风味的损失。例如，消毒牛乳用 61～65℃加热 30min 或 71～72℃保持 15min，采用这种低温消毒方法的具体温度和时间是根据不同物品的性状来决定的，即使一种物品也有多种具体消毒方法。根据巴氏消毒的具体温度和时间可有两种方法：①低温长时杀菌法（LTST），采用 63℃、30min 进行杀菌；②高温短时杀菌法（HTST），72℃、15min 杀菌或

85℃、15～30s 连续杀菌。巴氏消毒可以杀死营养细胞，但达不到完全灭菌的目的。这种方法最初用于酒和牛奶的消毒，现已推广到食醋、酱油、干酪、果汁、蛋品、蜂蜜、糖浆等食品。

4）*超高温瞬时灭菌法*（UHT）　灭菌条件一般为 130～150℃、2～3s，污染严重的鲜乳在 142℃以上。此法特点是既可杀死全部病原菌、营养细胞和耐热的细菌芽孢，又可最大限度地减少营养成分的破坏。UHT 广泛用于各种果汁、牛乳、花生乳、酱油等液态食品的杀菌。在发酵工业中应用此法可以实现培养基的连续灭菌。

5）*高压蒸汽灭菌法*　在正常大气压下，水的沸点是 100℃，水的沸点随压力增高而增高。高压蒸汽灭菌法是必须在密闭的容器内，通过加热使容器内的水变成蒸汽，利用蒸汽压来提高水的沸点温度，压力越大温度越高，以达到短时间内完全灭菌的效果。一般采用 121.3℃（表压 103kPa/cm^2）保持 15～30min，这样就可以保证把全部微生物营养体和芽孢杀死。这种方法适用于不怕高温的物品，如金属器具、玻璃器皿、基础培养基、一些罐头食品及其他一些耐热物品。对于一些易被高温破坏的物品则须改用较低的温度延长灭菌的时间来达到目的。

影响高压蒸汽灭菌效果的因素：①物体含菌量。初始含菌量越高，需要的灭菌时间越长。因此，用天然原料配制的培养基所需要的灭菌时间要比组合培养基长。②灭菌锅内空气排除程度。使用过程中必须排净锅内的空气。蒸汽压力与温度的关系见表 5-6。③灭菌对象的 pH。pH＜6.0 时，微生物易死亡，pH 在 6.0～8.0 时，不易死亡。④灭菌对象的体积。体积会影响热传导速率和热容量，故会明显影响灭菌效果。在实验室工作中，在对大容量培养基灭菌时，必须注意相应延长灭菌时间。⑤加热和散热速度。在加压灭菌时，一般只注意达到预定压力后的维持时间。事实上，由于季节的变化或灭菌物件体积的大小，都会使“上磅”或“下磅”时间出现很大的差别，从而影响培养基成分的破坏程度，进一步还会影响研究结果的准确性和重演性，故应适当控制。

表 5-6　蒸汽压力与温度的关系（周德庆，2002）

蒸汽压力/Pa	蒸汽温度/℃	
	排净空气	未排净空气
0.34×10^5	94	72
0.69×10^5	105	90
1.03×10^6	121.5	100
1.38×10^5	126.3	109
1.73×10^6	131.5	115
1.96×10^5	134.6	121

6）*连续灭菌法*　又称连续加压蒸汽灭菌法，是指将培养基在发酵罐外利用流动式连续灭菌器，按需要连续不断地加热、保温和冷却，然后送入发酵罐的过程。培养基和发酵罐分别单独灭菌。一般采用 135～140℃加热 5～15s，然后在维持罐内继续保温 5～8min，以达到彻底灭菌的目的。此法既达到了灭菌的目的，又减少了营养物质的损失；与加压实罐批式灭菌法（培养基在发酵罐内一同灭菌，120℃，30min）相比，减少了升温、加热灭菌和冷却过程所需时间，提高了发酵罐的利用率，操作过程的劳动强度低，适合自动化操作。

另外，一些培养基可采用特殊的加热灭菌法：对易破坏的含糖培养基进行灭菌时，应先将糖液与其他成分分别灭菌后再合并；对含 Ca^{2+}、Fe^{3+}的培养基与磷酸盐可先分别灭菌，然后再混合，这样就不易形成磷酸盐沉淀；对含有在高温下易破坏成分的培养基（如含糖组合培养基）也可进行低压灭菌或间歇灭菌；在大规模发酵工业中，可采用连续加压灭菌法进行培养基的灭菌。

（二）其他除菌过滤方法

在实验室和生产上消除有害微生物的方法还有培养基过滤除菌法。对于含酶、血清、维生素和氨基酸等热敏物质的培养基，可采用过滤除菌法达到灭菌目的。例如，滤膜过滤装置、烧结玻璃滤板过滤器、石棉板过滤器及硅藻土过滤器等。过滤介质有醋酸纤维素、硝酸纤维素、尼龙、聚丙烯腈、聚丙烯、聚偏氟乙烯等膜材料，也有石棉板、烧结陶瓷和烧结金属等深层过滤材料。实验室中常用察氏（Seitz）滤器和一些膜滤器，常用滤膜孔径为 0.45μm 和 0.22μm，可以拦截细菌、放线菌、酵母和霉菌等通过。过滤除菌的缺点是无法去除其中的病毒和支原体。过滤除菌也用于空气的过滤。

二、控制微生物生长的化学因素

化学物质可以作为微生物的营养物质被利用，有些则可抑制微生物的代谢活动，还可以破坏微生物的细胞结构和各种生命活动，具有杀菌或抑菌作用。能够抑制或杀灭微生物的化学物质种类极多，用途广泛、性质各异。

1. 化学表面消毒剂

化学表面消毒剂的种类繁多，其作用原理各不相同（表 5-7），包括酸类、碱类、氧化剂、重金属盐类、有机化合物等。选择化学消毒剂的原则是应选择杀菌力强、价格低廉、能长期贮存、无腐蚀作用、对人和其他生物无毒性或刺激性较小的化学物质。

表 5-7　常用表面消毒剂的作用原理及其应用（周德庆，2002）

类别	名称	浓度	作用原理	杀菌对象	应用范围
酸类	乳酸	0.33～1.0mol/L	破坏细胞膜和蛋白质	病原菌、病毒	房间熏蒸消毒
	乙酸	5～10ml/m³	破坏细胞膜和蛋白质	病原菌	房间熏蒸消毒
碱类	石灰水	1%～3%	破坏细胞结构、酶系统	细菌、芽孢、病毒	粪便或地面
	生石灰乳	5%～10%	破坏细胞结构、酶系统	细菌、芽孢、病毒	粪便或地面
	烧碱	2%～3%	破坏细胞结构、酶系统	细菌、芽孢、病毒	食品设备用具
	火碱	1%～4%	破坏细胞结构、酶系统	细菌、芽孢、病毒	食品设备用具
氧化剂	高锰酸钾	0.1%	氧化蛋白质活性基团	细菌繁殖体	皮肤、果蔬、餐具
	过氧化氢	3%	氧化蛋白质活性基团	细菌、厌氧菌	皮肤、伤口、食品
		20%以上	氧化蛋白质活性基团	细菌芽孢	食品包装材料
	过氧乙酸	0.2%～0.5%	氧化蛋白质活性基团	细菌、真菌、病毒、芽孢	皮肤、塑料、食品包装材料

续表

类别	名称	浓度	作用原理	杀菌对象	应用范围
氧化剂	臭氧	约 1mg/L	氧化蛋白质活性基团	细菌、真菌、病毒	食品、饮用水
	氯气	0.2～0.5mg/L	氧化蛋白质、破坏细胞膜	多数细菌、病毒	饮用水、游泳池水
	漂白粉	0.5%～1.2%	氧化蛋白质、破坏细胞膜	多数细菌、芽孢	饮用水、果蔬
		10%～20%	氧化蛋白质、破坏细胞膜	多数细菌、芽孢	地面、厂房
	二氧化氯	2%	氧化蛋白质、破坏细胞膜	细菌、霉菌、病毒	饮用水、食品设备
	碘酒	2.5%	酪氨酸卤化，酶失活	细菌、霉菌、病毒	皮肤、伤口
醇类	乙醇	70%～75%	脱水、蛋白质变性、溶解脂类、破坏细胞膜	细菌繁殖体	皮肤、医疗器械
醛类	甲醛	0.5%～10%	破坏蛋白质氢键、氨基	细菌繁殖体、芽孢	熏蒸接种室（箱）
酚类	石炭酸	3%～5%	蛋白质变性、损伤细胞膜	细菌繁殖体	地面、家具、器皿
	煤酚皂（来苏尔）	2%～5%	蛋白质变性、损伤细胞膜	细菌繁殖体	地面、家具、器皿
表面活性剂	新洁尔灭	0.05%～0.1%	蛋白质变性、损伤细胞膜	细菌、真菌、病毒	皮肤、手术器械
	杜灭芬	0.05%～0.1%	蛋白质变性、损伤细胞膜	细菌、真菌、病毒	皮肤、金属
重金属盐类	升汞	0.1%	与蛋白质巯基结合使失活	所有微生物	非金属物品、器皿
	红汞	2%	与蛋白质巯基结合使失活	所有微生物	皮肤黏膜、小伤口
	硫柳汞	0.01%～0.1%	与蛋白质巯基结合使失活	所有微生物	皮肤、生物制品
	硝酸银	0.1%～1.0%	蛋白质沉淀、变性	所有微生物	皮肤、眼睛发炎
	硫酸铜	0.1%～0.5%	与蛋白质巯基结合失活	所有微生物	杀植物真菌、藻类
染料	龙胆紫	2%～4%	与蛋白质羧基结合	革兰氏阳性菌	皮肤、伤口
气体	环氧乙烷	600ml/L	有机物烷化、酶失活	病原菌、芽孢	手术器械、毛皮

2. 化学治疗剂

化学治疗剂主要有抗代谢类药物、抗生素和中草药等。其中，抗生素是一类最重要的化学治疗剂，自从 20 世纪 40 年代初青霉素问世以来，至今已寻找到 9000 多种新的抗生素和合成过 70 000 多种半合成抗生素，但其中只有 50～60 种是临床上常用的抗生素。对一些代表性抗生素的简介见表 5-8。

表 5-8　若干重要抗生素及其作用机制（周德庆，2002）

名称及类型	作用机理	结果
抑制细胞壁合成		
D-环丝氨酸	抑制 L-Ala 变为 D-Ala 的消旋酶	阻止胞壁酸上肽尾的合成
万古霉素	抑制糖肽聚合物的伸长	阻止肽聚糖的合成
杆菌肽	抑制糖肽聚合物的伸长	阻止肽聚糖的合成
青霉素	抑制肽尾与肽桥间的转肽作用	阻止糖肽链之间的交联
氨苄青霉素	抑制肽尾与肽桥间的转肽作用	阻止糖肽链之间的交联
头孢菌素	抑制肽尾与肽桥间的转肽作用	阻止糖肽链之间的交联
引起细胞壁降解		
溶葡萄球菌素	水解肽尾和分解胞壁酸-葡糖胺链	溶解葡萄球菌

续表

名称及类型	作用机理	结果
干扰细胞膜功能		
短杆菌酪肽	损害细胞膜，降低呼吸作用	细胞内物质外漏
短杆菌肽	使氧化磷酸化解偶联，与膜结合	细胞内物质外漏
多黏菌素	使细胞膜上的蛋白质释放	细胞内物质外漏
抑制蛋白质合成		
链霉素	与30S核糖体结合	促进错译，抑制肽链延伸
新霉素	与30S核糖体结合	促进错译，抑制肽链延伸
卡那霉素	与30S核糖体结合	促进错译，抑制肽链延伸
四环素	与30S核糖体结合	抑制氨基酰-tRNA与核糖体结合
伊短菌素	与30S核糖体结合	抑制氨基酰-tRNA与核糖体结合
嘌呤霉素	与50S核糖体结合	引起不完整肽链的提前释放
氯霉素	与50S核糖体结合	抑制氨基酰-tRNA附着核糖体
红霉素	与50S核糖体结合	引起构象改变
林可霉素	与50S核糖体结合	阻止肽键形成
抑制DNA合成		
灰黄霉素	不清楚	抑制有丝分裂中的纺锤体功能
抑制RNA转录		
放线菌素D	与DNA中的鸟嘌呤结合	阻止依赖于DNA的RNA合成
抑制RNA合成		
利福平	与RNA聚合酶结合	阻止RNA合成
利福霉素	与RNA聚合酶结合	阻止RNA合成

复习思考题

1. 简述生长和繁殖的概念及二者的关系。
2. 常用测定微生物生长量的方法有几种？试比较其优缺点。
3. 表示微生物生长量的生理指标有哪些？
4. 单细胞微生物的典型生长曲线可分几期？其划分的依据是什么？
5. 延滞期的特点是什么？生产上如何缩短延滞期？
6. 对数生长期的特点有哪些？处于此期的微生物有何实际应用？
7. 稳定期有何特点？为什么细胞会进入稳定期？
8. 什么是同步生长？如何使微生物达到同步生长？
9. 什么是连续培养？什么是连续发酵？
10. 比较恒浊器和恒化器的特点。
11. 什么是微生物的最适生长温度？温度对同一微生物的生长速度、生长量、代谢速度、代谢产物累积量的影响是否相同？研究它有何实践意义？
12. 从对分子氧的要求来分，微生物可分为哪几种类型？它们各有何特点？
13. 微生物在生长的过程中，引起pH改变的原因有哪些？举例说明微生物最适生长pH与最适发酵pH是否一致。

14. 试比较杀菌（灭菌）、商业灭菌、消毒、防腐的异同点。
15. 酸性防腐剂在食品工业中应用的条件是什么？氢氧化钠在食品工业中应用的适应范围如何？
16. 在实验室和发酵工业中，如何保证好氧微生物对氧的需要？
17. 简述高压蒸汽灭菌的方法步骤。灭菌锅中的空气排除度对灭菌效果有何影响？
18. 氧化剂杀菌的机理是什么？在食品工业中应用如何？
19. 嗜高温微生物和嗜冷微生物的区别是什么？
20. 什么环境可以分离筛选到嗜冷微生物？
21. 什么环境可以分离筛选到嗜高温微生物？
22. 嗜酸微生物和嗜碱微生物的细胞内部 pH 是在酸性或是在碱性？
23. 影响高温微生物对热抵抗力的因素有哪些？
24. 加热灭菌的方法有哪些？适用的对象分别是什么？
25. 控制微生物生长的物理化学方法有哪些？

第六章 微生物的遗传变异与育种

【内容提要】

本章介绍了微生物遗传的物质基础，经典实验证明生物的遗传物质基础是核酸；微生物的基因突变方式；原核微生物的基因重组和真核微生物的基因重组；菌种的保藏方法和原理；优良性状菌种性能退化的表现和防止衰退、复壮的方法。

【教学目标】

1. 理解微生物遗传变异的概念。
2. 掌握微生物遗传变异的物质基础及其结构、特点和在细胞中的存在方式。
3. 掌握基因突变的实质、类型、特点和突变机制。
4. 熟练掌握不同类型微生物的基因重组。
5. 熟练掌握微生物菌种的保藏、防止衰退和复壮菌株的方法。

【重要的概念及名词】

光复合修复　切除修复　重组修复　SOS修复　转化　转导　结合　有性杂交　准性生殖

第一节　微生物遗传变异的物质基础

20世纪50年代以前，人类对于遗传变异的物质基础还不清楚。当时很多学者认为蛋白质对于遗传变异起着决定性的作用。而通过对高等动物和植物染色体的化学分析，人们发现染色体由核酸而且主要是由DNA和蛋白质组成。对遗传变异起决定性作用的究竟是蛋白质还是核酸？下面三个经典的研究实验结果，充分证明了遗传变异的物质基础是核酸，而不是蛋白质等其他物质。

一、三个经典实验

（一）肺炎双球菌的转化实验

肺炎双球菌（*Diplococcus pneumoniae*）是一种致病菌，有光滑型（smooth，简称S型）和粗糙型（rough，简称R型）两种类型。S型菌株能够产生荚膜，菌落光滑，其荚膜和毒素有致病性，侵入人体可引起肺炎，小鼠被感染后导致败血症而死亡。R型菌株无荚膜，其菌落表面粗糙，无毒，对人和小鼠无致病性。

1928年，英国的细菌学家Griffith在对肺炎双球菌的研究中发现了转化现象。将高温杀死的S型菌或活的R型菌注射到小白鼠体内，小白鼠都保持健康存活状态。再将高温杀死的S型菌和少量活的R型菌混合后注射到小白鼠体内，结果小白鼠患病死亡，并且从其体内分离出活的S型菌。实验说明高温杀死的S型菌体内有一种物质能够引起R型活菌转化而产生

S 型活菌，Griffith 称这一现象为转化作用（图 6-1）。这种引起转化的物质（转化因子）究竟是什么？Griffith 未能做出回答。

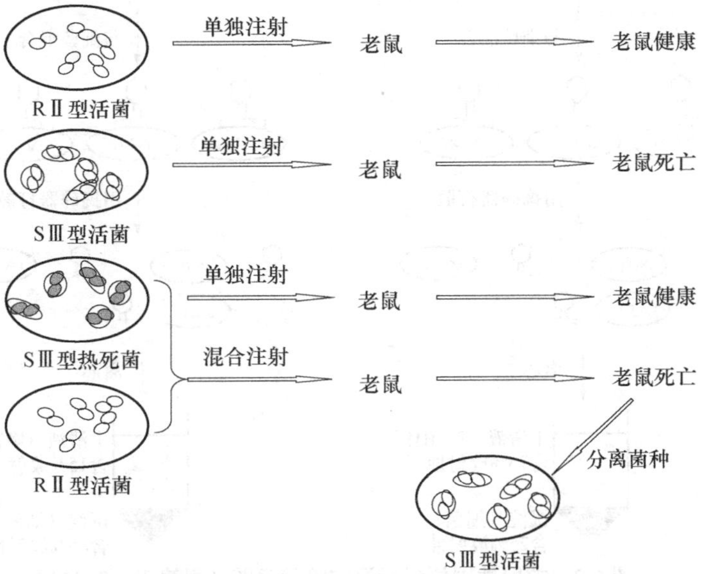

图 6-1　肺炎双球菌转化示意图（江汉湖和董明盛，2014）

1944 年，美国科学家 Avery、Macleod 和 McCarty 进一步设计实验，分析转化的本质。将高温杀死的 S 型菌用体外培养的方法培养，没有菌株生长现象；活的 R 型菌经体外培养后只能分离出 R 型菌；热致死的 S 型菌与活的 R 型菌混合培养，则同时分离出了活的 S 型菌和活的 R 型菌，并且证实生成的 S 型活菌能够稳定遗传，由此验证了转化现象。为了阐明哪种物质能够引起转化现象，他们从热致死的 S 型菌中分离出蛋白质、荚膜、DNA、RNA，分别加入培养基中与 R 型活菌共培养，结果发现只有 DNA 才能使无荚膜的 R 型活菌转化为有荚膜的 S 型活菌。将蛋白质、荚膜、DNA、RNA 分别与 R 型活菌混合后注射入小白鼠体内，也只有 DNA 和 R 型活菌的混合液导致小白鼠死亡。如果用 DNA 酶水解破坏分离物 DNA，则转化现象消失。这些实验都清楚地表明引起 R 型活菌转变为 S 型活菌的物质是 DNA，热致死后 S 型菌中的 DNA 相对耐热而得以保持活性，所以能引起转化现象。

“转化”（transformation）作为生物遗传学的一个重要概念，指一种生物由于接受了另一种生物的遗传物质（DNA 或 RNA）而表现出后者的遗传性状，或发生遗传性状改变的现象。

（二）噬菌体的感染实验

1952 年，美国科学家 A. D. Hershey 和他的学生 M. Chase 以 T_2 噬菌体为研究对象，用同位素示踪方法也成功证明了 DNA 是遗传物质（图 6-2）。噬菌体的结构比细菌简单，仅由蛋白质外壳和包裹于其中的 DNA 组成，是遗传研究的良好材料。实验中用同位素标记噬菌体 T_2，因为 DNA 分子含磷不含硫，而蛋白质分子含硫不含磷，所以分别用 ^{32}P 和 ^{35}S 标记噬菌体的 DNA 和蛋白质衣壳。再分别用已标记上 ^{32}P 和 ^{35}S 的 T_2 噬菌体感染大肠杆菌，精确地控制保温时间，使 T_2 噬菌体刚好完成吸附和侵入的过程，将被感染的大肠杆菌放入搅拌器内强烈搅拌，使大

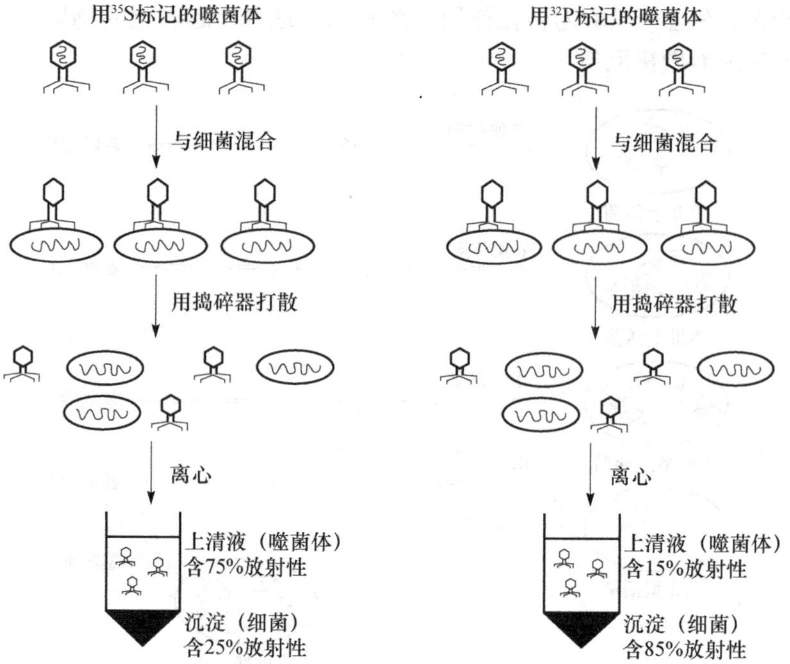

图 6-2　放射性同位素标记实验示意图（周德庆，2004）

肠杆菌体外吸附的 T_2 噬菌体蛋白质外壳脱离并且均匀分布于溶液中，然后离心沉淀，分别测定沉淀物和上清液中的同位素量。结果在 ^{35}S 标记噬菌体感染试验中放射性物质主要存在于上清液中，而用 ^{32}P 标记的噬菌体感染试验中放射性物质主要存在于沉淀物中。离心后的上清液主要含有蛋白质外壳和噬菌体，沉淀主要是大肠杆菌，它表明感染过程中 T_2 噬菌体的蛋白质外壳留在大肠杆菌体外，只有 DNA（^{32}P 标记）进入细菌体内，随着大肠杆菌沉淀到离心管底部。A. D. Hershey 和 M. Chase 的噬菌体感染实验证明，进入细菌细胞内部的物质是 DNA，它包含有产生完整噬菌体的全部信息。

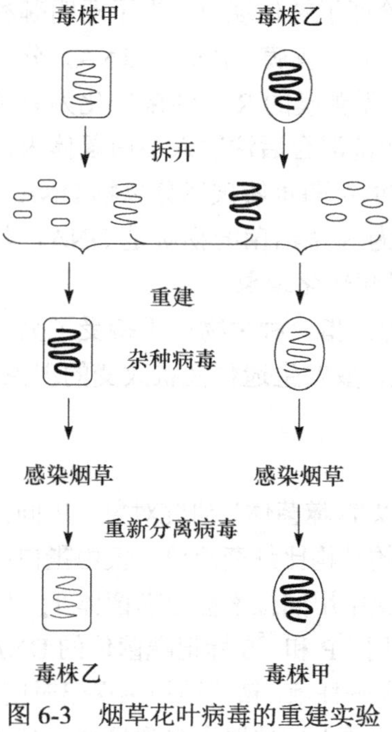

图 6-3　烟草花叶病毒的重建实验示意图（周德庆，2002）

（三）烟草花叶病毒的拆开与重建实验

烟草花叶病毒（tobacco mosaic virus, TMV）由蛋白质外壳和核糖核酸（RNA）核心所构成，从 TMV 分别抽提到它的蛋白质部分和 RNA 部分，把这两个部分重新放在一起，可以再次得到具有感染能力的 TMV 颗粒。1965 年，美国的 Fraenkel-Conrat 等将甲、乙两变种的 TMV 拆开，在体外分别将甲病毒的蛋白质和乙病毒的 RNA 组装，将甲病毒的 RNA 和乙病毒的蛋白质组装进行重建，并用这些经过重建的杂种病毒分别感染烟草，结果从寄主分离到的病毒蛋白质均取决于相应病毒的 RNA。这一实验结果说明病毒蛋白质的特性由它的核酸（RNA）所决定，核酸（RNA）是遗传物质，并且同时也证明了 RNA 也是遗传物质（图 6-3）。

二、遗传物质在微生物细胞内存在的部位和方式

（一）从细胞水平来看

原核细胞的遗传物质主要是拟核或原核，无核膜、无核仁，结构简单。此外很多细菌和一些酵母菌的细胞质中存在质粒，为核染色体外的遗传物质，控制菌体非生活所必需的某些生物性状，具有自我复制能力。真核细胞的遗传物质主要存在于细胞核中，细胞核有核膜而与细胞质隔离开来，在细胞质中存在着部分遗传物质，这些遗传物质与核遗传物质共同控制一些物质的表达（图 6-4）。

- 原核细胞
  - 细胞质质粒
  - 拟核核染色体
- 真核细胞
  - 细胞质
    - 细胞器：线粒体、叶绿体、中心体、毛基体
    - 共生生物：草履虫的卡巴颗粒
  - 细胞核：核染色体

图 6-4　原核细胞与真核细胞遗传物质存在部位比较

原核和真核微生物的细胞结构已在第二章详细介绍，这里重点阐述质粒和转座子。

1. 质粒

质粒（plasmid）存在于多种细菌和酵母菌细胞内，是细胞染色体外能够自主复制的小的环状 DNA 分子。许多质粒既可以游离于细胞质中自主复制，也可整合到宿主细胞的染色体中，随染色体复制而复制，这种质粒又称为附加体（episome）。质粒不仅与微生物遗传物质的转移有关，也与某些微生物的致病性、次级代谢产物（如抗生素）的合成及微生物的抗药性有关，它又是基因工程中最常用的载体，因而对质粒的研究日益受到重视。

1）质粒的基本特性

（1）质粒一般是共价、闭合、环状、双链 DNA 分子（covalently closed circle double strand DNA，CCC dsDNA）。但也有例外的情况，如在硫杆菌属（*Thiobacillus*）细菌中曾发现线状 DNA 质粒。自然质粒大小从 1.0kb 到 1000kb 以上，典型的质粒约为染色体的 1/20。

（2）能自主复制。这主要是指质粒复制的起始和拷贝数是由质粒的 DNA 序列决定的。质粒复制后在细胞分裂时能随染色体一起分配到子细胞中，继续存在并保持固有的拷贝数。拷贝数少的为严紧型质粒（stringent plasmid），染色体与质粒拷贝数的比例一般为（1∶1）～（1∶2），如 F 质粒。拷贝数多的为松弛型质粒，正常情况下染色体与质粒拷贝数的比例为（1∶10）～（1∶30），如 ColE1 质粒。在培养液中加入氯霉素可使松弛型质粒拷贝数扩增至 1000～3000 个。

（3）不相容性（incompatibility），即亲缘关系较近的或者说复制子类型相同的两个质粒不能稳定地共存于同一个寄主细胞中。根据不相容性，可以把质粒分成许多不相容组。例如，在肠细菌中已鉴定出 IncFⅠ、IncFⅡ、IncN、IncP 等 30 多个不相容组，Inc 代表不相容性。亲缘关系较远的质粒则是相容的，它们可以在同一个寄主细胞中共存。

（4）某些质粒编码一些特殊的表型特性。例如，有些质粒上含有编码四环素抗性、汞离子抗性、苯甲酸降解、大肠杆菌素等基因片段，含有质粒的宿主细菌表现出相应的表型特性：抗四环素、抗汞离子、能降解苯甲酸、能产生细菌素等。没有鉴定出表型的质粒称为隐蔽质粒（cryptic plasmid）。

（5）质粒有一定的宿主范围。只能在一种或少数几种宿主中复制的质粒，称为窄宿主范围质粒，能够在多种宿主中复制的质粒，称为广宿主范围质粒。

（6）质粒的功能对于宿主细胞来说不是必需的，有没有质粒细菌都能生存。有质粒的细菌，其后代可能会出现不含质粒的分离体。没有质粒的细菌又可通过接合或转化作用而得到质粒。

（7）质粒 DNA 能通过转化作用（transformation）引入细菌细胞。这需要两个条件：一是受体细胞必须在该质粒的寄主范围内，否则质粒即使进入细胞也不能复制；二是受体细胞必须处于感受态（competence），否则不能转化。

（8）质粒可以从一个细菌转移给另一个细菌。根据其转移方式，一般把质粒分为两类：一类是接合型质粒，可通过两个菌细胞的直接接合而主动转移，如 F 因子；另一类是非接合型质粒，必须通过噬菌体转导才能转移质粒 DNA，如青霉素酶质粒。

2）几种重要的质粒

（1）F 因子（fertility factor）。“fertility”指致育性，F 因子即致育因子，它的遗传图如图 6-5 所示，全长 100kb，含有转移区 *tra*，使质粒从一个细胞转移到另一个细胞；调节 DNA 复制的区域，如复制起始区 *ori* S，不相容基因 *inc* 等；还含有多个转座子如 IS2、IS3 等，有助于实现附加体的功能。

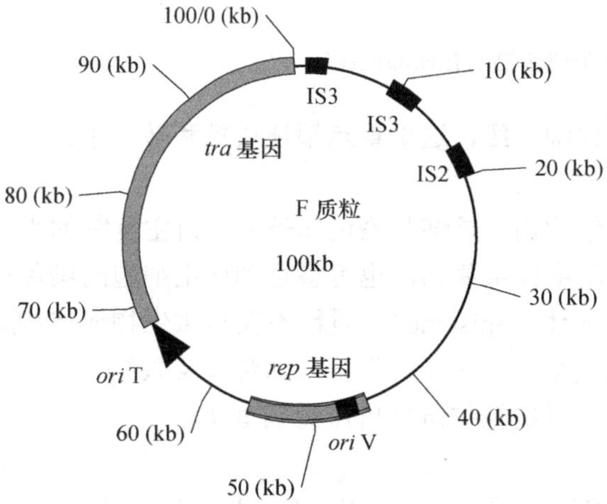

图 6-5　F 质粒的遗传和物理图谱
（Grinsted, 1988）
rep.复制；*tra*.转移区；*ori* T.转移原点；*ori* V.复制原点；IS.插入序列

含有 F 因子的细菌，能长出性菌毛，称为雄性菌或细菌，不含 F 因子的细菌称为雌性菌或细菌。一般认为，细菌能通过性菌毛与细菌表面上的受体接合形成接合桥，细菌的 F 因子“过桥”而转移至雌性菌。

（2）R 质粒（drug-resistance plasmid）。R 质粒即抗药质粒，根据抗药质粒能否借接合而转移，分为接合型和非接合型抗药质粒。接合型抗药质粒由两部分组成：抗药决定簇（resistant determinant, r-det）和抗药转移因子（resistant transfer factor, RTF），前者决定抗药性，后者决定抗药性是否可以转移，两者共同存在才能将抗药性转移。非接合型抗药质粒，也可简称为 R 质粒。它们在结构上没有 RTF，只有 r-det（图 6-6）。因此，含有这种抗药质粒的细菌只具有抗药性，不能进行接合转移，如金黄色葡萄球菌所含有的青霉素酶质粒，可通过转导方式在细菌间转移。

抗药质粒能使宿主菌具有抗药性，而一个抗药因子可携带多重抗药基因。由于质粒的自主复制，抗药性可遗传给后代；又由于它们的致育性，能从抗药菌传递给敏感菌，在同种、种间甚至属间传播，导致抗药性迅速广泛地蔓延，给人类带来极大危害，已引起普遍重视。

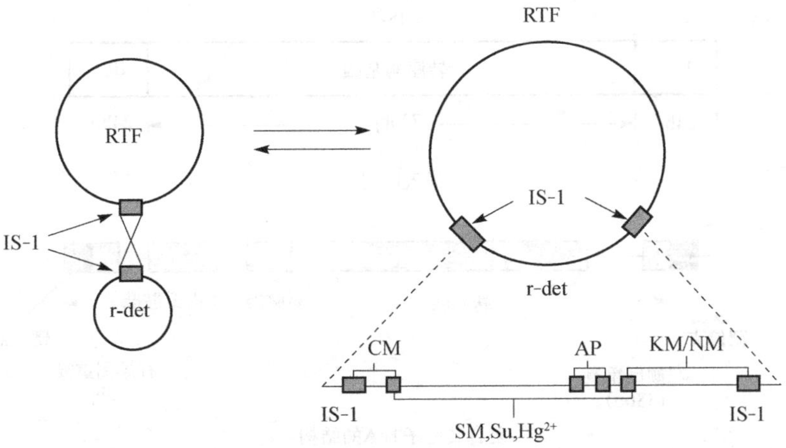

图 6-6　R 质粒的遗传图（蔡信之，2011）
CM.氯霉素；AP.氨苄青霉素；SM.链霉素；KM.卡那霉素；NM.新霉素；Su.磺胺

（3）Col 质粒。Col 质粒是编码大肠菌素（colicin）的质粒，存在于大肠杆菌和某些其他细菌中，它所产生的大肠菌素是蛋白质类的抗菌物质，能杀死或者溶解同种属或近缘细菌的不同型菌株。Col 质粒对维持肠道内正常菌群的平衡有一定的作用。根据细菌产生的大肠菌素可将肠道细菌分成不同的细菌素型，有利于流行病学的调查。

2. 转座因子

转座因子（transposable element）又称跳跃基因（jumping gene），指细胞基因组中能够从一个位置转移到另一位置的一段 DNA 序列，简称转座子。转座因子从基因组的一个位置转移到另一位置的过程称作转座（transposition），如从染色体的一个位置转移到另一个位置，从质粒转到染色体或从质粒至质粒等。

目前已证实在真核及原核生物中均存在转座因子，而且某些噬菌体本身就是转座因子。由于转座因子的转座行为，DNA 分子发生各种遗传学上的分子重排，在促使生物变异及进化上具有重大意义。

1）转座因子的类型　　原核生物中的转座因子按照结构和遗传性质可以分为三类。

（1）插入序列（insertion sequence, IS）。插入序列通常是比较短的 DNA 序列，一般为 750～1600bp，IS 除了带有与它转座功能相关的转座酶（transposase）基因外，不含有任何其他已知基因。IS 两端通常有颠倒重复序列（inverted repeat, IR），IR 的长度为 15～25bp（图 6-7A）。IS 可独立存在于 DNA 中，也可成为转座子的一部分。

（2）转座子（transposon，Tn）。转座子是一类分子质量较大的转座因子，一般为 2～25kb，比 IS 大得多。Tn 除了有转座功能外，还含有其他基因，称为标志基因（transposon marker），如抗生素或金属抗性基因、产细菌毒素基因、某些糖发酵基因等。有些 Tn 两端接的就是 IS，两个 IS 可构成顺向重复（direct repeat）序列或颠倒重复序列，该类型 Tn 称为复合转座子（compound transposon）。图 6-7B 是复合转座子 TnA 的结构示意图。

（3）转座噬菌体（mutation phage，Mu 噬菌体）。温和噬菌体，如 *E. coli* λ 噬菌体，一般整合在宿主染色体的一定位置上，而大肠杆菌的温和 Mu 噬菌体并没有一定的整合位置，Mu 噬菌体能插入宿主染色体的任一位置导致宿主菌变异，故得名突变噬菌体或诱变噬菌体。Mu

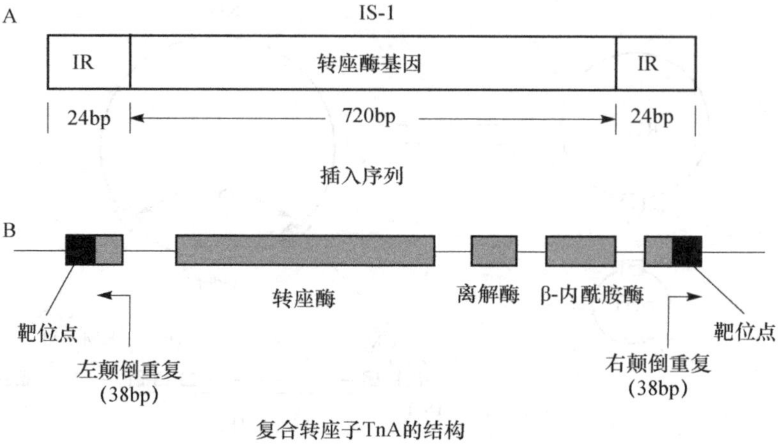

图 6-7　转座子的结构示意图（赵亚华，2006）

噬菌体已成为研究细菌变异的工具之一，用作生物诱变剂。

2）转座的遗传学效应　转座因子的转座可引发多种遗传学效应。这些效应不仅在生物进化上有重要的意义，而且已成为遗传学研究中的一种重要工具。这些遗传变化主要包括以下几种：①插入突变。当各种 IS、Tn 等转座因子插入某一基因后，此基因的功能丧失，发生突变。如果插入位于某操纵子的前半部分，就可能造成极性突变，导致该操纵子后半部分结构基因表达失活。如果插入的是带有抗性（或其他）基因的转座子，则可获得带有新的基因标记的插入突变。②产生染色体畸变。由于复制性转座是转座子一个拷贝的转座，处在同一染色体上不同位置的两个拷贝之间可能发生同源重组，这种重组过程可导致 DNA 的缺失或倒位，即染色体畸变。③基因的移动和重排。由于转座作用可能使一些原来在染色体上相距甚远的基因组合到一起，构建成一个操纵子或表达单元，也可能产生一些具有新的生物学功能的基因和新的蛋白质分子，具有生物进化上的重要意义。

（二）从细胞核水平上来看

真核生物具有由核膜包裹、形态固定的细胞核，核内的 DNA 与组蛋白结合在一起形成一种在光学显微镜下能见的核染色体。原核生物只有原始的无核膜包裹且呈松散状态的拟核，其 DNA 呈环状双链结构，不与任何蛋白质相结合。无论真核生物的细胞核，还是原核生物的核区都是该微生物遗传信息的最主要负荷者，称为核基因组、核染色体组或简称基因组（genome）。

（三）从染色体水平来看

1）染色体数　真核生物常常有较多的染色体，而原核生物的核酸呈裸露状态位于核区域内，染色体水平实际上就是核酸水平（表 6-1）。

表 6-1　几种代表性真核生物和原核生物的核染色体数和基因组大小

生物类别	生物名称	单倍体染色体数	基因组大小 / bp
真核生物	*Homo sapiens*（人）	23	3×10^9
	Saccharomyces cerevisiae（酿酒酵母）	16～17	12×10^6

续表

生物类别	生物名称	单倍体染色体数	基因组大小 / bp
真核生物	*Candida albicans*（白假丝酵母）	7～9	$(0.42\sim3.0)\times10^6$
	Aspergillus nidulans（构巢曲霉）	6～8	$(2.9\sim5.0)\times10^6$
	A. niger（黑曲霉）	4～8	$(3.5\sim6.6)\times10^6$
	A. oryzae（米曲霉）	7	$(2.8\sim7.0)\times10^6$
	Trichoderma reesei（里氏木霉）	5～6	$(2.2\sim7.4)\times10^6$
	Fusarium sp.（一种镰孢菌）	6～9	$(0.4\sim6.5)\times10^6$
	Neurospora crassa（粗糙脉孢菌）	7	$(4.0\sim12.6)\times10^6$
	Agaricus bisporus（双孢蘑菇）	13	$(1.2\sim3.5)\times10^6$
原核生物	*Escherichia coli*（大肠杆菌）	1	4.6×10^6
	Bacillus subtilis（枯草芽孢杆菌）	1	4.2×10^6
	Mycobacterium tuberculosis（结核分枝杆菌）	1	4.4×10^6
	Rickettsia prowazekii（普氏立克次氏体）	1	1.1×10^6
	Helicobacter pylori（幽门螺杆菌）	1	1.64×10^6
	Chlamydia trachomatis（沙眼衣原体）	1	1.05×10^6

2）染色体倍数　不同生物染色体的倍数也不同。染色体倍数指同一细胞中相同染色体的套数。如果一个细胞中只有一套染色体，称为单倍体（haploid）。如果一个细胞中含有两套功能相同的染色体，就称二倍体（diploid）。自然界中发现的微生物多数是单倍体的，只有少数微生物为二倍体，如酿酒酵母（*Saccharomyces cerevisiae*）的营养细胞及由两个性细胞通过接合或体细胞整合而形成的合子，均是二倍体。

（四）从核酸水平来看

绝大多数生物的遗传物质是DNA，只有部分病毒，包括多数植物病毒和少数噬菌体等的遗传物质是RNA。微生物的DNA大都呈双链，只有少数病毒，如大肠杆菌的ΦX174和fd噬菌体的DNA为单链结构。RNA也有双链和单链之分，多数真菌病毒是双链RNA病毒，多数RNA噬菌体属于单链RNA病毒。此外，同是双链DNA，有的呈环状（如原核生物和部分病毒），有的呈线状（部分病毒），而有的则呈超螺旋状（麻花状），表6-2归纳总结了病毒核酸类型和结构的多样性。

表6-2　病毒核酸类型和结构的多样性

核酸		类型	结构	代表
DNA	双链	线状双链	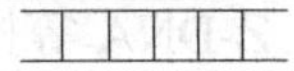	大部分噬菌体、动物病毒
		线状双链，单链断裂	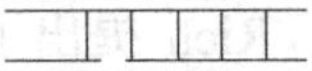	T_5
		闭合双链	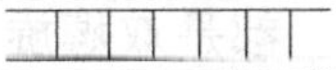	痘苗病毒
		闭合环状双链	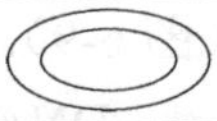	花椰菜花叶病毒
	单链	线状		植物双生病毒
		环状		ΦX174

续表

核酸		类型	结构	代表
RNA	双链	双链分段		真菌病毒
	单链	线状侵染性单链		RNA 噬菌体
		线状分段侵染性单链		一些植物病毒
		线状非侵染性单链		弹状病毒、副黏液病毒
		线状分段非侵染性单链		正黏液病毒
		二倍单链		肿瘤病毒

1953 年美国科学家沃森（J. D. Watson）和英国科学家克里克（F. H. C. Crick），以及富兰克林（R. Franklin）提出了 DNA 的双螺旋结构模型（图 6-8）。

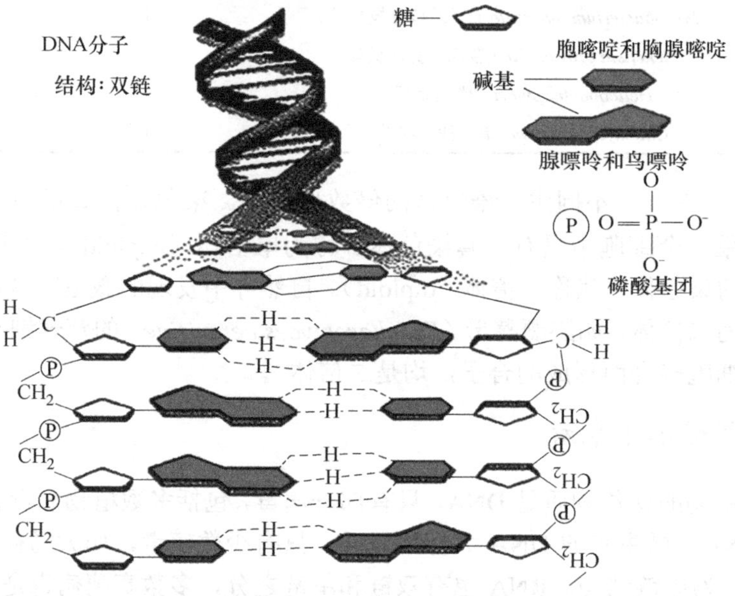

图 6-8　DNA 结构示意图（江汉湖和董明盛，2014）

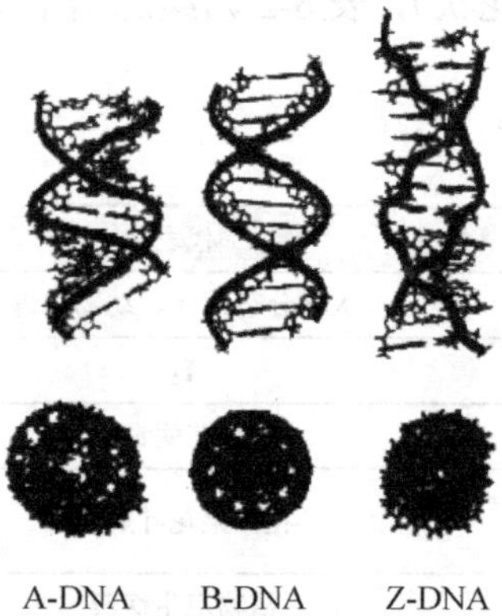

图 6-9　3 种 DNA 结构的比较（刘次全等，2000）

DNA 双螺旋结构模型是对相对湿度为 92%时所得到的 DNA 钠盐纤维的描述，这种 DNA 称为 B 型 DNA（B-DNA），水溶液及细胞中的天然状态 DNA 大多为 B-DNA，但若湿度改变或由 DNA 钠盐变为钾盐、铯盐等则会引起构象改变，形成 A-DNA、Z-DNA 等构象。B-DNA 和 A-DNA 都为右手螺旋结构，1979 年 Rich 提出了左手螺旋结构的 Z-DNA 构象。这三种构象的 DNA 都是双螺旋，都具有生物活性，其中以 B-DNA 的生物活性最高（图 6-9）。

DNA 还有三股螺旋结构的存在，已被国际公认。

DNA 分子采用半保留的方式复制，确保了复制的精确性，并保证了一切生物遗传性的相对稳定。DNA 的自我复制过程大致如下：首先 DNA 分子中的两条多核苷酸链之间的氢键断裂，双螺旋解旋和分开，形成复制叉，每条链分别作为模板合成新链，产生互补的两条链。这样新形成的两个 DNA 分子与原来 DNA 分子的碱基排列顺序完全一样。在此过程中，每个子代分子的一条多核苷酸链来自亲代DNA，另一条链则是新合成的，以氢键连接成新的双螺旋结构（图 6-10）。无论是真核生物还是原核生物，它们的DNA复制都是半保留、半不连续复制，复制过程都存在引发、延长和终止 3 个阶段，都必须有相应功能的蛋白质（如 SSB）和酶（如 DNA 聚合酶）参与。真核生物每条染色体上可以有多处复制起始点，而原核生物只有一个；真核生物的染色体在全部完成复制之前，各个起始点上的 DNA 的复制不能再开始，而在快速生长的原核生物中，复制起始点上可以连续开始新的 DNA 的复制，表现为虽只有一个复制单元，但可有多个复制叉。

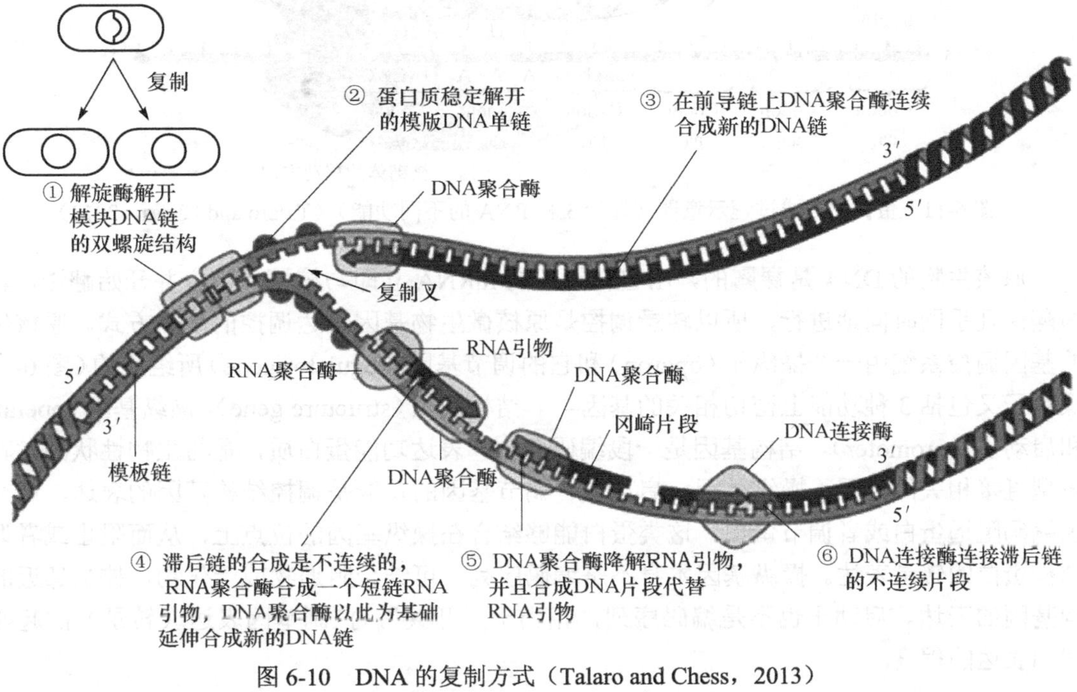

图 6-10　DNA 的复制方式（Talaro and Chess，2013）

RNA（ribonucleic acid）又称核糖核酸，有 tRNA、rRNA、mRNA 和反义 RNA 4 种类型，它们均由 DNA 转录而来。在 RNA 中，以尿嘧啶（U）代替了胸腺嘧啶（T）。RNA 病毒以 RNA 作为遗传物质。tRNA 在 tRNA-氨基酸合成酶的作用下具有转运氨基酸的作用。

rRNA 与蛋白质结合成的核糖体是合成蛋白质的场所。rRNA 含量大，是构成核糖体的骨架。mRNA 上承载着遗传信息，其上每 3 个核苷酸翻译成一个氨基酸（图 6-11）。

（五）从基因水平来看

基因（gene）是生物体内一切具有自主复制能力的最小遗传功能单位，其物质基础是一段具有特定核苷酸序列的核酸片段。众多基因构成了染色体，每个基因为 1000～1500bp，相对分子质量约为 6.7×10^5。

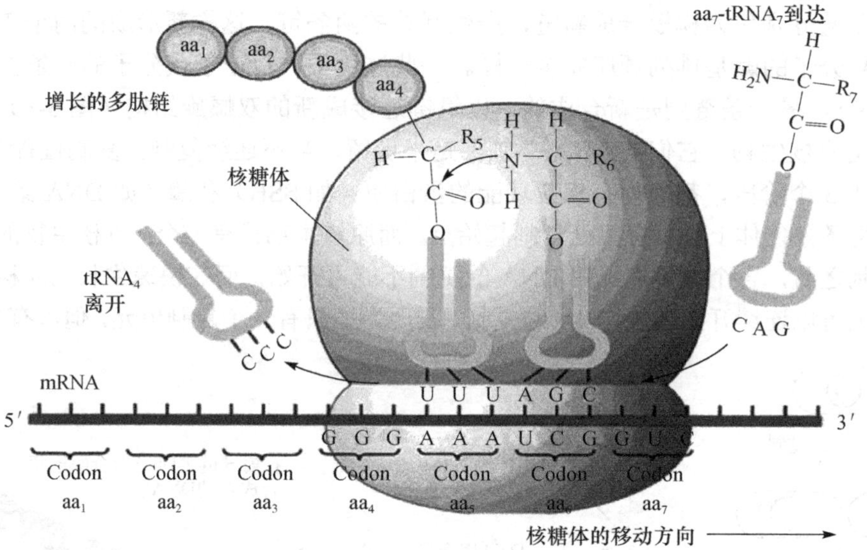

图 6-11　蛋白质合成过程示意图（显示 3 种 RNA 的不同功能）（Talaro and Chess，2013）

原核生物的 DNA 是裸露的，由它转录出的 mRNA 立即与核糖体结合并开始翻译，转录与翻译几乎同时同地进行，所以转录调控是原核微生物基因表达调控的基本方式。原核生物的基因调控系统由一个操纵子（operon）和它的调节基因（regulator gene）所组成的（图 6-12）。操纵子又包括 3 种功能上密切相关的基因——结构基因（structure gene）、操纵基因（operator）和启动子（promoter）。结构基因是一段编码序列，表达功能蛋白质，是与生物性状的发育和表型直接相关的基因。操纵基因、启动子、调节基因的功能是调控结构基因的表达。调节基因编码阻遏蛋白或者调节蛋白，这类蛋白能够结合在操纵基因的位点上，从而阻止或者调节结构蛋白的转录表达。操纵基因本身不是编码序列，可结合阻遏物或活化物，控制邻近的结构基因的表达。启动子也不是编码序列，相当于“开关”，控制基因表达（转录）的起始时间和表达的程度。

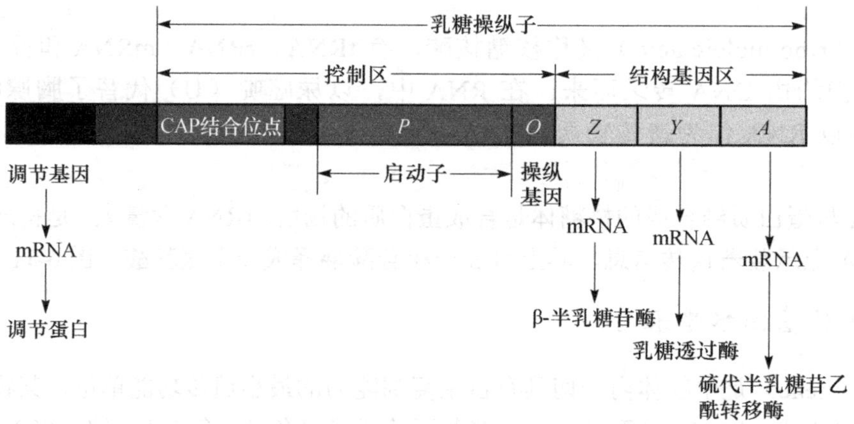

图 6-12　乳糖操纵子的结构（金志华等，2006）

真核生物的基因组DNA比原核生物大得多，是大肠杆菌的10倍。其基因组大约有30 000种编码蛋白质的基因，真核生物基因组中存在大量的重复序列和非编码序列，非编码序列占到总DNA序列的90%以上。真核生物的结构基因被非编码序列分割开来，称为断裂基因（split gene），编码序列被称为外显子（exon），可转录表达出蛋白质，非编码序列被称为内含子（intron），不参与转录表达。

真核生物基因的表达存在差异性。某些基因产物对生命全过程都是必不可少的，在生物个体的每个生长阶段，几乎全部组织或者细胞中都持续表达或者变化很小，较少受环境等因素的影响，这种基因被称为管家基因（house keeping gene），这类基因的表达称为组成性表达（constitutive expression）。某些基因只在特定细胞中选择性表达，控制细胞分化，其产物赋予细胞特异的形态结构特征和功能。例如，胰岛素基因只在胰脏的胰岛B细胞中表达产生胰岛素，丝心蛋白基因只在蚕后部丝腺体细胞中表达产生丝心蛋白，这类基因被称为奢侈基因（luxury gene）或者组织特异性基因（tissue-specific gene）。

（六）从密码子水平来看

mRNA上决定一个氨基酸的3个相邻核苷酸（或碱基）的排列顺序为一个密码子。密码子具有以下特点：①具有通用性，不同的生物密码子基本相同，即共用一套密码子；②不重叠，两个密码子间没有标点符号，读码必须按照一定的读码框架，从正确的起点开始，一个不漏地一直读到终止信号；③具有简并性，大多数的氨基酸都可以具有几组不同的密码子；④具有一定的方向性。

（七）从核苷酸水平来看

构成DNA的脱氧核糖核苷酸有A、T、G、C 4种。脱氧核糖核苷酸是由1分子磷酸、1分子脱氧核糖和1分子含氮碱基组成，其组成元素为C、H、O、N、P。构成RNA核糖核苷酸也有4种，与DNA不同的是以核糖代替脱氧核糖，以U代替T。

第二节　微生物的基因突变

广义的突变（mutation）是指生物体遗传物质的改变。突变可传递给子代细胞并稳定遗传，从而导致突变细胞或个体的产生。突变可以发生在染色体水平或者基因水平。

狭义的突变是指基因突变（gene mutation）。基因突变时，构成基因的碱基对的组成和排列顺序发生了改变。仅涉及DNA分子中一个基因中的一对或少数几对碱基的改变，称为点突变（point mutation）。

染色体结构和数目的改变称为染色体畸变（chromosomal aberration），也称为染色体突变（chromosomal mutation），染色体畸变涉及多个基因的改变。

突变率（mutation rate）常用来衡量细胞突变的概率，指一个细胞每一世代某一性状产生突变的概率，或细胞群体每分裂一次产生突变的个数。不同微生物或同种微生物，在不同情况下的突变率不同。

一、微生物基因突变的类型和机制

（一）微生物基因突变的类型

1. 根据基因突变发生的原因分类

1）自然突变（spontaneous mutation）　在自然条件下发生的突变。

2）诱发突变（induced mutation）　人工利用物理因素或化学药剂等因素诱发的突变。

2. 根据基因突变的方向分类

1）正向突变（forward mutation）　野生型突变成突变型的突变。在突变体发生变异前的原始菌株称为野生型菌株或原养型菌株。

2）回复突变（reverse mutation）　突变型发生突变回复到野生型的突变。

3. 根据基因结构改变的方式分类

1）碱基置换突变　指在基因中一个碱基对被另一个碱基对所取代。

2）移码突变（frameshift mutation）　由于基因中某位点上增加或减少一个或几个碱基对（改变的碱基数不是 3 或 3 的倍数），导致阅读框改变时引起的突变。若碱基对数以 3 的倍数增加或减少，则合成的蛋白质上氨基酸种类排列顺序变化较小。

3）重组突变　位于不同 DNA 分子上的基因间发生交换重组，产生不同于原来的 DNA 分子序列，从而可以导致各种各样的突变体。

4. 根据基因突变的结果分类

1）沉默突变（silent mutation）　又称为同义突变，由于遗传密码子具有简并性，即决定一个氨基酸的密码子大多不止一个，因此基因中某个碱基的置换并不一定改变它所编码的氨基酸种类，最终得到的蛋白质的结构和功能没有发生改变，即同义突变。

2）中性突变（neutral mutation）　基因中某碱基发生置换后改变了 mRNA 上的遗传密码，编码产生新的氨基酸取代了原来的氨基酸，但这种取代并未改变或影响蛋白质的功能，故称为中性突变。例如，密码子 AGG→AAG，导致了 Lys 取代了 Arg，这两种氨基酸都是碱性氨基酸，性质十分相似，所以蛋白质的功能并不发生重大改变。

3）错义突变（missense mutation）　基因中某碱基对发生置换后改变了 mRNA 上的遗传密码，导致多肽链中一个氨基酸被另一氨基酸所取代，最终蛋白质功能异常，称为错义突变。

4）无义突变（nonsense mutation）　基因中某碱基对置换导致 mRNA 中产生了无义密码子或终止密码子（UAG、UAA、UGA）时，翻译合成多肽链的过程将提前终止，所产生的蛋白质大都失去活性或丧失正常功能，这种突变称为无义突变。

5）终止密码突变　当 DNA 分子中一个终止密码发生突变，成为编码氨基酸的密码子时，多肽链的合成将继续进行，肽链延长直到遇到下一个终止密码子时才停止，因而形成了延长的异常肽链，这种突变称为终止密码突变。

6）抑制突变　mRNA 上的密码子是通过与搬运氨基酸的 tRNA 上的反密码子互补配对识别来翻译合成肽链的，如果基因中某碱基对置换改变了 mRNA 上的遗传密码，但这种突变刚好被 tRNA 的基因突变所纠正，结果是突变基因的最终产物蛋白质并未发生改变。这种由于 tRNA 基因的突变，在翻译过程中抑制了 mRNA 上突变基因的表达，称为抑制突变。

5. 根据基因突变的表型效应分类

1）形态突变型（morphological mutant）　指细胞或菌落形态发生改变的那些突变型，如细菌鞭毛、芽孢或荚膜的有无，菌落的大小、光滑（S 型）、粗糙（R 型）和颜色等的变异；放线菌或真菌产孢子的多少、外形或颜色的变异等。

2）生化突变型（biochemical mutant）　指一类发生代谢途径变异但没有明显的形态变化的突变。常见的生化突变型有以下几种：①营养缺陷型（auxotroph）是一类重要的生化突变型。由基因突变而引起代谢过程中某种酶的合成能力丧失，而必须在原有培养基中添加相应的营养成分才能正常生长的突变型。营养缺陷型在科研和生产实践中有着重要的应用。营养缺陷型的表示方法是用所需生长因子的英文名词的前三个字母并在右上角加上负号表示，如色氨酸营养缺陷型可用 Trp^-来表示。②抗性突变型（resistant mutant）是一类能抵抗有害理化因素的突变型。根据其抵抗的对象可分为抗药性、抗紫外线或抗噬菌体等突变类型。它们十分常见且极易分离，一般只需在含抑制生长浓度的某药物、相应的物理因素或在相应噬菌体平板上涂上大量敏感细胞群体，经一定时间培养后即可获得。表示抗性突变体的方法是在所抗的药物英文名词的前三个字母的右上角加 r，如抗链霉素的抗性突变体可用 Str^r 表示。③抗原突变型（antigenic mutant）指细胞成分尤其是细胞表面成分（细胞壁、荚膜、鞭毛）的细微变异而引起抗原性变化的突变型。其他生化突变类型还有毒力突变型等。

3）致死突变型（lethal mutant）　指导致个体死亡的基因突变类型。

4）条件致死突变型（conditional lethal mutant）　指在某一条件（称限制条件）下呈现致死效应，而在另一种条件（即允许条件）下却不表现致死效应的突变类型。

（二）微生物基因突变的机制

1. 基因突变诱发因素

1）细胞外的诱发因素　自然环境或人工条件下的物理和化学因素是细胞突变的重要诱发因素。

凡能提高突变率的任何因素都可称为诱变剂（mutagen）。诱发突变简称诱变，是指通过人为的方法，利用物理、化学或生物因素显著提高基因自发突变频率的手段。

物理诱变剂包括非电离辐射的紫外线、激光和离子束，还有能引起电离辐射的 X 射线、γ 射线、快中子、α 射线、β 射线和超声波等物理辐射以及热处理等。

非电离辐射（只使物质分子或原子中的电子级能提高）中的紫外线是最常用的物理诱变剂。DNA 和 RNA 的嘌呤和嘧啶有很强的紫外光吸收能力，最大的吸收峰在 260nm 处，因此波长 260nm 的紫外辐射是最有效的诱变剂。

紫外线对 DNA 的损伤作用主要是形成嘧啶二聚体（图 6-13）。二聚体的出现会减弱双链间氢键的作用，并引起双链结构扭曲变形，阻碍碱基间的正常配对，从而有可能引起突变或死亡。另外，二聚体的形成，会妨碍双链的解开，因而影响 DNA 的复制和转录。紫外线还可引起 DNA 与蛋白质交联，DNA 分子间交联，导致 DNA 链断裂等。总之，紫外辐射可以引起碱基转换、颠换、移码突变或缺失等。

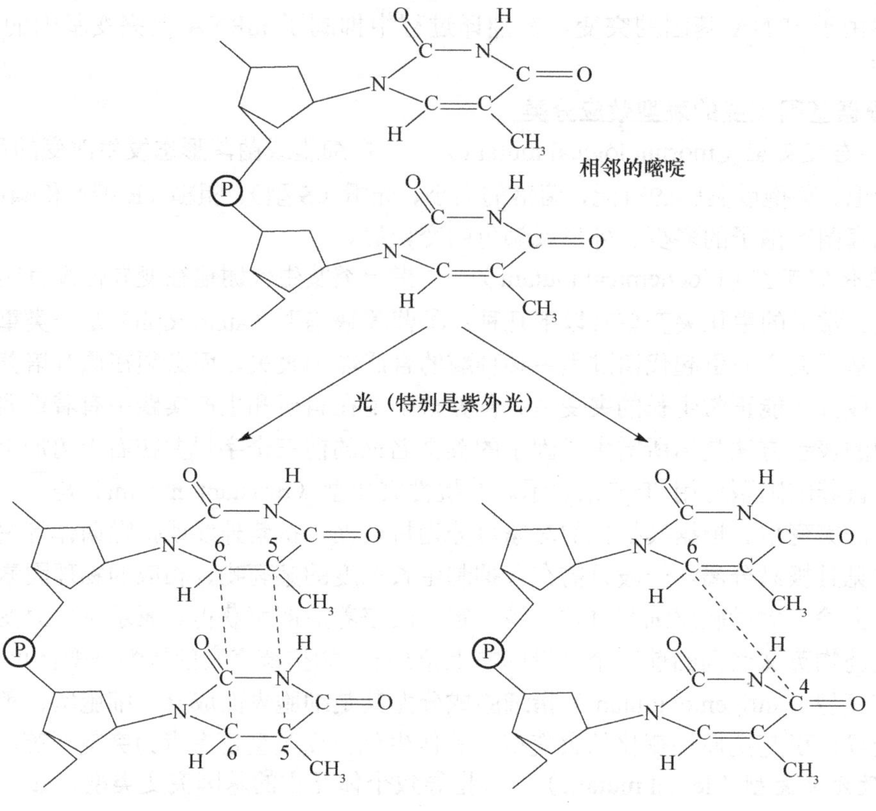

图 6-13　嘧啶二聚体的形成（周德庆，2009）

电离辐射与紫外线相比，具有较强的穿透力。表 6-3 为各种物理辐射性能比较。

表 6-3　各种物理辐射性能比较

射线种类	放射源	性质	能量范围	危险性	透过组织深度
X 射线	X 光机	电离辐射	50～300kV	危险，有穿透力	几毫米至几厘米
γ 射线	放射性同位素及核反应	电离辐射	达几百万电子伏	危险，有穿透力	＞1cm
中子	核反应堆或加速器	不带电子的粒子	一至几百万电子伏	危险性高，穿透力强	＞1cm
β 粒子	放射性同位素或加速器	电子	几百万电子伏	有时有危险	＜1cm
α 粒子	放射性同位素	氦核	（2～9）×10^6 电子伏	内照射，很危险	＜1cm

化学诱变剂包括以下几种。①碱基类似物（base analog）是与 DNA 正常碱基结构类似的化合物，能在 DNA 复制时取代正常碱基掺入并与互补碱基配对。例如，5-溴尿嘧啶（BU）和 2-氨基嘌呤（AP），都能引起 AT 碱基对转换为 GC 碱基对。5-溴尿嘧啶（BU）、5-溴去氧尿核苷（BudR）为胸腺嘧啶（T）的类似物；2-氨基嘌呤（AP）为腺嘌呤（A）的类似物，马来酰肼（MH）为尿嘧啶（U）的异构体。②嵌入染料。吖啶类染料在分子形态上类似于碱基对，是具有 3 个苯环结构的扁平分子，因此可嵌入 DNA 双螺旋碱基对平面之间，引起突变，类似物质还有溴化乙锭（EB）等。③亚硝酸化合物。亚硝酸、亚硝基胍（NTG）等能

使嘌呤或嘧啶脱氨。HNO_2 还能造成 DNA 双链间发生交联而引起遗传效应。④叠氮化钠（NaN_3）。其是一种呼吸抑制剂，能引起基因突变，可获得较高的突变频率，而且无残毒。⑤烷化剂。通过与核苷酸中的磷酸、嘌呤和嘧啶碱基等分子直接反应来诱发突变。烷化剂通常带有一个或多个活性烷基，使碱基多个位置被烷基化，从而在多方面改变氢键的结合能力，导致 DNA 断裂、缺失。烷化剂可以分为以下几类：a. 烷基磺酸盐和烷基硫酸盐，如甲基磺酸乙酯（EMS）、硫酸二乙酯（DES）。b. 亚硝基烷基化合物，如亚硝基乙基脲（NEH）、*N*-亚硝基-*N*-乙基脲烷（NEU）。c. 次乙胺和环氧乙烷类，如乙烯亚胺（EI）。d. 芥子气类，如氮芥类、硫芥类。⑥抗生素。例如，平阳霉素（PYM），能直接作用于 DNA，高浓度时可使 DNA 链断开，低浓度时能抑制连接酶，阻止胸腺嘧啶核苷酸聚合入 DNA，故抑制 DNA 的修复合成，许多实验中均证明 PYM 具有安全、高效、诱变频率高、范围大等特点。

除化学诱变剂外，还有一些来自于其他微生物的 DNA 片段、转座子等生物因子等都可诱发突变。

诱发突变可引起基因突变和染色体畸变。表 6-4 列举了部分诱变剂的作用机制及诱变功能。

表 6-4　部分诱变剂的作用机制及诱变功能

诱变因素	在 DNA 上的初级效应	遗传效应
碱基类似物	掺入作用	AT ⟷ GC 转换
羟胺	与胞嘧啶起反应	GC ⟶ AT 转换
亚硝酸	A、G、C 氧化脱氨作用 交联	AT ⟷ GC 转换 缺失
烷化剂	烷化碱基（主要是 G） 烷化磷酸基团 丧失烷化的嘌呤 糖-磷酸骨架的断裂	AT ⟷ GC 转换 AT ⟶ TA 颠换 GC ⟶ CG 颠换 巨大损伤（缺失、重复、倒位、易位）
吖啶类	碱基之间的相互作用（双链变形）	码组移动（+或-）
紫外线	形成嘧啶的水合物 形成嘧啶二聚体 交联	GC ⟶ AT 转换 码组移动（+或-）
电离辐射	碱基的羟基化和降解 DNA 降解 糖-磷酸骨架的断裂 丧失嘌呤	AT ⟷ GC 转换 码组移动（+或-） 巨大损伤（缺失、重复、倒位、易位）
加热	C 脱氨基	CG ⟶ TA 转换
Mu 噬菌体	结合到一个基因中间	码组移动（+或-）

2）*细胞内的诱发因素*　细胞的代谢活动也会产生一些诱变物质，如过氧化氢、咖啡因和重氮丝氨酸等，它们是引起自发突变的内源诱变剂。

3）DNA *分子内部因素*　①DNA 分子中的碱基存在着互变异构效应，即碱基在细胞中可以不同形式的互变异构体存在。T 和 G 就有酮式和烯醇式两种互变异构形式，C 和 A 则能够以氨基式或亚氨基式两种互变状态出现。在一般生理条件下，碱基以酮式或氨基式形式存在，故 A 和 T、G 和 C 配对。当它们各自以其稀有的烯醇式形式或亚氨基态出现时，在新合成链中将出现配对错误，A 将和 C 配对，T 将与 G 配对。下轮 DNA 复制之前，如果配对错误未能修复，则经过复制后，A-T 对变成了 G-C 对，G-C 对变成了 A-T 对。②基因的自然重组和转座基因的存在：转座因子（跳跃基因）可在染色体与染色体之间、质粒与质粒之间、质粒与染色体之间移动和跳跃，甚至还可从一个细胞转移到另一个细胞。在跳跃过程中，往往导致 DNA 链的断裂或重接，从而产生重组交换或使某些基因启动或关闭，结果导致突变发生。

2. 基因突变的特点

1）不对应性　即突变性状与引起突变的原因之间无直接对应关系。例如，细菌在有青霉素的环境下，出现了抗青霉素的突变体；在紫外线的作用下，出现了抗紫外线的突变体；在较高的培养温度下，出现了耐高温的突变体等。表面上看来，会认为是由于青霉素、紫外线或高温的“诱变”才产生了相对应的突变性状。事实恰恰相反，这类性状都可通过自发的或其任何诱变因子诱发而形成，这里的青霉素、紫外线或高温仅是起着淘汰原有非突变型（敏感型）个体的作用，即仅仅是对业已发生的突变起了一个筛选作用。

2）自发性　各种性状的突变，可以在没有人为诱变因素下自发发生。

3）稀有性　自发突变的频率是较低和稳定的，一般为 10^{-9}～10^{-6}。

4）独立性　突变的发生对于微生物细胞和基因而言都是随机的。某一基因的突变既不提高也不降低其他基因的突变率。两个基因发生突变是互不相关的两个事件。

5）诱变性　通过诱变剂的作用，可提高自发突变的频率，一般可提高 10～10^{5} 倍。

6）稳定性　由于突变的根源是遗传物质结构上的稳定变化，所产生的新性状也是稳定的和可遗传的。

7）可逆性　任何性状既可正向突变，也可发生回复突变。回复突变的概率同样是很低的。

3. 基因突变的机制

无论是自发突变还是诱发突变，基因突变的本质是 DNA 分子结构发生了改变。这种改变有以下几种形式。

1）碱基置换　碱基置换（substitution）包括转换和颠换。转换指 DNA 链中的一个嘌呤被另一个嘌呤，或一个嘧啶被另一个嘧啶所置换；颠换是发生在嘌呤和嘧啶之间的相互置换。碱基置换的结果只影响到一个基因的变异甚至不变，对于 DNA 来说属于一种微小损伤，为点突变（point mutation）。例如，亚硝酸、羟胺和各种烷化剂等，它们可与一个或几个碱基发生生化反应，引起 DNA 复制时发生转换，而能引起颠换的诱变剂很少。

图 6-14 表示由亚硝酸引起的 A : T→G : C 的转换过程。亚硝酸可使碱基发生氧化脱氨，故它能使腺嘌呤（A）变成次黄嘌呤（H），以及使胞嘧啶（C）变成尿嘧啶（U），从而发生转换。它也可使尿嘧啶（G）变成黄嘌呤（X），但这时不能引起转换。

一些碱基类似物，如 5-溴尿嘧啶（5-BU）、5-氨基尿嘧啶（5-AU）、8-氮鸟嘌呤（8-NG）、2-氨基嘌呤（2-AP）和 6-氯嘌呤（6-CP）等，是通过活细胞的代谢活动掺入 DNA 分子中去的，故可间接引起碱基置换。

2）移码突变　移码突变（frame-shift mutation 或 phase-shift mutation）指诱变剂使 DNA 分子中发生核苷酸插入或缺失，从而使该部位后面的全部遗传密码发生转录和翻译错误的一类突变。与染色体畸变相比，移码突变也只是 DNA 分子的微小损伤，亦属点突变。

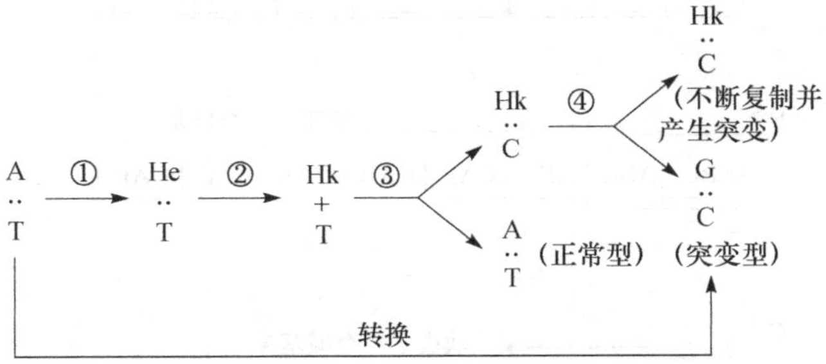

图 6-14　由亚硝酸引起的 A:T→G:C 转换过程（刘志恒，2008）

He 和 Hk 分别为烯醇式和酮式次黄嘌呤

能引起移码突变的因素是一些吖啶类染料，包括原黄素、吖啶黄、吖啶橙和 α-氨基吖啶等，以及一系列“ICR”类化合物。吖啶类化合物的平面型三环分子结构（图 6-15）与一个嘌呤-嘧啶碱基对十分相似，故能嵌入两个相邻 DNA 的碱基对之间，造成双螺旋的部分解链（两个碱基对原来相距 0.34nm，当嵌入一个吖啶分子后，即变成 0.68nm），嵌入的结构占据了一个碱基对的位置，在复制时容易使 DNA 在相应位置插入一个碱基对，从而引起移码突变。

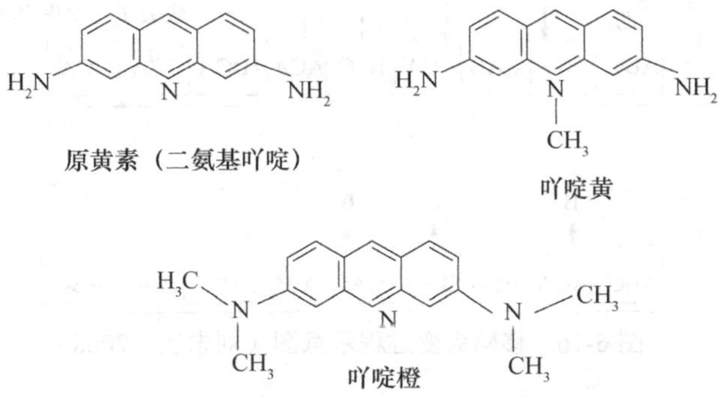

图 6-15　能诱发移码突变的几种代表性化合物（刘志恒，2008）

移码突变的过程如下：①正常 DNA 链上的三联密码子见图 6-16A；②增添一个碱基后引起大的变化见图 6-16B；③缺失一个碱基后引起大的变化见图 6-16C；④同时增添并缺失相同数量的碱基时，只引起增减碱基之间的一段密码子不正常，其后的密码子又恢复正常，见图 6-16D；⑤增添和缺失的碱基数不相同时，引起大的变化见图 6-16E；⑥增添或减少三的倍数的碱基，也只引起一段密码子不正常，见图 6-16F。

3）染色体畸变　染色体畸变（chromosomal aberration）是染色体大的损伤，如染色体数量的变化和染色体结构上发生的缺失（deletion）、重复（duplication）、插入（insertion）、易位（translocation）、倒位（inversion）等改变。染色体畸变可发生在染色体内或染色体间。

缺失：指染色体部分片段丢失。

重复：在一对同源染色体的不同部位上各有一个断裂点，一条染色体的片段接到另一染色体的相应部位，结果使后者发生重复。

易位：若易位发生在同一条染色体上，指断裂下来的一小段染色体再顺向或逆向地插入到同一染色体的其他部位上。若易位发生在染色体间则指两条非同源染色体同时发生断裂，

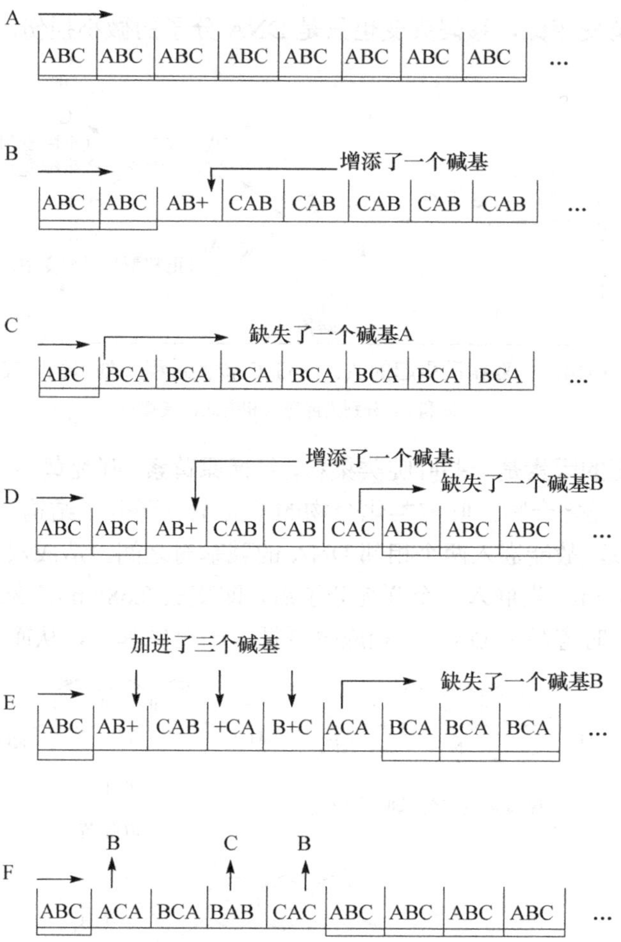

图 6-16　移码突变过程示意图（刘志恒，2008）

断片相互交换位置后重接，形成易位。

倒位：指断裂下来的一段染色体旋转 180° 后，重新插入原来染色体的位置上，从而使其基因顺序与原基因顺序方向相反。

许多理化诱变剂的诱变作用都不是单一功能的，能同时诱发 DNA 多种损伤。例如，亚硝酸既能引起碱基的转换作用，又能诱发染色体畸变。

（三）微生物 DNA 损伤的修复

微生物细胞内存在一系列修复系统，对各种原因造成的 DNA 损伤加以修复。根据修复过程是否需要可见光的作用将 DNA 修复分为光复活修复和暗复活修复（或暗修复）。暗修复又有切除修复、重组修复和 SOS 修复等不同方式。

1. 光复活修复

紫外线照射后的微生物立即暴露于可见光，就可出现其死亡率明显降低的现象，此即光复活修复（photoreactivation repair）作用。它是一种高度专一的 DNA 直接修复过程，只作用于紫外线引起的 DNA 嘧啶二聚体的修复。最早在灰色链霉菌中发现（Kelner, 1949），后来在许多微生物中都陆续得到了证实。

光复活修复的机制是：微生物细胞中存在的光复合酶（photoreactivating enzyme）可被有效波长为400nm左右的可见光的光子激活，结合在嘧啶二聚体上，分解因紫外线照射而形成的二聚体部分（图6-17）。

2. 切除修复

切除修复（excision repair）是活细胞对被紫外线等诱变剂损伤后DNA的修复方式之一。切除修复是通过核酸酶的酶切作用在DNA受损部位产生缺口，随后以完整互补的DNA链为模板，重新合成缺失的DNA链并切除损伤部位而达到修复目的的一种核酸修复方式（图6-18）。

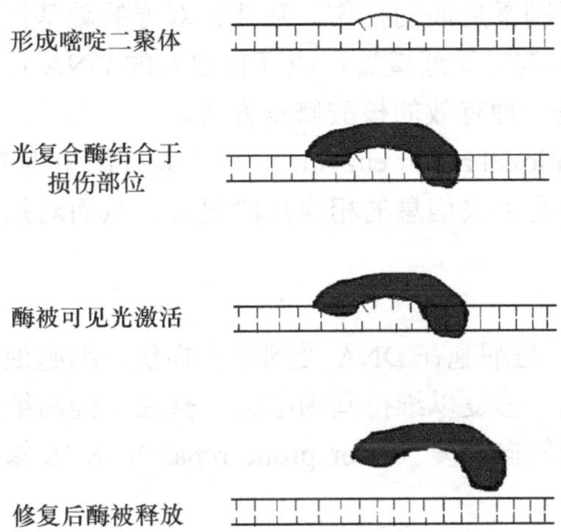

图6-17　光复活修复过程示意图
（刘志恒，2008）

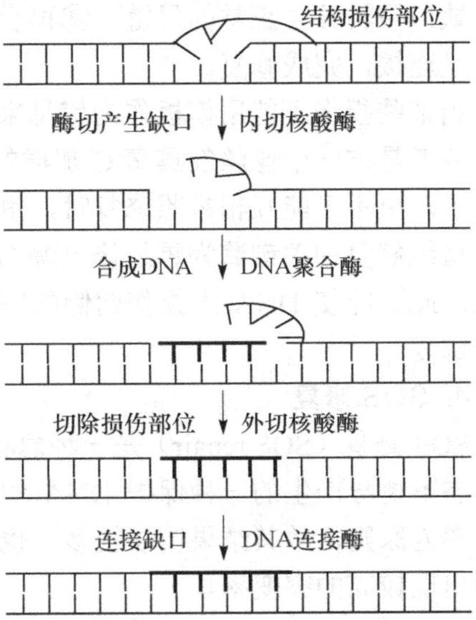

图6-18　切除修复过程示意图
（刘志恒，2008）

切除修复的主要步骤如下：①内切核酸酶在DNA损伤处5′端切一单链缺口；②DNA聚合酶以损伤DNA的另一条互补链为模板，从原有链上暴露的3′端起逐个延长，重新合成一段缺失的DNA片段；③外切核酸酶从5′至3′端方向切除损伤部分；④在DNA连接酶的作用下，新合成的DNA片段与原链相连接，从而完成修复作用。

切除修复有两种情况，一是先补后切，一是先切后补。一般认为先补后切比较合理。切除修复不仅能除去嘧啶二聚体，而且还可以去除DNA上的其他损害。

3. 重组修复

重组修复（recombination repair）是在不切除损伤部位（如胸腺嘧啶二聚体）的情况下，以受损单链为模板继续合成互补单链，互补单链合成延长过程中在对应每一个损伤部位处留下一个空缺，通过与同源染色体交换重组，空缺部位被转移面对着正常的单链而不再面对着损伤部位，随后在DNA聚合酶和连接酶的作用下空缺部分得以修复的一种DNA修复方式（图6-19）。此修复过程必须在DNA进行复制的情况下进行，故又称为复制后修复。

同源DNA分子可来自于复制的子代DNA、拷贝后的染色体、二倍体等。

主要步骤包括以下几点：①复制，含有损伤的DNA单链仍然正常进行复制，复制中的

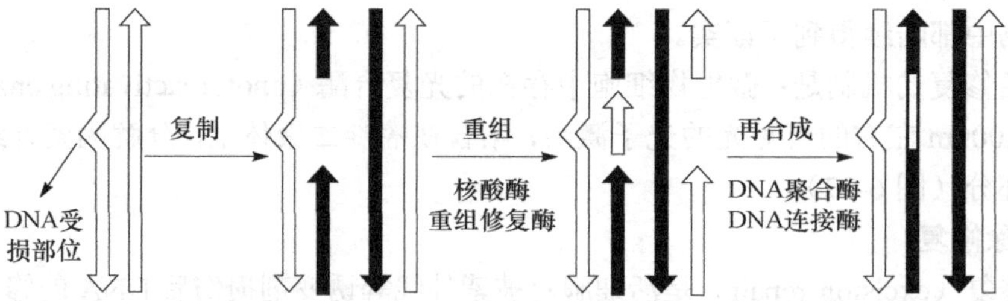

图 6-19　重组修复过程示意图（刘志恒，2008）

子链遇到损伤部位留下缺口；②重组，完整的母链与有缺口的子链发生重组，子链缺口被弥补，缺口被转移至正常的母链；③再合成，缺口处 DNA 合成新片段后，连接酶将新片段与旧片段连接，完成修复。

当某些损伤不能用模板作为信息来源，如复制叉后面的损伤，互补链双方的碱基都已损伤，或者是被一个像丝裂霉素 C 那样的致癌化学剂交叉连接着，或互补双方的 DNA 片段都丢失了，更不可能互相参照修复时，重组修复是一种有效的核酸修复方式。

重组修复的关键酶为重组修复酶（recombinational repair enzyme），在大肠杆菌中为 RecA 蛋白。此酶能使 DNA 上损伤两侧的序列与携带有丢失信息的相应片段退火，从而对损伤链进行修复。

4. SOS 修复

SOS 修复（SOS repair）是一种急救性修复，是细胞在 DNA 受到重大损伤，细胞处于危机状态下诱导产生的一种保护 DNA 的应急方式。修复以维持基因组的完整性，提高细胞的生存率为原则，故其结果错误较多，也称为差错倾向修复（error prone repair）。SOS 修复使细胞出现较高的突变率。

SOS 组基因是 DNA 修复最重要最广泛的基因，通常称为 DNA 紧急修复基因（SOS DNA repair gene），它们是由 DNA 损伤诱导产生的一整套特殊 DNA 聚合酶——SOS 修复酶类，催化 DNA 新链合成中空缺部位 DNA 的合成，使新生 DNA 链能越过损伤部位而延长。空缺部位 DNA 的合成较随机，保真度较低。这些修复基因包括 *recA*、*lexA*、*uvrA*、*uvrB*、*uvrC* 等。在 DNA 未受重大损伤时，*lexA* 基因产生的阻遏蛋白抑制其余修复基因的转录表达，只合成少量 uvr 修复酶用于 DNA 零星损伤修复。一旦 DNA 受到重大损伤，LexA 阻遏蛋白被激活的 RecA 蛋白降解，修复基因得以表达而产生系列修复酶对损伤的 DNA 进行修复。

二、微生物的基因突变与育种

育种的手段很多，从微生物育种发展的历史来看，有定向培育、诱变育种、杂交育种、原生质体融合和基因工程等育种技术。其中利用微生物基因可发生自发突变和诱发突变进行育种的方式是最为传统而实用的方式。

（一）利用自发突变育种

1. 从自然界中选育

微生物在自然生长繁殖的过程中会以一定频率发生自发突变，虽然频率不高，但是富于实际经验和善于细致观察的人们仍然可以抓住良机选育出优良的生产菌种。例如，从污染噬菌体的发酵液中可能分离到抗噬菌体的新菌株。

从自然界筛选工业菌种的一般程序如下。

1）采样 有针对性地采集样品。

采样地点：从特定的生态环境中采样。

采样季节和时间：一般在环境温度温和的季节。

采样方式：拨开表层土壤，采集3～5cm下的土壤样品。

2）增殖培养 人为地通过培养基成分或培养条件，使所需菌种增殖，在数量上占优势。

对于目的菌含量较高的样品不需要富集培养，而对于目的菌含量低的样品需富集培养。富集培养一般采用有利于目的菌种而不利于无关微生物的营养和培养条件，以达到使目的菌种在群体中所占比例增加的目的。

3）培养分离 采用选择性培养基，利用分离技术（平板划线分离法、平板稀释法等方法）得到纯种目的微生物。

4）筛选 初筛和复筛。

初筛：从分离纯化得到的大量微生物菌株中将目的微生物筛选出来，一般采用平板筛选的方法。

复筛：在初筛的基础上，将生产性能好的菌株筛选出来，常采用摇瓶培养后，使用精确的分析方法测定发酵液成分。

5）毒性试验 自然界中的一些微生物在一定条件下可能产生毒素，所以作为工业生产菌种一定要慎重。目前，一些国家规定除啤酒酵母、脆壁酵母、米曲霉、黑曲霉和枯草芽孢杆菌作为食用不需要做毒性实验外，其他微生物作为食用，均需通过两年以上的毒性试验。

2. 定向培育优良菌种

定向培育是指用某一特定因素长期处理某一微生物培养物，不断对它们进行传代并选择相应的自发突变体的一种古老的育种方法。由于定向培育的自发突变频率较低，变异程度较轻微，培育新种的过程十分缓慢。与诱变育种、杂交自种和基因工程技术相比，定向培育法带有“守株待兔”的性质，除某些抗性突变外，一般要相当长的时间。

（二）诱变育种

诱变育种是人为地、有目的地利用物理和化学诱变因素处理均匀分散的微生物细胞、孢子或芽孢群，大幅度提高突变频率，然后采用简便、快速和高效的筛选方法，从中挑选少数符合育种目的的突变株，以供生产实践或科学研究用。诱变育种除能提高产量外，还可达到改进产品质量、简化生产工艺等目的。

1. 诱变育种方法

目前，用于诱变育种的诱变方法有物理诱变、化学诱变、复合诱变和空间技术诱变4种方法。

较为简单的处理方式是采用单一的物理因素或化学因素对微生物进行诱变处理，但实践经验发现复合诱变具有协同效应，其诱变效果更好。

复合诱变处理是指采用同一种诱变剂多次重复处理材料或采用两种或多种诱变剂同时

或先后对材料进行诱变处理的方式。

空间诱变育种或称航天诱变育种，是使供试诱变材料（微生物材料、农作物种子等）搭乘返回式卫星或宇宙飞船，送到距地球200～400km的太空，利用空间宇宙射线的强辐射，在高真空、微重力和交变磁场等特殊环境中进行诱变处理，返回地面后继续采用常规技术，从中选育出优良性状的菌种或新品种的方式。因此，航天诱变育种技术是将航天技术、生物技术和育种技术相结合而发展起来的一项崭新的育种技术。

1987年以来，中国科学院微生物研究所等单位，先后利用卫星搭载了真菌、酵母、放线菌、细菌等30多种微生物菌种，发现处理后的菌种，其性状均产生了一些变异，从中选择培养出了一些能提高抗生素和酶产量的新菌种，现已投产应用。

空间环境导致生物遗传变异的原因尚不完全清楚，现有微重力假说、空间辐射假说和转座子假说等理论解释。

微重力假说：在卫星近地面空间条件下，环境重力明显不同于地面，不及地面重力1/10的微重力可能干扰DNA损伤修复系统的正常运行，即阻碍或抑制DNA断链的修复。

空间辐射假说：卫星飞行空间存在着各种质子、电子、离子、粒子、高能重粒子（HZE）、X射线、γ射线及其他宇宙射线。这些射线和粒子能穿透宇宙飞行器外壁，作用于飞行器内的生物，产生很强的生物效应和有效的诱变作用。

转座子假说：太空环境将潜伏的转座子激活，活化的转座子通过移位、插入和丢失，导致基因变异和染色体畸变。

2. 诱变育种流程

诱变育种具有方法简单、快速和收效显著等特点，是目前广泛使用的育种手段之一，以高产为目标的诱变育种大致流程见图6-20。

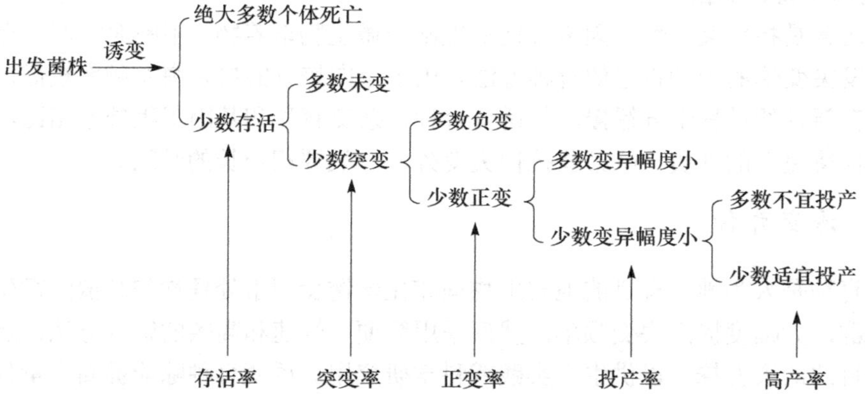

图6-20 诱变育种流程图（周德庆，2002）

3. 诱变育种的基本步骤

1）出发菌株的选择 选择出发菌株时首先要保证其为纯种，并且尽量使用多个出发菌株。最好所选出发菌株是对诱变剂敏感的菌种，如采用“增变菌株”，其对诱变剂的敏感性比原始菌株大为提高。出发菌株可以为：①自然选育的具有一定生产能力的或至少能少量产生目的产物的野生菌株；②选择已发生变异的菌株；③具有优良生长和培养特性的菌株，如生长速度快、营养要求低以及产孢子早而多的菌株。

2）单细胞、单孢子悬液的制备　采用对数期细胞或成熟而新鲜的孢子：用发芽孢子（芽长为孢子的0.5～1倍）或直接用斜面孢子。不产生孢子的真菌则采用幼龄菌丝体。

3）诱变剂的选择和诱变处理

（1）诱变剂种类的选择。选择简便有效的诱变剂。紫外线仍是十分有效的物理诱变剂。紫外线最有效的波长是2537Å。常采用15W紫外线灯管，30cm距离照射一定时间。电离辐射是造成染色体巨大损伤的最好诱变剂，可造成不可恢复的缺失突变，但此法可能影响邻近基因的性能，使用电离辐射进行诱变，设备费用也大，且存在安全性问题。

化学诱变剂在大多数情况下，就突变数量而言，要比电离辐射更有效，使用化学诱变剂较经济，因为使用量小，不需特殊设备。大部分诱变剂是致癌剂，所以在使用中必须非常谨慎，要避免化学诱变剂与皮肤接触，且切勿吸入。化学诱变剂中亚硝酸和烷化剂应用的范围较广，造成的遗传损伤较多。其中亚硝基胍和甲基磺酸乙酯常被称为“超诱变剂”，甲基磺酸乙酯是毒性最小的诱变剂之一。

（2）诱变剂量的选择。如果采用大剂量诱变剂处理材料，则杀菌率高（90%～99%），但在单位存活细胞中负变菌株多，正变菌株少。

如使用小剂量进行诱变处理，杀菌率为50%～80%，在单位存活细胞中正变株多，但出现大幅度提高产量的菌株可能较少。使用化学诱变剂主要是调节浓度、处理时间和处理条件（温度、pH等）。而物理诱变剂主要是控制照射的距离、时间和照射过程中的条件（O_2、水等）。

（3）诱变剂处理方式的选择。可采用单因子处理一次或连续重复使用。也可采用复合因子处理，方式可以是两个以上因子同时处理或不同诱变剂交替处理。

4）中间培养　表型迟延（phenotypic lag）指细胞遗传型虽已突变，但表型却需要在DNA复制、分离和细胞分裂后，才表现出来。表型迟延的结果是造成不纯的菌落。

表型迟延有两种原因：分离性迟延和生理性迟延。

分离性迟延是突变产生的杂合体（双链DNA分子的一条链上的某一基因发生突变，而另一条链正常），只有通过DNA复制、分离和细胞繁殖分裂后形成纯合的突变体，突变性状才表现出来。

生理性迟延指细胞突变基因虽已由杂合状态变为纯合状态，但细胞内原有酶的存在使得突变细胞还不一定出现突变表型，一般需繁殖三代以上才能将突变性状表现出来。所以生理性迟延是突变前的基因产物——酶继续作用的结果。

由于突变表型的表现有一个延迟过程，因此让变异处理后细胞在液体培养基中培养几小时的中间培养过程对筛选获得稳定菌株极重要。经过中间培养，细胞繁殖几代，便可得到纯的变异细胞。

5）突变株的分离与筛选　尽可能利用和创造形态、生理和产量之间的相关指标，设计高效的筛选方法。初筛以量为主，复筛以质为主。

采用平板菌落筛选法、浓度梯度法、琼脂块法及影印培养法等经典高效的筛选方法可快速检出优良的突变菌株。

一个菌株的高产性能是经过多代微小突变累积的，所以一次诱变往往还不能达到理想的标准，需经过长期多代诱变才可达到高产的目的。一代诱变后的菌落形态与直接亲本之间形态变化一般不明显，但经长期多代诱变后，高产菌株与其原始的亲代在形态特征上还是有明显差异。

6）*产物活性鉴定* 筛选出的突变株可以用摇瓶实验鉴定产物活性，根据不同的目标产物和要求采用适当的检测方法。例如，单纯考虑菌株生长和菌体量时可测定浊度，或者将培养液离心分离，所得菌体用丙酮等脱水后测定干燥菌体量。如果目标产物是酶，可检测培养液在酶的最适 pH 条件下对底物的水解速度以分析酶的活性。鉴定氨基化合物可用纸上层析法或者水合茚三酮实验，还可用溴酚蓝检测酸，用碱性硝酸银（氨水）测定羧基化合物。高效液相色谱也是常用的多种化学成分的检测技术。

抗生素可用紫外线吸收光谱、纸上层析、盐析层析、薄层层析等多种方法检测。抗生素的活性通常用最低抑菌浓度（minimum inhibitory concentration，MIC）和最低杀菌浓度（minimum bactericidal concentration，MBC）来衡量。最低抑菌浓度是指测定抗生素完全抑制某种细菌生长的最低浓度，通常用液体培养法检测，先在多个微孔中分别加入 0.1ml 含有相同细菌数量的待测菌株培养液，将抗生素做一系列倍比稀释，分别取相同体积与待测菌液混合，共培养一段时间后检测浑浊度，没有观察到细菌生长的抗生素的最低浓度即为最低抑菌浓度。最低杀菌浓度是指抗生素杀死 99.9%（降低 3 个数量级）的供试微生物所需的最低抗生素浓度，依照最低抑菌浓度检测的所有操作，其中待测菌液的细菌数量应不小于 10^5cfu/ml，分别吸取 0.1ml 最低抑菌浓度（MIC）以上各孔培养物，涂布于不含抗生素的固体培养基上，培养后观察生长，以菌落数少于 5 个对应的抗生素浓度作为最低杀菌浓度。

7）*变异菌株适宜培养基的选择* 一个变异菌株由于基因突变，失去生理特性的平衡，同时也降低了对原来环境条件的适应能力。这种环境因素的选择作用，导致不适应的突变株的优良性状不能表达，甚至被淘汰。在实际工作中，当筛选到一个优良变异株时，要改善环境条件，即调整培养基配方和培养条件，使变异株处于一个适应的环境中，使其高产性状及其他优良特性完全发挥出来。基于这一道理，对诱变 1～2 代后的优良菌株，要进行培养基和培养条件的调整，使其在短时间内的群体遗传结构占优势，从而表现出更高的生产性能。

菌株适宜的培养基成分可用平板固体培养、试管液体培养和摇瓶实验确定。基本营养成分包括碳源和氮源，选择碳源时需要考虑对菌株生产目标产物的诱导或者阻遏作用，氮源可将有机氮源（蛋白胨、牛肉膏、豆饼、花生饼）和无机氮源（硫酸铵、氯化铵、硝酸铵）组合搭配使用，碳氮比也是影响菌株生长和生产目标产物的重要因素。其他营养成分包括无机盐、氨基酸、嘌呤、嘧啶、维生素等，需要通过实验确定菌株个性化的营养需求。某些化合物对菌株生长没有影响，但是能被菌株在生物合成过程中直接结合到产物分子中去，从而大幅度提高产物的产量，这类前体物质也可加入培养基中。

变异菌株突变的类型不同，其适宜的培养基成分有差异。营养缺陷型突变株还应进一步确认其生长所需的营养成分，主要有生长谱法和组合补充培养基法。生长谱法是把生长在完全培养液里的营养缺陷型细胞配成 10^6～10^8 个/ml 的菌液，然后取 0.1ml 菌液加入未凝固的固态基本培养基中均匀混合，倒在培养皿上，待平板表面稍干燥后，按不同区域加入氨基酸、维生素、核酸等营养物，经培养后，如果发现在某一营养物周围有微生物的生长圈，说明它就是该营养物的营养缺陷型。组合补充培养基法是将待测的菌点种到各种补充培养基上，逐个分析各菌的缺陷类型，或快速分离出所需缺陷类型的菌株。营养缺陷型菌株可用补充培养基和完全培养基培养。抗性突变株的培养基设计中可加入低浓度可耐受的抗生素以防止菌株抗性衰退。

4. 营养缺陷型的分离筛选

1）淘汰野生型（浓缩缺陷型）　出发菌株经诱变剂处理后，大部分是未发生突变的野生型。为了浓缩缺陷型可以采用以下处理方法淘汰野生型：①抗生素法。细菌可采用青霉素浓缩法，原理是青霉素能抑制细菌细胞壁肽聚糖的交联从而能杀死正在生长繁殖着的细菌而不能杀死休止状态的细菌。如果将诱变剂处理后的细菌培养在含有青霉素的基本培养基中，就可以淘汰大部分生长繁殖活跃的野生型细胞而达到"浓缩"缺陷型的目的。真菌采用制霉菌素（作用于细胞膜上的甾醇，引起细胞膜损伤）处理可达到相同的目的。②菌丝过滤法。是让未发生突变的菌体在基础培养基中生长繁殖一定时间形成菌丝（基础培养基中振荡培养约 10h），用灭菌的脱脂棉或滤纸等除去菌丝。继续培养，每隔 3～4h 过滤一次，重复 3～4 次。③高温杀菌法。对于产芽孢的细菌可以在基础培养基培养一定时间后采用高温（80℃）处理的方法淘汰不耐高温的细菌营养体。

2）检出缺陷型

（1）点种或点植对照法。把浓缩的菌液（细胞或孢子）在完全培养基上进行分离培养，然后将平板上出现的菌落逐个分别点接到基本培养基和完全培养基上进行培养，凡是在基本培养基上不能生长，而在完全培养基上能生长的菌落，便是营养缺陷型（图 6-21）。

（2）影印法。将诱变处理后的细胞或孢子液接种于完全培养基上，适温培养长出菌落后，用影印接种方式将菌落转接到基础培养基上，培养，挑取那些在完全培养基上生长而在基础培养基上不生长的菌落即为突变产生的营养缺陷型细胞形成的菌落（图 6-22）。

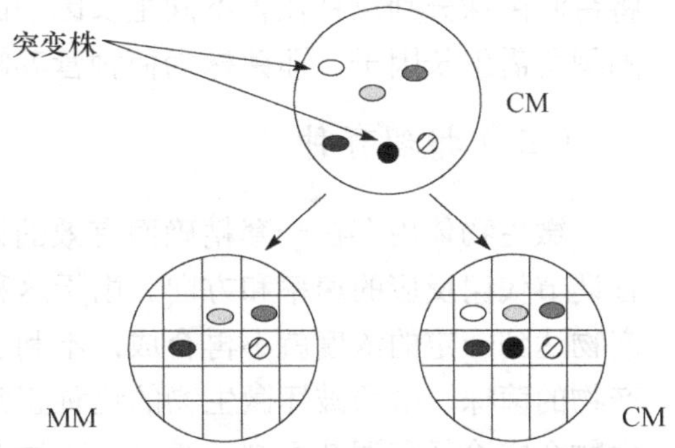

图 6-21　点植对照法示意图（周德庆，2002）
CM. 完全培养基；MM. 基本培养基

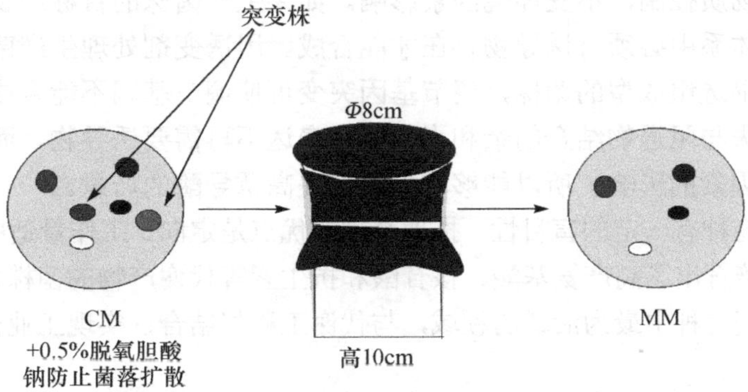

图 6-22　影印培养法示意图（黄秀梨，1997）

（3）夹层法。在平皿最底层注入一层基本培养基（MM）后，将诱变处理培养几小时后的菌液和新鲜 MM 混合后倾注平板，待其凝固后在其上再倒一层薄薄的基础培养基（MM），

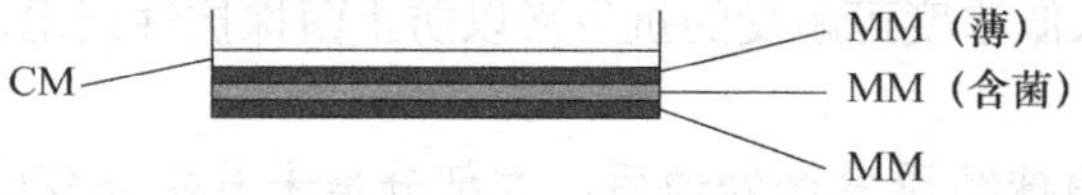

图 6-23　夹层培养法示意图（周德庆，2002）

倾注后培养 24h，非营养缺陷型菌株长成菌落，再倾注最后一层完全培养基（CM），在 MM 上不长，在 CM 上长出的小菌落即为营养缺陷型菌落（图 6-23）。

（4）限量补充法。限量某种营养物质（如 0.01%蛋白胨），野生型长出大菌落，缺陷型长出小菌落。

3）鉴定缺陷型　一般先测定判断缺陷型菌株所需生长因子的类别（如氨基酸类、维生素类、核苷酸类），再测定缺陷型所需的具体生长因子，如某种氨基酸或某种维生素。

鉴定缺陷型菌株常用生长谱法，具体操作：将待检测的营养缺陷型制成菌悬液涂布于 MM 固体平板上，采用小的已灭菌的滤纸片放置在培养基表面，分别于每个滤纸片上滴加一种所需检验的生长因子，或直接将平板划分成多个区域，在每个区域分别加上一种所需检测的生长因子，培养观察有无生长圈出现。

菌株较多时采用组合补充培养法：将某种已知的生长因子加入基本培养基中制成平板，将待测菌株分别点种在含不同生长因子的平板上，培养观察有无菌落生长，从而判定营养缺陷型所需生长因子，即菌株为何种营养缺陷型。

（三）推理育种

微生物体内存在一套精确而有效的调节体系，能够根据环境条件和生理活动的需要，自行调节代谢反应的速率和方向。由于这种复杂的代谢调控机制的存在，某些中间产物或者终产物达到一定的浓度就不再合成，不利于目标产物的积累。若要选育能够大量积累某种代谢产物的菌株，必须破坏微生物的这种正常的调节机制。推理育种就是根据微生物代谢产物的生物合成途径和调节机制，通过人工诱变定向改变微生物的正常代谢调节、使目标产物选择性地大量合成和积累的育种技术。

微生物的酶按照合成方式可以分为诱导酶和组成酶两大类。诱导酶是在环境中有诱导物（通常是酶的底物）存在时，由诱导物诱导而生成的酶。组成酶是细胞内一直存在的酶，它的合成仅受遗传物质控制，不受环境因素影响。如果生产菌株的目标产物是诱导酶，如大多数水解酶，发酵体系中必须有诱导物存在才能合成。用诱变剂处理生产菌株，使调节基因或操纵子发生突变筛选组成型的菌株，调节基因突变可使调节基因不能合成阻遏物，操纵子突变可使操纵子丧失与阻遏物结合的亲和力，酶的表达不再需要诱导物，而是类似于组成型表达那样不受环境因素的影响，所以能够较大幅度提高诱导酶的产量。

经典的诱变育种有一定的盲目性，推理育种的优点是定向、工作量适中、效率高。采用推理育种技术已经培育出了高产氨基酸、核苷酸和抗生素等代谢产物的菌株，并且应用于生产。推理育种成为诱变育种中最为活跃的领域，与代谢工程相结合，实现工业微生物的定向育种。

第三节　微生物的基因重组

基因重组（gene recombination）是指将两个具有不同性状的生物细胞中的遗传物质转移到一起，并经过重新组合，形成新的遗传型个体的方式。

真核微生物基因重组主要通过有性生殖方式和准性生殖进行。细菌、放线菌等原核生物的基因重组以转化、接合和转导的方式进行。

一、原核微生物的基因重组

（一）转化

转化（transformation）指受体细胞直接吸收了来自供体细胞的 DNA 片段，并把它整合到自己的基因组中，从而获得了供体细胞部分遗传性状的现象。转化一般只发生在同一物种或近缘物种之间。目前只在肺炎双球菌、大肠杆菌、芽孢杆菌属、嗜血菌属、假单胞杆菌属等的某些菌种和少数真菌中发现。

转化因子指在转化过程中被转化的 DNA 片段，相对分子质量小于 10^7，最多不超过 20 个基因，转化后的受体菌称转化子。通常呈质粒状态的转化因子转化频率最高。

受体菌只有处于感受态时，才能摄取转化因子。感受态（competence）是指受体细胞最容易接受外源 DNA 片段并实现转化的一种生理状态。自然感受态的出现受细菌自身的基因控制，是细胞一定生长阶段的生理特性，通常只在生活史中的一个固定时期出现，如指数期后期。凡是能吸收外来 DNA 片段，并把它整合到自己的染色体上以实现转化的受体细胞，称为感受态细胞（competent cell）。现代科学已可采用多种技术处理受体细胞使其人为地处于一种可以摄取外源 DNA 的“人工感受态”，即制备感受态细胞进行人工转化，如通过 $CaCl_2$ 处理或电穿孔处理等，可大大提高质粒的转化效率。细菌的转化过程如图 6-24 所示。

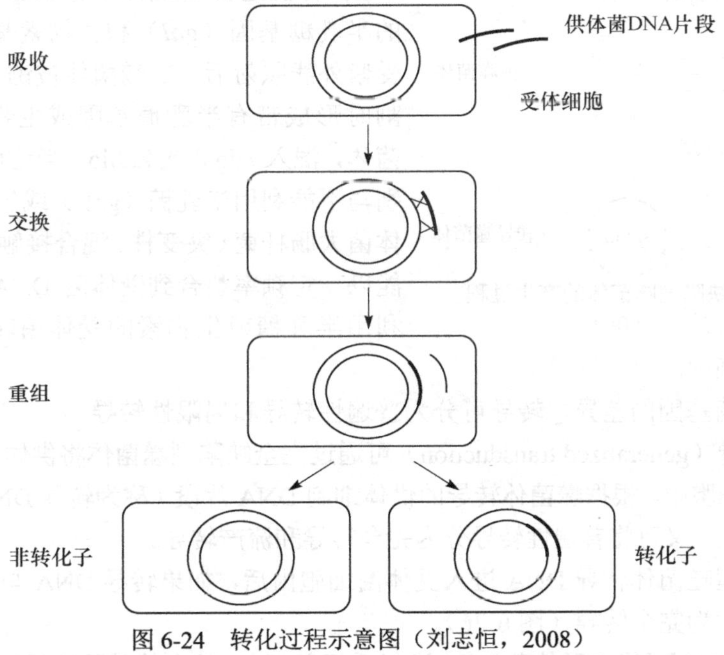

图 6-24　转化过程示意图（刘志恒，2008）

由此可见，转化时不需要活的 DNA 供体细胞，质粒或 DNA 片段直接进入受体细胞，此时转化过程对核酸酶敏感。转化是否成功及转化效率的高低主要取决于转化供体菌株和转化受体菌株之间的亲缘关系。通常情况下质粒的自然转化率要低得多。

（二）转导

转导（transduction）是以转导噬菌体为媒介将一个细胞的基因转移给另一细胞的过程。转导现象在很多细菌中被发现，它是细菌之间传递遗传物质的方式之一，现已发展成基因定位和精细结构分析的常用方法。

转导噬菌体（transducing phage）为缺陷型噬菌体，分完全缺陷型和部分缺陷型两种。

完全缺陷型噬菌体属温和性噬菌体，侵染宿主细胞释放时错误包装了一段与噬菌体 DNA 大小相当的宿主细胞 DNA 片段而形成。其结构为噬菌体的蛋白质外壳包裹着宿主细胞的 DNA 片段。

部分缺陷型噬菌体的产生是溶原性细菌中温和噬菌体从溶原状态（原噬菌体）裂解释放时偏离原整合位点所造成的。

溶原化过程中噬菌体整合在宿主细胞（供体细胞）染色体的特定位置上。当受紫外线等因素诱导后，原噬菌体便脱离细菌染色体进行复制，大部分原噬菌体从整合位置正常脱离，而一部分原噬菌体偏离原来的整合位点切割脱离，将整合位点附近宿主细胞的少数染色体基因结合到噬菌体 DNA 上形成杂合 DNA，而同时将少数噬菌体 DNA 片段留在了宿主 DNA 上。这些携带了少数宿主细胞染色体基因的噬菌体便是部分缺陷型噬菌体。

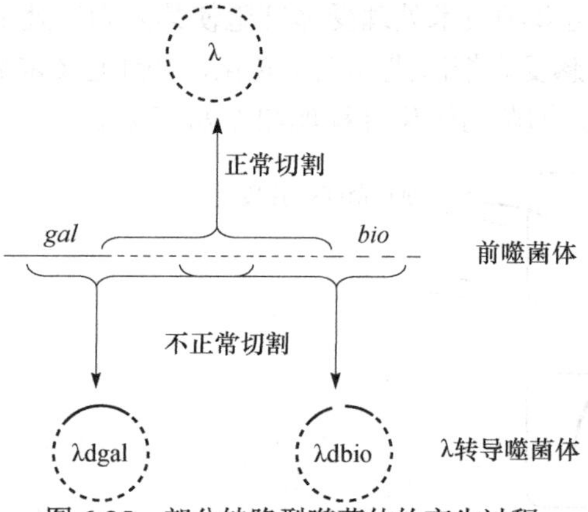

图 6-25　部分缺陷型噬菌体的产生过程
（刘志恒，2008）

部分缺陷型噬菌体的产生过程如图 6-25 所示。λ 噬菌体能整合在大肠杆菌（K12）染色体 DNA 上的半乳糖基因（*gal*）和生物素基因（*bio*）之间，受紫外线照射后，λ 噬菌体被诱导释放，不正常切割时形成带有半乳糖基因或生物素基因的转导噬菌体，混入 λdgal 或 λdbio。当这两种转导噬菌体分别与不能利用半乳糖（gal^-）或生物素（bio^-）的受体菌大肠杆菌（突变株）混合接触时，λdgal 和 λdbio 能以一定频率整合到受体菌 DNA 上，从而使不能利用半乳糖或生物素的受体菌转变成能利用半乳糖或生物素的细菌。

根据供体菌基因的差异，转导可分为普遍性转导和局限性转导。

普遍性转导（generalized transduction）可通过完全缺陷型噬菌体将供体宿主细菌的任何基因传递到受体细胞中。根据噬菌体转导的供体细胞 DNA 片段（称为转导 DNA）是否整合到受体细胞染色体上，又可将普遍性转导分为完全转导和流产转导。

完全缺陷型噬菌体转导 DNA 进入受体菌细胞内后，如果转导 DNA 与受体菌 DNA 进行重组并复制，称为完全转导（图 6-26）。

如果转导 DNA 不能与受体菌 DNA 进行重组并复制，其上的基因仅经过转录而得到表达，则称为流产转导（图 6-27）。在细胞分裂时转导 DNA 只能分配给一个子细胞，进行单线传递。而另一个细胞仅获得转导 DNA 基因的少量产物，随分裂次数的增加而被稀释，表型上仅呈轻微的供体菌基因特征。流产转导的关键特征即在选择培养基平皿上形成由许多缺陷型细胞及一个带有不复制转导 DNA 的细胞所组成的微小菌落。

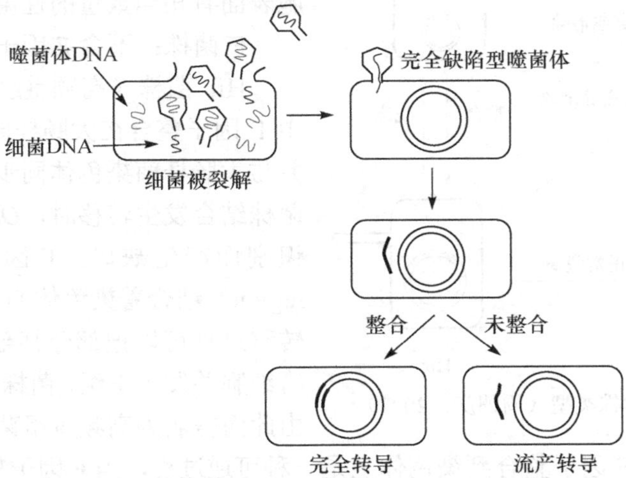

图 6-26 完全缺陷型噬菌体的产生和完全转导过程图（黄秀梨，1997）

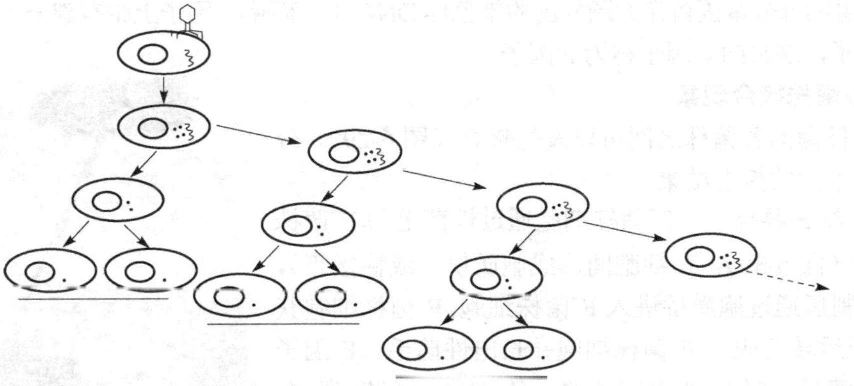

图 6-27 流产转导示意图（周德庆，2002）

局限性转导（restricted transduction）指部分缺陷型噬菌体只能传递供体菌染色体上原噬菌体整合位置附近的基因的转导。

（三）接合

接合（conjugation）是指供体菌和受体菌完整细胞间直接接触而实现大片段 DNA 传递的现象。

大肠杆菌的接合现象是研究得最清楚的。大肠杆菌染色体外，存在一种决定性别的质粒，称为 F 因子，又称为致育因子，它具有控制自我复制和转移到其他细胞中去的功能。F 因子的相对分子质量通常为 5×10^7，上面有编码细菌产生性菌毛及控制接合过程进行的 20 多个基因。

1. 大肠杆菌的菌株类型

根据 *E. coli* 细胞中是否存在 F 因子，以及 F 因子在细胞中存在的不同方式，可把大肠杆菌分成以下 4 种类型（图 6-28）。

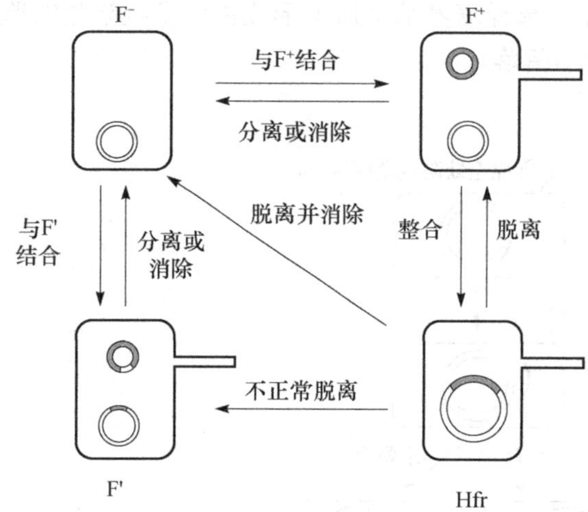

图 6-28　大肠杆菌菌株类型（周德庆，2002）

F⁺菌株：F 因子以游离状态存在，可独立于染色体进行自主复制。一般有 1～4 个，且细胞表面有相当数量的性菌毛（或称为性伞毛）。

F⁻菌株：不含 F 因子，无性菌毛。

Hfr 菌株（高频重组菌株）：Hfr 菌株细胞中 F 因子整合在大肠杆菌染色体的一定部位，并与大肠杆菌染色体同步复制。当 Hfr 菌株与菌株结合发生转移时，*Ori*T 序列首先被螺旋酶识别而产生缺口，F 因子的先导区（leading region）结合着染色体 DNA 向受体细胞转移，转移过程可以把部分甚至全部细菌染色体传递给细胞并发生重组，菌株发生重组的频率较高，由此而得名为高频重组菌株。

F′菌株：因为 F 因子整合到染色体上是一种可逆过程，当 F 因子从染色体上脱落时，会出现一定概率的错误，与部分缺陷型噬菌体的产生机制类似，F 因子偏离原整合位点在其附近脱离，将自身的部分基因留在大肠杆菌的染色体 DNA 上，而使 F 因子上带有部分大肠杆菌染色体的遗传因子，这时的 F 因子称为 F′因子。

2. 各菌株接合现象

大肠杆菌的各菌株之间可以发生接合（图 6-29），分别表现出不同的接合结果。

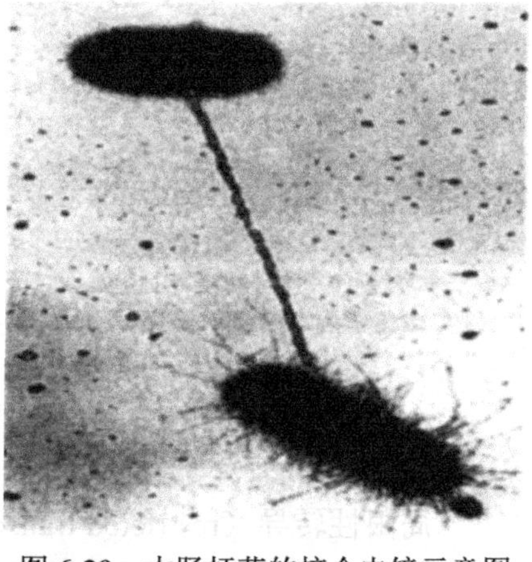

图 6-29　大肠杆菌的接合电镜示意图（周德庆，2002）

1）F⁺与 F⁻接合　　F⁺菌株细胞通过性菌毛与 F⁻菌株细胞连接（图 6-30），在细胞间形成胞质桥（或称接管），F 因子复制后通过胞质桥进入 F⁻菌株细胞，F⁻菌株细胞获得 F 因子后转变成了 F⁺菌株细胞并长出性菌毛。F 因子的复制为滚环式复制，即 F 因子的一条 DNA 单链断裂（在特定位点上），解链，并单向转移进入受体细胞后，以此单链作模板合成互补链形成新的 F 因子。

2）Hfr 与 F⁻接合　　当 Hfr 菌株与 F⁻菌株发生接合时，Hfr 菌株染色体双链中的一条单链在 F 因子处发生断裂，由环状变为线状，F 因子位于线状单链 DNA 的末端。整段线状染色体也以 5′端引导，等速转移至 F⁻细胞。在没有外界因素干扰的情况下，这一转移过程的全部完成约需 100min。实际上转移过程常常被中断，所以越是处在前端的染色体基因，进入的概率就越高。由于 F 因子位于线状 DNA 的末端，进入细胞的机会最少，故引起 F⁻变成 F⁺的可能性也最小。因此，Hfr 与 F⁻接合的结果是其重组频率最高，但转性频率却最低（图 6-31）。

中断杂交（interrupted mating）技术：利用细菌的接合过程，在不同时间取样，并把样品猛烈搅拌以分散接合中的细菌，然后分析受体细菌基因型，以时间（min）为单位绘制遗传图谱，该图谱是细菌染色体上基因顺序的直接反映。大肠杆菌基因组很大（全部转移需要 100min），其遗传图谱须用多株 F 因子整合在不同位置的 Hfr 菌才能完成。

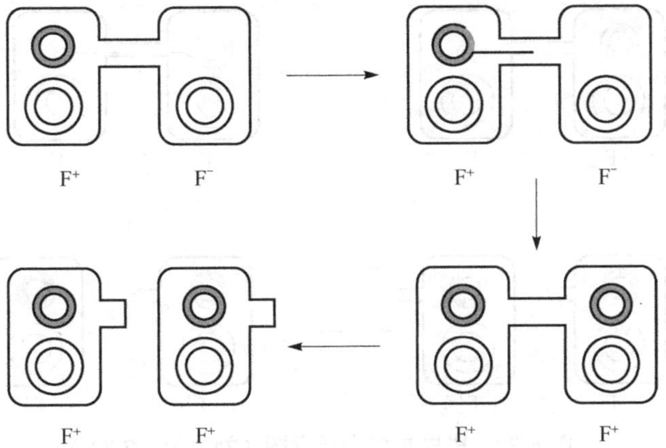

图 6-30 F^+与 F^-接合示意图（周德庆，2002）

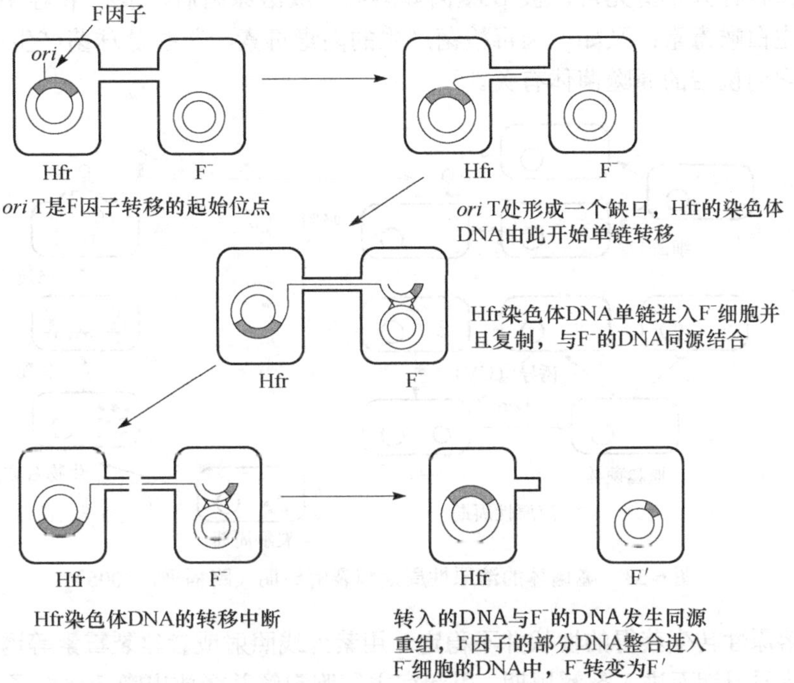

图 6-31 Hfr 与 F^-接合示意图（刘志恒，2008）

3）F′与 F^-接合　F′与 F^-接合可以使后者变成 F′（图 6-32）。

（四）溶原性转变

细菌因温和噬菌体感染而溶原化获得新性状的现象称为溶原性转变（lysogenic conversion）。温和噬菌体侵染细菌后，其 DNA 整合到宿主菌的基因组上，这种处于整合状态的噬菌体 DNA 称为原噬菌体（prophage）。原噬菌体所携带的遗传信息由于受噬菌体本身编码的一种特异阻遏物的阻遏作用而得不到表达，因此不能进行 DNA 复制和蛋白质合成，但可随着宿主菌基因组的复制而同步复制，并随着宿主细胞的分裂而平均分配到子细胞中去，代代相传，这样进入溶原周期（图 6-33）。某些情况下原噬菌体的存在可以改变溶原性细胞的特性。

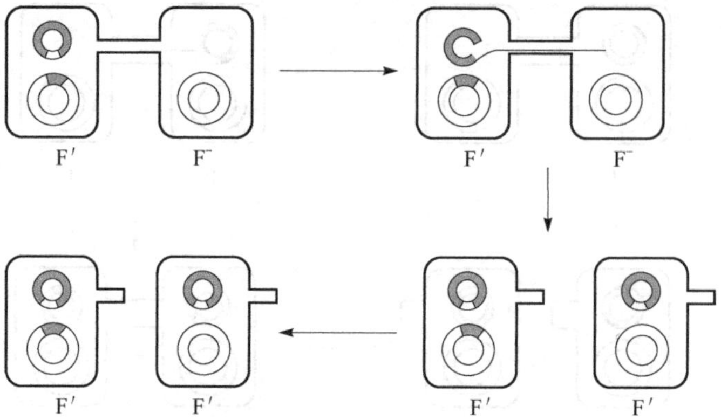

图 6-32　F′与 F⁻接合示意图（刘志恒，2008）

例如，白喉棒状杆菌本身无毒，被 β 噬菌体感染形成溶原菌后，能在 β 噬菌体结构基因 *tox* 的编码下产生白喉毒素；又如，肉毒梭菌产生的肉毒毒素、某些链球菌产生引起猩红热的红斑毒素都与它们携带的原噬菌体有关。

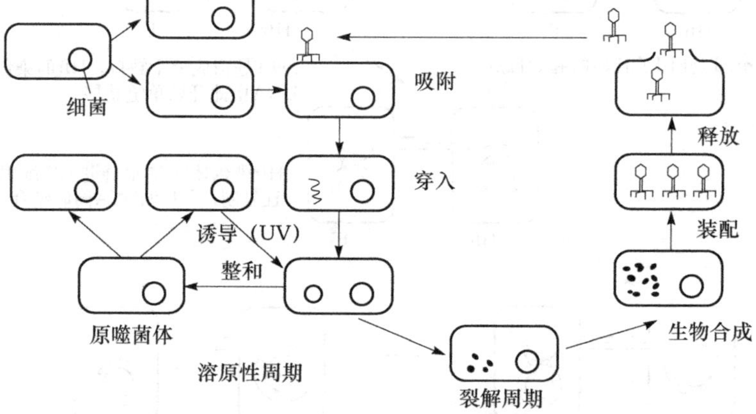

图 6-33　噬菌体的溶原性周期和裂解周期（路福平，2005）

细菌因溶原性转变获得的性状并不稳定。用紫外线照射或者丝裂霉素等诱变因子处理后，噬菌体结束溶原周期而进入裂解周期，引起宿主细胞裂解并释放出噬菌体粒子。溶原细胞有时消失了其中的原噬菌体，变成为非溶原细胞，这时既不会发生自然溃溶现象，也不发生诱发溃溶现象，称为溶原细胞的复愈或非溶原化，宿主细菌由溶原性获得的性状也会随之消失。

二、真核微生物的基因重组

真核生物中，自然存在的基因重组方式主要有有性生殖（sexual reproduction）、准性生殖（parasexual reproduction）形式。

（一）有性生殖

有性生殖或有性杂交是指细胞水平上发生的一种遗传重组方式，指两个单倍体性细胞间的接合和基因重组，或个别体细胞接合而造成受精作用产生的有性孢子的过程。特点是实现高频基因重组。真菌中有性生殖相当普遍，生成子囊孢子、接合孢子、卵孢子和担孢子等有性孢子。

酿酒酵母生活史为单双倍体型，生活史中有单倍体阶段和二倍体阶段。酵母菌的单倍体细胞分别为两种接合型，称为 a 和 α，单倍体酵母细胞 a 和 α 型的遗传特征是稳定的，由其遗传因子 *a* 基因和 *α* 基因决定。酵母菌基因组中有调控接合型的区域，称为 MAT 座位。如果基因 *a* 插入 MAT 座位，细胞就是接合型 a，如果 *α* 基因插入，则是接合型 α。a 和 α 细胞融合，便产生了双倍体细胞（a/α），有性生殖无异核体形成。酵母菌有性生殖特点是性细胞接合，经过质配、核配，成为二倍体；随后每对染色体都独立分离，纵裂为二，分向两极，每对染色体都发生交换，通过连续两次减数分裂，若染色体不发生交换，形成 4 个单倍体子囊孢子，其中两个接合型为 a，两个接合型为 α；若其中每对染色体都发生一次或多次交换，则发育成 4 个新的单倍体子囊孢子。总之，有性生殖是一个很有规律的协调过程（图 6-34）。

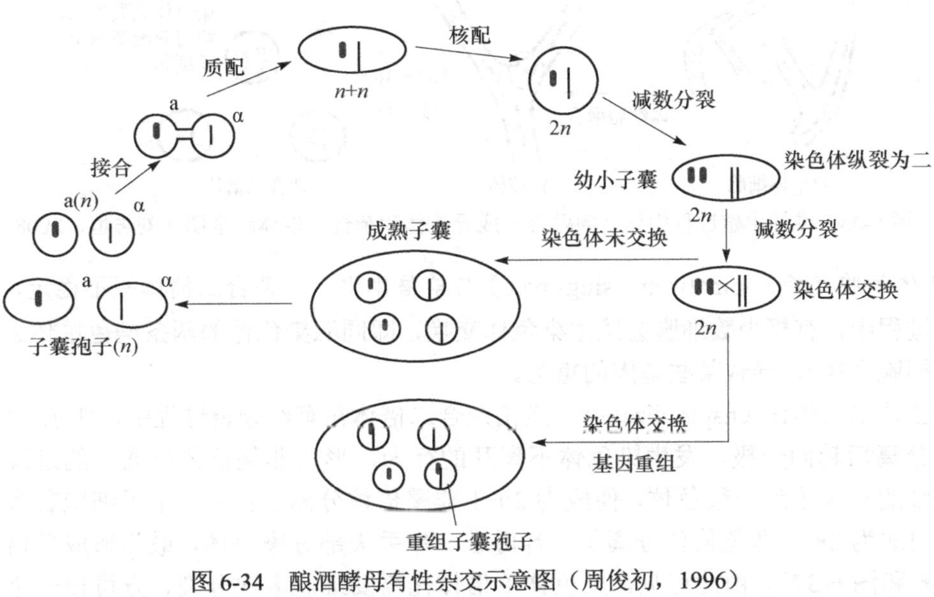

图 6-34　酿酒酵母有性杂交示意图（周俊初，1996）

从自然界中分离的或工业生产中应用的酵母菌，一般都是二倍体细胞，如将啤酒酵母的上面酵母和下面酵母杂交，用杂交细胞可生产出较亲株发酵味道更加香美的啤酒。真菌中的粗糙脉孢菌和构巢曲霉的生殖方式都包括无性生殖和有性生殖，其减数分裂的遗传学效应极其典型，是进行真核生物基因重组和遗传分析研究的理想实验材料。

（二）准性生殖

1953 年，Pontecorvo 等在研究构巢曲霉时首先发现了准性生殖现象。准性生殖是一种类似有性生殖但比较原始的生殖方式，它可使同一生物的两个不同来源的体细胞经融合后，不通过减数分裂而导致低频率的基因重组。准性生殖常见于某些真菌，尤其是半知菌中。其过程分为以下几个阶段。

1）菌丝连接（anastomosis）　菌丝连接发生于一些形态上没有区别，但在遗传性状上有差别的两个同种亲本的体细胞（单倍体）间。发生菌丝连接的频率很低。

2）形成异核体（heterocaryon）　两个亲本体细胞的菌丝联结后，细胞质融合，但细胞核不融合，这种在同一条菌丝或一个细胞内同时具有两种或两种以上基因型的细胞核称为异核体，这种现象称为异核现象。异核体能够独立生活。

3）核融合（nuclear fusion）或核配（karyogamy）　异核体中的双核偶尔可以发生核融合，形成杂合二倍体（图 6-35）。核融合是指异核体内两个不同基因型的单倍体细胞核在繁殖过程中融合成一个二倍体细胞核的过程。杂合二倍体是指细胞核中含有两个不同来源染色体组的菌体细胞。例如，构巢曲霉（*Aspergillus nidulans*）和米曲霉（*Aspergillus oryzae*）核融合的频率为（10^{-7}～10^{-5}）。某些理化因素，如樟脑、蒸汽、紫外线或高温等的处理，可以提高核融合的频率。

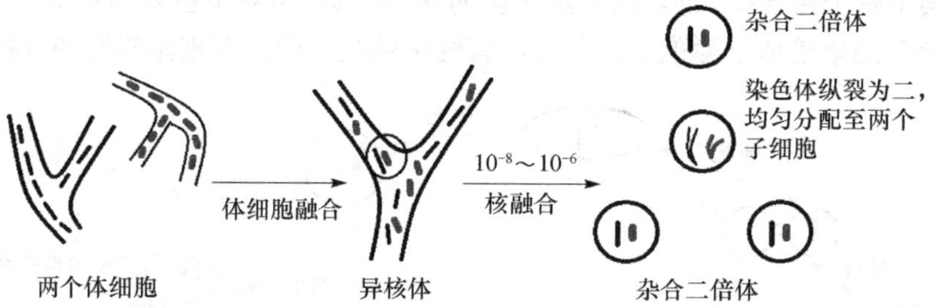

图 6-35　准性生殖过程中体细胞融合形成异核体和杂合二倍体示意图（刘志恒，2008）

4）体细胞交换（somatic crossing-over）与单倍体化　杂合二倍体极不稳定，在进行有丝分裂过程中，有极少数细胞会发生染色体交换，即同源染色体的两条染色单体之间发生互换（体细胞交换），导致某些基因的重组。

染色体单倍体化（haploidization）是指杂合二倍体在有丝分裂过程中，偶尔（10^{-3}）通过染色体分离后趋向一极，发生染色体不离开的行为，形成非整倍体分离子的过程。若其中一个子细胞缺少了这一染色体，便成为 $2n-1$ 非整倍体分离子；另一个子细胞若多了这一染色体，便成为 $2n+1$ 非整倍体分离子。若再进一步丢失部分染色体，最终形成单倍体分离子（图 6-36 和图 6-37）。由此可见，染色体单倍体化需要细胞多次分裂，方可使一个二倍体细

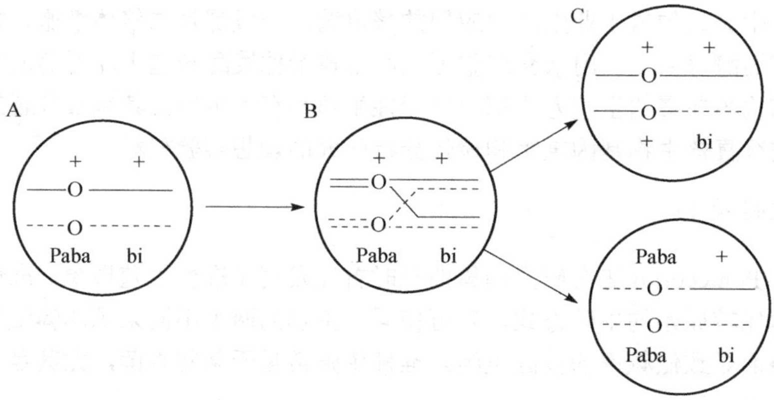

图 6-36　一对同源染色体间的体细胞互换（邢来君等，2010）

A.需 Paba（对氨基苯甲酸）和 bi（生物素）的杂合二倍体核；B.染色体复制时的交换；C.染色体分离后形成的核

胞转变为单倍体细胞。而有性生殖减数分裂过程中，细胞只需经过减数分裂，染色体便全部由二倍体转变为单倍体。

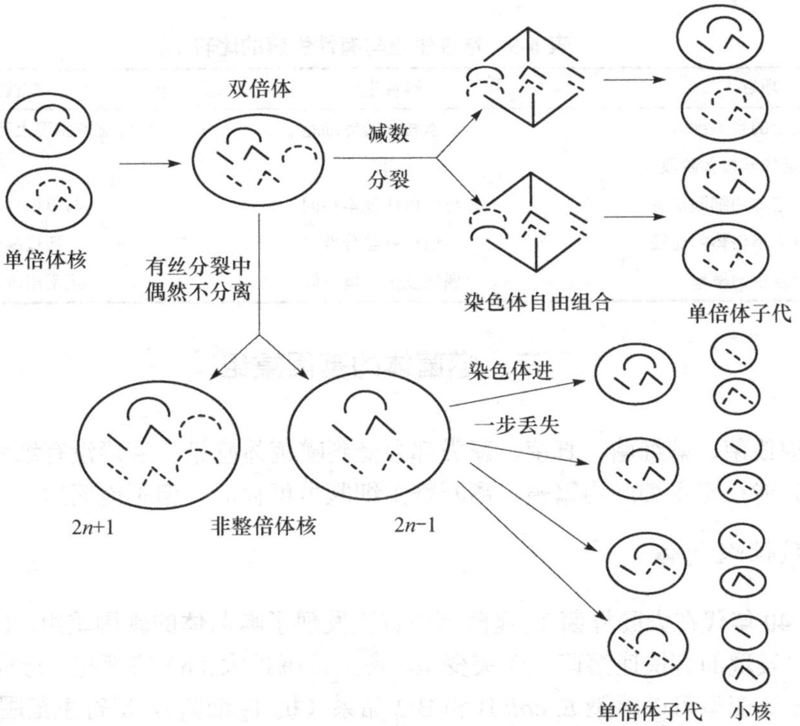

图 6-37　一对染色体的单倍体化过程（邢来君等，2010）

利用丝状真菌准性生殖的杂交育种工作取得了不少可喜成果。例如，黑曲霉通过杂交育种，获得了柠檬酸产量提高的多倍体新种；酱油曲霉通过体细胞重组及单倍体化，获得了蛋白酶活性提高 4 倍及曲酸产量增加的新菌种等。

准性生殖过程中可发生体细胞交换而导致基因重组，因此对于无有性生殖方式或有性生殖方式不常见的真菌，可通过准性生殖进行育种和有丝分裂定位，为遗传分析提供了一种手段。图 6-38 为半知菌的准性生殖示意图。

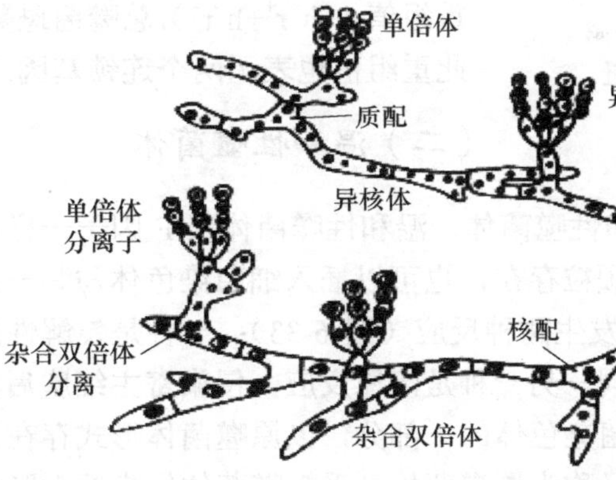

图 6-38　半知菌的准性生殖示意图（岑沛霖等，2008）

（三）准性生殖与有性生殖的比较

准性生殖与有性生殖的比较见表 6-5。

表 6-5　准性生殖与有性生殖的比较

项目	准性生殖	有性生殖
参与接合的亲本细胞	形态相同的体细胞	形态或生理上有分化的性细胞
独立生活的异核体阶段	有	无
接合后双倍体的细胞形态	与单倍体基本相同	与单倍体明显不同
双倍体变为单倍体的途径	通过有丝分裂	通过减数分裂
接合发生的概率	偶然发生，概率低	正常出现，概率高

三、噬菌体的基因重组

细菌、放线菌、蓝细菌、真菌、藻类都会受到噬菌体感染。病毒没有细胞结构，具有寄主专一性，只能在寄主细胞内繁殖。离开寄主细胞虽可存活，但不能繁殖。

（一）烈性噬菌体

20 世纪 40 年代在大肠杆菌 T_2 噬菌体中首次发现了噬菌体的基因重组。T_2 噬菌体有许多突变型，最早发现的有快速溶菌（r）突变型、寄主范围扩大（h）突变型、形成小噬菌斑（m）突变型等。h^-突变型可以感染 *E. coli* B 和 B/2 品系（抗 T_2 细菌），h^+寄主范围正常，只能感染野生型 *E. coli* B 品系；r^-突变型能产生大噬菌斑，r^+为迟缓溶菌，生成小的噬菌斑。当将 h^+r^-（寄主范围正常，但具速溶性状）和 h^-r^+（无速溶性状，但寄主范围扩大）两种噬菌体混合感染大肠杆菌 B 品系，然后把子代噬菌体接种在同时长有大肠杆菌 B 和 B/2 两种菌组成的混合菌平板上，结果出现 4 种不同的噬菌斑（图 6-39）。在 4 种噬菌斑中，透明而小（h^-r^+）和半透明而大（h^+r^-）是亲本组合，而 h^+r^+（半透明而小）和 h^-r^-（透明而大）是重组类型。

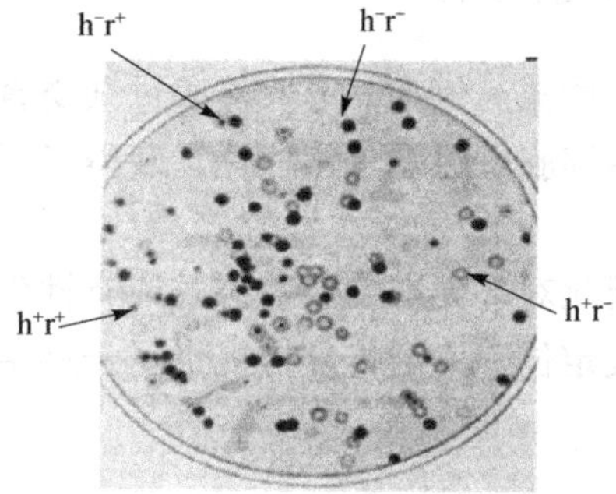

图 6-39　h^-r^+和 h^+r^-的噬菌体混合感染菌株 1 和 2 得到的 4 种噬菌斑（盛祖嘉，2007）

重组值=$(h^+r^+ + h^-r^-)$/总噬菌斑数×100%。

此重组值也表示两个连锁基因之间的遗传距离。

（二）温和性噬菌体

λ 噬菌体是最典型的温和性噬菌体，温和性噬菌体跟 F 因子一样，宛如附加的细菌基因群，既能以自主的自我复制颗粒存在，也可以插入细菌染色体与其一起复制。

当 λ 侵染大肠杆菌时，发生两种反应（图 6-33）：一种是裂解性反应，与烈性噬菌体侵染敏感细菌所进行的反应相同。另一种是溶原反应，侵染寄主细胞后，其 DNA 可以整合到寄主细胞染色体上，成为细菌染色体的一部分，以原噬菌体形式存在于细胞中，使细菌溶原化，这种状态的温和噬菌体又称为原噬菌体。受 λ 噬菌体侵染的大肠杆菌的裂解只是一小部分，其裂解的确切频率部分依赖于噬菌体和寄主的基因型，部分依赖于侵染的环境条件，其余大部分细菌则进入溶原反应。原噬菌体能够自发地诱变成成熟的噬菌体颗粒而裂解寄主细胞。紫外线是一种有效的诱发因素。溶原转变的典型例子是不产毒素的白喉棒状杆菌（*Corynebacterium diphtheriae*），菌株被噬菌体侵染而发生溶原化时，会变成产毒素的致病菌株。其他如沙门氏菌、红曲霉、链霉菌等也具有溶原转变的能力。

四、微生物的基因重组与育种

基因重组是把两个不同性状个体细胞内的遗传基因转移到一个细胞内并使遗传物质发生重新组合的过程。基因重组可使微生物在不发生突变的情况下，也能够产生新的遗传型个体。杂交育种、原生质体融合育种和基因工程育种等技术建立在基因重组理论的基础上，一般选用已知性状的供体和受体菌种作为亲本，将亲本不同的优良性状通过基因重组集中到一个变异体上。与诱变育种相比，基因重组育种的方向性和目的性更强，选育出的菌种在应用性能的长期保持方面通常更优，但育种方法复杂、操作周期长，因此目前应用不如诱变育种广泛。

（一）杂交育种

1. 细菌杂交

细菌杂交必须选择一个具有性因子（F 因子）的细胞，因为 F 因子是促进供体和受体接合及遗传物质转移不可缺少的因素。

细菌杂交育种包括以下 4 个步骤：①选择亲本菌株，选择具有不同遗传背景的优质出发菌株，优质菌株具有产量高、代谢快、遗传稳定性好等优良性状，既可以是生产用菌，也可以是诱变筛选出的菌株或者野生型菌株，目的是把不同菌株的优良性状集中于重组体中。②亲本菌株的遗传标记，最常用的遗传标记为营养缺陷型，遗传标记的方法通常是将两个出发菌株经过诱变得到不同的营养缺陷型，作为杂交的直接亲本菌株。其他标记还包括抗生素抗性、温度敏感性、菌落形态、颜色等，通常至少需要两个遗传标记用于检出重组体。③制备不同性别的菌株，制备 F^+菌株时，使用一株 F^+菌株和 F^-菌株接合，将 F^-菌株转变为 F^+菌株；制备 F^-菌株时，把 F^+菌株用不足以抑制其生长的低浓度吖啶橙（约 30μg/ml）处理后，就可将其转变为 F^-菌株。将 F^+菌株和 F^-菌株杂交便可获得 Hfr 菌株。④重组体的形成和检出，一般将两个亲本菌株分别培养至对数期，然后将二者以一定的浓度和比例混合，水浴保温缓慢振荡培养，以利于菌株细胞间接触和接合。杂交后的混合液用缓冲液稀释，分离到基本培养基上或其他选择性培养基上，由于两亲本菌株都带有营养缺陷型标记不能生长，重组菌株或其他杂交后代能够在基本培养基上生长，因此培养后可得到各种原养型的重组体形成的菌落。

典型的细菌杂交例子是用肺炎克氏杆菌和大肠杆菌杂交产生具有固氮能力的大肠杆菌（图 6-40）。肺炎克氏杆菌具有固氮能力，而大肠杆菌则不能固氮。在大肠杆菌 C 中诱变出组氨酸缺陷型和抗链霉素突变株，把这一突变体

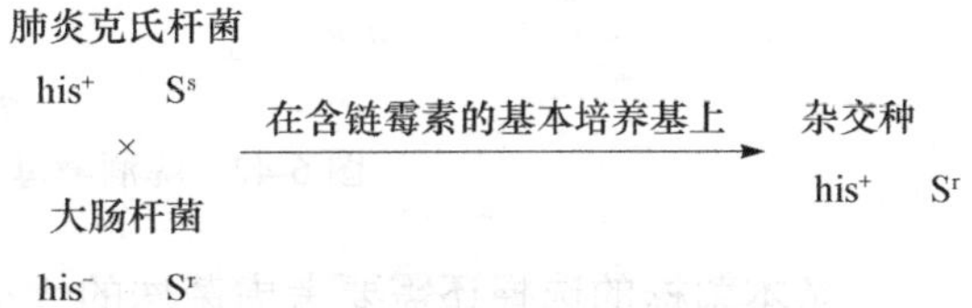

图 6-40　肺炎克氏杆菌和大肠杆菌杂交示意图

和野生型的肺炎克氏杆菌混合接种到有链霉素的基本培养基上，在上面就形成杂交菌落。由于已知克氏杆菌的固氮基因和组氨酸基因是紧密连锁的，因此 his$^+$、S^r 杂交子代中很容易得到具有固氮能力的大肠杆菌。

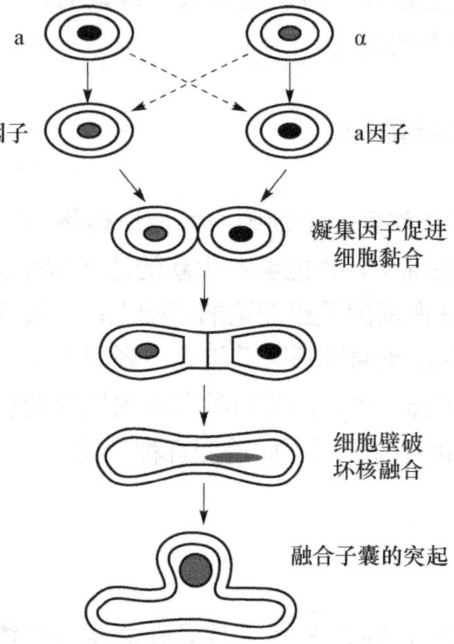

图 6-41　酵母有性繁殖的遗传研究简图（Косиков，1987）

2. 酵母菌杂交

酵母菌是单细胞真核微生物，存在着单倍体和二倍体的生活史，具有孟德尔式的分离现象，以及 a 和 α 交配型，因此可以利用酵母菌的双单特性进行杂交育种。

酵母菌的繁殖方式分为有性和无性两种，无性繁殖主要为芽殖，还有裂殖和芽裂，有性繁殖则形成子囊孢子。酵母菌的杂交主要是通过有性杂交，一般采用两种不同接合型的单倍体菌株或子囊孢子，经过接触、接合、形成合子、二倍体细胞出芽等一系列过程形成杂合体细胞（图 6-41）。酵母菌的杂交步骤主要有以下几方面。

1）亲本的选择　从自然界分离到的，或在工业生产中应用的酵母菌菌株，一般都是二倍体细胞，因为二倍体细胞的生活力较单倍体强，生产能力如发酵性能、产酒率等也明显高于单倍体。

酿酒酵母的生活史中有 a 和 α 两种接合型的单倍体细胞，a 和 α 细胞融合，便产生二倍体细胞（a/α），这种二倍体营养细胞在产孢条件下会发生减数分裂，生成四分体和子囊。正常情况下每个子囊中有 4 个子囊孢子，其中有 2 个 a 和 2 个 α，单倍体 a 和 α 又可以融合成二倍体细胞（a/α），如此循环，具有这样生活史的酵母菌称为异宗配合型酵母（图 6-42）。一般选择二倍体的异宗配合型酵母作为亲本菌株。

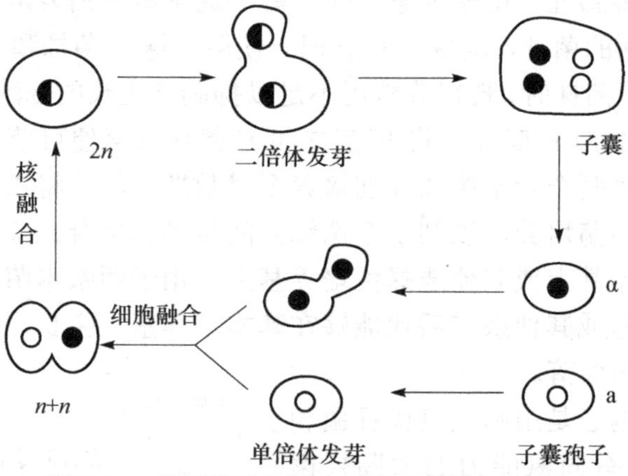

图 6-42　啤酒酵母生活史（施巧琴等，2009）

亲本菌株的选择还需要考虑菌株的优良性能、带有选择性遗传标记等因素。

2）亲本菌株的单倍体化　酿酒酵母的亲本菌株常常是二倍体细胞，具有生孢子能力，但不具有接合能力。因此，在杂交育种中，必须分离二倍体细胞，获得不同接合型的单倍体细胞。

促使酿酒酵母形成子囊孢子再分离出单个孢子便可获得单倍体细胞。一般方法是：将菌株连续多次培养于营养丰富的液体培养基（如麦芽汁或合成培养基 YEPD）中，离心收集对数生长期的菌体，生理盐水洗 1～2 次，再将菌体涂布于生孢子培养基平板上，促使其长出子囊孢子。一个子囊中含有 4 个接合型不同的子囊孢子，通常可采用显微镜操作器分离法、酶法和机械研磨法进行分离，纯化出单倍体细胞。

完成分离步骤后还必须验证菌株确实是单倍体的。首先根据形态判断，单倍体细胞个体小、呈球形，形成的菌落小、形态多样，液体培养繁殖较慢、细胞常聚集成团，不形成子囊。二倍体细胞个体大、呈椭圆形，形成的菌落大、形态均一，液体培养繁殖快、细胞较分散，会形成子囊。其次根据培养实验判断，将待测菌株用子囊孢子培养基培养，15 天内不会形成子囊孢子者是单倍体细胞。

3）检测菌株的接合型　从亲本菌株分离出单倍体细胞后还必须检测是 a 型还是 α 型。将选出的单倍体菌株与已知接合型 a 或 α 型标准单倍体细胞杂交，若与 α 接合型菌株杂交得到杂合二倍体细胞，而与 a 接合型菌株杂交不形成杂合二倍体细胞，则该菌株为 a 型单倍体，否则为 α 接合型单倍体。

4）制作遗传标记　两亲本菌株不仅需要接合型不同，还必须具有不同的遗传标记，以便在相应的选择培养基或基本培养基上检出二倍体杂种细胞。可作为酵母菌遗传标记的有营养缺陷型、抗药性及酵母菌一些生理特性（包括生长速度、色素、凝聚性、发酵性状等）和生物合成能力等。

5）有性杂交　酵母菌有性杂交的方法主要有：①孢子杂交法。在显微操作器下，取出子囊内分离出的单个孢子，随机配对，置于微滴培养液中培养，子囊孢子发芽并发生接合，形成接合子。②群体交配法。将两种不同接合型的单倍体细胞混合培养于麦芽汁或完全培养基中过夜。若发生接合，则在培养液中可出现大量的哑铃状细胞。如果两亲本带有营养缺陷标记，则可以选择培养基或基本培养基平板上检出杂合二倍体细胞。③单倍体细胞杂交法。将两种不同接合型的单倍体细胞在显微操作器下随机配对，进行微滴培养。在显微镜下可直接观察杂合子的形成，并可在无遗传标记的情况下获得杂合二倍体细胞。

6）检出杂合体　杂交后的混合液一般接种于基本培养基，亲本菌株为营养缺陷型不能长出，而杂合体能够在基本培养基上生长，从而检出杂合体。其他的遗传标记如抗生素抗性等也可应用于杂合体的检出。

杂交在酵母菌的遗传育种中应用非常广泛。例如，面包酵母和乙醇酵母是同一个种的不同菌株，乙醇酵母产酒率高，但对麦芽糖和葡萄糖的发酵力不强，所以乙醇发酵后的酵母不能供面包厂用，而面包酵母则对麦芽糖和葡萄糖发酵力强，将两种酵母通过杂交得到了对麦芽糖和葡萄糖发酵力强且产酒率高的酵母新菌株。

3. 霉菌杂交

很多霉菌不产生有性孢子，缺乏有性生殖，但在无性生殖过程中，菌丝体会发生类似于有性生殖的遗传现象，即两个不同遗传类型的菌丝细胞接触、融合，形成异核体、杂合二倍体，最后经过染色体交换产生一个具有新遗传特性的菌株，这个过程称为准性生殖。

霉菌杂交育种是利用霉菌在准性生殖过程中的基因重组和分离现象，将不同菌株的优良特性集合到一个新菌株中去，从而获得优良的高产菌株。

霉菌杂交育种的主要步骤如下。

1）亲本的选择　亲本菌株的形态特征必须稳定，能在基本培养基上形成丰富的分生孢子，在配对（或混合培养）过程中必须容易形成异核体，并且携带遗传标记，如形态突变型、营养缺陷型、抗药突变型、抗生素产量突变型等，且这些遗传标记不能影响目标产物（如抗生素）的产量。

2）异核体的形成　在基本培养基上，使两营养缺陷突变株强迫互补营养，两菌株经过菌丝细胞间的吻合形成异核体，即在一条菌丝里含有两个遗传性状不同的细胞核，共存于均一的细胞质中。由亲本形成异核体，可采用完全培养基（CM）液体混合培养法、CM 斜面混合培养法、液体限制培养基（LM）混合培养法、LM 平板异核丛形成法、基本培养基（MM）斜面衔接接种法及 MM 平板穿刺法等。

3）杂合二倍体的形成　把异核体菌丝接种在基本培养基上，使其生长，在异核体的分生孢子里偶尔能发生两个遗传性状不同的细胞核的融合，这一过程就形成了杂合二倍核。这个二倍核经过繁殖，就可以得到杂合二倍体。异核体自发形成杂合二倍体的频率很低，一般通过人工方法增加它的频率，如在液体限制培养基上杂交、提高异核体培养温度、紫外线照射异核体、用樟脑蒸气熏蒸等。

4）体细胞交换、分离和单倍体化　杂合二倍体一般是不稳定的，但也有极少数的细胞核在它们无性繁殖的分裂过程中偶然发生体细胞交换和单倍体化，产生很多类型的二倍或单倍分离子。用诱变剂处理则分离子的类型更多。这些分离子从表型上还可分为亲本型分离子和重组型分离子两类。重组型分离子即重组体，它在二倍体菌落中表现为角变和扇形斑点。

严格来讲，杂合二倍体不是真正的杂种。霉菌杂交的目的不是为了获得二倍体，而是为了获得稳定的重组型分离子。后者只有在体细胞交换和单倍体化之后才能获得。

（二）原生质体融合育种

原生质体融合（protoplast fusion）是指用人工方法将遗传性状不同的两株菌的原生质体融合在一起，通过筛选找出携带双亲优良性状的融合子的一种技术。原生质体融合作为一种新的基因重组手段是在 1978 年第三届国际工业微生物遗传学讨论会上提出来的。

1. 原生质体融合育种的特点

原生质体融合育种具有诸多优点：①受接合型或致育性的限制较小，去除了细胞壁的障碍，二亲株中任何一株都可能起受体或供体的作用，因此有利于不同种属间微生物的杂交；②遗传物质传递更为完整，原生质体融合是二亲株的细胞质和细胞核进行类似的合二为一的过程；③重组频率较高，亲株细胞基因组可以发生多次交换，产生多种类型的重组子；④存在着两株以上亲株同时参与融合形成融合子的可能性；⑤有可能采用产量性状较高的菌株作融合亲株；⑥提高菌株产量的潜力较大；⑦可与其他育种方法相结合，把由其他方法得到的优良性状通过原生质体融合再组合到一个单株中。

2. 原生质体融合育种的一般步骤

1）亲本菌株的选择　选择遗传性状稳定且具有优势互补的两个亲本菌株，带有遗传标记且标记稳定。获得标记菌种的方法是采用常规诱变育种，筛选出营养缺陷型和（或）抗性菌株。抗药性除可作标记外，还可排除杂菌污染的干扰。为确保融合成功，可采用多标记菌种。

2）原生质体的制备　原生质体的制备主要是在高渗溶液中加入细胞壁分解酶，形成由原生质膜包裹的类似球状的细胞，它保持原细胞的一切活性。制备放线菌和细菌的原生质体主要采用溶菌酶；酵母和霉菌一般可用蜗牛酶或纤维素酶等破坏细胞壁。

3）原生质体融合　两亲本的原生质体在高渗条件下，采用化学促融剂聚乙二醇（PEG）或利用脉冲电场作用，使细胞融合（图 6-43）。

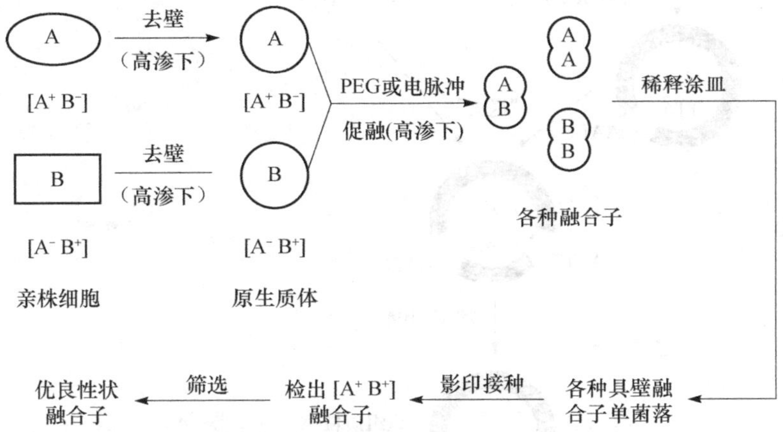

图 6-43　原生质体融合操作示意图（岑沛霖等，2008）

4）原生质体再生　使原生质体重新长出细胞壁，恢复完整细胞结构的过程，称为原生质体再生。菌龄、再生时的温度、溶菌酶的用量和溶壁时间等因素都会影响原生质体的再生。

5）检出优良性状的融合子　①直接法：将融合液涂布在不补充亲株生长需要的生长因子高渗再生培养基平板上，直接筛选出原养型重组子。②间接法：将融合液涂布在营养丰富的高渗再生培养基平板上，使亲株和重组子都再生成菌落，然后用影印法将菌落复制到选择培养基平板上培养，检出重组子。

（三）基因工程与微生物育种

基因工程育种是指在基因水平上，定向人为改造遗传物质，使物种发生变异，创建出具有某种稳定新性状的生物新品系。该育种手段具有可设计性、稳定性、远缘性和风险性等特点。

基因工程的基本操作如下（图 6-44）。

1）目的基因的分离或合成　目的基因可通过以下途径获得：①从已有的生物基因组中分离（限制酶法、随机剪切构建基因文库）；②通过反转录酶的作用由 mRNA 合成 cDNA；③由化学方法合成特定功能的基因。

2）载体的选择　载体应具备如下条件：能在适当的宿主细胞中复制；具有多种限制酶的单一切点（即所谓多克隆位点）以便外源 DNA 插入；具有筛选标记以区别阳性与阴性重组分子；载体分子应较小，以便体外基因操作，同时载体 DNA 与宿主 DNA 便于分离。对于表达型载体还应具有与宿主细胞相适应的启动子、增强子、加尾信号等基因表达元件。

3）体外重组　将获得的目的基因与载体在体外通过互补性黏性末端连接，此过程需要将载体和目的片段用同相同的限制性内切核酸酶切割处理。

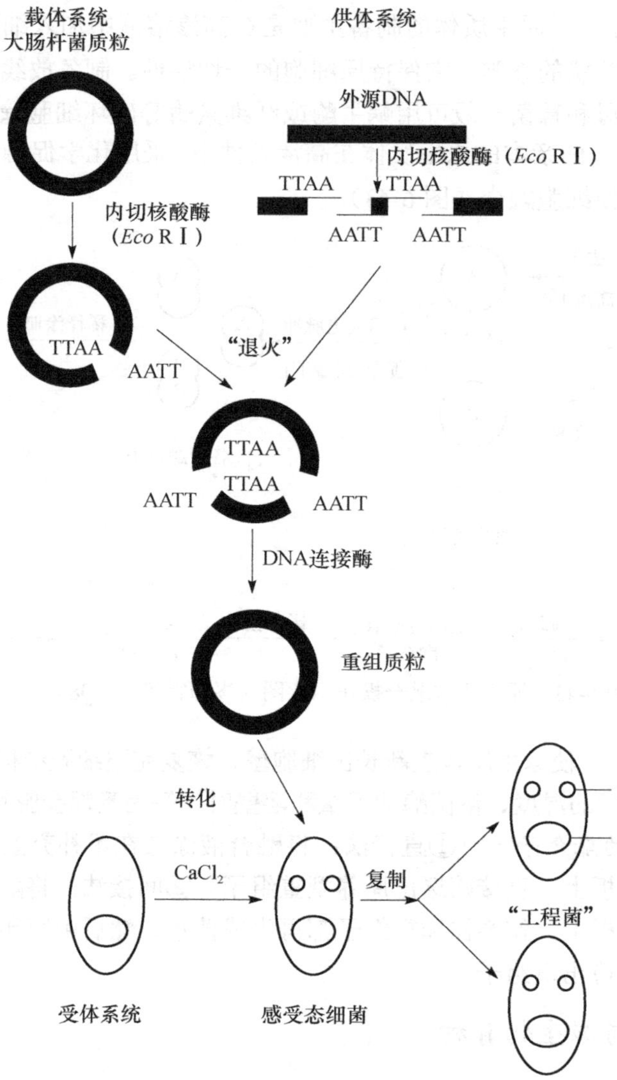

图 6-44　基因工程操作示意图（盛祖嘉，2007）

4）重组载体引入受体细胞　　将重组载体通过转化、转导或转染作用导入受体细胞。

5）表达筛选　　有抗生素平板法、插入失活法、插入表达法、β-半乳糖苷酶显色反应法等多种方法。

第四节　微生物的菌种保藏

和其他生物物种一样，微生物菌种也是主要的生物资源之一。为更好地利用微生物资源，人们不仅需要对微生物菌种进行分离、纯化、鉴定，还需将各类菌种保存好，以便交流、研究和使用。但从遗传的观点来看，遗传是相对的，变异是绝对的，对于选育出的菌种，要保持其优良性状不变或尽可能地少变和慢变，使其在生产实践和科学研究中能长期使用，就必须采取适宜有效的菌种保藏和维护方法。

微生物菌种保藏的目的是尽可能保持菌种的原有性状和活力，使其不丢失、不死亡、不污染、不变化。

微生物菌种保藏的基本原理是选用健壮优良的纯种微生物作为保藏菌种，创造能降低微生物代谢活性、抑制微生物生长繁殖、使微生物处于休眠状态且难以发生突变的环境条件。这些人工环境主要从低温、干燥、缺氧、缺乏营养、添加保护剂和酸碱中和剂等几个方面设计。

一、微生物菌种的保藏方法

微生物菌种的保藏方法多样，采用何种方式，要根据被保藏微生物的种类、需保藏的时间及实验室设备条件等多方面因素而定。下面着重介绍几种常用的保藏方法。

1. 斜面传代保藏

将菌种接种在试管斜面培养基上，待菌种生长完全后，置于4℃冰箱中保藏，每隔一定时间再转接至新斜面上，生长后继续保藏。此法适用于各类微生物，方法简单易行，使用方便，不需要任何特殊的设备，存活率高，应用较普遍。其缺点是被保藏的菌株仍有一定强度的代谢，一般保存时间为3～6个月。在4～6℃保存，放线菌需每3个月转接一次，酵母菌每4～6个月转接一次；霉菌每6个月转接一次。此方法易发生培养基干枯、菌体自溶、基因突变、菌种退化、菌株污染等不良现象，一般不适宜做工业生产菌种的长期保藏。

2. 矿物油中浸没保藏

在斜面或穿刺培养基上覆盖灭菌的液体石蜡置于室温或低温条件下保藏，可以有效地隔离氧气以削弱好氧微生物的代谢水平，并防止菌体因干燥而死亡。此方法要求选择优质无毒的液体石蜡，一般为化学纯规格。液体石蜡可经160℃干热灭菌1～2h或121℃湿热灭菌20min，再在120℃条件下烘干水分后使用。覆盖量以高出培养物1cm为宜，并以橡皮塞代替棉塞封口垂直放置在4℃冰箱内保藏，一般保藏菌株每2～3年应做一次存活试验。对于某些能以石蜡为碳源的菌株和一些对液体石蜡保藏敏感的菌株则不能采用此法保藏。

液体石蜡法主要适用于霉菌、酵母菌、放线菌、好氧性细菌等的保存。霉菌和酵母菌可保存几年，甚至长达10年。特别对难以冷冻干燥的丝状真菌和难以在固体培养基上形成孢子的担子菌等的保藏更为有效。此方法简便有效，不需特殊装置。其缺点是对很多厌氧细菌或能分解烃类的细菌保藏效果较差。保存时必须直立放置，所占空间位置较大，同时也不便携带。

3. 半固体保藏

对于那些对氧气较敏感，不能在固体培养基表面形成良好菌落的兼性厌氧菌，可以采用半固体穿刺接种培养保藏的方法，此法不宜长时间保藏菌种。

4. 干燥载体保藏

使微生物菌体吸附在适当的干燥载体上（土壤、砂土、硅胶、玻璃球、滤纸片及麸皮等上）上进行干燥保存的方法。最常用的有砂土保藏法，主要适用于产孢子或形成芽孢的微生物（真菌、放线菌和部分细菌）的保藏。一般细菌芽孢常用砂土管保藏，霉菌的孢子多用麸皮管保藏。此法简便，于常温或低温下保藏均可，保藏时间较长，为1～10年，微生物转接也较方便，故应用范围较广。

5. 冷冻保藏

冷冻保藏将菌种保藏于–20℃以下，使微生物的代谢活动停止。一般而言，冷冻温度愈低，保藏效果愈好。

冷冻保藏是非常有效的保藏方法，保存时间长，可达10年以上。冷冻方式或以采用普通冰箱–20℃冻藏，或以更低的–80～–50℃低温冰箱冻藏，亦或采用液氮（–196℃）或其蒸气相中（–156℃）保藏或干冰（–70℃）冻藏。无论是哪种冷冻，在原则上应尽可能速冻，减少冷冻过程中产生的冰晶小而减少细胞的损伤。不同微生物的最适冷冻速度不同。为防止细胞被冻死，保存液中应加些保护剂。例如，甘油、二甲基亚砜（DMSO）等可渗入细胞，通过降低强烈的脱水作用而保护细胞；大分子物质如脱脂牛奶、血清白蛋白等可通过与细胞表面结合的方式防止细胞膜受冻伤。保护剂还可以起支持作用，使微生物疏松地固定在上面。

具体操作方法是将菌液加入等体积的10%～20%甘油或5%～10% DMSO，混匀后分装入冷冻管、安瓿管或离心管中，于–70℃超低温冰箱中保藏，或于液氮（–196℃）或其蒸汽相（–156℃）中保藏。所用甘油一般用高压蒸汽灭菌，而DMSO最好过滤除菌。

使用时，将安瓿管取出，立即放入38～40℃的水浴中进行急剧解冻，直到全部融化为止。再打开安瓿管，将内容物移入适宜的培养基上培养。

此保藏方法的缺点是操作步骤多，所需条件高。

6. 真空冻干保藏

将高浓度的菌体细胞与一定的保护剂溶液混合，置于安瓿管中，在极低温度（–70℃左右）下快速冷冻，然后在减压条件下升华除去冻结细胞悬液中的水分（至 1%～5%），使培养物干燥。最后将管口熔封，置于常温下或冰箱中保存。

常用的保护剂有脱脂乳、蔗糖、动物血清、谷氨酸钠、二甲基亚砜等。

此法为菌种保藏方法中最有效的方法之一，适用于大部分微生物菌种。保藏时间一般可长达数年至十余年。而且经冻干后的菌株不需要进行冷冻保藏，便于运输。但设备和操作都比较复杂。

7. 蒸馏水悬浮法

蒸馏水保藏法适用于霉菌、酵母菌和绝大部分放线菌。将菌体悬浮于蒸馏水中于室温或较低温度下即可保藏数年，注意避免水分的蒸发。

8. 寄主保藏

用于目前尚不能在人工培养基上培养的微生物，如病毒、立克次氏体、螺旋体等，它们必须在活的动物体、动物组织、昆虫、鸡胚内感染并传代。

二、菌种保藏机构

（一）中国微生物菌种保藏中心

我国于1979年7月成立了中国微生物菌种保藏管理委员会（China Committee of Culture Collection for Microorganisms，CCCCM），委托中国科学院负责全国菌种保藏管理业务，并确定了与普通、农业、工业、医学、抗生素和兽医微生物学有关的6个菌种保藏管理中心。

1985年增加一个林业菌种保藏中心。各保藏管理中心从事应用微生物各学科的微生物菌种的收集、保藏、管理、供应和交流。

（1）中国普通微生物菌种保藏管理中心（China General Microbiological Culture Collection Center，CGMCC），设在北京中国科学院微生物研究所（Institute of Microbiology of the Chinese Academy of Sciences，IMCAS）。此外，还有中国科学院武汉病毒研究所（Wuhan Institute of Virology，Chinese Academy of Sciences，WIV-CAS）。

（2）中国典型培养物保藏中心（China Center for Type Culture Collection，CCTCC），又名武汉大学保藏中心，是于1985年由中国专利局指定、经国家教委批准建立的专利培养物/生物材料/菌种保藏机构，是国内保藏范围最广、专利培养物保藏数量最多的保藏机构。

（3）中国农业微生物菌种保藏管理中心（Agricultural Culture Collection of China，ACCC），设在中国农业科学院农业资源与农业区划研究所（Institute of Agricultural Resources and Regional Planning of Chinese Academy of Agricultural Sciences，IARRP-CAAS）。

（4）中国工业微生物菌种保藏管理中心（China Center of Industrial Culture Collection，CICC），设在中国食品发酵工业研究院有限公司（China National Research Institute of Food and Fermentation Industries Corporation Limited，CNRIFFI）。此外，四川省工业微生物菌种保藏管理中心（Sichuan Center of Industrial Culture Collection，SICC）是省级工业微生物菌种保藏机构，隶属于四川省食品发酵工业研究设计院。

（5）中国医学细菌保藏管理中心（National Center for Medical Culture Collections，CMCC）设在中国食品药品检定研究院（National Institute for Food and Drug Control，NIFDC）。中国药学微生物菌种保藏管理中心（China Pharmaceutical Culture Collection，CPCC）承担药用微生物菌种的收集、鉴定、评价、保藏、供应与国际交流等任务。此外，中国食品药品检定研究院（National Institute for the Control of Pharmaceutical and Biological Products，NICPBP）和中国预防医学科学院病毒学研究所也保藏医学相关微生物。华北制药厂设立了国内医药行业最大的药用微生物菌种资源库。

（6）中国兽医微生物菌种保藏管理中心（China Veterinary Culture Collection Center，CVCC），隶属于中国兽医药品监察所（China Institute of Veterinary Drugs Control，CIVDC）。

（7）林业菌种保藏管理中心（China Forestry Culture Collection Center，CFCC）。

（8）中国海洋微生物菌种保藏管理中心（Marine Culture Collection of China，MCCC）成立于2004年，挂靠于国家海洋局第三海洋研究所，专业从事海洋微生物菌种资源的收集、整理、鉴定、保藏、供应与国际交流。

（9）广东省微生物菌种保藏中心（GDMCC）隶属于广东省微生物研究所。

（10）成都大学四川抗菌素工业研究所设立了微生物资源保藏管理中心，是在中国新抗生素菌种保藏管理中心基础上组建而成的，主要保藏抗生素菌种。

（11）中国香港大学微生物菌物保藏中心（The University of Hong Kong Culture Collection，HKUCC）。

（二）国外著名菌种保藏中心

（1）美国典型微生物菌种保藏中心（American Type Culture Collection，ATCC）。

（2）美国冷泉港研究室（Cold Spring Harbor Laboratory，CSH）。

（3）美国国立卫生研究院（The National Institutes of Health，NIH）。

（4）美国农业研究菌种保藏中心（Agricultural Research Service Culture Collection，NRRL）。

（5）美国威斯康星大学细菌学系（The Department of Bacteriology，University of Wisconsin，WB）。

（6）英国国立标准菌种收藏所（National Collection of Type Cultures，NCTC）。

（7）英国英联邦真菌研究所（Commonwealth Mycological Institute，CMI）。

（8）英国国家菌种保藏中心（The United Kingdom National Culture Collection，UKNCC）。

（9）英国食品工业与海洋细菌菌种保藏中心（National Collections of Industrial，Food and Marine Bacterial，NCIMB）。

（10）德国微生物菌种保藏中心（Deutsche Sammlung von Mikroorganismen und Zellkulturen，DSMZ）。

（11）法国巴斯德研究所菌物保藏中心（Collection de L'Institut Pasteur of Institut Pasteur，CIP）。

（12）丹麦国立血清研究所（Statens Serum Institut，SSI）。

（13）荷兰细菌保藏中心（Netherlands Culture Collection of Bacteria，NCCB）。

（14）荷兰真菌中心收藏所（The Centraalbureau voor Schimmelcultures，CBS）。

（15）新西兰环境科学研究所医学部微生物保藏中心（Institute of Environmental Science & Research Limited，ESR）。

（16）日本东京大学应用微生物研究所（Institute of Applied Microbiology，IAM）。

（17）日本生物技术研究所微生物菌种保藏中心（Marine Biotechnology Institute Culture Collection，Marine Biotechnology Institute，MBIC）。

（18）日本大阪发酵研究所（Institute for Fermentation，Osaka，IFO）。

（19）日本北海道大学农业部（Agriculture，Hokkaido University，AHU）。

（20）日本东京科研化学有限公司（Kaken Chemical Company Ltd.，KCC）。

（21）俄罗斯国家工业微生物保藏中心（Institute of Genetics and Selection of Industrial Microorganisms，VKPM）。

（22）全俄微生物菌种保藏中心（All-Russian Collection of Microorganisms，VKM）。

（23）世界卫生组织（The World Health Organization，WHO）。

（三）菌种的衰退与复壮

1. 菌种衰退的表现

菌种衰退或退化（degeneration）是指菌体细胞群体中退化细胞在数量上占到一定比例后，菌种出现或表现出负变性状的现象。

菌种衰退可表现在形态上或生理上，具体表现为：①菌落、细胞或孢子形态改变，如菌落、孢子颜色的改变，畸形细胞的出现等。②生长速度缓慢。③产孢子越来越少直至产孢子能力丧失。例如，放线菌、霉菌在斜面上多次传代后产生“光秃”现象等，从而造成生产上用孢子接种的困难。④生产性能下降。例如，黑曲霉糖化能力的下降，抗生素生产菌的抗生素发酵单位的下降，枯草芽孢杆菌产淀粉酶能力的衰退等。⑤致病菌对宿主侵染能力下降。⑥对外界不良环境条件（高温、低温、噬菌体侵染等）抵抗力下降。

值得注意的是，微生物在不适生长条件下有时也会丧失某些原来的特性，但菌种并未真正退化，给予适宜的生长条件，就能使菌种的有效性能得到恢复，因而不属于菌种变异。

2. 造成菌种退化的原因

菌种退化的主要原因是有关基因发生了负突变。菌种的退化是一个从量变到质变的逐步演变过程。开始时，在群体中只有个别细胞发生负突变，这时如不及时发现并采取有效措施而一味转种传代，就会造成群体中负突变个体的比例逐渐增高，最后占优势，从而使整个群体表现出严重的退化现象。

3. 菌种衰退的防止与复壮

1）菌种衰退的防止　①控制传代次数。尽量避免不必要的转种和传代，把必要的传代次数降低到最低水平，以降低自发突变的概率。菌种传代次数越多，产生突变的概率就越高，因而菌种发生退化的机会就越多。②创造良好的培养条件，如选用合适的培养基，或在培养基中加入某些成分以减少衰退的发生。③利用不易衰退的细胞进行转种传代，尽量利用单核体传代。例如，放线菌和霉菌，由于菌丝细胞常含有几个核或甚至是异核体，因此采用菌丝接种易出现不纯和衰退，而孢子一般是单核的，用孢子接种就可减少衰退现象的发生。④采用有效的菌种保藏方法。根据不同菌种的特点，选择采用适宜的菌种保藏方法，尽可能选取保藏时间较长的保藏方法。⑤经常进行菌种分离纯化，保证菌种纯种，对纯化菌种进行生产性能测定，及时淘汰低产菌株，防止菌种退化。

2）退化菌种的复壮　因为在退化的菌种中仍有一些保持原有菌种特性的细胞，故有可能采取一些相应措施，使这些未衰退的细胞生长、繁殖，以更新退化的菌株，这一过程称为菌种的复壮（rejuvenescence）。

退化菌种的复壮可通过纯种分离和性能测定等方法来实现，传统的、被动的复壮方法是从退化菌种的群体中找出少数尚未退化的个体，以恢复菌种的原有典型性状。更为积极的方法应是在菌种的典型特征或生产性能尚未退化前就经常而有意识地进行纯种分离和生产性能的测定工作，这样做其实是一个自然选育过程，可使菌种的生产性能逐步提高。

具体的复壮措施如下：①纯种分离。对于大多数好氧微生物或兼性微生物可采用平板划线、稀释倒平板或平板涂布的方法，让稀释后的单细胞在平板上形成单菌落，挑取单菌落，把仍保持原有典型优良性状的单细胞分离出来，经扩大培养恢复原菌株的典型优良性状。②寄主复壮。对于寄生微生物可接种到相应敏感寄主体内以提高菌株的活力，通过寄主进行复壮。③遗传育种。可把退化菌株作为出发菌株，重新进行遗传育种，从中选出高产的、不易退化的稳定菌株。例如，对退化菌株采用高剂量的紫外线辐射和低剂量的十六烷磺基丁二酸钠（DTG）联合处理，淘汰已衰退的个体（采用比较激烈的理化条件进行处理，以杀死生命力较差的已衰退个体）。

复习思考题

1. 什么是遗传型、表型、饰变？
2. 遗传变异的物质基础是什么？

3. 微生物作为遗传学研究对象的优势有哪些？
4. 从7个水平说明遗传物质在细胞中的存在形式。
5. 简述质粒和转座子的概念、基本特性和主要类型。
6. 原核生物基因的特点是什么？
7. 什么是基因突变？基因突变从表型分可分为哪几类？
8. 自发突变的特性有哪些？
9. 什么是转换、颠换、移码突变、染色体畸变、转座因子？
10. 试以亚硝酸、5-溴尿嘧啶为例来说明基因突变的分子机制。
11. 紫外线诱变的机制是什么？
12. 什么是光复合修复和切除修复？其作用机制怎样？
13. 试述诱变育种的一般原则。
14. 试述诱变育种的流程和基本步骤。
15. 什么是中间培养?中间培养的原因是什么？
16. 什么是营养缺陷型?概述营养缺陷型筛选的主要步骤和方法。
17. 自然界原核微生物与真核微生物各有哪些基因重组形式？
18. 什么是细菌的溶原性转变？
19. 什么是完全缺陷型噬菌体？什么是部分缺陷型噬菌体？
20. 什么是完全转导？什么是流产转导？
21. 举例说明细菌、酵母菌、霉菌的杂交育种技术。
22. 什么是基因工程?基本操作步骤有哪些？
23. 什么是菌种衰退?常见菌种衰退的表现有哪些？
24. 什么是菌种复壮?复壮的措施有哪些？
25. 试述微生物菌种保藏的原理及常用保藏方法和特点。

第七章 微生物的生态

【内容提要】

本章介绍了微生物群体与周围环境相互作用的科学，包括微生物在自然界的分布规律与菌种资源的开发、微生物与生物环境间的关系，以及微生物在生态系统中的地位与作用。

【教学目标】

1. 了解微生物群体与周围环境之间相互作用的关系。
2. 熟练掌握微生物在自然界的分布规律。
3. 熟练掌握微生物与环境之间的几种主要关系。
4. 了解微生物在生态系统中的地位与作用。

【重要的概念及名词】

富集培养　互生　拮抗　共生　寄生　碳素循环

第一节　微生物在自然界中的分布与菌种资源的开发

微生物生态学（microbial ecology）是生态学的一个分支学科，它是一门研究微生物群体与周围的生物及非生物环境相互作用规律的科学，是生态学和微生物学相结合所产生的一门学科。

微生物生态学研究有着重要的理论意义和实践价值。例如，了解微生物的生态分布规律有助于开发新的微生物资源，同时也可为研究生物进化提供理论基础；了解微生物之间及微生物与其他生物之间的相互关系，有助于开发新的微生物农药、微生物肥料和微生态制剂，并为发展混菌发酵、生态农业以及疾病和病虫害防治提供理论依据；了解微生物在自然界物质转化过程中的作用有助于发展综合利用，为环境保护和净化提供理论依据和各种技术支持。

一、微生物在自然界中的分布

细菌及其他微生物在土壤、水及空气中分布广泛，种类繁多，相互影响，构成了一定的微生物区系，其中的病原微生物备受重视，具有相应的检测方法。

（一）土壤中的微生物

土壤是由固体无机物（岩石和矿物质）、有机物、水、空气和生物组成的多孔性复合物，具备多种微生物生长繁殖所需的营养、水分、气体环境、酸碱度、渗透压和温度等条件，并能阻挡日光直射的杀伤作用，溶解在土壤水中的有机组分和无机组分可被微生物利用，因此土壤是微生物的“天然培养基”和“大本营”，也是人类丰富的微生物菌种资源库。

土壤中的微生物种类齐全、数量多、代谢潜力巨大，它们因生理习性不同而在土壤环境中发挥不同作用。它们的代谢活动可改变土壤的理化性质，进行物质转化，因此土壤微生物是影响土壤肥力的重要因素。

土壤微生物分布广泛，从终年结冰的极地、高山到炎热的赤道地带，从酷热的沙漠到深海底层的泥土都有它们的存在，但其种类和数量因土壤的结构、有机物和无机物的成分、含水量及土壤理化特性的不同而表现出较大的差异。此外，与施肥、耕作方法、气象条件、植物覆盖等也有密切关系。土壤中绝大部分微生物集中在矿质颗粒和有机颗粒上，其中矿质颗粒上的菌落较少、较小，一般是只含有几个细菌的微菌落，而在有机颗粒上的菌落要大得多。另外，土壤具有高度的异质性，在它内部包含有许多不同的微生物，甚至在微小土壤颗粒中也存在不同的生理类群。表层土壤由于受日光照射较为干燥，微生物数量较少；在离地面 10～20cm 深的土层中微生物数量最多，越往深处则微生物越少。土壤中的微生物以细菌最多，作用强度和影响范围也最大。放线菌和真菌次之，藻类和原生动物等的数量较少（表 7-1）。

表 7-1　典型花园土壤不同深度每克土壤的微生物菌落数（沈萍，2000）

深度/cm	细菌/cfu	放线菌/cfu	真菌/cfu	藻类/cfu
3～8	9 750 000	2 080 000	119 000	25 000
20～25	2 179 000	245 000	50 000	5 000
35～40	570 000	49 000	14 000	500
65～75	11 000	5 000	6 000	100
135～145	14 000	—	3 000	—

（二）水体中的微生物

广阔的水域，由于含有可溶性无机盐、有机物及具备微生物生长繁殖的其他条件，因此成为微生物栖息的重要场所。不同水域中由于有机物和无机物的种类和含量、光照度、酸碱度、渗透压、温度、含氧量和有毒物质的含量等差异很大，因而各种水域中的微生物种类和数量呈现明显的差异。在清洁水体中，有机物含量少，微生物相应也少，每毫升水中仅含有几十至几百个，且大部分是自养型微生物种群。典型的化能和光能自养型微生物有硫细菌、铁细菌和衣细菌等，以及含有光合色素的蓝细菌、绿硫细菌和紫细菌等。在停滞的塘水、污染的江河水，以及下水道的沟水中，有机物含量高，微生物的种类和数量都很多，每毫升可达几千万至几亿个，这些腐败型水生微生物以能分解各种有机物的一些腐生型细菌、真菌和原生动物为主，如变形杆菌、大肠杆菌、粪链球菌等。

微生物在较深水体（如湖泊）中具有垂直层次分布的特点。在光线充足好氧的沿岸带（littoral zone）、湖水带（limnetic zone）分布着大量光合藻类和好氧微生物，如假单胞菌、噬纤维菌、柄细菌和生丝微菌等。深水带（profundal zone）位于光补偿水平面以下，光线少、溶氧低，分布有紫色和绿色硫细菌及其他兼性厌氧菌。湖底区（benthic zone）则分布着大量厌氧微生物，主要有脱硫弧菌、甲烷菌、芽孢杆菌和梭菌等。

海洋是地球上最大的水体。海水的含盐量高，渗透压大，海洋微生物比淡水微生物的耐渗透压能力强。此外，深海中的微生物还能耐很高的静水压。例如，少数微生物可以在 600 个大气压下生长，如水活微球菌（*Micrococcus aquivivus*）和浮游植物弧菌（*Vibrio phytoplanktis*）等。另外，海水还具有低温、低营养的特点，因此海水中的土著微生物可耐冷和寡营养。

水中微生物的含量影响水源的饮用价值。一般认为，良好的饮用水，其细菌含量应在100个/ml以下，当超过500个/ml时则不适合作为饮用水。在饮用水的微生物学检验中，不仅要检查其菌落总数，还要检查其中所含的大肠菌群和病原菌数。根据我国有关部门规定的饮用水标准，自来水中细菌总数不可超过100个/ml（37℃，培养24h），大肠菌群数不能超过3/L。

（三）空气中的微生物

空气中并不含有微生物生长繁殖所必需的营养物、充足的水分和其他条件，加之，日光中的紫外线还有强烈的杀菌作用，因此它不宜于微生物的生存。然而，空气中还是含有一定数量的来自土壤、生物和水体等的微生物，它们是以尘埃、微粒等方式由气流带来的。因此，凡含尘埃越多或越贴近地面的空气，其中的微生物含量就越高。在医院及公共场所的空气中，病原菌特别是耐药菌种类多、数量大，对免疫力低下的人群十分有害。

来自人和动植物体及土壤中的微生物能通过飞沫或尘埃等散布于空气中，以气溶胶（aerosol）的形式存在。气溶胶是动植物病害的传播原因，也是引起发酵工业污染以及工农业产品霉腐等的重要根源。通过减少菌源、尘埃源，以及采用空气过滤、灭菌（如紫外线照射、甲醛熏蒸）等措施，可降低空气中微生物的数量。

空气中微生物的种类和数量，随地区、海拔、季节、气候等环境条件不同而不同。一般在畜舍、公共场所、医院、宿舍、城市街道的空气中，微生物含量最高；而在大洋、高山、高空、森林、草地、田野、终年积雪的山脉或极地上空的空气中，微生物的含量极少；由于尘埃的自然沉降，越近地面的空气中，微生物的含量越高；冬季地面被冰雪覆盖时，空气中的微生物很少；多风干燥季节，空气中微生物较多，而雨后空气中的微生物很少。

空气中的微生物，主要有各种球菌、芽孢杆菌、产色素细菌和对干燥和射线有抵抗力的真菌孢子等。室内空气中的微生物含量更高，尤其是医院的病房、门诊间因经常受患者的污染，可找到多种病原菌，如结核分枝杆菌（*Mycobacterium tuberculosis*）、白喉棒杆菌（*Corynebacterium diphtheriae*）、溶血链球菌（*Streptococcus hemolyticus*）、金黄色葡萄球菌（*Staphylococcus aureus*）、麻疹病毒，流感病毒等若干病毒及多种真菌孢子等。

（四）农产品原料上的微生物

粮食、蔬菜和水果等各种农产品上存在着大量微生物，由此可引起霉变，使人和动物中毒，危害极大。据估计，每年全球因霉变而损失的粮食就达总产量的2%左右。由于谷物（小麦、稻米、玉米）和面粉等粮食具有丰富的营养，一旦温度和湿度适宜，微生物就立刻在其中生长。

引起粮食、饲料霉变的微生物以曲霉属（*Aspergillus*）、青霉属（*Penicillium*）和镰刀霉属（*Fusarium*）的真菌为主，其中有些可产生真菌毒素（mycotoxin）。由于水果、蔬菜的蛋白质和脂肪的含量很低，其中碳水化合物被细菌降解引起的蔬菜腐败，尤其是能造成软化的细菌，如胡萝卜欧文菌（*Erwinia carotovora*）。当有强的氧化还原电势，但不存在被还原条件的情况下，好氧菌和兼性厌氧菌都会促进降解的过程。

目前已知的大约 9 万种真菌中，有 200 多种可产生 100 余种真菌毒素，其中十余种能致癌。由黄曲霉（*A. flavus*）部分菌株产生的黄曲霉毒素（aflatoxin, AFT）和一些镰刀菌（*Fusarium* spp.）产生的单端孢烯族毒素（trichothecene）T2 更是强烈的致癌剂。AFT 广泛分布于花生、玉米和大米（“红变米”“黄变米”）等粮食及其加工制品中，严重霉变时含量很高。AFT 至少有 18 种衍生物，毒性以 B_1、B_2 和 G_1、G_2 最强。其中 B_1 的毒性超过氰化钾，致癌性则比大家公认的三大致癌物还强得多，如比二甲基偶氮苯，即“奶油黄”强 900 倍。

粮食上也存在着有益无害的微生物。例如，植生假单胞菌（*Pseudomonas nerbicola*）和荧光假单胞菌（*P. fluorescens*），它们以植物各部分外渗物质为生，它们对某些引起粮食霉变的微生物有明显的拮抗作用。因此，这类微生物的大量存在说明霉菌处于抑制的状态，是粮食健全优良的标志。

为防止农产品的变质，贮藏时形成不利于微生物生长的条件，如干燥、低温、密闭的环境和使用某些防霉剂等。

（五）生物体内外的微生物

动物暴露在外部环境中的部位，如皮肤表面、口腔、呼吸道及肠道中皆有微生物的存在，而在器官内部、血液中或身体的淋巴系统中，一般不会存在微生物，如果在上述任一组织发现有相当数量的微生物，一般就会呈现疾病状态。

人类和动物的皮肤、黏膜及一切与外界环境相通的腔道（如口腔、鼻咽腔、消化道和泌尿生殖道）等部位常有大量的微生物，在正常的生理状态下，健康动物各部位，数量大、种类较稳定且一般是有益无害的微生物，称为正常菌群。正常菌群与生物体维持着平衡状态，在菌群内部的各类微生物之间也相互制约，从而保持相对的稳定。正常菌群在人体和动物健康中发挥着重要作用。

1. 人体内外的正常微生物

1）人体的正常菌群　人体所携带的细菌种类繁多，数量巨大，估计每个人体中的菌细胞数超过 10^{14}，约为人体细胞总数的 10 倍，主要分布在人体与外界相通的腔道，如肠道、呼吸道和泌尿生殖道及体表。体表的细菌主要来源于人体所接触的外界环境，经常随外界环境的变化而变化，因此称为暂住菌群；而定殖在体腔内的细菌比较稳定，是人体的正常菌群。正常菌群的种类与数量存在个体和部位差异。在人体内外分布的正常菌群主要如下。

皮肤：以表皮葡萄球菌、各种好气杆菌为主，如微球菌、链球菌、肠杆菌、霉菌等。

鼻腔：常见的有葡萄球菌、类白喉分枝杆菌。

口腔：因温度适宜，营养丰富（唾液、食物残渣等），存在着大量的球菌、乳杆菌属和拟杆菌属的成员。

胃：含有盐酸，不适于微生物生活，只含有少数耐酸菌；胃壁上常有乳酸菌、链球菌。

肠道：呈碱性，适于微生物生长，营养物质丰富，有大量细菌。常见的有大肠杆菌、产气杆菌、变形杆菌、粪产碱杆菌、拟杆菌、双歧杆菌等厌氧菌（占活细菌 99%）。

生殖泌尿道：常见的有嗜酸乳杆菌、类白喉杆菌、葡萄球菌、链球菌、大肠杆菌等。

其实，正常菌群是相对的、可变的和有条件的。当机体防御机能减弱时，如皮肤大面积烧伤、黏膜受损、机体着凉或过度疲劳时，正常菌群中的条件致病菌就会成为病原微生物。

部分正常菌群由于生长部位的改变，也可引起疾病。例如，革兰氏阴性无芽孢厌氧杆菌进入内脏，会引起各种脓肿。由于某种原因破坏了正常菌群内各种微生物之间的相互制约关系时，一些正常菌群也能引起疾病，在长期服用抗生素后这种现象尤为突出。由于肠道内对药物敏感的细菌被抑制，而不敏感的耐药性葡萄球菌等就会乘机大量繁殖，从而引起病变，这就是通常所说的菌群失调症。凡属正常菌群的微生物，由于机体免疫力降低、生存部位的改变或因数量剧增等情况而引起疾病的，称为条件致病菌（conditional pathogen）。由条件致病菌引起的感染，称为内源感染。例如，大肠中数量最多的是拟杆菌，在外科手术后，因消毒不好就会引起腹膜炎。

2）*肠道菌群*　对正常菌群研究得较深入的是肠道菌群。肠道菌群的研究是目前国内外研究的热点，美国国立卫生研究院（National Institutes of Health，NIH）开展了人类微生物组计划，建成人肠道微生物组，分析其特点和组成，并研究它与人类健康的关系。我国也积极开展了相关的研究。人类肠道菌群中占有数量优势的是厚壁菌门和拟杆菌门，约占90%，包括拟杆菌属、普氏菌属、卟啉单胞菌属、梭状芽孢杆菌属、柔嫩梭菌属、真杆菌属、瘤胃球菌属和乳杆菌属等；其次是变形菌门、放线菌门、梭杆菌门和疣微菌门等。

目前研究发现肠道菌的总基因数至少是人类基因组的150倍，是一个极其庞大的生物种群。种类繁多的肠道细菌构成一个庞大而复杂的微生态系统，与宿主一同进化，广泛参与人体多种生理活动，如消化、营养吸收、能量供应、脂肪代谢、免疫调节、抗病等诸多方面。人体肠道中的正常菌群对机体主要有以下几方面的作用：①调节肠道运动和分泌，分解食物中的大分子，参与营养物质的消化和吸收；②分泌一些维生素类的物质供人体利用，如一些B族维生素、维生素K、泛酸、生物素和叶酸等；③维持肠上皮屏障的完整性，在肠道内形成一道保护性的生物屏障，阻止外部入侵的致病菌的定殖和引发感染；④对与宿主免疫系统的建立和发育具有重要作用，可激发免疫应答，提高免疫力；⑤其他作用，如目前研究表明，肠道菌群还能影响脑的活动，与心理健康相关。此外，肠道菌群与肥胖、糖尿病、心脑血管疾病等具有相关性。

肠道微生物在人体健康中发挥着重要作用。现在人们已关注到维持肠道菌群平衡的重要性，并认识到人体的生理代谢不仅受其自身基因的控制，同时受到肠道微生物的调控。随着肠道基因组学、代谢组学、蛋白质组学的不断发展，肠道微生物越来越受到重视。对于数量庞大的菌群在肠道内究竟发挥着什么作用，细菌之间的关系，以及它们对人体健康发挥着怎样的作用，还需进一步深入地研究和探索。

2. 无菌动物与悉生生物

凡是在其体内外检测不到任何正常菌群的动物，称为无菌动物（germ-free animal）。它是将剖宫产的鼠、兔、猴、猪、羊等或特殊孵育的鸡等实验动物，放在无菌培养装置中进行精心培养而成的。用无菌动物进行实验，可排除正常菌群的干扰，从而使人们可以更深入、更精确地研究动物的免疫、营养、代谢、衰老和疾病等问题，也可通过同样的原理和适当的培养装置来获得无菌植物。

凡已人为接种上某已知纯种微生物的无菌动物或无菌植物，称为悉生生物（gnotobiota），意即“了解其生物区系的生物”。研究悉生生物的科学，称为悉生学（gnotobiotics）或悉生生物学（gnotobiology）。有关悉生生物学的观点，微生物学的奠基人巴斯德早在1885年就提出来了。他认为：“如果在动物体内没有肠道细菌的话，则它们的生命是不可能维持下去的。”

因此，用悉生生物学的观点来看待每一个高等动植物的正常个体时，它们实际上都是一个与正常菌群形成一体的“共生复合体”。

通过对无菌动物的研究发现：①在没有正常菌群存在的状态下，免疫系统的机能特别低下，若干器官变小，这在原来充满大量细菌的盲肠中表现得尤为突出；②营养要求变得特殊，如需要维生素 K；③对属于非致病菌的枯草芽孢杆菌和藤黄微球菌等变得极为敏感，并易患病；④对原来易患的阿米巴痢疾，因这种原生动物得不到细菌作食物，所以无菌动物反而不易患了。

3. 根际微生物和附生微生物

与动物体表面存在着大量正常菌群一样，在植物体表面也存在着正常微生物区系，最主要的有两类。

1）根际微生物　由于植物根系经常向周围的土壤分泌各种外渗物质（糖类、氨基酸和维生素等），因此在根际有大量的微生物。根际微生物的种类受植物的种类和发育阶段的影响。一般根际微生物以无芽孢杆菌居多，如假单胞菌属、土壤杆菌属、无色杆菌属、色杆菌属、节杆菌属、肠杆菌属和分枝杆菌属等。根际微生物在根际大量繁殖，会显著地影响植物的生长发育，主要包括：①改善了植物的营养条件。根际微生物的代谢作用加强了土壤中有机物的分解，改善了植物营养元素的供应，由微生物代谢中产生的酸类也可促进土壤中磷等矿质养料的供应。某些固氮细菌，如固氮螺菌属等，可为植物提供氮素养料。②分泌植物生长刺激物质。根际微生物可分泌维生素和植物生长素类物质。例如，丁酸梭菌可分泌若干 B 族维生素和有机氮化物；一些放线菌可分泌维生素 B_{12}；固氮菌可分泌氨基酸、酰胺类物质、多种维生素（维生素 B_1、维生素 B_2、维生素 B_{12} 等）和吲哚乙酸等。③分泌抗生素类物质，以利于植物避免土居性病原菌的侵染。④根际微生物有时也会对植物产生有害的影响。例如，当土壤中碳氮比例较高时，它们会与植物争夺氮、磷等营养；有时还会分泌一些有毒物质，抑制植物生长等等。

2）附生微生物　附生微生物是指生活在植物体表面，主要借其外渗物质或分泌物质为营养的微生物。叶面微生物是主要的附生微生物。一般每克新鲜叶表面约含 10^6 个细菌，也存在少数的酵母菌和霉菌，而放线菌则极少。叶面微生物对植物的生长发育和人类的实践有着一定的关系。例如，乳酸杆菌是广泛存在于叶面的微生物，在腌制泡菜、酸菜和青贮饲料过程中，存在于叶面的乳酸杆菌就成了天然接种剂。在各种成熟的浆果表面有大量糖质分泌物，因而存在着大量的酵母菌和其他附生微生物。当果皮损伤时，附生微生物就乘机进入果肉引起果实腐烂。在用葡萄等原料进行果酒酿造时，其表面的酵母菌也成了良好的天然接种剂。还有一些叶面微生物可以固氮，它们可直接或间接地向植物供应氮素营养。

（六）极端环境中的微生物

在一些绝大多数微生物所不能生长的高温、低温、高碱、高盐、高压或高辐射强度等极端环境下生活的微生物，称为极端环境微生物（microorganisms living in extreme environments）或简称“极端微生物”（extreme microorganisms），如嗜热菌（thermophiles）、嗜冷菌（psychrophiles）、嗜酸菌（acidophiles）、嗜碱菌（basophilic 或 alkaliphiles）、嗜盐菌（halophiles）、嗜压菌（barophiles）或耐辐射菌等。由于它们具有不同于一般微生物的遗传特性、特殊结构和生理机能，因此在冶金、采矿、开采石油及生产特殊酶制剂等多种生产和科研领域中发挥了重要作用或有巨大的潜在应用价值，近年来越来越引起人们的关注。

1. 嗜热菌

嗜热菌分布在草堆、厩肥、温泉、煤堆、火山地、地热区土壤及海底火山附近等处，其最适生长温度一般为50～60℃，专性嗜热菌的最适生长温度为65～70℃，超嗜热菌的最适生长温度为80～110℃。在湿草堆和厩肥中生活着嗜热的放线菌和芽孢杆菌，其生长温度在45～65℃，有时甚至可使草堆自燃。美国怀俄明州的黄石国家公园的热泉中，热溶芽孢杆菌（*Bacillus caldolyticus*）可在当地水的沸点（92～93℃）下生长，在实验室条件下该菌还可在100～105℃下生长；在该公园的含硫热泉中还分离到一株嗜热的兼性自养菌——酸热硫化叶菌（*Sulfolobus acidocaldarius*），它能以硫黄作能源，产生硫酸。1983年，J. A. Barros等在太平洋底部发现可在250～300℃高温高压下生长的嗜热菌，更是生命的奇迹。据了解，植物界中最耐热的种类可能是南非的生石花，最高可耐受50℃。脊椎动物能生长的最高温度也只是50℃。

已分离到的原核嗜热菌有十几个属，它们对高温的适应机制主要表现在细胞膜上脂肪酸的成分、耐高温酶和生物大分子的热稳定性上。细胞膜上长链饱和脂肪酸的比例随着温度的提高而增多，相应的不饱和脂肪酸则减少，这有利于提高膜对高温的稳定性。此外，嗜热菌的tRNA因其G、C含量高，提供了较多的氢键，具有独特的热稳定性。

嗜热菌生长速率高，代谢作用强，在高温下具有竞争优势，故在发酵生产中可防止杂菌污染，且发酵过程中不需冷却。它们的耐高温酶类具有重要的生产潜力和应用前景，如嗜热细菌的耐热DNA聚合酶（*Taq* DNA polymerase）使PCR技术实现了自动化。

2. 嗜冷菌

嗜冷菌分布于南北极地区、冰窖、高山、深海和土壤等的低温环境中。能在5℃以下生长的嗜冷菌有两种类型：一类是从海水和某些冰窖中分离到的，对20℃以下稳定的低温环境有适应性，在20℃以上即引起死亡；另一类是从不稳定的低温环境中分离到的，因此其生长的温度范围较宽，最高生长温度范围甚至可达30℃。

从南极的–60～0℃低温环境中所分离到的嗜冷菌，主要有芽孢杆菌属（*Bacilus*）、链霉菌属（*Streptomyces*）、八叠球菌属（*Sarcina*）、诺卡氏菌属（*Nocardia*）和斯氏假丝酵母，在–10～0℃生长（*Candida scotii*）。在植物界中，一种藻类——雪生腺衣藻能在–34℃下生长发育，而高等植物中最耐寒的种类则是生于西伯利亚的辣根类植物，它甚至能在–46℃下开花。

专性嗜冷菌的细胞膜内含有大量的不饱和脂肪酸，保证了膜在低温下的流动性，因此嗜冷菌能在低温条件下不断从外界环境中吸收营养物质。另外，嗜冷菌可使低温保藏的食品发生腐败。

3. 嗜酸菌

嗜酸菌仅分布于酸性矿水、酸性热泉和酸性土壤等处。极端嗜酸菌能生长在pH3以下。例如，氧化硫硫杆菌（*Thiobacillus thiooxidans*）的生长pH为0.9～4.5，最适pH为2.5，在pH0.5下仍能存活，它能氧化元素硫产生硫酸（浓度可高达5%～10%）。氧化亚铁硫杆菌（*T. ferrooxidans*）是另一种著名的专性自养嗜酸杆菌，它能氧化还原态的硫化物和金属硫化物，还能把亚铁氧化成高铁，从其中取得能量。但这种菌的作用也造成了严重的环境污染。例如，在美国宾夕法尼亚州的黄铁矿区，由于硫杆菌的作用，每年全区可产生300万t硫酸流入俄亥俄流域，形成了举世闻名的天然硫酸巨流。

4. 嗜碱菌

嗜碱菌分布广泛，在碱性和中性土壤中均可分离到，专性嗜碱菌可在 pH11 甚至 pH12 的条件下生长，在中性条件下反而不能生长。

已分离到的嗜碱菌有芽孢杆菌属（*Bacillus*）、微球菌属（*Micrococcus*）、棒杆菌属（*Corynebacterium*）、链霉菌属(*Streptomyces*)、假单胞菌属（*Pseudomonas*）、黄杆菌属（*Flavobacterium*）和无色杆菌属（*Achromobacter*）等的一些种。

与嗜酸菌相似，嗜碱菌的细胞膜具有维持细胞内外 pH 梯度的机制，因而在 pH11～12 的外环境中，仍维持细胞内接近中性的 pH。嗜碱菌的胞外酶具有耐碱特性，可用于洗涤剂或发挥特殊的应用价值。

5. 嗜盐菌

嗜盐菌通常分布于晒盐场、腌制的海产品、盐湖和著名的死海等高盐环境。其生长的最适盐浓度高达 15%～20%，甚至还能生长在 32%（或 5.2mol/L）的饱和盐水中。已分离到的极端嗜盐菌只有盐杆菌属（*Halobacterium*）的几个种。世界上最耐盐植物盐角草也只能耐 0.5%～6.5% 的盐浓度。死海的含盐量高达 23%～26%，因此其中只能生长少数几种细菌与少数藻类。

6. 嗜压菌

嗜压菌仅分布在深海底部和深油井等少数地方。嗜压菌和耐压菌不同，嗜压菌必须生活在高静水压条件下。一种生活在深海的假单胞菌 *Pseudomonas bathycete*，可在 1000 个大气压下生长。从 3500m 深、压强约 400 个大气压、温度为 60～105℃的油井中还分离到另一种嗜热性硫酸盐还原菌。据报道，嗜压菌甚至可在 1400 个大气压下正常生长。至于各种细菌、酵母菌和病毒在短时间内对高压的耐受性更是一种普遍现象，如许多细菌在数分钟内还能耐 12 000 个大气压而不死亡。

二、菌种资源的开发

自然界的菌种资源虽十分丰富，但要从其中筛选到较为理想的菌种十分不易。据链霉素发现者 S. A. Waksman 总结筛选链霉素产生菌的经过便可知道其中的甘苦：他的研究小组从土壤中分离到约 1 万株放线菌，发现其中约有 1000 株对预定实验菌有拮抗作用，其中的 100 株具有较好的液体发酵性能，又从其中筛选出 10 株产链霉素性能良好的菌株，最后，再从中挑出一株有生产价值的链霉素产生菌——灰色链霉菌（*Streptomyces griseus*）。工业生产上常用的菌种按其产物性质主要有三类：①生产菌体物质；②生产分解酶类；③生产各种主流代谢产物、次生代谢产物或生物合成产物，如乙醇、丙酮、丁醇、乙酸、柠檬酸、谷氨酸、赖氨酸、肌苷酸、维生素、赤霉素、抗生素或细菌外毒素等。如果要筛选的菌种在试样中含量很高，那么只需采集含菌样品、纯种分离和进行生产性能测定三步即可；如果要筛选的菌种在试样中含量极低，那么，在采集含菌样品后，还得先富集培养，然后才能进行纯种分离和生产性能测定。以下就这 4 个步骤分别加以介绍。

（一）采集菌样

采集含菌样品前，先应调查筛选的目标微生物在哪些地方分布最多。由于在土壤中几乎可找到任何微生物，因此土壤往往是首选的采集目标。除土壤外，其他各类材料上都有相应的优势微生物。例如，在腐木和堆肥中纤维素和木质素分解菌较多；在果实、蜜饯表面酵母菌较多；在蔬菜、牛奶中乳酸菌较多；在动物肠道和粪便中，革兰氏阴性无芽孢厌氧菌和肠道细菌较多；在谷物种子上曲霉、青霉和镰刀菌较多；而在油田、炼油厂附近的土壤中，则以石油分解微生物居多。

现以从土壤中筛选抗生素产生菌为例来介绍采样中必须考虑到的几个问题。

1）土壤中有机物的含量　有机物含量高，土质就肥，一般在其中微生物数量也较多，反之亦然。过于肥沃的土壤，往往细菌的含量过多，而放线菌却比较少。因此，在寻找拮抗性放线菌时，一般可采集一些园土或耕作过的农田土。

2）采土的深度　土壤的深度不同，其通气、养分和水分的分布情况也不同。表层的土壤由于直接受日光曝晒，故较干燥，微生物也不易大量繁殖。在离地面5～20cm处的土壤，微生物含量最高。

3）植被情况　植被的种类与微生物分布有着密切关系。例如，在冬天灌水的水稻田土壤中，真菌头孢霉菌属（*Cephalosporium*）的种类较多。但总的来说，这方面的规律还知道得很少。

4）采土的季节　以春秋两季为宜，这时土壤中的养分、水分和温度都较适宜，微生物的数量也最多。采土时注意土壤中的含水量，水分过多会造成厌氧环境，不利于放线菌的生长繁殖。真菌需要较高的相对湿度，但基质中的水分却不宜过多，因此要避免在雨季采集土样。此外，土壤的pH也应当注意，细菌和放线菌在中性或微碱性土壤中居多，真菌在酸性的土壤中较丰富。

5）采土的方法　选择好适当地点后，用小铲子除去表土，取5～20cm处的土样几十克，盛入事先灭过菌的容器中，并记录采土时间、地点和植被情况等。采好的土样应尽快分离。在采土的时候，一个地区采土的点不能太少，否则就不能代表该地区的微生物类群。

（二）富集培养

富集培养又称增殖培养，就是利用选择性培养基的原理，在所采集的土壤等含菌样品中加入某些特殊营养物，并创造一些有利于待分离对象生长的条件，使样品中少数能分解利用这类营养物的微生物乘机大量繁殖，从而有利于分离它们。

根据微生物的营养特性可以知道，如果自然菌样中含有某一物质较多，则其中含有能分解这一物质的微生物一般也较多。如果原有菌样中这类微生物不多，则可人为地加入相应的基质以促使它们生长繁殖，在数量上占有优势。例如，通常可在土壤中加入一些石油以促使其中少数能利用石油的微生物数量剧增；又如，在土样中加入纤维素也可以富集纤维素分解微生物等。但这类富集方法一般不适用于分离能产生某些物质的微生物。例如，把谷氨酸加入土壤样品中并不能使产谷氨酸的微生物大量繁殖。不过，如果我们已知道所要筛选的目标微生物的某些特殊生理特性，也可采用有利于这种微生物而不利于其他无关微生物的营养和培养条件，以达到富集的目的。

（三）分离纯化

常用的分离纯化的方法很多，大体上可将它们归纳成两类：一类较粗放，一般只能达到

“菌落纯”的水平，即从种的水平来说是纯的。例如，在琼脂平板上进行划线法、表面涂布法或浇注法分离以获得单菌落。另一类是较精细的单细胞或单孢子分离方法，它可以达到细胞纯，即“菌株纯”的水平。后者的具体操作种类很多，既有简便的利用培养基或凹玻片等作分离小室的方法，也有利用复杂的显微操纵装置进行分离的方法。如果遇到不长孢子的丝状真菌，则可用无菌小刀取菌落边缘稀疏的菌丝尖端进行分离移植，也可用无菌毛细管插入菌丝尖端，以截取单细胞而进行纯种分离。

（四）性能测定

测定分离筛选到的微生物是否有目标产物的产生，检测该菌种的毒性，要求该菌种对生态环境要安全，以及检测该菌种在生产上应用的稳定性。

第二节　微生物与生物环境间的关系

在自然界的某一环境中，许多微生物类群总是栖息在一起，极少仅有单一种属或单一类群存在的情况，这就构成了微生物与微生物之间的相互关系。由于环境条件不同，在各个生境中的微生物类群组成也不一样。而且由于各微生物类群的起始数量、代谢能力、生存和繁殖能力、对外界不利环境因子的抵抗能力、适应能力等方面的不同，微生物类群之间及微生物与其他生物间所构成的相互关系也各种各样。一般来说，这些关系可归纳为如下几类。

一、互　生

互生是指两种本来可以单独生活的生物，共同生活在一起时，一种生物可以为另一种生物提供有利的生活环境，或者相互创造有利于对方的生活条件。这是一种“可合可分，合比分好”的关系。

一个群体得益而对另一个群体并无影响的互生关系，如好氧微生物和厌氧性微生物共栖时，好氧微生物消耗环境中的氧，为厌氧性微生物的生存和发展创造厌氧的环境条件。也可以是一个微生物群体为另一个群体提供营养基质或生长刺激物质，如厌氧消化过程中，水解性细菌和产氢产乙酸细菌为产甲烷细菌提供生长物质及产甲烷的前体物质，如 H_2、CO_2、乙酸、甲酸等。

（一）微生物之间的互生关系

两个微生物群的生长对双方互为有利的互生关系可使双方都能较之单独生长时更好，生活力更强。这种互利可能是由于：互相提供了营养物质；互相提供了促生长物质；改善了生长环境；或兼而有之。例如，纤维素分解菌和固氮细菌的互生，前者分解纤维素产生的糖类可为后者提供碳源和能源，而后者固定的氮素可为前者提供氮源，互为有利而促进了纤维素分解和氮素固定。

（二）微生物与人和动物的互生关系

人体肠道正常菌群与人体间的关系，主要是互生关系。人体为肠道微生物提供良好的环境，使其能在肠道中生长繁殖；而肠道中的正常菌群对机体起着多方面的有益作用，如本章中所述，但有的肠道正常菌群在着生部位改变或环境条件改变时会变成致病菌；有的在人们滥用抗生素或抵抗力减弱时会从弱势菌变成优势菌，从而引起疾病。

二、共　生

有些具有互利关系的两种微生物，二者互相有利，互相依赖，共同生活在一起相互分工合作，两者之间有共生组织，难以单独生活，而且互相之间具有高度专一性，一般不能由其他种群取代共生体中的组成成员，这种关系称为共生关系，即二者共同生活在一起，相互分工协作、相互依存，甚至达到难分难解、合二为一的一种共生关系。

（一）微生物与微生物的共生

由某些藻类或蓝细菌与真菌组成的地衣是微生物之间典型的共生体，形成特定的结构，能像一种生物那样繁衍生息。地衣中的藻类或蓝细菌进行光合作用并固定大气氮素，可为真菌提供有机化合物作碳源、氮源、能源及 O_2，而真菌则可以产生有机酸去分解岩石中的某些成分，进一步为藻类或蓝细菌生长提供所必需的矿质营养。

（二）微生物与植物的共生

根瘤菌（*Rhizobium* spp.）与豆科植物共生形成根瘤共生体，这是一种典型的微生物与植物的共生关系。共生固氮菌对农业增产具有重大的实际意义。我国劳动人民早就知道种植豆科植物可使土壤肥沃并可提高间作或后作的产量。利用根瘤菌制成的根瘤菌肥料来对豆科植物的种子进行拌种，可使作物明显增产。

许多原生动物可与藻类共生而从藻类光合作用过程中获得有机物质和 O_2，原生动物则为藻类提供 CO_2 进行光合作用。最近也发现原生动物体内有产甲烷细菌共生。

（三）微生物与动物的共生

反刍动物与其瘤胃微生物的共生关系也十分典型。牛、羊、鹿等以植物中的纤维素为主要养料，它们的反刍胃一般由瘤胃、网胃（蜂巢胃）、瓣胃和皱胃四室组成。采食时食物经唾液拌和后未经充分咀嚼即进入瘤胃，经暂时贮存和细菌发酵后，进入网胃。网胃可将食物磨碎和分解成小团，再呕回口中重新咀嚼。食物也可从瘤胃直接呕回口中。经重新咀嚼再进入瘤胃的食物，就顺着网胃进入重瓣胃，在这里食物进一步被磨细，最后进入皱胃，通过皱胃分泌的消化液，可将食物尤其是其中大量的瘤胃微生物菌体进行消化。因此，它们的共生关系为：反刍动物为瘤胃微生物提供了纤维素形式的养料、水分、无机元素（以磷酸、碳酸氢盐、铵盐形式）、合适的温度（37～39℃）和 pH（5.8～7.3），以及良好的搅拌条件和厌氧环境；而瘤胃微生物则通过分解纤维素的活动产生大量有机酸供瘤胃吸收，并将产生的大量菌体蛋白以单细胞蛋白形式向反刍动物源源不断地提供养料。

三、寄　　生

寄生是指一种小型生物生活在另一种较大型生物的体内或体表，从中取得营养进行生长繁殖，同时使后者蒙受损害甚至被杀死的现象。前者称为寄生物（parasite），后者称为宿主或寄主（host）。寄生又可分为细胞外寄生和细胞内寄生、专性寄生和兼性寄生等数种。

（一）微生物之间的寄生关系

典型的微生物之间的寄生关系是噬菌体。

细胞外寄生方式如黏细菌对于细菌的寄生。黏细菌并不直接接触细菌，而是在一定距离外，依靠其胞外酶溶解敏感菌群，使敏感菌群释放出营养物质供其生长繁殖。细胞内寄生方式较为普遍。例如，病毒可寄生于细菌、放线菌和蛭弧菌；真菌可寄生于真菌、藻类等；原生动物又可被细菌、真菌和其他原生动物所寄生。实践中可利用噬菌体对细菌的寄生关系进行疾病的治疗。例如，伤口或创面受铜绿假单胞菌（绿脓杆菌）感染后，常常产生绿脓，严重者引起败血症，利用侵染铜绿假单胞菌的噬菌体，可治愈大面积的创伤感染。

（二）微生物与昆虫之间的寄生

冬虫夏草是寄生于昆虫的真菌形成一种名贵中药，它是子囊菌寄生于鳞翅目幼虫而形成的。冬季，虫体蛰伏在土中，真菌孢子侵入虫体，并生长发育，使虫体内充满菌丝，幼虫死亡。来年温暖潮湿时，自幼虫的头部长出棒状子实体露出土面，形似野草，故谓“冬虫夏草”。我国云南、青海、西藏等地均有出产。具有重要实践意义的是寄生于昆虫的各种病原微生物，如细菌、真菌和病毒。由于大多数昆虫都对人类有害，因此寄生于昆虫的各种微生物可供人类利用作为微生物杀虫剂，如苏云金芽孢杆菌等细菌杀虫剂、白僵菌等真菌杀虫剂。

（三）微生物寄生在人体和动物体

寄生在人体和动物体的微生物，导致人和动物的疾病。

四、竞　　争

微生物之间的竞争现象在自然界中很普遍，主要是争夺养料或双方都需要的其他生活条件，如土壤中的各种好氧微生物进行有氧呼吸会争夺分子态氧。

五、拮　　抗

拮抗指由某种生物所产生的代谢产物可抑制他种生物的生长甚至杀死它们的一种相互关系。在一般情况下，拮抗多指微生物间的“化学战术”，但有时因某种微生物的生长而引起的其他条件改变（如缺氧、pH 改变等）抑制其他生物的现象也称拮抗。例如，人们在腌制酸菜或泡菜时，人为创造厌氧条件，促进乳酸细菌的生长，进行乳酸发酵，产生大量乳酸而抑制其他腐败微生物的生长繁殖。微生物之间最典型、与人类关系最密切的拮抗作用是有的微生物产生的抗生素，不同种类的抗生素可以选择性地抑制各类生物的生长，但对其自身却无影响。例如，青霉菌产生的青霉素可以抑制革兰氏阳性菌；链霉菌产生的制霉菌素可以抑制酵母菌和霉菌等。

微生物间的拮抗关系可应用于抗生素的筛选、食品保藏、医疗保健和动植物病害的防治等多个领域。

六、捕　食

捕食一般指一种较大型的生物直接捕捉、吞食另一种小型生物以满足其营养需要的相互关系。微生物之间的捕食关系主要是原生动物吞食细菌和藻类的现象。这种捕食关系在污水净化和生态系统的食物链中都具有重要意义。还有一类是真菌捕食线虫和其他原生动物的现象。例如，常存在于土壤中、各类腐烂的蔬菜及动物粪便上的少孢节丛孢（*Arthrobotrys oligospora*）是最常见的捕食线虫的真菌，可用于线虫的生物防治。

第三节　微生物在生态系统中的地位与作用

生态系统是指在一定的空间内生物的成分和非生物的成分通过物质循环和能量流动相互作用、相互依存而构成的一个生态学功能单位。生物成分按其在生态系统中的作用，可划分为三大类群：生产者、消费者和分解者。

一、微生物是有机物的主要分解者

微生物最大的价值在于其分解功能。它们分解生物圈内动植物和微生物残体等复杂有机物质，将其转化成最简单的无机物，再供初级生产者利用。

1. 微生物是物质循环中的重要成员

微生物参与所有的物质循环，大部分元素循环都是在微生物作用下实现的。在一些元素的循环中，微生物是起主要作用的主要成员；有一些循环过程只有微生物才能进行，发挥独特作用；而有的元素循环过程微生物参与关键过程，起关键作用。

2. 微生物是生态系统中的初级生产者

微生物中的光能及化能自养微生物是生态系统的初级生产者，它们具有初级生产者所具有的两个明显特征，即可直接利用太阳能和将无机物的化学能作为能量来源。另外，其固定下来的能量又可以在食物链、食物网中流动。

3. 微生物是物质和能量的贮存者

微生物和动植物一样也是由物质组成和由能量维持的生命有机体。自然界中有大量的微生物生物量，贮存着大量的物质和能量。

4. 微生物是地球生物演化中的先锋种类

微生物是地球上最早出现的生命形式，在地球生物演化进程中，蓝细菌的产氧作用及其他细菌的固氮作用，改变了大气圈的化学组成，提供的可利用氮源为后来动植物进化出现打下基础。

二、微生物与自然界物质循环

自然界的物质循环主要可归纳为两个方面：一是无机物的有机质化，即生物合成作用；二是有机物的无机质化，即矿化作用或分解作用。这两个过程既对立又统一，构成了自然界的物质循环。

碳、氢、氧、氮、硫、磷、铁、锰、钾、钙等都是组成生物体的必需化学元素。生物只有不断地从环境中获取这些元素才能生长、发育和繁殖。但地球上这些元素特别是能被有效利用的部分，其贮存量终究是有限的，这些元素的供求矛盾只有在物质的不断循环中才能得以解决。生物所推动的物质循环，为有限营养元素的循环使用创造了极其重要的条件。在物质循环过程中，以高等绿色植物为主的生产者，在无机物的有机质化过程中起着主要的作用；以异养型微生物为主的分解者，在有机质的矿化过程中起着主要作用。

各种元素的生物化学循环都不是独立的，而是相互伴随、交织的，构成各种复杂关系。

1. 碳素循环

碳元素是组成生物体各种有机物中最主要的组分，它约占有机物干重的 50%。自然界中碳元素以多种形式存在着，包括周转极快的大气中的 CO_2、溶于水中的 CO_2（H_2CO_3、HCO_3^- 和 CO_3^{2-}）和有机物（死或活的生物）中的碳，此外，还有能量极大、很少参与周转的岩石（石灰石、大理石）和化石燃料（煤、石油、天然气等）中的碳。

碳素循环（carbon cycle）中微生物发挥着重大作用。大气中低含量（0.032%）的 CO_2 只够绿色植物和微生物进行约 20 年光合作用之需。微生物把有机物中的碳元素矿化和释放，从而使生物界处于一种良好的碳平衡环境中。据估计，地球上 90%的 CO_2 是靠微生物的分解作用而形成的。

2. 氮素循环

氮素循环（nitrogen cycle）由不同的氮化合物的转化反应所组成，包括固氮、铵同化、氨化（脱氨）、硝化作用、硝酸盐还原和反硝化作用等。

1）生物固氮　生物固氮为地球上整个生物圈中一切生物提供了最重要的氮素营养源。据测算每年全球有约 2.40×10^8t 氮被固定，其中约 85%是生物固氮。在生物固氮中，60%的生物固氮作用发生在陆地，另外 40%发生在海洋。在固氮生物中，贡献最大的是共生固氮菌中的根瘤菌属；其次是非豆科植物的共生固氮放线菌，如弗兰克氏菌属；再次是各种蓝细菌；最后是一些自生固氮菌。

2）硝化作用　硝化作用（nitrification）是好氧条件下在无机化能硝化细菌作用下氨被氧化成硝酸盐的过程。它的重要性是产生氧化态的硝酸盐，产物又可以参与反硝化作用。硝化作用分两阶段进行，第一阶段是把氨氧化为亚硝酸，由一群亚硝化细菌如亚硝化单胞菌属、亚硝化螺菌属、亚硝化球菌属和亚硝化叶菌属等参与；第二阶段是将亚硝酸氧化为硝酸，由一群硝化细菌如硝化杆菌属、硝化球菌属和硝化刺菌属等参与。

3）铵盐同化作用　以铵盐作营养，合成氨基酸、蛋白质和核酸等有机含氮物的作用，称铵盐同化作用（ammonium assimilation），一切绿色植物和许多微生物都有此能力。

4）*氨化作用*　氨化作用（ammonification）是指有机氮经微生物分解产生氨（铵）的过程。来自动物、植物、微生物的含氮有机物主要有蛋白质、氨基酸、尿素、几丁质及核酸中的嘌呤和嘧啶等。许多好氧菌如芽孢杆菌、普通变形杆菌、荧光假单胞菌和一些厌氧菌如腐败梭菌等都有很强的氨化作用能力。氨化作用对提供农作物氮素营养十分重要。

5）*硝酸盐还原和反硝化作用*　硝酸盐还原（nitrate reduction）包括同化硝酸盐和异化硝酸盐还原。同化硝酸盐还原作用是将硝酸盐还原成氨作为生长的碳源，异化硝酸盐还原作用是将硝酸盐作为能量产生的一个可变的电子受体。在大多数条件下，异化硝酸盐还原作用的最终产物是 N_2 和 N_2O。将硝酸盐转化为气态氮化合物称为反硝化作用（denitrification），这个过程是生物形成气态 N_2 的主要方式，因为 N_2 作为氮源与硝酸盐相比很少被生物体利用，因此，由于反硝化作用从环境中除去已固定的氮，是造成土壤氮素损失的重要原因之一，所以该过程是一个有害的过程，在农业上常采用中耕松土的办法，施用硝化抑制剂以抑制反硝化作用。但从整个氮素循环来说，反硝化作用还是有利的，否则自然界氮素循环将会中断，硝酸盐将会在水体中大量积累，对人类的健康和水生生物的生存造成很大的威胁。

3. 硫素循环

硫是自然界中最丰富的元素之一，硫元素以有机硫化物 R-SH 和以无机硫化合物 H_2S、S 和 SO_4^{2-}等形式存在。自然界中的硫和硫化氢经微生物氧化形成 SO_4^{2-}；SO_4^{2-}被植物和微生物同化还原成有机硫化物，构成其自身的成分；动物食用植物、微生物，将其转变成动物有机硫化物；当动植物和微生物尸体的有机硫化物（主要是含硫蛋白质）被微生物分解时，以 H_2S 和 S 的形式返回自然界。另外，SO_4^{2-}在缺氧环境中可被微生物还原成 H_2S。

微生物不仅在自然界的硫素循环中发挥了巨大的作用，而且还与硫矿的形成，地下金属管道、舰船、建筑物基础的腐蚀，铜、铀等金属的细菌沥滤，以及农业生产等都有着密切的关系。在农业生产上，由微生物硫化作用所形成的硫酸，不仅可作为植物的硫素营养源，而且还有助于土壤中的磷、钾、钙、锰、镁等营养元素的溶解，对农业生产有促进作用。在通气不良的土壤中所进行的硫酸盐还原作用，会使土壤中 H_2S 含量提高，引起水稻的烂根。

4. 磷素循环

磷是所有生物都需要的生命元素，遗传物质的组成和能量贮存都需要磷。磷素循环包括 3 种基本过程：①有机磷转化成溶解性无机磷（有机磷矿化）；②不溶性无机磷变成溶解性无机磷（磷的有效化）；③溶解性无机磷变成有机磷（磷的同化）。

5. 其他元素的循环

铁元素循环的基本过程是氧化和还原，在铁氧化菌作用下亚铁化合物被氧化生成高铁化合物而沉积，铁还原菌则使高铁化合物还原成亚铁化合物而溶解，微生物可以产生非专一性和专一性的铁螯合体作为结合和转运铁的化合物，促进铁的吸收。许多细菌和真菌能从有机金属复合物中沉积锰的氧化物和氢氧化物。钙是所有生命有机体的必需营养物质，钙离子影响膜的透性与鞭毛运动，细菌芽孢结构成分中含有钙吡啶。钙的循环主要是钙盐的溶解和沉淀，$Ca(HCO_3)_2$ 溶解度高，而 $CaCO_3$ 难溶解。硅是地球上除氧以外的最丰富元素，主要化合物是 SiO_2。硅是某些生物细胞壁的重要组分。硅的循环表现在可溶性和不溶性硅化物之间的转化。

复习思考题

1. 微生物生态学的任务是什么？

2. 为什么说土壤是微生物的“大本营”或是人类最丰富的“菌种资源库”？

3. 了解空气中的微生物有何理论和实际意义？

4. 什么是生物体的正常菌群？请阐述肠道正常菌群与人体的关系。

5. 什么是极端条件下的微生物？列举说明几种极端条件下的微生物。

6. 思考自然界中微生物的分布规律与食品质量控制的关系。

7. 从含菌样品中分离筛选优良性状菌种的方法步骤是什么？

8. 名词解释：互生、拮抗、共生和寄生。

9. 简述微生物在生态系统中的作用。

10. 微生物在自然界碳元素循环中起什么作用？

11. 什么是氮素循环？为什么说微生物在自然界氮素循环中起着关键的作用？

12. 什么是氨化作用、硝化作用、反硝化作用？其中分别有哪些代表性微生物参与？这三种作用有何实际意义？

第八章 微生物在食品工业中的应用

【内容提要】

本章介绍了以细菌、酵母菌、霉菌作为优势菌种的各类发酵食品生产原理、工艺过程、品质特征，重点阐述了食品混菌发酵体系的菌群变化、纯种发酵体系的代谢调控产生的生化变化，进而提出发酵食品品质形成机理和控制方法。

【教学目标】

1. 了解我们日常生产和生活中的酿造食品、发酵食品种类，以及微生物发酵生产的食品添加剂和功能因子。

2. 了解不同发酵基质、环境条件、微生物菌群之间的关系及其对产品品质的影响。

3. 掌握混菌发酵食品生产的一般工艺、菌群演替规律及其品质形成的生化历程和机制。

4. 掌握传统发酵食品产业现代化改造的一般途径和方法。

【重要概念及名词】

发酵和酿造　菌群演替　优势菌种　发酵剂　酒曲（大曲、小曲、麸曲）　乳酸菌的同型发酵和异型发酵　乙酸发酵　乳酸发酵　乙醇发酵　液化和糖化　蛋白质水解

第一节　细菌在食品加工中的应用

食品微生物主要有两大分支，即有害微生物在食品生产中的控制和有益微生物在食品工业中的利用。发酵食品就是有益微生物在食品工业中利用形成的特殊产品，而由于微生物的多样性造就了形形色色、风味和功能各异的发酵产品。随着社会文明和科学技术的发展，发酵食品这一源于古老生物技术的产品已经成为人类生活的重要组成部分，生产原料、制作工艺以及地域文化的特异性已经赋予发酵食品丰富的文化内涵。在我国，发酵食品更是具有悠久的历史，开门七件事的“柴、米、油、盐、酱、醋、茶”中有三件涉及发酵食品，中国的发酵食品不仅丰富了品种，人们长期发明、沿用的一些特殊生产方式和技艺也丰富了生物科学的内涵，推动了发酵技术的推陈出新。

酿造和发酵是食品微生物学中常见的两个概念，二者既有相同之处，又有差别。相同之处都是通过对环境生态因子的控制，利用有益微生物改变原料的特性，获得所需产品的过程。酿造通常是多菌种混合形成较为复杂的生态系统，共同作用于固体或半固体原料，经长时间作用形成特定产品的过程。发酵则多是单一特定微生物在特定容器内，经工业化生产控制，使培养基质转化为特定产物的过程。理论上而言，酿造产品通常是以风味物质为主导的调味品，而发酵通常指以获得纯品为目的的工业化程度较高的生产过程。微生物发酵已经成为农产品深加工的重要手段，许多发酵食品已经成为不同地域的传统民族食品，也承载着各民族的习俗、文化和生活理念。

发酵食品（fermented food）是指经过微生物（细菌、酵母和霉菌等）酶的作用使加工原

料发生许多理想的十分重要的生物化学变化及物理变化后制成的食品。从原理上讲，世界各国的发酵食品独特的风味和风格都是建立在微生物生命运动的基础上。发酵食品的微生物不仅是发酵食品生产的生物学基础和生产实践原理，而且是微生物学的重要组成部分。

传统发酵食品大都具有悠久的历史，很多国家和地区都有其特色的传统发酵食品。例如，中国的食醋、酱油、腐乳、白酒等，韩国的泡菜，意大利的发酵干香肠，法国的葡萄酒，德国的啤酒，以及西方许多国家的奶酪、发酵乳等。传统发酵食品大多数是在成分复杂的发酵基质中由多菌种混合发酵而成，多种微生物协同作用完成多种生化反应，在发酵中有益微生物群体占主导地位，几乎不发生污染。因此，了解和掌控食品发酵进程中微生物的生长和动态变化，了解特定微生物的生理生化特征及其形成的特殊生态系统，是控制发酵食品质量的关键。

一、食醋的酿造

食醋是我国传统的酸性调味品，是以粮食等为原料，经微生物糖化、乙醇发酵、乙酸发酵等阶段酿制而成。我国酿醋自周朝开始，已有2500年的历史，其中不乏名醋，如山西老陈醋、镇江香醋、北京熏醋、上海米醋、四川麸醋、江浙玫瑰醋、福建红曲醋等，这些醋风味各异，远销国内外。食醋除主要成分乙酸外，还含有各种氨基酸、有机酸、糖类、维生素、高级醇和酯等营养成分及风味物质，具有独特的色、香、味、体，不仅是调味佳品，经常食用对健康也很有帮助。食醋味酸而醇厚，液香而柔和。产地和品种不同，食醋中的乙酸含量也不同，一般在5%～8%，乙酸含量的大小决定食醋酸味强度的高低。

按生产方式不同食醋可分为酿造醋和配制醋两类。酿造醋是指将各种含有淀粉、糖或乙醇的原料单独或混合使用，经发酵工艺酿造而成的食醋，以粮谷醋为主。山西老陈醋以高粱为主要原料，大曲为发酵剂，采用固态乙酸发酵，再经熏醅和陈酿而成；香醋以糯米为主要原料，小曲为发酵剂，采用固态分层乙酸发酵，再经陈酿而成；麸醋以麸皮为主要原料，采用固态发酵工艺酿制而成；米醋以大米（糯米、粳米、籼米）为主要原料，采用固态或液态发酵工艺酿制而成；熏醋将固态发酵成熟的全部或部分醋醅经间接加热熏烤成为熏醅，再经浸淋而成；谷薯醋以谷类（大米除外）或薯类为原料，采用固态或液态发酵工艺酿制而成。配制醋则是以酿造食醋为主体，与冰醋酸等混合配制而成的调味食醋，且酿造食醋的添加量不得少于50%。

与西方食醋相比，中国传统发酵食醋的风味醇厚、多元，这是复杂酿造工艺及多种风味化合物共同作用的结果。已有许多研究致力于食醋风味的产生及强化，食醋中存在的各类物质决定食醋的色、香、味、体。这些物质种类与含量不仅在食醋发酵过程中产生和积累，也可在熏醅过程、加热灭菌及陈酿过程中转化而来。例如，糖类物质与氨基酸发生美拉德反应可以生成其他风味物质并能够加深食醋的色泽。食醋的优良品质与独特的酿造工艺和复杂的微生物群系之间存在必然的联系，改良原物料组成、调控发酵过程的生态环境、稳定酒醅和醋醅中微生物种群结构是提高食醋酿造品质的主要途径。

酿造微生物的种类和数量直接影响食醋的品质。食醋酿造离不开乙酸菌的作用，不同的生产工艺及发酵阶段其优势菌群是不一样的，虽然Plinius（公元23～79年）在约2000年前就已经知道葡萄酒接触空气后会变成醋，但人类对乙酸菌及食醋生产原理的基本认知始于19世纪 Kutzin（1837）、Pasteur（1864）、Boutroux（1880）和 Brown（1886）等学者的探究，1864年 Pasteur 发现醋是由一种称作"*Mycoderma aceti*"的微生物产生的，并且改进了原来的食醋生产方法。

乙酸菌（acetic acid bacteria，AAB）属于乙酸单胞菌属，具有氧化乙醇生成乙酸的能力，为革兰氏阴性、氧化酶阴性、过氧化氢酶阳性、好氧的一类细菌的统称。乙酸菌菌体呈椭圆、短杆或杆状，单生、对生或成链，细胞大小一般为（0.6～0.8）μm×（1.0～3.0）μm，有些菌体在一些情况下会退化成球形、弯形、膨大、丝状或棒状。单端鞭毛或周身鞭毛，在碳酸钙固体平板上生长能形成透明圈，有些能产生色素。乙酸菌氧化乙醇生成乙酸的过程分为两步：乙醇在乙醇脱氢酶（alcohol dehydrogenase, ADH）作用下生成乙醛，然后在乙醛脱氢酶（aldehyde dehydrogenase，ALDH）作用下生成乙酸。

按照乙酸菌的生理生化特性，可将乙酸菌分为乙酸杆菌属和葡萄糖氧化杆菌属两大类。前者在39℃下可生长，增殖最适温度在30℃以上，主要作用是将乙醇氧化为乙酸，在缺少乙醇的醋醅中，会继续把乙酸氧化为二氧化碳和水，也能微弱氧化葡萄糖为葡萄糖酸；后者可在低温下生长，增殖最适温度在30℃以下，主要作用是将葡萄糖氧化为葡萄糖酸，也能微弱氧化乙醇为乙酸，但不能继续把乙酸氧化为二氧化碳和水。酿醋用乙酸菌株，大多属乙酸杆菌属，仅在传统酿醋工艺的醋醅中可分离到葡萄糖氧化杆菌属的菌株。

乙酸细菌为好氧菌，必须供给充足的氧气才能进行正常发酵。液态静置培养时，除葡萄糖氧化杆菌外，均会在液面形成菌膜。在含有较高浓度乙醇和乙酸的环境中，乙酸杆菌对缺氧非常敏感，中断供氧会造成菌体死亡。

乙酸细菌不耐热，在60℃下经10min即死亡。乙酸菌生长的最适pH为3.5～6.5，一般在乙酸含量达1.5%～2.5%的环境中，生长繁殖就会停止，但有些菌株能耐受7%～9%的乙酸。乙酸杆菌对乙醇的耐受力颇高，通常可达5%～12%（体积分数），但对盐的耐受力很差，食盐浓度超过1.0%～1.5%时就停止活动。在生产中乙酸发酵完毕就添加食盐，其目的除调节食醋的滋味外，也是防止乙酸菌继续将乙酸氧化为二氧化碳的有效措施。

1. 食醋生产工艺

酿造醋的生产，传统工艺是利用自然界中的野生菌，设备落后，卫生条件差，原料利用率低，生产成本高。20世纪60年代，上海醋厂采用酶法液化自然通风回流制醋工艺，把酿醋工业机械化程度提高了一大步；70年代，石家庄、天津、济南、上海等地先后试验成功液态深层发酵制醋工艺。此外，生料制醋、固定化细胞连续发酵制醋等新工艺也相继用于生产，使我国制醋工业水平上了一个新台阶。采用新工艺制醋，虽然产量高、周期短、劳动强度低、原料利用率高、成品卫生好，但醋的风味比传统工艺的差。这主要是使用纯培养的菌种使微生物种类减少、酶系不丰富、风味产物组成单薄的缘故，另外，与酿造周期短也有关系。

镇江香醋整个生产工艺可分为三大阶段（图8-1）：①糖化和乙醇发酵阶段。原料中的淀粉经蒸煮糊化后，接种糖化曲进行液化、糖化，再经酵母菌酒化逐步转化为乙醇，为乙酸发酵提供碳源和氨基酸等前体物质。②乙酸发酵阶段。此阶段是决定食醋产量和质量的关键步骤，将酒醪、麸皮和稻壳充分混匀之后，用发酵一定时间的醋醅作为种醅接种于新鲜的发酵醋醅中，醋醅中的微生物最初都来自于环境和由原料带入，其群落结构经过长期在极端环境下（如高温、低 pH 等）的驯化，具有一定的稳定性，保证乙酸发酵进行。乙酸发酵过程中的微生物大多数都具有特定的功能，通过代谢作用生成风味物质，这些是食醋特有风味形成的物质基础。③封醅及后加工。乙酸发酵阶段结束后会进行封醅，防止乙酸、乳酸等有机酸过氧化，同时能够形成厌氧环境将包括乙酸菌在内的一些好氧微生物杀死，终止发酵。在此阶段，也可使醋醅内酸类物质和少量的乙醇进行酯化反应，还有少量的各种有机酸与高级醇类进行酯化反应，这是食醋中香味的主要来源。后期加工主要包括淋醋、煎煮、澄清、陈酿、包装等。

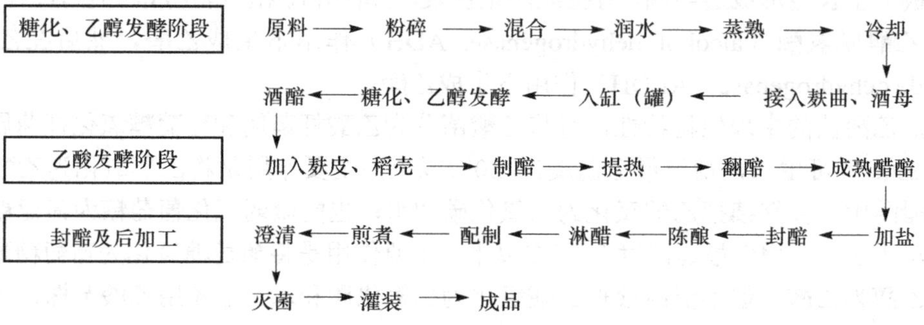

图 8-1　食醋酿造工艺

2. 食醋生产用菌种

传统工艺制醋是利用自然界中特定环境下的野生菌制曲、发酵，因此涉及的微生物种类繁多，有霉菌属的根霉、曲霉、毛霉、犁头霉；酵母属中的汉逊氏酵母、假丝酵母；细菌有芽孢杆菌、乳酸菌、乙酸菌、产气杆菌等。在众多微生物中，有对酿醋有益的，也有对酿醋有害的菌种。新法酿醋，均采用经人工选育的纯培养菌株，进行制曲、乙醇发酵和乙酸发酵。其好处是酿醋周期短，原料利用率高，因此带来了显著的经济效益。

1）曲霉　曲霉菌有丰富的淀粉酶、糖化酶、蛋白酶等酶系，因此常用曲霉制糖化曲。糖化曲是水解淀粉质原料的糖化剂，其主要作用是将制醋原料中的淀粉和蛋白质水解生成可发酵糖类和肽与氨基酸，从而有利于下一步酵母菌的乙醇发酵以及之后的乙酸发酵。糖化曲中的曲霉可分为黑曲霉和黄曲霉两大类群。黑曲霉的分生孢子梗呈炭黑色或褐黑色或紫黑色，因而菌丛呈黑色，但也有显无色的突变种。黑曲霉最适生长温度为 30～35℃，除分泌糖化酶、液化酶、蛋白酶、单宁酶外，还分泌果胶酶、纤维素酶、脂肪酶、氧化酶、转化酶等。适宜于酿醋的黑曲霉菌株有甘薯曲霉 AS3.324、邬氏曲霉 AS3.758、东酒一号、黑曲霉 AS3.4309（UV-11）等。黄曲霉群包括黄曲霉和米曲霉。它们的主要区别：前者小梗多为双层，而后者小梗多为单层，很少有双层。黄曲霉的分生孢子穗呈黄绿色，发育过程中菌丛先由白色转为黄色，最后变成黄绿色，衰老的菌落则呈黄褐色。最适生长温度为 30～35℃。黄曲霉群的菌株除有丰富的蛋白酶、淀粉酶外，还有纤维素酶、转化酶、菊糖酶、脂肪酶、氧化酶等。黄曲霉中的某些菌株会产生对人体致癌的黄曲霉毒素，为安全起见，必须对菌株进行严格检测，确证无黄曲霉毒素产生者方能使用。米曲霉一般不产生黄曲霉毒素。米曲霉中常用的菌株有：沪酿 3.040、沪酿 3.042（AS3.951）、AS3.863 等。常用的黄曲霉菌株有 AS3.800、AS3.384 等。

2）酵母菌　在食醋酿造过程中，淀粉质原料经曲的糖化作用产生葡萄糖等可利用糖，酵母菌则通过其乙醇发酵酶系将葡萄糖转化为乙醇和二氧化碳，完成酿醋过程中的乙醇发酵阶段。除酒化酶系外，酵母菌还可分泌麦芽糖酶、蔗糖酶、转化酶、乳糖分解酶和脂肪酶等。在酵母菌的乙醇发酵过程中，还可生成少量有机酸、杂醇油、酯类等物质，这些物质对醋风味的形成有一定作用。酵母菌培养和发酵的最适温度为25～30℃，但因菌种不同稍有差异。

酿醋用的酵母菌与生产酒类使用的酵母相同。适合于高粱原料及速酿醋生产的菌种有南阳混合酵母（1308 酵母）；适合于高粱、大米、甘薯等多种原料酿制普通食醋的有 K 字酵母；适合于淀粉质原料酿醋的有 AS2.109、AS2.399；适合于糖蜜原料的有 AS2.1189、AS2.1190。另外为了增加食醋香气，有的厂还添加产酯能力强的产酯酵母进行混合发酵，使用的菌株有 AS2.300、AS2.338、中国食品发酵研究所的 1295 和 1312 等产酯酵母。

3）乙酸菌　乙酸菌可将酵母菌产生的乙醇进一步氧化成乙酸，是食醋生产的关键菌株，常用和常见乙酸菌有：①奥尔兰乙酸杆菌（*A. orleanense*）。它是法国奥尔兰地区用葡萄酒生产醋的主要菌株。最适生长温度为30℃。该菌能产生少量的酯，产乙酸的能力弱，能由葡萄糖产 5.3%葡萄糖酸，耐酸能力较强。②许氏乙酸杆菌（*A. schutzenbachii*）。它是国外有名的速酿醋菌株，也是目前制醋工业重要的菌种之一。液体中生长的最适温度为28～30℃，最高生长温度为37℃。该菌产酸高达 11.5%，且对乙酸没有进一步的氧化作用。③攀膜乙酸杆菌（*A. scendens*）。它是葡萄酒、葡萄醋酿造过程中的有害菌，在醋醅中常能分离出来。最适生长温度为31℃，最高生长温度为44℃。在液面形成易破碎的膜，菌膜沿容器壁上升得很高，菌膜下液体很浑浊。④胶膜乙酸杆菌（*A. xylinus*）。它是一种特殊的乙酸菌，若在酿酒醪液中繁殖，会引起酒酸败、变黏。该菌生成乙酸的能力弱，又会氧化分解乙酸，因此是酿醋的有害菌。在液面上，胶膜乙酸杆菌会形成一层皮革状、纤维样厚膜。⑤AS1.41 乙酸菌。它属于恶臭乙酸杆菌，是我国酿醋常用的菌株之一。该菌细胞呈杆状，常呈链状排列，单个细胞大小为（0.3～0.4）μm×（1～2）μm，无运动性，无芽孢。在不良条件下，细胞会伸长，变成线形或棒形，管状膨大。平板培养时菌落隆起，表面平滑，菌落呈灰白色，液体培养时则形成菌膜。该菌生长适宜温度为28～30℃，生成乙酸的最适温度为28～33℃，最适 pH 为 3.5～6.0，耐受乙醇浓度为 8%（体积分数）。最高产乙酸 7%～9%，产葡萄糖酸能力弱。能氧化分解乙酸为二氧化碳和水。⑥沪酿 1.01 乙酸菌。它是从丹东速酿醋中分离得到的，是我国食醋工厂长远菌种之一。该菌细胞呈杆形，常呈链状排列，菌体无运动性，不形成芽孢。在含乙醇的培养液中，常在表面生长，形成淡青灰色薄层菌膜。在不良条件下，细胞会伸长，变成线形或棒状，有的呈膨大状，有分枝。该菌由乙醇产乙酸的转化率平均达到 93%～95%。

4）乳酸菌　近年来的研究表明，乳酸菌在乙酸发酵阶段占有较高的丰度，特别是乳杆菌属（*Lactobacillus* sp.），精确到种分别为 *L. helveticus*、*L. crispatus*、*L. panis*、*L. pontis*、*L. homohiochii*、*L. fructivorans*。乳酸菌对于乙酸发酵进程的正常进行具有重要作用。乳酸作为乳酸菌的主要代谢产物，对于缓冲食醋的口感非常重要；它也是多种风味物质的生产菌株；同时对于防范环境中的不良生物因素也具有重要作用。

5）醋醅微生物群落与环境　乙酸菌、乳酸菌及其他类微生物共同构成了乙酸发酵阶段的微生物群落，该群落拥有相对稳定的结构和功能，这与独特的地理气候条件及发酵工艺息息相关。了解食醋的起源及酿造历史可以发现，酿造微生物的获得是自然界的馈赠及酿造先人们不断从优选择的结果。在整个乙酸发酵过程中，醋醅温度维持在40～46℃，醋醅含水量在60%～70%，pH从初始的5.2左右逐渐降至3.6～3.9。醋醅中的微生物经过长时间的自我驯化及进化，已与醋醅环境融为一体。然而，对于每个批次发酵原料及大气等环境中的众多微生物，醋醅环境既是机遇又是挑战，它们不仅要与醋醅土著微生物抢夺营养物质，也要极力适应如此极端的醋醅环境。最终可以适应环境的微生物留了下来，并在发酵微生物群落中占据一席之地，再经过长时间的自我调整，成为足以存活甚至成为酿造不可或缺的微生物；而不能适应的微生物则随着发酵持续逐渐消亡淘汰。可见酿造微生物群落实现“自我净化”，保证发酵的正常进行。

由于固态基质的发酵特点，在发酵进程中，微生物个体或群体均有属于自身独特的微环境。在一段发酵时间内，微生物消耗底物，分泌产物及酶类，微环境逐渐由适合变为不适合。翻醅工艺促使了微环境的破坏或是重塑。因此，每个微生物或是局部微生物群体类似于二次接种，可以实现对底物的充分利用。但是伴随着翻醅，微生物的各种代谢物也经过了传递、转移或融合，微生物会感受到来自同类及异类的信息，从而对自身的生长代谢进行合理把控。

可见，微生物群落通过对自然环境、醋醅环境及微环境的感应，实现与环境、同类及异类之间的交流互作，推动乙酸发酵的安全有序进行。

3. 食醋生产中的主要生物化学变化

酿醋过程中发生着复杂的生物作用和化学反应，即使是用曲霉菌、酵母菌、乙酸菌纯种酿醋也是如此，而用野生菌种发酵的传统酿造工艺则更为复杂。这些复杂的化学反应与食醋主体成分，以及色、香、味、体的形成有密切关系。

1）*糖化作用*　淀粉质原料经润水、蒸煮糊化，为酶作用于底物创造了有利条件，由于酵母菌缺少淀粉水解酶系，因此需要借助曲的作用才能使淀粉转化为能被酵母菌发酵的糖。曲中起糖化作用的酶主要有具有外切酶活性的α-淀粉酶（详见第四章），具有内切酶活性的淀粉-1, 4-葡萄糖苷酶、淀粉-1, 6-糊精酶和淀粉-1, 6-葡萄糖苷酶。淀粉-1, 6-糊精酶专一性地作用于分支淀粉的分支点，即专一性地切断α-1, 6-键，将整个侧支劈掉；而淀粉-1, 6-葡萄糖苷酶仅对分支淀粉中带有一条多糖直链的分支点的α-1, 6-键有作用，形成一条单独的多糖直链和去掉直链的残余部分。淀粉-1, 4-葡萄糖苷酶则是从淀粉链的非还原性末端顺次逐个切开α-1, 4-键，水解成葡萄糖分子。一般情况下，采用固态发酵酿醋，每100kg醅料的麸曲用量为5～7kg。若使用大曲酿醋，由于大曲糖化率低，则用量要加大，山西老陈醋酿造时以曲代粮，大曲用量甚至超过40%。有些醋厂使用酶制剂代替曲作糖化剂，α-淀粉酶用量为4～6U/g淀粉，糖化酶用量为100～300U/g淀粉。

2）*乙醇发酵*　乙醇发酵是酵母菌在厌氧条件下经过菌体内一系列酶的作用，把可发酵性糖转化成乙醇和二氧化碳，然后通过细胞膜把产物排出体外的过程。把参与乙醇发酵的酶称为酒化酶系，它包括糖酵解途径（EMP）的各种酶及丙酮酸脱羧酶、乙醇脱氢酶。

在乙醇发酵中约有94.8%的葡萄糖被转化为乙醇和二氧化碳，酵母菌的增殖和生成副产物消耗5.2%葡萄糖。发酵后除生成乙醇和二氧化碳外，每100g葡萄糖还可生成醛类物质0.01g，甘油2.5～3.6g，高级醇0.4g，有机酸0.5～0.9g，酯类微量。采用边糖化边发酵的酿醋工艺，发酵结束后会有较多的糊精和糖类残存，成为固形物组分，它们使醋的甜味足、体态好，因此从这个意义上讲，糊精和糖的适量残存是有意义的。

3）乙酸发酵 乙酸发酵是继乙醇发酵之后，乙醇在乙酸菌氧化酶的作用下生成乙酸的过程。其主要反应过程如下：

$$CH_3CH_2OH + NAD \xrightarrow{\text{乙醇脱氢酶}} CH_3CHO + NADH_2$$

$$CH_3CHO + NAD + H_2O \xrightarrow{\text{乙醛脱氢酶}} CH_3COOH + NADH_2$$

根据上述反应可知：乙酸与乙醇的质量比为 1.304∶1。但由于发酵过程中乙酸的挥发、再氧化及形成酯等原因，实际得到的乙酸与乙醇的质量比仅为 1∶1。

某些特性的木醋杆菌，在利用糖生成乙酸的同时，还生成乳酸，过程如下：

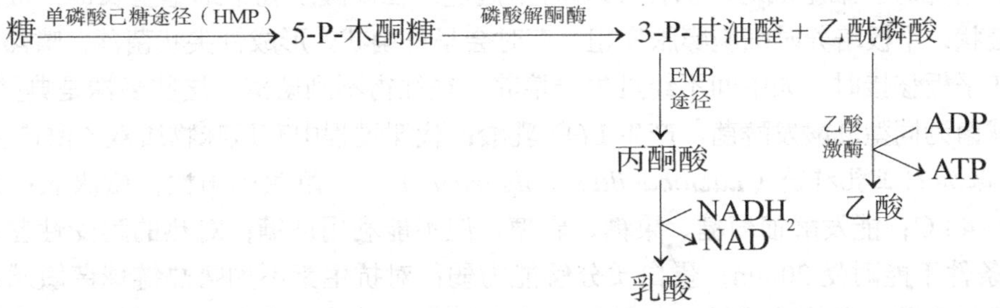

4）陈酿过程 在陈酿过程中，食醋的色、香、味、体均会发生变化。色泽更为浓重，香气更为浓郁，口感更为柔和，体态更为匀稠。经过陈酿，食醋中的酯类含量明显提高，由微生物产生的醇类物质如乙醇、甲醇、丙醇、异丁醇、戊醇等，醛类物质如乙醛、糠醛、乙缩醛、香草醛、甘油醛、异丁醛、异戊醛等，以及 4-乙基愈创木酚等经一系列的变化后，达到平衡，从而与乙酸一起赋予食醋特有的风味品质。

二、乳制品的发酵

发酵乳（fermented milk）是指原料乳通过乳酸菌发酵或乳酸菌、酵母菌共同发酵制成的酸性乳制品。发酵乳制品包括活菌型的冷链发酵乳和杀菌型（不含活菌）常温发酵乳两大类，前者要求在保质期内，该类产品中的特征性乳酸菌必须大量存在，并能继续存活和（或）具有活性。后者则对乳酸菌的活菌数不作要求。发酵乳种类很多，包括酸乳、开菲尔、发酵酪乳、酸奶油、乳酒（以马奶为主）等。由于乳（主要为牛奶）中接种了发酵菌种，使部分乳糖转化为乳酸，在发酵过程中还形成二氧化碳、乙酸、丁二酮、乙醛、乙醇和其他物质，从而使产品具有特有的滋味和风味。发酵乳制品具有营养丰富、易消化、适口性好等优点，深为广大消费者所喜爱。其中酸奶油、酸乳是乳液中接种乳酸菌后经发酵而制得的产品。而有些产品除细菌外，还有酵母和霉菌参与发酵，如蓝色干酪和沙门柏干酪就有娄地青霉（*Penicillum roqueforti*）和沙门柏青霉（*P. camemberti*）参与发酵；酸马奶、开菲尔中则有多种酵母菌参与发酵。这些微生物不仅会引起产品外观和理化特性的差异，而且可以丰富发酵产品的风味，赋予发酵乳特殊的营养和功能。

（一）发酵乳生产常用的细菌

以酸乳为代表品种的发酵乳主要是用一定比例混合的嗜热链球菌和保加利亚乳杆菌发酵制得的一种产品，可分为搅拌型酸乳和凝固型酸乳两种类型，工艺都是从牛奶的预处理和冷却、接种发酵开始，可以共用生产线。

发酵乳常用的乳酸细菌主要有：嗜热链球菌、保加利亚乳杆菌、嗜酸乳杆菌、双歧杆菌等，它们具有各自的生理生化特性。

1）嗜热链球菌（*Streptococcus thermophilus*）　革兰氏阳性；微需氧；最适生长温度为40～45℃；能发酵葡萄糖、果糖、蔗糖和乳糖；在85℃条件下能耐受20～30min；蛋白质分解能力微弱；对抗生素极敏感；细胞呈卵圆形，成对或形成长链；细胞形态与培养条件有关：在30℃乳中培养时，细胞成对，而在45℃时呈短链；在高酸度乳中细胞呈长链；液体培养时，细胞呈链状；平板培养时细胞膨胀变粗，有时会呈杆菌状，形成针尖状菌落；嗜热链球菌的某些菌株在平板移接时，如中间不经过牛奶培养，往往得不到菌落，这些菌株是典型的牛奶菌；嗜热链球菌为同型乳酸发酵菌，产生L(+)-乳酸；代谢过程中有风味物质双乙酰产生。

2）保加利亚乳杆菌（*Lactobacillus bulgaricus*）　革兰氏阳性；微厌氧；最适生长温度为40～43℃；能发酵葡萄糖、果糖、乳糖，但不能利用蔗糖；对热的耐受性差，个别菌株在75℃条件下能耐受20min；蛋白质分解能力弱；对抗生素不如嗜热链球菌敏感；细胞两端钝圆，呈细杆状，单个或成链，频繁传代会变形；培养基和培养温度对细胞形态影响很大：在20℃乳中培养，细胞呈长纤维状；在50℃下培养，细胞停止生长，如在此温度下继续培养，细胞形状变得不规则；在冷的酸乳中，由于温度和高酸度的影响，会有异常杆菌出现；在琼脂平板上培养时，细胞形状不规则；属同型乳酸发酵菌，产生D(−)-乳酸；将嗜热链球菌和保加利亚乳杆菌混合培养，两者的生长情况都比各自单独培养时好。

3）嗜酸乳杆菌（*Lactobacillus acidophilus*）　革兰氏阳性，微厌氧菌；最适培养温度为35～38℃；能发酵葡萄糖、果糖、蔗糖和乳糖，除此之外，还能利用麦芽糖、纤维二糖、甘露糖、半乳糖和水杨苷等作为生长的碳源；对热的耐受性差；蛋白质分解力弱；对抗生素比嗜热链球菌更敏感；细胞两端钝圆，呈杆状，单个、成双或成短链；属同型乳酸发酵，产D,L-乳酸；嗜酸乳杆菌的最适生长pH为5.5～6.0；对培养基营养成分要求较高。用牛奶培养时，一般都添加酵母膏、肽或其他促生长物质；使用合成培养基时需添加番茄汁或乳清；能耐胃酸和胆汁，在肠道中可存活。

4）双歧杆菌（*Bifidobacterium* spp.）　革兰氏阳性，专性厌氧；但目前应用于生产的菌株有不同程度的耐氧性，有的甚至可以在有氧环境下培养，经多次传代后，革兰氏染色反应转为阴性；最适培养温度约为37℃；能发酵葡萄糖、果糖、乳糖和半乳糖；除两歧双歧杆菌（*B. bifidum*）仅缓慢利用蔗糖外，短双歧杆菌（*B. breve*）、长双歧杆菌（*B. longum*）和婴儿双歧杆菌（*B. infantis*）等均能发酵蔗糖；双歧杆菌对热耐受性差；蛋白质分解力微弱；对抗生素敏感；细胞形状多样，不同菌种，不同培养条件，细胞的形态很不一样，有棍棒状、勺状、“V”字状、弯曲状、球杆状和“Y”字状等；属异型乳酸发酵，除产生L(+)-乳酸外，还生成乙酸、乙醇和二氧化碳等；抗酸性弱；对营养要求复杂，水苏糖、棉子糖、乳果糖、异构化乳糖、聚甘露糖和*N*-乙酰-α-D-氨基葡萄糖苷中的一种或几种均有助于双歧杆菌生长。

在培养基中添加还原剂维生素 C 和半胱氨酸对培养双歧杆菌有好处。

5）丁二酮乳链球菌（*Streptococcus diacetilactis*）　属嗜温型菌种，它能发酵柠檬酸，产生 CO_2、羟丁酮和丁二酮。丁二酮具有特殊的芳香气味，使乳制品具有特殊风味。

6）干酪乳杆菌（*L. casei*）　是一种短杆菌，菌体大小为 0.8μm×(2～4)μm，菌端通常平直。常常形成链状，不运动。在倾注的琼脂平板深层，菌落光滑，凸镜形或菱形，白色或淡黄色。除了形成大量的 D(−)-乳酸之外，还可以形成 L(+)-乳酸。核糖发酵生成乳酸和乙酸，不产生 CO_2；4%的葡萄糖酸盐能迅速诱发其生长，并产生大量的 CO_2。需要核黄素、叶酸、泛酸钙和烔酸；也需要吡哆醛（维生素 B_6）或吡哆胺。干酪乳杆菌存在于乳、乳制品、干酪、酸面中，常用于制造干酪和酸乳。

7）瑞士乳杆菌（*L. plantarum*）　菌体杆状，菌体大小为（0.6～1）μm×(2～6)μm，单个或呈链。用亚甲蓝染色无异染颗粒（不同于戴氏乳杆菌、保加利亚乳杆菌、赖氏乳杆菌和乳酸乳杆菌）。在倾注琼脂平板中，菌落直径为 2～3mm，不透明，白色至淡灰色，粗糙。在厌氧和 5%的 CO_2 环境中，在琼脂表面生长得更好。为同型乳酸发酵，产生 D-乳酸、L-乳酸。不发酵精氨酸产生氨。需要复合培养基，在乳中生长良好，产生 2%以上的乳酸。在含有乳清、马铃薯汁、肝和胡萝卜浸提液、酪蛋白消化液及酵母浸提液的培养基上生长良好。在营养不全培养基中，需要加入泛酸钙、烟酸、核黄素、吡哆醛或吡哆胺。最适生长温度为 40～42℃，15℃不生长，最高生长温度为 50～53℃，可以从酸乳、干酪中分离。可用于制造干酪。

（二）发酵乳制品中风味化合物的形成

最原始的发酵乳是利用乳中污染的乳酸菌将乳糖转化成乳酸制作而成的。目前，工业化生产是以乳酸菌为主的特定微生物作发酵剂接种到杀菌后的原料乳中，在一定温度下乳酸菌增殖产生乳酸，同时伴有一系列的生化反应，使乳发生化学、物理和感官变化。

酸乳的特殊风味主要是由乳酸和乙醛形成，其中乙醛被认为是酸乳中风味物质的主要成分，是一种非常重要的风味化合物，酸乳生产中多选用能很好产生乙醛的嗜热链球菌和保加利亚乳杆菌，以增进酸牛奶的风味。酸乳香味和风味的最佳时刻是乙醛含量为 23.0mg/kg 及 pH4.0～4.4 时。但在发酵过的奶油干酪、酸性酪乳和酸性稀奶油中，乙醛的存在则是有害的。它会给产品带来一种“生的”“酸牛奶”味的不良风味。某些乳链球菌和绝大多数乳链球菌丁二酮亚种菌株，都能产生高浓度的乙醛，故在上述产品生产中禁用这些菌株。

乙醇也是某些发酵乳制品中的重要风味化合物之一，风味细菌如明串珠菌在异型乳酸发酵中可形成少量乙醇。在酸乳酒中，乙醇含量可达 1%，乙醇是由开菲尔酵母（*Saccharomyces kefir*）和开菲尔圆酵母（*Torula kefir*）产生的。

甲酸、乙酸和丙酸等挥发性酸也是构成发酵乳制品风味的重要化合物。参与发酵的细菌可形成足够的挥发性酸，赋予发酵乳制品一定的风味。特别是风味细菌中的乳链球菌丁二酮亚种，利用酪蛋白水解物形成挥发性脂肪酸的能力更强。一般认为挥发性脂肪酸对成熟干酪的风味形成是有益的。

在酸性酪乳、酸牛奶酒和马奶酒中，二氧化碳可使这些发酵产品膨胀，发出嘶嘶声或起泡。在此二氧化碳赋予这些产品的风味效果与在软饮料中充二氧化碳气体的效果相似。它是由异型乳酸细菌或酵母菌发酵乳糖生成的。风味细菌发酵柠檬酸也可在乳液中产生大量的二氧化碳。

（三）酸乳发酵

在工业化生产发酵产品前，必须根据生产的需要预先制备发酵剂。所谓发酵剂（starter culture）是指制造发酵产品所用的特定微生物培养物，它含有高浓度乳酸菌，能够促进乳的酸化过程。

1. 酸乳发酵剂菌种的共生关系

酸乳发酵剂所用的菌种，一般是两种以上的混合菌种。根据联合国粮食及农业组织（FAO）关于酸乳的定义，酸乳中的特征菌为嗜热链球菌和保加利亚乳杆菌。在发酵的初期，嗜热链球菌增殖活跃，而后期保加利亚乳杆菌增殖活跃。使用混合发酵剂是因为二者之间存在共生关系（symbiosis），主要是利用菌种间的共生作用，相互得益。这两种菌的共生作用机理为：发酵初期乳杆菌生长缓慢，但其有微弱的蛋白质分解能力，可产生一定量的肽和氨基酸，对球菌的生长有刺激作用。嗜热链球菌的旺盛生长将使乳糖及其他糖类转化生成乳酸、乙酸、双乙酰和甲酸等。当酸乳混合物的 pH（最初在 6.3～6.5）下降到 5.5 时，嗜热链球菌的生长将被抑制，此时有利于保加利亚乳杆菌的生长。除嗜热链球菌和保加利亚乳杆菌混合具有很好的共生作用外，丁二酮乳酸链球菌和嗜酸乳杆菌配合也可以生产风味优良的发酵剂。

2. 酸乳发酵剂的类型

通常用于乳酸菌发酵的发酵剂按照制备过程分为乳酸菌纯培养物、母发酵剂、中间发酵剂和生产发酵剂。①乳酸菌纯培养物即一级菌种，多是从专门的发酵剂公司或研究所购得的原始菌种，一般多接种在脱脂乳、乳清、肉汁等培养基中，或者用真空冷冻干燥法制成的冻干粉（能较长时间保存并维持活力）。当生产单位取到菌种后，即可将其移植于灭菌脱脂乳中，恢复活力以供生产需要。②母发酵剂即一级菌种的扩大再培养，其培养基一般为灭菌脱脂乳，它是制备生产发酵剂的基础。母发酵剂的质量优劣直接关系到生产发酵剂的质量。③中间发酵剂是扩大生产工作发酵剂的中间环节。④生产发酵剂又称工作发酵剂，是直接用于实际生产的发酵剂。

由此可看出，各级菌种之间的制约关系，一级菌种质量优劣，对以后两级菌种影响极大，并直接影响产品质量。

根据物理状态的不同，乳用发酵剂还可分为如下三类：①液态发酵剂。乳品厂一般将商品发酵剂制成各种液态发酵剂供生产用。液态发酵剂中的母发酵剂、中间发酵剂一般由乳品厂化验室制备，而生产用的工作发酵剂由专门发酵剂室或车间制备，此类发酵剂一般也称为继代式发酵剂。所用培养基为脱脂乳或脱脂复原乳，一般要求干物质含量较高，必要时可添加促生长因子。工作发酵剂一般要求同生产用的原料相同，用原料乳制作。继代式发酵剂优点是便于检查，价格便宜。其缺点是批与批之间质量不够稳定，保存期短，乳酸菌含量低，必须经常转接传代以保存活力，费时费力且容易受到外界微生物的污染和噬菌体的侵袭，必须安排那些训练有素的人员在这些岗位上；且接种量较大。其活菌数一般为 10^6～10^8 个/ml，要求在 0～5℃保存不超过 1 周。根据情况可在 4～6 天转接 1 次。②粉末状或颗粒状发酵剂，往往也称为直投式发酵剂，是将培养到最大乳酸菌数的液态发酵剂经冷冻干燥而制得的。冷冻干燥是在真空下进行的，该方法最大限度地减少了对乳酸菌的破坏。冷冻干燥发酵剂活菌数高，可作为母发酵剂，也可直接用作生产发酵剂。与液态发酵剂相比，粉末发酵剂运输和保存方便，质量稳定，接种次数减少，污染机会也随之降低，但是成本高。③深层冷冻发酵剂是在乳酸菌生长活力最高点时，通过浓缩、在液氮罐中冷冻而制成的，然后保存在–196℃液氮罐中或在–70～–40℃低温冻藏。冷冻发酵剂可直接作为生产发酵剂，一次性使用简单、方便，大大降低了污染机会，确保了每批产品质量稳定；可随时按产量接种，减少了浪费。但是，该发酵剂在运输过程中不能解冻。因此，不便于运输，使用受到限制。

3. 酸乳发酵剂的制备

发酵剂制备是发酵乳生产中最重要的工艺之一，必须慎重地选择发酵剂的生产工艺及设备。要求极高的卫生条件，要把微生物污染危险降低到最低限度，菌种活化、母发酵剂调制应该在有正压和配备空气过滤器的单独房间或无菌室中进行。中间发酵剂和生产发酵剂可以在离生产近一点的地方或在制备母发酵剂的房间里制备，发酵剂的每一次转接都要在无菌操作条件下进行。对设备的清洗、灭菌要严格，以防清洗剂和消毒剂的残留物与发酵剂接触而污染发酵剂。发酵剂的调制步骤如图 8-2 所示。

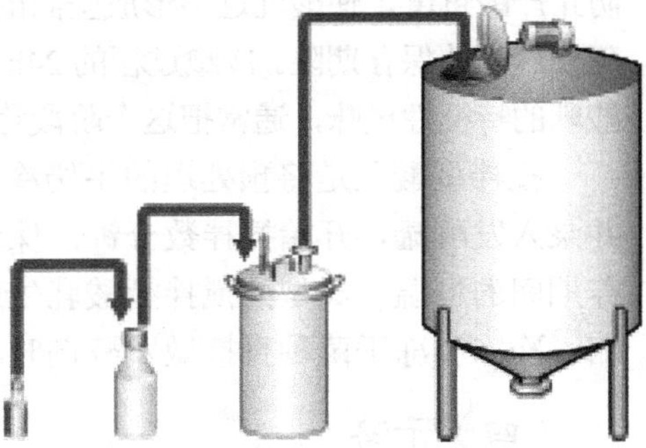

图 8-2　发酵剂制备的基本步骤（张兰威，2012）

4. 酸乳生产工艺

酸乳按生产工艺和产品形态可分为搅拌型酸乳和凝固型酸乳两种类型，其基本生产工艺如图 8-3 所示。

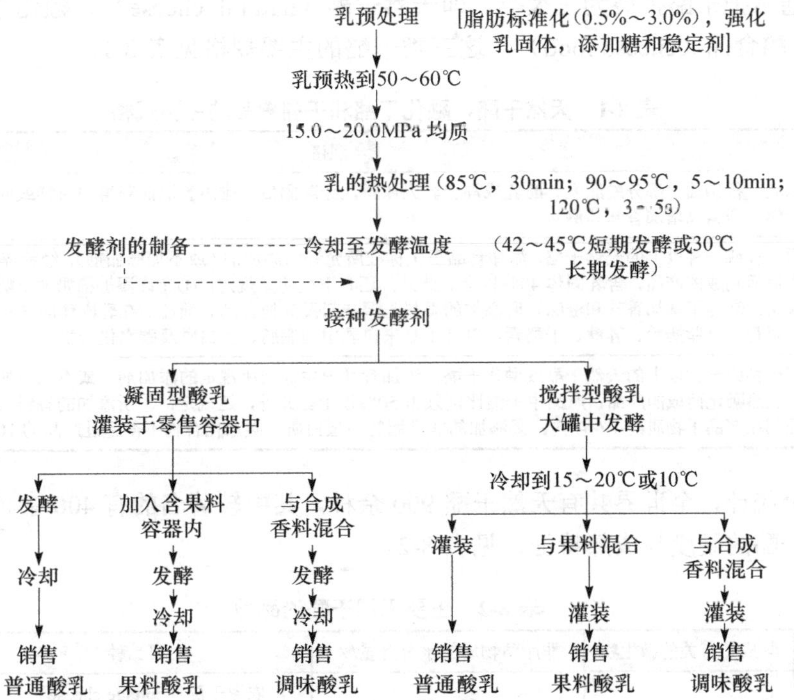

图 8-3　酸乳生产的工艺流程

1）*发酵温度*　嗜热链球菌的最适生长温度稍低于保加利亚乳杆菌，发酵温度一般采用40～43℃，这是两种菌最适生长温度的折中值。低酸性产品的最终酸度是0.85%～0.95%，高酸性酸乳的最终酸度是0.95%～1.20%，根据国际乳业联盟（IDF）规定，最低酸度是0.7%。

2）*发酵时间*　一般是3h左右，长者达5～6h，而发酵终点的时间范围（即从接近发酵终点起至开始超过发酵终点止这一段时间）比较小。

3）*冷却、后熟*　冷却的目的是迅速而有效地抑制酸乳中乳酸菌的生长，降低酶的活性，防止产酸过度，使酸乳逐渐形成坚固的凝固状态，降低和稳定酸乳脂肪上浮和乳清析出的速度，延长酸乳的保存期限。冷藏过程的24h内，风味物质继续生成，而且多种风味物质相互平衡形成酸乳的特征性风味，通常把这个阶段称为后成熟期。一般2～7℃下酸乳的贮藏期为7～14天。

搅拌型酸乳是将预处理的牛奶冷却到培养温度，然后连续地与所需体积的生产发酵剂一并泵入发酵罐，开始搅拌数分钟，保证发酵剂均匀分散。发酵罐是隔热的，以保证在整个培养期间的恒温。典型的搅拌型酸乳生产的培养温度和时间分别为42～43℃和2.5～3h。用浓缩、冷冻和冻干菌种直接做发酵剂时考虑到其迟滞期较长，发酵时间为4～6h。

（四）干酪

1. 干酪的定义及其分类

FAO和WHO制定了国际上通用的干酪（cheese）定义：干酪是以乳、稀奶油、脱脂乳或部分脱脂乳、酪乳或这些产品的混合物为原料，经凝乳酶（rennin）或其他凝乳剂凝乳，并排除乳清而制得的新鲜或发酵成熟的产品。

国际上通常把干酪扩展为三大类，即天然干酪（natural cheese）、融化干酪（processed cheese）和干酪食品（cheese food），这三类干酪的主要规格见表8-1。

表8-1　天然干酪、融化干酪和干酪食品的主要规格

名称	规格
天然干酪	以乳、稀奶油、部分脱脂乳、酪乳或混合乳为原料，经凝固后，排出乳清而获得的新鲜或成熟的产品，允许添加天然香辛料以增加香味和滋味
融化干酪	用一种或一种以上的天然干酪，添加食品卫生标准所允许的添加剂（或不加添加剂），经粉碎、混合、加热融化、乳化后而制成的产品，含乳固体40%以上。此外，还有下列两条规定：①允许添加稀奶油、奶油或乳脂以调整脂肪含量；②为了增加香味和滋味，所添加的香料、调味料及其他食品必须控制在乳固体的1/6以内。但不得添加脱脂奶粉、全脂奶粉、乳糖、干酪素，以及不是来自乳中的脂肪、蛋白质及碳水化合物
干酪食品	用一种或一种以上的天然干酪或融化干酪，添加食品卫生标准所规定的添加剂（或不加添加剂），经粉碎、混合、加热融化而成的产品，产品中干酪比例须占50%以上。此外，还规定：①所添加的香料、调味料或其他食品须控制在产品干物质的1/6以内；②添加的非乳脂肪、蛋白质、碳水化合物不得超过产品的10%

据不完全统计，全世界共有天然干酪900余种，其中较著名的有400余种，天然干酪的分类是基于干酪的硬度与成熟特征，见表8-2。

表8-2　主要天然干酪的品种

天然干酪类型	与成熟有关的微生物	非脂肪物质的水分含量/%	主要品种	原产地
软质干酪	不成熟	61～69 （40～60）	农家干酪（cottage cheese） 稀奶油干酪（cream cheese） 里科塔干酪（Ricotta cheese）	美国

续表

天然干酪类型	与成熟有关的微生物	非脂肪物质的水分含量/%	主要品种	原产地
软质干酪	细菌成熟	61～69 （40～60）	比利时干酪（Limburg cheese） 手工干酪（hand cheese）	比利时、意大利
	霉菌成熟		法国浓味干酪（camembert cheese） 布尔干酪（Brie cheese）	法国
半硬质干酪	细菌成熟	54～63 （38～45）	砖状干酪（brick cheese） 莫兹瑞拉干酪（Mozzarella cheese）	德国
	霉菌成熟		法国羊奶干酪（Roquefort cheese） 青纹干酪（blue cheese）	丹麦、法国
硬质干酪	细菌成熟	49～56 （30～40）	高达干酪（Gouda cheese） 荷兰硬质干酪（Edam cheese）	荷兰
	细菌成熟 （丙酸菌）		埃门塔尔干酪（Emmental cheese） 瑞士干酪（Swiss cheese）	瑞士、丹麦
特硬干酪	细菌成熟	<41 （30～35）	帕尔门逊干酪（Parmesan cheese） 罗马诺干酪（Romano cheese）	意大利

2. 干酪发酵剂

制造干酪的过程中，用来使干酪发酵与成熟的特定微生物培养物称为干酪发酵剂（cheese starter）。干酪发酵剂可分为细菌发酵剂和霉菌发酵剂两大类。

细菌发酵剂主要以乳酸菌为主，应用的主要目的在于产酸和产生相应的风味物质，主要有乳酸链球菌（*Streptococcus lactis*）、乳脂链球菌（*S. cremoris*）、丁二酮链球菌（*S. diacetylactis*）、干酪乳杆菌（*Lactobqcillus casei*）、嗜酸乳杆菌（*L. acidophilus*）、保加利亚乳杆菌（*L. bulgaricus*）及嗜柠檬酸明串珠菌（*Leuconostoc citrovorum*）等。有时为了使干酪形成特有的组织状态，还要使用丙酸菌属（*Propionibacterium*）。

霉菌发酵剂主要有脂肪分解能力强的卡门培尔干酪青霉（*Penicillium camemberti*）、干酪青霉（*Penicillium caseicolum*）、娄地青霉（*Penicillium roqueforti*）等。

某些酵母，如解脂假丝酵母（*Candida lipolytica*）等也在一些品种的干酪中得到应用。干酪发酵剂微生物及其用途见表8-3。

表8-3　发酵剂微生物及其适用制品

发酵剂微生物		用途
一般名	菌种名	
乳酸球菌	嗜热乳链球菌（*Streptococcus thermophilus*）	各种干酪，产酸、风味
	乳酸链球菌（*Streptococcus lactis*）	各种干酪，产酸
	乳脂链球菌（*Streptococcus cremoris*）	各种干酪，产酸
	粪链球菌（*Streptococcus faecalis*）	切达干酪
乳酸杆菌	乳酸杆菌（*Lactobacillus lactis*）	瑞士干酪
	干酪乳杆菌（*Lactobacillus casei*）	各种干酪，产酸、风味
	嗜热乳杆菌（*Lactobacillus thermophilus*）	各种干酪，产酸、风味
	胚芽乳杆菌（*Lactobacillus plantarum*）	切达干酪
丙酸菌	薛氏丙酸菌（*Propionibacterium shermanii*）	瑞士干酪
青霉菌	短密青霉菌（*Penicillium brevicompactum*）	砖状干酪、林堡干酪

续表

发酵剂微生物		用途
一般名	菌种名	
青霉菌	娄地青霉（*Penicillium roqueforti*） 卡门培尔干酪青霉（*Penicillium camemberti*）	法国卡门培尔干酪
曲霉菌	米曲霉（*Aspergillus oryzae*）	法国绵羊乳干酪
酵母类	解脂假丝酵母（*Candida lipolytica*）	青纹干酪、瑞士干酪

3. 凝乳酶

凝乳酶（rennin）的主要作用是促进乳的凝结，并为乳清的排出创造条件。少数类型的新鲜干酪，如农家干酪、夸克干酪等主要是通过乳酸来凝固，其他所有干酪的生产都是依靠凝乳酶或类似酶的反应来形成凝块。皱胃酶（rennet）是最常用的凝乳酶，由于凝乳酶的来源及成本等原因，其代用酶也被应用于干酪的实际生产当中。

4. 天然干酪的生产工艺

各种天然干酪的生产工艺基本相同，只是在个别环节上有所差异。天然干酪的基本生产工艺流程如图 8-4 所示。

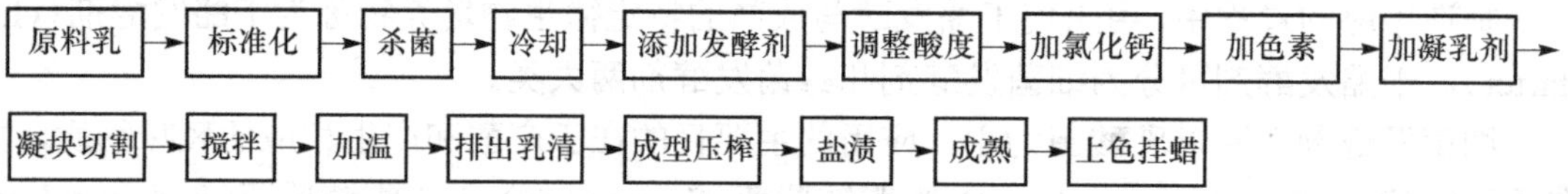

图 8-4　天然干酪的生产工艺

1）*添加发酵剂和预酸化*　原料乳杀菌后，冷却到 30～32℃，然后加入经过搅拌并用灭菌筛过滤的发酵剂（也可加入冷冻型或直投式发酵剂），充分搅拌。为使干酪在成熟期间能获得预期的效果，达到正常成熟，加发酵剂后进行短期发酵 30～60min，以保证充足的乳酸菌数量，此过程即预酸化，将最后酸度控制在 0.18%～0.22%。

2）*添加凝乳酶和凝乳的形成*　添加凝乳酶形成凝乳是干酪生产的一个重要环节。通常按凝乳酶效价和原料乳的量计算凝乳酶的用量。使用前先用 1%的食盐水将酶配成 2%溶液，并在 28～32℃下保温 30min。活力为（1∶10 000）～（1∶15 000）的液体凝乳酶的剂量在每 100kg 乳中添加 30ml。加入凝乳酶后，小心搅拌牛乳 2～3min，然后 32℃静置 30min 左右，即可使乳凝固形成凝块（curdling）。

3）*凝块切割*　乳凝块达到适当硬度时，乳清排出后通常要鉴定凝块的质量。做法是将一把小刀刺入凝乳然后慢慢抬起，出现玻璃样裂纹就可认为凝块已适宜切割；典型方法是用刀在凝乳表面切 2cm 深、5cm 长的切口。用食指斜向从切口的一端插入凝块中约 3cm。当手指向上挑起时，如果切面整齐平滑，指上无小片凝块残留，且渗出的乳清透明时，即可开始切割。切割时须用干酪刀（curd knife），切块大小取决于干酪的类型。切块越小，最终干酪中的水分含量越低。

4）*搅拌及二次加温*　为了促进干酪颗粒中的乳清排放，凝块切割后要对凝块搅拌及加温。首先当乳清酸度达到要求后，开始徐徐搅拌，约 15min 后，搅拌速度可逐渐加快。同时，在干酪槽的夹层里通入温水，使温度逐渐上升。起初每 3～5min 升高 1℃，当温度升高到35℃时，每隔3min升高1℃。当温度达到最终要求（高脂干酪为17～48℃，半脂干酪为34～38℃，脱脂干酪为30～35℃）时，停止加热维持此温度一段时间，并继续搅拌。通过加热，产酸细菌的生长受到抑制，这样使得乳酸的生成量符合要求。除了对细菌的影响以外，加热也能促进凝块的收缩并伴以乳清析出（脱水收缩）。凝块的机械处理和由细菌持续产生的乳酸有助于挤出颗粒中的乳清。

5）排出乳清　在搅拌升温的后期，乳清酸度达0.17%～0.18%时，凝块收缩至原来的一半（豆粒大小），用手捏干酪粒感觉有适度弹性或用手握一把干酪粒，用力压出水分后放开，如果干酪粒富有弹性，搓开仍能重新分散，即乳清已全部排出。乳清由干酪槽底部通过金属网排出。此时应将干酪粒堆积在干酪槽的两侧，促进乳清的进一步排出。此操作也应按干酪品种的不同而采取不同的方法。排出的乳清中脂肪含量一般约占0.3%，蛋白质占0.9%。

6）堆叠　乳清排出后，将干酪粒堆积在干酪槽的一端或专用的堆积槽中，上面用带孔木板或不锈钢板压5～10min，压出乳清使其成块，这一过程即为堆叠。有的干酪品种，在此过程中还要保温，调整排出乳清的酸度，进一步使乳酸菌达到一定的活力，以保证成熟过程对乳酸菌的需要。

7）成型压榨　将堆积后的干酪块切成方砖形或小立方体，装入成型器（cheese hoop）中进行定型压榨。压榨可进一步排出乳清，使凝乳颗粒成块，并形成一定的形状，在以后的长时间成熟阶段为干酪表面提供一坚硬外皮。

8）加盐　加盐的目的在于改进干酪的风味、组织和外观，排出内部乳清或水分，增加干酪硬度，限制乳酸菌的活力，调节乳酸的生成和干酪的成熟，防止和抑制杂菌的繁殖。盐加于凝块而导致排出的水分更多，这是借助于渗透压的作用和盐对蛋白质的作用。

干酪中盐含量一般为0.5%～2%，而蓝霉干酪或白霉干酪的一些类型（Feta、Domiati等）盐含量在3%～7%。加盐引起的附酪蛋白上的钠和钙交换也给干酪的组织状态带来良好影响，使其变得更加光滑。

（五）开菲尔

开菲尔（Kefir）起源于北高加索地区，近年来实现了工业化生产，中国也有了规模化生产的产品。开菲尔理论上虽然以牛乳、羊乳或由山羊乳为原料进行乳酸菌和酵母菌双重发酵，但工业化生产专门用牛乳进行。作为发酵剂的开菲尔粒是小如绿豆、大如小指头、形状不规则、淡黄而有弹性的“菌花”，其形态如图8-5所示。开菲尔粒加入消毒乳中经一定时间培养（通常为20℃左右，16～20h），滤去开菲尔粒后所得的酸乳即可饮用，滤出的开菲尔粒可以作为下次的发酵剂继续使用。

开菲尔粒是由数种乳酸菌和酵母菌组成的混合菌块。菌块内的乳酸菌在菌体表面蓄积黏性多糖类物质，作为菌块的支撑体，菌体细胞则附着在其上形成菌块。在牛乳中进行继代培养时，开菲尔粒以一定的速率增殖，但各个菌块菌相平衡保持不变。图8-6为开菲尔粒的内表面和外表面的扫描电镜照片，可见开菲尔粒的内表面高密度分布着大量长杆菌和酵母菌，而外表面的菌体密度很小，只有少量的短杆菌、长杆菌和酵母菌存在，可以看到许多相互交织的纤维状基质材料。

图 8-5　开菲尔粒及其发酵的开菲尔奶

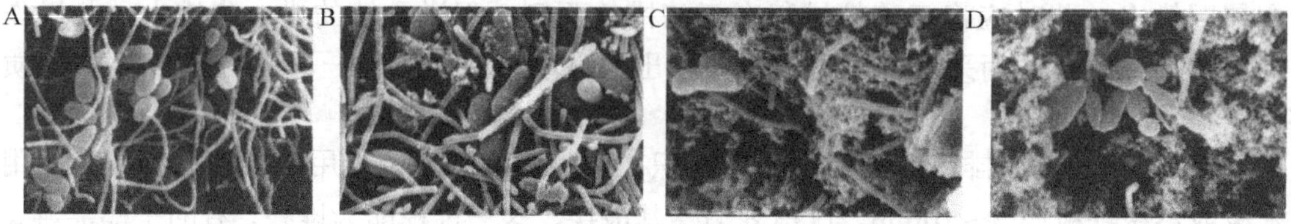

图 8-6　开菲尔粒内表面和外表面的扫描电镜照片

A、B. 内表面；C、D. 外表面

开菲尔粒是以乳酸菌和酵母菌为基础的小生态系。不同地区、不同培养时期的天然开菲尔粒，其菌相构成未必固定，菌群可能有多种组合。已经报道的乳酸菌主要有肠膜明串珠菌（*Leuconostoc mesenteroides*）、乳酸乳球菌（*Lactococcus lactis*）、开菲尔乳杆菌（*Lactobacillus kefiri*）、干酪乳杆菌（*Lactobacillus casei*）、保加利亚乳杆菌（*Lactobacillus bulgaricus*）、嗜酸乳杆菌（*Lactobacillus acidophilus*）、发酵乳杆菌（*Lactobacillus fermentum*）和格氏乳杆菌（*Lactobacillus gasseri*）等；酵母菌主要有马克斯克鲁维酵母（*Kluyveromyces marxianus*）、单孢酵母（*Saccharomyces unisporus*）、啤酒酵母（*Saccharomyces cerevisiae*）、热带假丝酵母（*Candida pseudohumilis*）和毕赤氏酵母（*Pichia fermentans*）等，此外，还有乙酸细菌、枯草芽孢杆菌、开菲尔杆菌等多种微生物。

第二节　酵母菌在酿酒工业中的应用

一、白 酒 酿 造

白酒是以粮谷为主要原料，以大曲、小曲或麸曲及酒母等为发酵剂，原料经蒸煮、糖化、发酵、蒸馏、陈酿和勾兑而酿成的蒸馏酒，又称烧酒、老白干、烧刀子等。白酒是中国特有的一种蒸馏酒，是世界六大蒸馏酒（白兰地 Brandy、威士忌 Whisky、伏特加 Vodka、金酒 Gin、朗姆酒 Rum、中国白酒 Spirit）之一。酒质无色（或微黄）透明，气味芳香纯正，入口绵甜爽净，乙醇含量较高，经贮存老熟后，具有以酯类为主体的复合香味。

我国酿造白酒的历史悠久，技艺精湛，种类繁多，风格独特，如驰名国内外的茅台酒、杏花村汾酒、泸州老窖特曲及宜宾五粮液等均属于蒸馏白酒。根据发酵剂与工艺不同，一般可将蒸馏白酒区分为大曲酒、小曲酒、麸曲白酒及液态白酒四大类。按香型分类，白酒分为酱香型白酒（以贵州茅台酒为代表）、浓香型白酒（以五粮液、泸州特曲酒为代表）、清香型白酒（以汾酒为代表）、米香型白酒（以桂林三花酒为代表）、兼香型白酒（以湖北白云边酒、黑龙江玉泉酒为代表）、凤香型白酒（以陕西西凤酒为代表）、其他型白酒（包括药香型、芝麻香型、特型白酒、豉香型、混合香型等）。

当前白酒酿造向两个方向发展：一是走液态发酵之路，液态发酵法具有出酒率高、煤电消耗少、劳动强度小等优点，但风味差，尚需进一步改进，这是当前我国普通蒸馏白酒发展的方向之一；二是继续保持传统的固态发酵法走机械化生产的道路，这是目前我国传统名白酒发展的方向。

（一）中国传统白酒窖泥微生态系

固态法大曲白酒生产，窖泥是基础，大曲是动力，工艺是关键，窖泥的好坏直接决定着酒质的优劣。窖泥是已酸菌、甲烷菌、丁酸菌等各种有益物的载体和栖息场所，也是它们繁衍的温床，这些有益微生物的种类和数量是衡量窖泥质量的一个标准。浓香型大曲酒的主体香味物质是已酸乙酯，已酸乙酯是窖泥中梭状芽孢杆菌（已酸菌）等各种生香产酯微生物的代谢产物，所以没有好的窖泥，就不能生产上乘的浓香型优质酒。“千年（百年）老窖出好酒”就是这个道理，是中国传统白酒生产实践的科学总结，充分说明了窖池在曲酒生产中重要地位。

中国传统白酒酿造使用的泥窖由黄土建成，见图 8-7。黄土黏实，不易渗漏，建窖时，窖底部黄土一定要夯实，用酒醅淋出的黄浆水，加在细腻、绵软、无夹砂的黄土里，踩柔后涂布在窖壁，厚约 10cm，窖底厚 30cm 以上。新建窖池时，兼顾考虑窖形和容积，使窖体表面积（尤其是底面积）达到最大，以增加酒醅与窖泥的接触，有利于提高酒的质量。窖容积的大小，应与蒸酒的甑桶容积相适应，又要与投料量和工艺相关联。既要考虑操作的方便，又要有利于保证酒质。窖容积越大，单位体积酒醅占有窖体表面积就相对减少。在生产上把窖容积相对地缩小些，有利于酒的质量。常取的窖容积在 8～12m^3，窖深应保证在 1.5～1.6m，这样既能满足厌氧性发酵和操作要求，又能取得较大的窖底面积。当窖容、窖深确定后，窖的长、宽尺寸会影响窖体的总面积，正方形窖，总面积最小。一般长与宽之比为（2～2.2）∶1 最适宜，这样的窖形较合理，能得到最大的表面积。

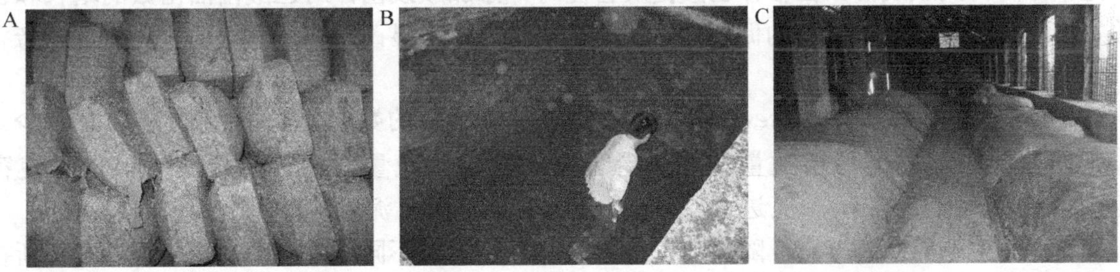

图 8-7　大曲（A）、正在出醅的窖池（B）和正在发酵的窖池（C）

窖龄越长，酒质越好。新的窖池经过七八轮使用后，窖泥由黄色变为乌黑色，再经过约两年时间的使用，又逐渐转变为乌白色，泥质由绵软变得脆硬，产品质量也随着时间的推移和窖泥的变色而逐渐提高。这样再经过 20 余年，泥质由脆硬逐渐变得又碎（无黏性）又软，泥色由乌白转变为乌黑，并出现红绿等彩色，产生一种浓郁的香味，这就初步达到老窖的标准，所产酒的质量也随之显著提高且质量越来越高。由于陈年发酵老窖对产品质量的决定性影响，故在出窖和滴窖等操作中都应特别小心，以避免损伤发酵窖泥，平时要加强对窖池的保养维修，防止窖泥老化而影响酒质。

窖泥中栖息着以细菌为主的多种微生物，它们以酒醅为营养来源，以窖泥和酒醅为活动场所，经过缓慢的生化作用，产生出以己酸乙酯为主体的香气成分窖香味。大量的实践证明，接近窖底和窖壁的酒酿，其含酯量高，蒸出的酒较芳香。对窖泥的研究表明，老窖和新窖的根本差别是它们所含的产香微生物数量和种类的不同。老窖泥中主要有己酸菌、丁酸菌等细菌类微生物，以及酵母和少量的放线菌等。

1）己酸菌（*Clostridium* spp.） 己酸菌属于梭状芽孢杆菌的少数种。丁酸杆菌属中的个别种和奥氏甲烷杆菌也会产生己酸。不少产丁酸的梭状菌也会产己酸。《伯杰氏细菌鉴定手册》中的克氏梭菌即是己酸菌的一种，它一端呈鼓槌状，有芽孢，耐热性强，带芽孢的菌体在沸水中处理 3min 不死，严格厌氧，不利用碳水化合物。以乙醇为基质，栖于窖泥中，在酒醅中较少，发酵速度缓慢，生成己酸和己酸乙酯。添加 $CaCO_3$ 可促进己酸的形成，适量的 NH_4^+、PO_4^{3-}、Mg^{2+}能促进己酸菌的生长和产酸。

2）丁酸菌（*Clostridium* spp.） 丁酸菌是梭状芽孢杆菌，有 20 余种，它以糖类为基质，发酵生成丁酸，放出汗臭味或水果腐烂味，使酒味不正。窖泥中除有一定的己酸菌存在外，还有数量更多的丁酸菌，它不但能产生丁酸，也能产生少量己酸。

3）甲烷菌（Methanobacteriales） 产甲烷的菌群具有特殊的代谢功能，它在没有外源电子受体的条件下还原 CO_2 生成 CH_4。从老窖泥中分离得到的甲烷菌，不利用甲酸、乙酸、丙酸、丁酸、甲醇、乙醇、三甲胺和葡萄糖，只利用 H_2 作能源，CO_2 作碳源生长和产生甲烷。适宜生长的温度为 25～45℃，最适生长温度是 35℃，生长的 pH 为 6.0～9.0，最适 pH 为 7.0。研究表明，窖泥质量的好坏，不仅与窖泥中的己酸菌数量有关，而且也与甲烷菌的多少有关。老窖泥中甲烷菌多，新窖泥中几乎检测不到。老窖泥中，甲烷菌的数量分布是窖底＞窖中层＞窖上层，其在窖池中的分布规律与己酸菌相似。

4）放线菌（Actinomycetes） 从 20 世纪 50 年代开始，先后有若干单位从成品曲和窖泥中分离得到放线菌。在培养己酸菌及窖泥时，添加放线菌，对己酸菌活菌数的增长和己酸及其酯类的生成都有显著的促进作用，脱臭作用也很明显，并且还可增加一些特殊的芳香气味。

5）酵母菌（*Saccharomyces* spp.） 窖泥中酵母菌的数量随着窖龄的增长而减少。人工培养的窖泥中酵母菌数量较多，老窖泥中酵母菌数量很少。酵母菌的存在可使窖泥中的己酸菌更为活跃，促进香味成分的形成，加快窖泥的老熟和产香。

窖泥微生物的生态分布，随窖龄和在窖内所处位置而不同。老窖的细菌总数一般为新窖的 3 倍左右，是中龄窖的 2 倍左右。厌氧性细菌数也是老窖明显高于新窖，大约为 4 倍。厌氧性芽孢杆菌数，老窖是新窖的 3 倍多。在芽孢细菌中，厌氧芽孢菌明显多于好气芽孢菌，窖龄越老，差别越大，如泸州特曲窖中，厌氧芽孢杆菌数是好气芽孢杆菌的 3～6 倍。老窖泥是厌氧芽孢杆菌的主要栖息地，有人从特曲老窖泥中分离得到 35 株芽孢杆菌，这是老窖独有的微生物学特征。浓香型曲酒的酿制离不开老窖泥的原因，就在于窖泥中存在着大量的厌氧性梭状芽孢杆菌和其他厌氧功能菌。

（二）大曲发酵酒醅微生物的构成和微生态系

经过清蒸或混蒸，酒醅中的微生物已被杀灭，但在摊晾、下曲或堆集、入窖以后，又使窖内酒醅中形成了混杂的微生物体系。大曲酒发酵是较为粗放的多菌种混合发酵，参与发酵的微生物种类很多，数量巨大，它们相互依存，密切配合，形成一个动态的微生物群系。正是这些复杂的微生物群体进行生化作用，形成了大曲酒多达200多种的风味成分，这些成分相互协调、烘托、关联，使大曲酒成为独具中国特色的饮料酒。

发酵酒醅的微生物主要来源于酒曲。加曲不但使大量有益的酿酒微生物菌种直接转移到发酵酒醅，而且还给酒醅提供了以淀粉酶、蛋白酶为主的各种酶类。经过这些酶的作用，生成的降解产物为酒醅微生物的生长繁殖提供了大量营养和能源，特别是在前发酵和主发酵阶段，为以酵母菌等为主的各类微生物的大量增殖和发酵提供了充分的可发酵糖类。大曲还给酒醅带来了数量可观的、多种多样的代谢产物，主要是淀粉和蛋白质的分解产物及它们的转化物质，在大曲酒的口味和香气方面起着重要作用。

由于生产工艺、曲的种类和窖池，以及地区、季节的不同，发酵酒醅微生物的构成也有差异，并且随发酵进程而变化。例如，从茅香型酒醅中筛选分离得到的微生物以芽孢杆菌类较多，其中包括巨大芽孢杆菌、地衣型芽孢杆菌、嗜热芽孢杆菌、梭状芽孢杆菌及枯草芽孢杆菌等，而酵母和霉菌较少，主要是假丝酵母菌等，这与茅香型大曲酒使用高温大曲、晾堂堆集、泥底石窖发酵有关。而泸香型曲酒由于使用中温（或称低温）大曲，清渣地缸发酵，酒醅入缸时，霉菌中米曲霉、黄曲霉、根霉、毛霉、红曲霉较多。酵母中的假丝酵母、拟内孢霉、酵母属酵母和汉逊氏酵母较多，但发酵一段时间后，根霉、毛霉、米黄曲霉等明显减少或在酒醅中很难找到，而红曲霉经常存在。假丝酵母、拟内孢霉、汉逊氏酵母明显减少，而酵母属酵母占据绝对优势。细菌类的乳酸球菌开始时较多，但随着酒醅的发酵很快减少，杆菌类细菌增多。乙酸菌随发酵时间延长而增加，乳酸杆菌出现增多现象较晚，芽孢杆菌在酒醅中也能发现。

大曲是用纯小麦或添加部分大麦、豌豆等原料按照传统工艺经自然培养制成。其中存在的糖化菌就霉菌而言主要有曲霉属中的黑曲霉群、灰绿曲霉群、毛霉、根霉及红曲霉等，念珠霉的作用不明。细菌中主要为枯草芽孢杆菌及其他一些芽孢杆菌。酵母菌类则以乙醇酵母、汉逊氏酵母、拟内孢霉、假丝酵母和白地霉较为常见。生酸菌类以乳球菌和乳酸杆菌为主，乙酸菌则较少。

在整个大曲培菌过程中，微生物数量在低温期出现一个高峰，高温期显著低落，出房期曲皮部分稍有低落而曲心部分略有升高。无论在哪一种培养基上，曲皮部分的菌数都明显地高于曲心部分。产生这种现象的原因，可能与大曲水分、温度、通气条件等变化有关。

首先，从水分变化情况来看，由于在低温期大曲水分充足适宜，养料及氧气颇为丰富，加之温度、通气等条件配合亦佳，为微生物的增殖提供了良好的条件，从而导致了低温期菌数的显著上升，并形成一个高峰。随着水分的蒸发，到出房期曲皮部分水分已下降到14%以下，故菌数呈缓缓低落的趋势，而曲心部分尚有16.5%左右，少数耐干燥菌类尚能发育，故菌数略有升高。在高温期水分的影响不明显。

其次，从大曲品温变化情况来看，低温期温度在30℃左右，适于各类中温性微生物生长。当进入高温期，品温达55～60℃，大部分菌类为高温所淘汰，即高温是造成菌数大幅度减少的主要原因。到出房期温度的影响又退居到次要地位。

此外，大曲微生物数量变化与通气状况表现出一定的相关性，而通气状况受大曲孔隙特性与水分的影响。原料粉碎度粗，通气性好；过细则易导致厌氧条件。故在新踩的同一块大曲中，特别是在曲皮部分同时具备好气与厌氧条件，因此好气性菌类与厌氧性菌类都能旺盛生长。而在曲心部分则由于空气通透性差，对好气性菌类生长不利。在分离菌类时，则都采用好气培养，故曲皮部分的菌数要显著多于曲心部分。出房期，由于曲皮部分水分大量损失而导致曲心部分空气通透性大为增加，加之曲心部分水分损失相对少一些，这就为后期曲心部分的菌类生长创造了条件。

从大曲微生物优势类群变化情况来看，低温期以细菌占绝对优势；其次为酵母菌；再次为霉菌，也有一定数量的放线菌。其中曲皮部分的酵母与霉菌数量远高于曲心部分，细菌数量相差不多。

当大曲培菌进入高温期后，曲心部分的温度由于散热困难而升至最高点（55～60℃），导致曲心部位各类微生物的大量死亡与酶的钝化。而曲皮部分则因散热条件优于曲心，处在较低的温度条件下，各类微生物的死亡数明显地低于曲心部分，因此曲皮部分残存的微生物数量高出曲心部分 50～70 倍。特别是那些聚集生长在曲皮表面的好气性霉菌，其残存数最高，并成为这一阶段的优势类群。此时细菌虽尚有相当数量，但芽孢杆菌的数量明显增高特别在曲心部位更是如此。从上述情况可以看出，高温期菌数急剧下降，主要是由于不耐热的无芽孢细菌、酵母和霉菌大量死亡。此时的糖化力，曲皮部分远高于曲心，说明糖化力的高低与霉菌的分布密切相关，即大曲淀粉酶的形成主要来自霉菌。在出房期，曲皮、曲心之间糖化力的差距显著缩小，这是与曲心部分微生物数量（主要是红曲霉）略有升高相一致的。总之，大曲具有以下特点：①载有大量的具有一定特殊性的微生物。大曲中存在的微生物主要有形成淀粉酶类的糖化菌类、进行乙醇发酵的酵母菌类以及形成多种有机酸的生酸菌类等生理类群。②载有多种丰富的酶类。由于各类微生物强烈活动的结果，大曲富含各种酶类。它们或被分泌到基质中，或依然存在于菌体内。其中以淀粉酶、蛋白酶类最为重要。③累积种类繁多、数量可观的前驱物质。大曲中的前驱物质是指大曲原料淀粉、蛋白质、脂肪、芳香族化合物等成分经多种微生物分解与再合成之后，累积于大曲之中的各种代谢产物。它们是构成大曲酒特有的色、香、味成分的前体，主要有芳香族化合物、多元醇及氨基酸等。

以大曲酿造的蒸馏白酒，香味浓、口味悠长、风格特征突出；其缺点是用曲量大、耗粮多、出酒率低、生产周期长。

（三）小曲微生物

小曲酒在我国具有悠久的历史，是我国南方人民乐于饮用的酒类。小曲酒与大曲酒相比，无论在生产方法上还是在成品酒的风格特征上都有所不同。其特点在于用曲量小、发酵期短、出酒率高。

小曲又名药曲、酒药，因曲坯形小而取名为小曲，是用米粉、米糠和中草药接入隔年陈曲经自然培养制成。近年来则有不少厂家已采用纯种根霉代替传统小曲。但在名优酒酿造中仍采用传统小曲作为接种剂。小曲中加入中草药是为了促进曲中有益微生物的繁殖和抑制杂菌的生长。

小曲中的优势微生物种类主要是根霉和少量毛霉、酵母等。此外还存在有乳酸菌、乙酸菌及污染的一些杂菌，如芽孢杆菌、青霉、黄曲霉等。各种小曲中分离得到的根霉菌株的性能各异，糖化力、乙醇发酵力和蛋白质分解力等性能依种类不同而各不相同。有些根霉能产生有机酸，如米根霉能产生乳酸，黑根霉能产生延胡索酸和琥珀酸，有些种类则能产生芳香的酯类物质。

小曲在小曲酒的酿造中起发酵剂的作用，它为酒醅接入糖化菌种（根霉和毛霉）和发酵菌种（酵母菌），这就是小曲酿酒用曲量小的原因。用小曲酿造的酒一般香味较淡薄，属于米香型白酒。

（四）麸曲白酒酿造和相关的微生物

麸曲白酒是 1949 年之后发展起来的。采用麸曲加酒母代替传统大曲所酿制的蒸馏白酒称麸曲白酒。其质量、风味和大曲酒虽有显著区别，但它仍具有传统白酒固有的香气与滋味。因其物美价廉，故为广大消费者所乐于饮用，成为销路最广的大路货白酒。各地所产麸曲白酒，因原料品种不同而各有特色。

麸曲又名糖化曲，它是用以进行淀粉糖化的霉菌制品，利用麸曲中的霉淀粉酶水解淀粉产生麦芽糖或葡萄糖的生产过程称为糖化过程。糖化曲的应用在我国和日本都有很悠久的历史，近代欧美各国也学习了这项生产技术，广泛地应用于酿造工业中。

麸曲是用麸皮、酒糟及谷壳等原辅材料加水配制成曲料，常压蒸汽杀菌后，接入纯菌种培养制得，不需用粮食，生产周期短，又名块曲。麸曲中的糖化菌以曲霉为主。常用的有黑曲霉、米曲霉、黄曲霉及甘薯曲霉等。用麸曲酿酒具有节约粮食、出酒率高、能机械化生产、生产周期短、适用于多种原料酿酒等优点。麸曲白酒风味稍差，不及大曲和小曲酒，但若菌种搭配得当，操作精湛也能制得优质酒。

在普通蒸馏白酒酿造中，除使用麸曲外，还需加入酒母，它是乙醇发酵的发酵剂，其作用是将可发酵性糖转化为乙醇和二氧化碳。酒母是纯种酵母的扩大培养物。近年来有些厂家常随乙醇酵母一起加入一些产酯能力强的生香酵母，以改善普通蒸馏白酒的风味。

（五）液态白酒酿造微生物

液态白酒的生产工艺与现代乙醇生产基本相同，即将原料蒸煮后，加麸曲或淀粉酶制剂糖化，糖化后的糖化醪加入酒母发酵经蒸馏得到食用乙醇后，再进行勾兑或串香后制得成品酒。一步法工艺则于乙醇发酵的后期加入己酸菌共酵，再经蒸馏制得成品酒。液态法白酒生产具有机械化程度高、劳动生产率高、淀粉出酒率高、对原料适应性强、不用辅料等优点，但液态法白酒的风味差，是妨碍液态法白酒进一步发展的主要障碍。

二、啤酒酿造微生物学

啤酒是指以麦芽（包括特种麦芽）、水为主要原料，加啤酒花（包括酒花制品），经酵母发酵酿制而成的、含有二氧化碳的、起泡的、低酒精度的发酵酒。啤酒起源于古埃及和巴比伦，已有 6000 年的历史。啤酒是在麦芽浸出液中加入啤酒花浸出物进行乙醇发酵而制成的。

啤酒的主要成分有水、糊精、乙醇和二氧化碳；其他不可缺少的成分有未发酵糖、蛋白质和芳香物质如酒花树脂、杂醇油等。

啤酒的生产工艺流程如图 8-8 所示。在啤酒的生产品过程中，麦芽汁制备和乙醇发酵是关键。麦芽汁制备俗称糖化，将麦芽及其他辅料粉碎与温水混合，利用大麦发芽过程中形成的水解酶，将淀粉、蛋白质等高分子物质进一步分解成可溶性低分子糖类、糊精、氨基酸、胨、肽等，制成麦芽汁。麦汁经澄清、冷却、通氧制成定型麦汁，接入人工培养的酵母将麦芽汁中可发酵的糖分转化为乙醇和二氧化碳，发酵在 8h 内发生并以加快的速度进行。酵母在发酵完麦芽汁中所有可供发酵的物质后，就开始在容器底部形成一层稠状的沉淀物。随之温度逐渐降低，在 8～10 天后发酵完全结束。整个过程中，需要对温度和压力做严格的控制。当然啤酒种类不同，发酵的时间也不同。主发酵结束以后，绝大部分酵母沉淀于罐底。这部分酵母可回收起来以供下一罐使用。除去酵母后，生成物“嫩啤酒”被泵入后发酵罐（或者被称为熟化罐）中。在此，剩余的酵母和不溶性蛋白质进一步沉淀下来，使啤酒的风格逐渐成熟。

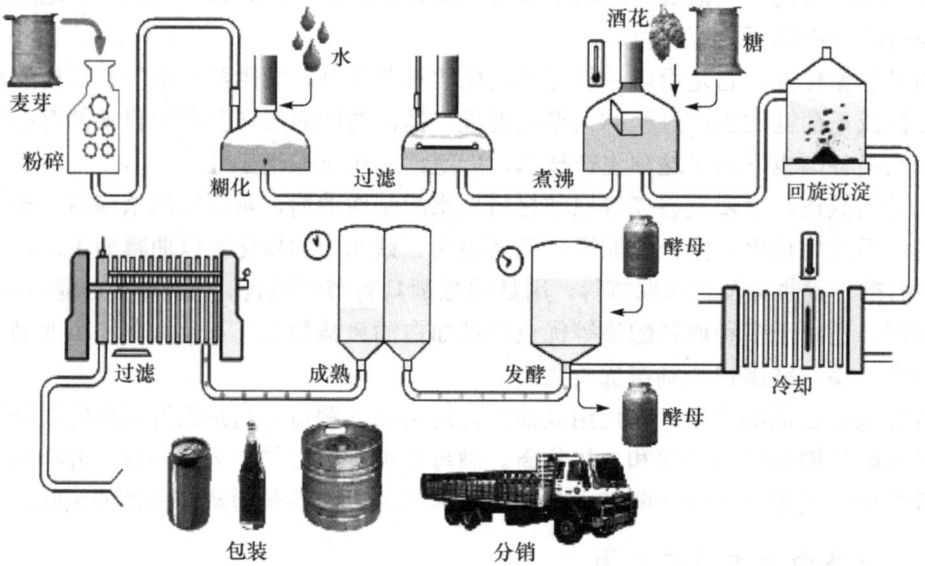

图 8-8　啤酒生产工艺流程图

酵母是决定啤酒质量的最重要因素之一，它与原料一起决定啤酒的最终质量。健壮与发酵旺盛的酵母是决定啤酒香味成分的多寡与低聚糖含量高低的关键。

冷却麦汁接种酵母后，酵母在充氧条件下，以麦汁中的氨基酸为主要氮源，可发酵性糖类为主要碳源，进行有氧呼吸和旺盛的增殖。当醪液中的氧消耗完毕时，酵母菌便在缺氧条件下，进行乙醇发酵。其生化过程十分复杂，在啤酒酵母所含酶系的作用下，其主要代谢产物是乙醇和二氧化碳，此外还有一系列的发酵副产物，如常有少量的甘油生成。杂醇油包括戊醇、异戊醇、异丁醇及其酯类，它们分别由异亮氨酸、亮氨酸和缬氨酸生成。啤酒中生成的杂醇油含量不能过高，否则会使啤酒口味变差，甚至引起头痛。此外还可能生成一些其他的醇、醛和酸，取决于酵母菌株、发酵培养基的成分和发酵时的温度。双乙酰具有啤酒中最不受欢迎的黄油香气和口味，它是由某些酵母生成的，酿造时，应防止双乙酰的累积量超标。

三、葡萄酒的发酵

葡萄酒是指以葡萄为原料，经发酵酿制而成的饮料酒。葡萄酒独特的品质来源于作为原料的葡萄，以及葡萄压榨、取汁、乙醇发酵、苹果酸-乳酸发酵、陈酿、澄清等一系列生产操作。葡萄带给葡萄酒多种挥发性的微量组分，这些微量组分赋予葡萄酒的品质及水果特征。另外，葡萄还带来一些挥发性酸，其中主要的是酒石酸和苹果酸，这些酸影响着葡萄酒的风味，以及具有苦味和涩味的单宁。发酵过程，尤其是乙醇发酵过程，通过从葡萄中提取化合物、修饰葡萄中的物质以及产生许多挥发的和不挥发的代谢终产物，增加了葡萄酒的化学和风味的复杂性。在陈酿与储存过程中还会发生一系列的化学变化，因为来源于葡萄和微生物的酶还保持着活性。

尽管在葡萄酒生产中酵母的乙醇发酵是主要的反应，但是整个过程的微生物生态学和生物化学是复杂的，必须很好地加以理解、认识，尽力确保生产出稳定的高质量产品。酵母、丝状真菌、乳酸细菌、乙酸细菌、其他细菌，甚至细菌噬菌体，所有这些微生物按照不同的方式保证葡萄酒产品的质量。

（一）葡萄表皮的微生物菌群

按照最终葡萄酒品质的不同，葡萄酒酿造所使用的葡萄品种也各不相同。用于白葡萄酒酿造的主要葡萄品种是‘雷司令’‘琼瑶浆’‘米勒’‘霞多丽’‘赛美蓉’和‘长相思’。而酿造红葡萄酒的葡萄品种包括‘解百纳’‘赤霞珠’‘美乐’‘品丽珠’‘黑品乐’‘西拉’和‘巴贝拉’等品种。

健壮完整的成熟葡萄普通颗粒上栖息着10^3～10^5cfu/g的微生物。主要的酵母菌是克勒克酵母和汉逊氏酵母，同时还有少量的假丝酵母、梅奇酵母、隐球酵母、毕赤酵母和克鲁维氏酵母。啤酒酵母是主要的葡萄酒酵母，但是它在健壮的葡萄上含量较少，大约为50cfu/g。乳酸细菌包括各种各样的乳杆菌、明串珠菌和球菌。氧化葡萄糖醋杆菌、产醋乙酸杆菌、巴斯清乙酸杆菌则是主要的乙酸细菌。然而有许多因素可以影响葡萄上总的微生物群落和各种微生物种群间的相对比例。这些因素包括温度、降雨量、其他天气条件、葡萄品种、摘取时的成熟度及昆虫、鸟类和霉菌侵害造成的普通损伤，以及杀真菌剂、杀虫剂的使用等。有关这些因素影响葡萄的微生物生态的详细研究还不够深入。受到损伤的葡萄，微生物生长很快，可达10^6～10^8cfu/g，其中大部分是霉菌和乙酸菌。

在收获前，丝状真菌造成的葡萄腐烂对生产高质量葡萄酒来讲是一个主要的威胁，应该认真地使用杀真菌剂来加以控制。严重感染勒霉菌的葡萄，其化学组成已经发生了改变。霉菌产生的酶不仅会影响到葡萄酒的风味和颜色，还会影响到乙醇发酵、苹果酸-乳酸发酵的顺利完成。灰葡萄孢霉是尤其重要的葡萄腐败菌。尽管它可以造成著名的囊烂腐败，但是通过控制其在葡萄上的生长可以生产甜葡萄酒（Sauternes）、特罗肯比勒瑙斯利泽酒（Trocken-keerenauslese）和匈牙利葡萄酒（Tokay）。霉菌在葡萄上或葡萄里生长会造成葡萄失水，并浓缩葡萄的化学组分。伴随着霉菌对葡萄中糖和酸的转化代谢，这种浓缩现象造成葡萄汁中糖、甘油、其他多元醇、葡萄糖酸和少量酒石酸浓度增加。这种浓缩的葡萄汁的发酵就需要特别注意，因为浓缩的汁往往比较黏。可能由于氮源的缺乏，同时糖含量较高，已经证明霉菌会分泌抗酵母物质。灰葡萄孢霉也会产生各种影响葡萄酒颜色、风味的多酚氧化酶和葡萄糖苷酶，以及堵塞葡萄酒过滤膜的可溶性胞外葡聚糖。

（二）葡萄酒的乙醇发酵

新鲜葡萄汁中含有葡萄上及接触葡萄酒厂设备所带来的微生物群落。这些设备的表面是微生物的聚居点，或者是从一个酿造年份积累到下一个年份“葡萄酒酿造”的微生物菌群，这就取决于这些设备表面的特性和清洗卫生操作的效果。在多数的自然发酵中，这些设备表面的微生物菌群被认为是啤酒酵母的主要来源。如果用种子来接种葡萄汁，那么种子则是酵母的来源。目前都是用啤酒酵母，但今后也可以考虑用其他菌种。对啤酒酵母，工业化生产并不要求是绝对的纯，它不仅可以带有细菌，而且可以有其他的酵母菌株。

乙醇发酵期间酵母占绝对优势。葡萄汁的组成，尤其是糖、酸含量及较低的 pH 最适合酵母生长，发酵所产生的乙醇限制了细菌和真菌的繁殖。

在自然发酵中，酵母显现出一种变化的生长模式。发酵初期，克勒克酵母、汉逊氏酵母、假丝酵母、梅奇酵母及啤酒酵母开始生长，在有些情况下，毕赤酵母和克鲁维氏酵母也可生长。通常非酵母属菌种的生长只是在发酵的头 3～4 天，之后，它们逐渐消失。但在死亡之前，这些非酵母属的菌种却可以达到 10^6～10^7cfu/ml。就底物的消耗和产物的形成来讲，这些菌种的生长代谢也是十分重要的。同样死亡的酵母会形成酵母的沉积，之后就会自溶掉。它们的死亡是由于不能耐受啤酒酵母产生的不断增加的乙醇浓度造成的。

许多国家多年的研究表明，在葡萄酒发酵中，最后占优势的都是啤酒酵母。结果，啤酒酵母则被广泛地确认为是主要的葡萄酒酵母，也是作为种子被工业化生产和销售的菌种。然而，正如过去所认为的那样，在接入选择性啤酒酵母的葡萄酒发酵中，不乏自然酵母菌群及它们给葡萄酒带来的优点。

在葡萄酒发酵中，应用诸如脉冲场凝胶电泳、线粒体 DNA 限制性内切核酸酶分析和 PCR 技术的研究都显示微生物生态的复杂性。任一种属中的不同菌株在发酵过程中都有发展变化。不同发酵阶段占优势的啤酒酵母的菌株不同。但是，已经注意到整个发酵过程中变化较大的菌株主要是非酵母属的菌种。分离出的菌种菌落形态的变化和形成的次生产物是发酵期间菌种变化的另外一种预示。

（三）葡萄酒的苹果酸-乳酸发酵

通常乙醇发酵后葡萄酒还要进行苹果酸-乳酸发酵。苹果酸-乳酸发酵于乙醇发酵 2～3 周后自然开始，可持续 2～4 周。葡萄酒中苹果酸-乳酸发酵是由于乳酸细菌的存在造成的，但许多葡萄酒生产厂家接入酒明串珠菌来促进苹果酸-乳酸发酵。苹果酸-乳酸发酵主要反应是 L-苹果酸脱羧变成乳酸，使葡萄酒的酸质降低、pH 上升 0.3～0.5。在比较冷的气候中生长的葡萄，其酿造的葡萄酒中苹果酸的浓度较高，pH 较低，这就会掩盖各种风味特征。苹果酸-乳酸发酵造成的葡萄酒酸度降低可使葡萄酒具有更软、更柔和的风味特点。同样，苹果酸-乳酸发酵细菌的生长有助于产生更多的、可以促进风味特征的代谢产物。

刚发酵的葡萄汁中还含有少量（$<10^3$cfu/ml）葡萄和葡萄酒厂设备上带有的乳酸细菌，

主要是明串珠菌、足球菌、乳杆菌属的一些菌种，如酒明串珠菌、小片球菌、戊糖片球菌、啤酒片球菌、短乳杆菌、发酵乳杆菌、布氏乳杆菌、希氏乳杆菌、发状乳杆菌等。这些细菌有独特的耐葡萄酒环境压力的能力，包括耐低 pH、乙醇和 SO_2、低温、稀薄的营养物质等。酒明串珠菌独特存在于葡萄酒中，在许多国家葡萄酒的生产中，它与苹果酸-乳酸发酵有着极其密切的关系。

在延迟期以后，乳酸菌在葡萄酒中就开始活跃地生长，最终可达到 10^6～10^8cfu/ml。乳酸菌繁殖开始、持续的时间和生态学取决于各种因素。这些因素包括葡萄酒的特性、葡萄酒的酿造方法和其他微生物的影响。葡萄酒较低的 pH（<3.0）、高乙醇含量（$>12\%$，体积分数）和高 SO_2 含量（>50mg/L）都不可能促进乳酸菌的生长，从而无法成功进行苹果酸乳酸发酵。酒明串珠菌比足球菌和乳杆菌更能耐低 pH，因此，在 pH 3.0～3.5 的葡萄酒中通常存在着生长优势；pH 超过了 3.5 的葡萄酒则会有由明串珠菌和各种足球菌、乳酸杆菌组成的微生物菌群；足球菌和乳酸杆菌则比肠膜明串珠菌更能耐 SO_2 浓度，从而存在于大量含有 SO_2 的葡萄酒中。

（四）影响葡萄酒乙醇发酵的因素

葡萄酒的酿造包括许多变量因素，影响着微生物的生态和乙醇发酵所持续的时间和乙醇发酵的完成。需要考虑的因素包括葡萄汁的澄清，葡萄汁的预处理，葡萄汁的组分，发酵温度和其他微生物的影响。葡萄汁过分澄清会减少自然酵母群落的酵母数量，由此降低或消除这些酵母菌对乙醇发酵的促进作用。相反，长时间冷静置将有助于自然微生物群落的生长和增强其对乙醇发酵的促进作用。虽然，许多园艺和加工因素影响葡萄汁的化学组分，但大多数葡萄汁都含有足够的营养，以保证发酵有活力地、完整地进行。

第三节 霉菌在调味品加工中的应用

一、霉菌在酱油发酵中的应用

酱油是一种常用的咸鲜味调味品，它是以蛋白质原料和淀粉质原料为主，经米曲霉等多种微生物共同发酵酿制而成。酱油中含有多种调味成分，有酱油的特殊香味、食盐的咸味、氨基酸钠盐的鲜味、糖及其他醇甜物质的甜味、有机酸的酸味、酪氨酸等爽适的苦味，还有天然的红褐色色素，可谓咸、酸、鲜、甜、苦五味调和、色香俱备的调味佳品。

我国是世界上最早利用微生物酿造酱油的国家，迄今已有 3000 多年的历史，后传到日本、东南亚各国，成为世界范围内最受欢迎的调味品之一。在酱油酿造过程中，利用微生物产生的蛋白酶将原料中的蛋白质水解成多肽、氨基酸，成为酱油的营养成分及鲜味的来源。另外，部分氨基酸的进一步反应与酱油香气、色素的形成有直接关系。因此，蛋白质原料对酱油色、香、味、体的形成至关重要，是酱油生产的主要原料。

（一）参与酱油酿造的微生物

酱油酿造是半开放式的生产过程，环境和原料中的微生物都可能参与到酱油的酿造中来。在酱油酿造的特定工艺条件下，并非所有的初始微生物都能良好生长。只有那些人工接种的或适合酱油酿造微生态环境的微生物，才能生长繁殖，并发挥作用。主要有米曲霉、酵母、乳酸菌及其他细菌，它们具有各自的生理生化特性，对酱油品质的形成有重要作用。

1. 米曲霉

米曲霉（*Aspergillus oryzae*）是曲霉的一种，由于它与黄曲霉（*Aspergillus flavus*）十分相似，所以过去很长一段时间归属于黄曲霉群，甚至直接就称黄曲霉。后来证明生产酱油的黄曲霉不产黄曲霉毒素，为了区分产黄曲霉毒素的黄曲霉，特冠以米曲霉。

米曲霉酶系复杂，分泌的胞外酶有蛋白酶、α-淀粉酶、糖化酶、谷氨酰胺酶、果胶酶、半纤维素酶、纤维素酶等。胞内酶有氧化还原酶等。蛋白酶、α-淀粉酶、糖化酶、谷氨酰胺酶活力的高低与酱油品质及原料利用率的关系密切。

米曲霉可以利用的碳源是单糖、双糖、淀粉、有机酸、醇类等。氮源如铵盐、硝酸盐、尿素、蛋白质、酰胺等都可以利用。P、K、Mg、S、Ca 等也是米曲霉生长所必需的。因为米曲霉分泌的蛋白酶和淀粉酶是诱导酶，在制酱油曲时要求配料中有较高的蛋白质和适当的淀粉含量，以诱导酶的生成。大豆或脱脂大豆富含蛋白质，小麦、麸皮含有淀粉，这些农副产品也含有较丰富的维生素、无机盐等营养物质，以适当的配比混合作制曲的原料，能满足米曲霉繁殖和产酶的需要。

应用于酱油生产的米曲霉菌株应符合如下基本要求：不产黄曲霉毒素；蛋白酶、淀粉酶活力高，有谷氨酰胺酶活力；生长快速，培养条件粗放、抗杂菌能力强；不产生异味，酿制的酱油香气好。目前国内常用的菌株有以下几种：①AS3.863。蛋白酶、糖化酶活力强，生长繁殖快速，制曲后生产的酱油香气好。②AS3.951（沪酿 3.042）。以 AS3.863 为出发菌株，用紫外线诱变得到。蛋白酶活力比出发菌株高，用于酱油生产蛋白质利用率可达 75%。生长繁殖快，对杂菌抵抗力强，制曲时间短。生产的酱油香气好。但该菌株的酸性蛋白酶活力低。③UE328、UE336。以 AS3.951 为出发菌株，用快中子、^{60}Co、紫外线、乙基磺酸甲烷、氯化锂等诱变剂处理得到，酶活力是出发菌株的 170%～180%。UE328 适用于液体培养，UE336 适用于固体培养。UE336 的蛋白质利用率为 79%，但制曲时孢子发芽较慢，制曲时间延长 4～6h。④渝 3.811。是从曲室泥土中分离出菌株后经紫外线 3 次诱变后得到的新菌株。孢子发芽率高，菌丝生长快速旺盛，孢子多，适应性强，制曲易管理，酶活力高。

2. 酱油曲霉

酱油曲霉（*Aspergillus sojae*）是日本学者坂口从酱曲中分离出来的，用于酱油生产。酱油曲霉分生孢子表面有小突起，孢子柄表面平滑，与米曲霉相比，其碱性蛋白酶活力较强。在分类上酱油曲霉属于米曲霉系。

3. 酵母菌

目前已经从酱醅中分离出的酵母菌有 7 属 23 种，其中有的对酱油风味和香气的形成有重要作用，它们多属于鲁氏酵母（*Saccharomyces rouxii*）和球拟酵母属（*Torulopsis*）。

1）*鲁氏酵母*　是酱油酿造中的主要酵母菌。菌体形态为：麦芽汁中培养 3 天细胞为小圆形或卵圆形，大小为（2.5～5）μm×（3.5～8.5）μm。适宜生长温度为 28～30℃，38～40℃生长缓慢，42℃不生长。最适 pH4～5。生长并活跃在酱醅这一特殊环境中的鲁氏酵母是一种耐盐性强的酵母，抗高渗透压，在含食盐 5%～8%的培养基中生长良好，在 18%食盐浓度下仍能生长，在24%食盐浓度下生长弱。维生素H、肌醇、胆碱、泛酸能促进它在高食盐浓度下的生长。在高食盐浓度下，其生长pH范围很窄，为4.0～5.0。

酱醅中典型的鲁氏酵母是大豆接合酵母（*Zygosaccharomyces sojae*）和酱醪接合酵母（*Zygosaccharomyces major*）的菌株，它们都是耐盐性的非产膜酵母，在分类上是非常近缘的种属，在形态学和生理学上只有很小的差别。它们都能利用葡萄糖、麦芽糖及果糖发酵，不能发酵乳糖，不能利用硝酸盐。在酱醅发酵前期，由于酱醅中糖含量高，pH适宜，酵母的乙醇发酵旺盛，酱醅中乙醇的含量达到2.0%以上，同时生成少量甘油、琥珀酸及其他多元醇。

2）球拟酵母　在酱醅发酵后期，随着糖浓度降低和pH下降，鲁氏酵母发生自溶，而球拟酵母的繁殖和发酵开始活跃。球拟酵母是酯香型酵母，能生成酱油的重要芳香成分，如4-乙基苯酚、4-乙基愈创木酚、2-苯乙醇、酯类等，因此认为球拟酵母与酱醅的香味成熟有关。另外，球拟酵母还产生酸性蛋白酶，在发酵后期酱醅pH较低时，对未分解的肽链进行水解。酱醅中重要的球拟酵母有以下几种：①易变球拟酵母（*Torulopsis versatilis*），细胞呈圆形或卵圆形，大小为（2～8）μm×（3～10）μm，生长最适温度为25～30℃，35℃生长弱，最适pH4～4.5，pH＞5时生长弱，食盐浓度12%以下时生长良好，食盐浓度18%时能生长，但需要维生素B_1、肌醇、胆碱等生长因子，食盐浓度24%时生长弱。无盐条件下能发酵麦芽糖和乳糖，食盐浓度18%时不能发酵乳糖。②埃契氏球拟酵母（*Torulopsis etchellsii*），细胞呈圆形或卵圆形，大小为（2～4）μm×（3～5）μm，最适生长温度为25～30℃，35℃生长弱，37℃不生长；最适pH4～4.5，pH＞5时生长弱，食盐浓度8%～12%时生长良好，食盐浓度18%时能生长，但需要维生素B_1作为生长因子，环胺和泛酸也能促进生长。食盐浓度18%时不能发酵乳糖。③蒙奇球拟酵母（*Torulopsis mogii*），细胞呈圆形，极少数为卵圆形，适宜生长温度为30～35℃。在10%食盐浓度的酱醅中生长旺盛，18%食盐浓度下能生长。在固体培养基上，菌落为乳白色，表面光滑有光泽，边缘整齐。

在发酵后期的酱醅中，由于糖分较少，已生成一定量的乙醇，氨基酸浓度增高，而且有高浓度的食盐存在，因此球拟酵母不会发生过度繁殖。但是在采用添加人工培养酵母工艺时，加进多量鲁氏酵母不会发生不良影响，球拟酵母添加过量，会使酱醅香味恶化，这是因为球拟酵母生成过量乙酸、烷基苯酚等刺激性强的香味物质的缘故。

4. 乳酸菌

酱油乳酸菌是生长在酱醅这一特定生态环境中的特殊乳酸菌，在此环境中生长的乳酸菌是耐盐的。代表性的菌有嗜盐片球菌（*Pediococcus halophilus*）、酱油微球菌（*Tetracoccus sojae*）、植物乳杆菌（*Lactobacillus plantanum*）。这些乳酸菌耐乳酸的能力不太强，因此不会因产过量乳酸使酱醅pH过低而造成酱醅质量变坏。适量的乳酸是构成酱油风味的重要因素之一，不仅乳酸本身具有特殊的香味而对酱油有调味和增香作用，而且与乙醇生成的乳酸乙酯也是一种重要的香气成分。一般酱油中乳酸的含量在15mg/ml。在发酵过程中，由嗜盐片球菌和鲁氏酵母共同作用生成的糠醇，赋予酱油独特香气。酱油乳酸菌的另一个作用是使酱醅的pH下降到5.5以下，促使鲁氏酵母繁殖和发酵。

1）嗜盐片球菌　细胞呈球形，平均直径为0.7μm，无运动性。最适生长温度为30～35℃。生长pH5.5～9.0，最适pH7.0～7.2。耐盐性强，18%食盐浓度中繁重良好，24%～26%食盐浓度中生长未完全抑制，在高盐浓度时需要维生素B、胆碱为生长促进因子。硝酸盐还原性、过氧化氢反应、亚甲基蓝还原性为阴性。不液化明胶，在石蕊牛乳培养基中不生长。可发酵葡萄糖、麦芽糖、蔗糖、半乳糖、阿拉伯糖、甘露糖，不发酵木糖、核糖、乳糖。在pH合适的酱醅中繁殖迅速，发酵中期的酱醅中菌数可达到10^8cfu/g。

2）酱油四链球菌　细胞大多呈球形，平均直径为0.7μm，无运动性。最适生长温度为30～35℃。生长pH为5.5～9.0，最适pH为7.0～7.2。硝酸盐还原性、过氧化氢反应、亚甲基蓝还原性为阳性。轻度液化明胶，在石蕊牛乳培养基中少量生长。在耐盐性、所需生长因子和发酵糖类方面，与嗜盐片球菌相同。

3）植物乳杆菌　细胞呈杆状，两端半圆形，大小为（0.6～0.9）μm×（1.5～4.0）μm，单个或短链状排列。在含10%食盐的培养基上生长良好，菌落微凸起，表面光滑，不透明。在液体培养基中培养。表面无膜无环，有絮状沉淀，无气泡。最适生长温度为30～35℃。能发酵葡萄糖、乳糖、麦芽糖、果糖等，不还原硝酸盐。沪酿1.08植物乳杆菌适用于酱油生产，在固态低盐发酵后期，添加该菌株和沪酿2.14蒙奇球拟酵母培养液，由于它们的协同作用，可使酱油的风味明显改善。

此外，在酱醅中也存在属于链球菌的乳酸菌，其中耐盐性的菌株也具有增加酱油风味的作用。

5. 其他微生物

在酱油酿造中除上述优势微生物外，还有其他一些微生物存在。它们的作用有的还不很清楚。从酱油曲和酱醅中分离的微生物还有毛霉、青霉、根霉、产膜酵母、圆酵母、枯草芽孢杆菌、小球菌、粪链球菌等。当制曲条件控制不当或种曲质量差时，这些菌会过量生长，不仅消耗曲料营养成分，使原料利用率下降，而且使成曲酶活力降低，产生异臭，曲发黏，造成酱油浑浊、风味不佳。

（二）酱油酿造中的微生物酶系

生产酱油的主要原料经浸泡、蒸煮后，接入特定微生物，通过对通气量、温度、湿度和微生物群落等生态因子的有效控制，发酵成熟的酱醅中含有丰富的微生物酶类。

1. 蛋白酶

米曲霉所产生的蛋白酶，根据作用的最适pH可以分为3类：酸性蛋白酶（最适pH为3.0）、中性蛋白酶（最适pH为7.0）、碱性蛋白酶（最适pH为9.0～10.0）。一般酱油曲中，中性、碱性蛋白酶活力较强，酸性蛋白酶活力较弱。制曲时，曲料的pH在4～7，在此范围内，pH越高曲中碱性蛋白酶活力越高，酸性蛋白酶活力越弱；反之，则酸性蛋白酶活力增高，碱性蛋白酶活力下降。曲中蛋白酶的组成受到曲料中原料和淀粉质原料比例的影响，原料碳氮比小，曲中蛋白酶以碱性和中性蛋白酶为主；碳氮比大，酸性蛋白酶活力增强，碱性和中性蛋白酶活力下降。

酱油曲不但要求有较高的蛋白酶活力，而且要求曲中的蛋白酶有一定的耐盐性，以适应酱醅中较高的食盐浓度。

蛋白质水解酶系是一切能使蛋白质水解的各种酶的总称。根据其作用机理可分为两类：一类称为肽酶，又称外肽酶或端肽酶，目前已分离出多种氨肽酶和羧肽酶，能从蛋白质肽链的末端逐个将氨基酸水解下来；第二类为蛋白酶，又名内肽酶，其作用是在蛋白质多肽链的非末端特定部位切断多肽链，产生相对分子质量较小的肽链。蛋白质原料在蛋白酶和肽酶的共同作用下，生成各种可溶性蛋白质、胨、肽、氨基酸。一般酱油中，氨基氮占全氮的 50%～60%。

2. 淀粉酶

米曲霉分泌的淀粉酶可使淀粉糖化，除提供制曲时米曲霉生长的碳源外，在酱醅发酵阶段，淀粉酶继续将淀粉糖化，成为酱油的甜味成分。同时，一部分糖作为酵母菌和乳酸菌的发酵基质转化为乙醇和有机酸，是构成酱油风味的重要成分。米曲霉产生的淀粉酶有一定的耐盐性，在酱醅中它的活性受到部分抑制，但仍能发挥作用。如果长时间处于高浓度食盐环境中，活性会明显减弱。曲中存在的淀粉酶如下。

α-淀粉酶：此酶可催化水解淀粉分子中的 α-1,4-糖苷键，不能水解淀粉链分支点的 α-1,6-糖苷键。α-淀粉酶是内切酶，可任意地切断淀粉链成短链糊精，对长链底物水解迅速，随底物链的变短水解速度减慢，对麦芽糖不能水解，所以对直链淀粉的水解终产物是葡萄糖和麦芽糖，对支链淀粉的水解终产物是麦芽糖及少量糊精和葡萄糖，淀粉受到 α-淀粉酶作用时，黏度很快下降，表现出强液化能力，所以该酶也称为液化型淀粉酶。

β-淀粉酶：直链淀粉受该酶的作用生成麦芽糖，支链淀粉受该酶作用时，在分支点之前可水解为麦芽糖，但遇到 α-1,6-糖苷键无法水解，留下具有 α-1,6-糖苷键的糊精。

淀粉 1,6-糊精酶：此酶作用于支链淀粉的分支点切断 α-1,6-糖苷键。

麦芽糖酶：此酶可将麦芽糖水解为葡萄糖。

3. 氨基转移酶和谷氨酸脱氢酶

氨基转移酶可催化氨基酸与 α-酮戊二酸间的反应，生成谷氨酸；谷氨酸脱氢酶通过催化 α-酮戊二酸的还原氨基化反应而生成谷氨酸。

4. 脂肪酶

脂肪酶可催化水解脂肪中的酯键，生成甘油和脂肪酸。

5. 纤维素酶

纤维素分子由 1800～3000 个葡萄糖单位结合而成，性质极为稳定，不易溶解和水解。纤维素酶能催化水解纤维素分子为低聚纤维素和葡萄糖。米曲霉的纤维素酶活力不高，可以在制曲时接入纤维素酶产生菌绿色木酶，制成米曲霉、木霉混合曲，取得较好效果。纤维素酶可以水解包在蛋白质和淀粉外的纤维素保护层，使它们释放出来，被充分水解。纤维素水解酶系包括：外切纤维素分子中 β-1,4-糖苷键产生葡萄糖的 1,4-β-D-葡萄糖苷酶；外切纤维素分子中 β-1,4-糖苷键逐个释放出纤维二糖的外切纤维二糖水解酶；水解纤维二糖产生葡萄糖的 β-D-葡萄糖苷酶。

6. 酚氧化酶

酚氧化酶可催化酚的衍生物生成醌，再经氧化，有些可以生成黑色素，成为酱油色素的来源之一，多存在于米曲霉孢子中。

7. 果胶酶

果胶是一种胶体物质，存在于植物的细胞间隙，其化学结构是半乳糖醛酸甲酯以 α-1,4-糖苷键形成的聚合物。果胶在果胶酶作用下释放出甲醇，同时生成果胶酸。另一种与果胶水解有关的酶是聚半乳糖醛酸酶，该酶催化水解果胶酸的 α-1,4-糖苷键。在这两种酶的协同作用下，果胶被水解为甲醇和半乳糖醛酸。米曲霉的果胶水解酶系活力不高。

8. 谷氨酰胺酶

此酶催化谷氨酰胺转化为谷氨酸的反应，是胞内酶，菌体细胞破坏后发挥作用。

（三）酱油发酵过程中的生态学

制曲过程通常是采用人工接种米曲霉的方法来获得高品质的酱曲。米曲霉产酶的积累与培养温度和培养时间有关。在一定温度下，随着米曲霉培养时间的延续，酶活力提高，到某一时间达到高峰，随后活力下降。培养温度低时产酶高峰较迟到达；当温度在25℃以上时，温度越高，蛋白酶、谷氨酰胺酶生成越少，淀粉酶生成越多。所以，制曲时应控制前期温度为32～35℃，以利于长菌；后期温度为28～30℃，有利于蛋白酶、谷氨酰胺酶的生成。

米曲霉生长需要水分，当曲料水分小于40%时会影响菌丝的生长，而曲料水分过高时杂菌容易繁殖。在曲霉生长期，曲料含水48%左右为宜，空气相对湿度在90%以上；在曲霉产酶期，水分适当降低，将有利于蛋白酶活力的提高。米曲霉生长和产酶的适宜pH为6.5～6.8。

米曲霉是好氧微生物，当氧气不足时，生长受到抑制。菌体细胞呼吸作用所产生的二氧化碳，如果过多积聚于曲料中，对米曲霉的生长和产酶不利，所以在制曲时应通入空气排出二氧化碳，既满足米曲霉的好氧要求，又抑制了厌氧菌的繁殖。不过，少量的二氧化碳存在，可能对米曲霉产酶有促进作用。

工业化通风制曲就是根据米曲霉的上述生态特性，通过对曲料水分和通风量的控制，确保米曲霉生长的最佳生态环境，并通过竞争营养物质来抑制有害微生物的生长繁殖。工业化的酱油制曲主要采用厚层制曲，如厚层通风制曲、圆盘制曲机制曲等，以实现好氧的米曲霉生长繁殖并积累所需的酶。

进入酱醅发酵阶段，由于食盐的加入和氧气量的急剧下降，米曲霉的生长几乎完全停止。此时，耐盐性的乳酸菌，主要是啤酒片球菌、德氏乳杆菌；耐盐性酵母菌，如鲁氏酵母、大豆接合酵母、球拟酵母等大量生长，而成为优势菌群。在发酵的起始阶段，片球菌为 10^2～10^3cfu/ml；室温下发酵4个月，菌体浓度可达 10^8～10^9cfu/ml。当片球菌的浓度达到 10^6cfu/ml时，酱醪的pH开始下降。即使在高盐浓度（20.2%～20.6%）下，酱油片球菌也生长良好，发酵生产乳酸，酱醪的pH迅速下降，在10天之内，pH下降到4.9左右。这类乳酸菌的另一个特征之一是具有形成酱油芳香和风味的能力。

低pH可以刺激耐盐性酵母菌的生长。在含18%食盐的培养基中，鲁氏酵母只有在pH 4.0～5.0时才能生长。从酱醪中分离到的鲁氏酵母菌群的菌株有大豆接合酵母、酱醪接合酵母、*Zygosaccharomyces sulsus* 和 *Zygosaccharomyces japonicus* 等。酵母在碳水化合物代谢中，可以产生乙醇等多种风味物质。鲁氏酵母在酱醪中可达到 10^6～10^7cfu/ml。在高盐好气条件下，鲁氏酵母发酵葡萄糖形成大量甘油，是重要的酱油风味来源。球拟酵母可以产生4-乙基木酚、4-乙基苯酚和2-苯乙醇，从而构成典型的老熟酱油风味。此外，酵母还产生糠醛等重要风味组分。

用液态发酵法在1L发酵罐中研究酱醪中酵母菌和乳酸菌的消长变化规律，结果表明，乳酸菌在2天之内从接种时的 6.8×10^4cfu/g 上升到 2.5×10^7cfu/g；保持3天后，开始下降，在31天时下降到 1.0×10^4cfu/g。鲁氏酵母在10天之内由 4.6×10^7 cfu/g 下降到 1.95×10^5cfu/g；

14天时，上升到7.55×10^7cfu/g，并维持在该水平。当酱醪的pH降到5.0时，鲁氏酵母开始生长。总之，在酱油发酵过程中，乳酸细菌、酵母菌及其他少量的芽孢细菌之间存在着微妙的生态关系（图8-9），正是它们的相互作用，赋予了酱油特有的风味和芳香。

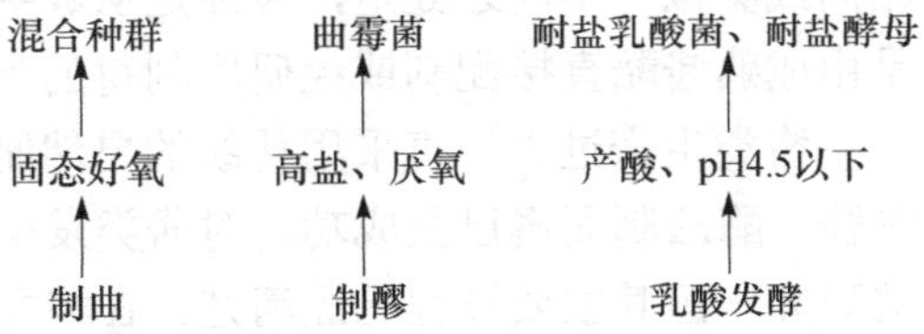

图8-9 酱油酿造过程中的微生物生态关系

二、霉菌在腐乳、豆豉、豆酱发酵中的应用

（一）腐乳

腐乳是大豆蛋白发酵食品。以大豆为原料，将大豆洗净、浸泡，磨成豆浆、煮沸，加入适量硫酸钙或D-葡萄糖酸-δ-内酯使其凝固，除去水分制成豆腐。将豆腐切成小方块，喷雾接种毛霉或根霉菌种进行发酵，在春秋季或冬季，于室温20～26℃培养2～3天，夏天一般室温为30～32℃，故只需培养32h，即长满菌丝成为腐乳毛坯。然后经过腌坯，配料装坛进入后发酵，经2～6个月即成为风味良好的腐乳。

前期发酵主要是在豆腐坯上培养毛霉令其充分生长并分泌蛋白酶。目前广泛应用的腐乳毛霉生长的最适温度为28～30℃，在前期发酵中，附着在豆腐坯上的各种细菌也同时迅速增殖，并能深入豆腐坯的内部。一般认为这些细菌多可以强烈分解蛋白质，与霉菌一道参与原料蛋白质分解。

后期发酵中的腌坯，其主要作用是：给腐乳以必要的咸味和形成具有鲜味的氨基酸钠盐；使水分析出；利用食盐的防腐能力，防止腐乳腐败。随后添加配料入坛进行长期的厌氧发酵直至腐乳成熟。其具体生物化学变化和机制虽不十分明晰，但有些是清楚的。例如，在发酵中的微生物，除豆腐坯上培养的根霉及附着的细菌以外，还有随配料工具带入及由空气落入的各种菌类，它们有随红曲带入的红曲霉，随糟米、黄酒带入的酵母菌和随面曲带入的米曲霉等。上述好气性霉菌和营兼性呼吸的酵母菌，虽难以在厌氧环境中生存，然而在入坛初期它们可能有短暂的活动，最主要的是它们分泌的酶仍然可以继续催化腐乳发酵中的各种极其复杂的生物化学反应，使原料中蛋白质及其降解物进一步水解成氨基酸；油脂分解为脂肪酸；淀粉经糖化，再转化为乙醇及有机酸；同时辅料中的乙醇与有机酸及香料等也共同参与作用，形成各种脂类及其他构成腐乳色、香、味的成分。

腐乳的后熟，特别是氨基酸的生成，与细菌的厌氧发酵密切相关。此外，酯类及总酸的增加亦与细菌的活动有关。辅料中的乙醇成分，其作用除增加产品风味外，还对微生物增殖有抑制作用。

（二）豆酱

酱类制品起源于我国周朝，唐时传至日本，后逐渐传至东南亚各国。酱类包括大豆酱、蚕豆酱、面酱、豆瓣辣酱及其加工制品等。它是以豆类与面粉为原料，经蒸熟、制曲、发酵而制成。米曲霉是酱类生产的主要微生物，在制曲要求与方法，以及发酵理论均与酱油生产相同或类似。不同之处是，酱油是从成熟酱醅中抽滤出的汁液，为液态产品。而酱类制品则是由成熟酱醅直接配制或经研磨制得的半固态产品，呈红褐或黄褐色，味鲜香浓，咸淡相宜。

酱类生产过去一直采用传统的自然制曲与晒露制酱工艺。现多改为纯种制曲，保温发酵制酱。酶法制面酱已获成功。对酱类发酵过程中的复杂生物化学变化，目前虽缺乏广泛深入的研究，但其主要过程已经清楚。在酱醅成熟过程中，受曲霉分泌的多种酶和细菌、酵母作用的影响，蛋白质降解为蛋白胨、多肽、氨基酸等，增进了酱的鲜味；淀粉分解为糊精、麦芽糖、葡萄糖等使酱具有甜味；而另一部分淀粉和糖类在细菌与酵母的作用下，生成乙醇、有机酸、甘油、酯类及其他一些微量的风味成分，加上乙醇与有机酸之间的酯化作用生成的酯类，赋予了酱类所特有的香味。糖类与氨基酸之间的羰氨反应产物则使酱具有特殊的色泽。

（三）豆豉

豆豉生产亦始于我国，公元前 2 世纪已经开始有了豆豉生产，至西汉初年豆豉已相当普遍。豆豉是以大豆为原料，经浸泡蒸煮、培菌制曲、拌料发酵而制得。呈黑褐或黄褐色，滋味鲜美，颗粒完整，可直接食用或作调味料。主要产于四川、湖南、江苏、广东等地。

豆豉生产原理与酱油、酱类制品基本相同。主要是利用毛霉、曲霉或细菌产生的，以蛋白酶、淀粉酶为主体的复杂酶系，降解原料中的蛋白质、淀粉等物质，生成各种以氨基酸、有机酸为主要成分的多种多样的相应产物，再加上由降解产物相互间反应形成的物质，从而构成了豆豉所特具的色、香、味。

毛霉型豆豉一般在日最高气温 18℃以下的季节生产，多采用传统的自然制曲与拌料发酵工艺。利用毛霉菌在低温条件下生长迅速的优势抑制其他菌类的生长，是此法取得成功的关键。豆豉坯上的毛霉菌以总状毛霉为主，兼有其他霉菌与某些分泌纤维素酶的霉菌及一些蛋白质分解能力强的细菌。总之，它具有菌种复杂、酶系齐全、原料蛋白质及其他成分的降解产物种类多、风味好等特点。四川潼川豆豉、永川豆豉等均属毛霉型豆豉。

曲霉型豆豉，现多采用沪酿 3.042 米曲霉纯种制曲，自然制曲已日渐减少。纯种制曲菌种单纯，技术上好掌握，不受季节限制，生产周期短，设备利用率高，可大批量生产。但缺点是产品鲜味有余而芳香不足。

第四节　微生物在功能制品及食品添加剂生产中的应用

一、微生物多糖

多糖（polysaccharide）是一类结构复杂的高分子聚合物，按其化学组成的不同可分为纯多糖和杂多糖。目前应用广泛的多糖制品，主要来源于微生物，因此称为微生物多糖。

微生物多糖是一些特殊微生物的代谢产物。近 20 年来，陆续开发了相应的发酵产品。因其具有独特的物化性能及生物活性，已作为乳化剂、增稠剂、稳定剂、胶凝剂、成膜剂、悬浮剂和润滑剂等应用于食品、石油、化工和制药等多个领域。到 21 世纪初，国内外已工业化生产的微生物多糖主要有黄原胶（xanthan）、右旋糖酐（dextran）、小核菌葡聚糖

(scleroglucan)、短梗霉多糖(pullulan)、热凝多糖(curdlan)及食用菌多糖(mushroom polysaccharide)。

(一)主要产多糖微生物

自然界中能产生多糖的微生物种类很多，涉及细菌、酵母和丝状真菌。常见的有以下几类：①革兰氏阳性菌，明串珠菌、变异链球菌等；②革兰氏阴性菌，木醋杆菌、无色杆菌、土壤杆菌、固氮菌、假单胞菌等；③酵母菌，出芽短梗霉、隐球酵母、毕赤酵母、红酵母等；④丝状真菌，青霉、银耳、冬虫夏草、灵芝、香菇等。这些微生物能合成多种多糖，在工农业生产中得到广泛的应用，见表8-4。

表8-4　一些主要多糖的应用与相关微生物

多糖	微生物	应用
右旋糖酐	醋杆菌、肠膜明串珠菌	用于制药作为人造血浆的成分
短梗霉多糖	*Pullularia pullulans*	可生产成不透氧的薄膜，能被生物降解
凝胶多糖	土壤杆菌	加热或酸化成凝胶，用于胶冻食品，在酸及盐中稳定
小核菌多糖	小核菌(*Sclerotium glucanicum*)	高黏假塑性，用于去除钻孔中的淤泥
纤维素	醋杆菌	纤维素直径小，持水力强，可用于食品、化工和干旱农业的改良
果聚糖	芽孢杆菌、肠膜明串珠菌、黏质沙雷氏菌、假单胞菌	高黏假塑性
藻酸盐	铜绿假单胞菌、维涅兰德固氮菌	属带钙的一系列不同黏度的凝胶，用于食品和纺织品印染
黄原胶	黄单胞菌	高黏假塑性，热酸性，可生物降解，用于食品和石油工业
磷酸甘露聚糖	汉逊氏酵母	高浓度下摇溶，可制备成带硼的凝胶
热凝多糖	琼脂杆菌属、粪产碱杆菌	食品工业赋形剂
葡聚糖	大多数大型食用真菌	保健食品的原料

微生物生产多糖的底物主要是蔗糖、葡萄糖和其他简单糖类。碳源决定微生物所产多糖的质量和数量，碳源的浓度影响转化率。一般来说，过多的碳源会降低微生物向胞外分泌多糖。

此外，许多微生物对某些矿物元素，如钾、磷、镁、钙等有严格的要求，有时对钼、铁、铜、锌也是必需的，但有些金属会抑制多糖的合成。

(二)食用菌多糖

1. 灵芝多糖

灵芝多糖是具有螺旋状立体构形的多聚糖，其螺旋形结构主要由氢键来保持稳定性。其相对分子质量从数千到数十万，不溶于高浓度的乙醇，微溶于低浓度的乙醇及冷水中，可在热水中溶解。灵芝多糖中除含有葡萄糖外，大多数还含有阿拉伯糖、木糖、半乳糖、甘露糖等单糖，单糖间大多以β-(1, 3)、(1, 4)或(1, 6)糖苷键相连，少数为不具有生理活性的α型结构。灵芝多糖中β-D-葡聚糖、葡萄糖醛酸-β-D-葡聚糖、阿拉伯糖-β-D-葡聚糖、木糖-β-D-葡聚糖、甘露糖-β-D-葡聚糖等均具有抗癌活性，而有些水不溶性的纤维素也有抗癌活性。目前已知灵芝多糖的抗癌活性的强弱与其单糖间糖苷键的连接方式、水溶性、分子质量大小、支链分支度、分支形状、空间结构以及其结合的蛋白质等有关。

灵芝多糖对提高机体免疫功能有着良好的效果，其中包括能将辐射照射处理后免疫功能低下的一些症状加以恢复。Lee 等报道，灵芝多糖能提高自然杀伤细胞（NK）活性，并促进干扰素（interferon）生成，从而认为灵芝多糖具有抗癌功效。

2. 银耳多糖

从银耳子实体中提取的多糖主要有：①酸性多糖，由木糖、甘露糖和葡萄糖醛酸组成，还有少量葡萄糖、岩藻糖，其分子中有典型的乙酰基结构。②中性多糖，相对分子质量约为 8000，主要由木糖、甘露糖、半乳糖和葡萄糖按 2∶4∶5∶35 的物质的量比组成。③酸性低聚糖，分别是 *O*-β-D-吡喃葡萄糖醛酸-(1, 2)*O*-α-D 吡喃甘露糖(1, 3)*O*-α-D 吡喃甘露糖(1, 3)-D-吡喃甘露糖、*O*-(β-D-吡喃葡萄糖醛酸)-(1, 2)*O*-α-D 吡喃甘露糖、2-*O*(β-D-吡喃葡萄糖醛酸)-D-吡喃甘露糖。④胞壁多糖，现分离得到两种胞壁多糖，即由 D-葡萄糖醛酸、D-甘露糖和 D-木糖组成的酸不溶性多糖或由 D-葡萄糖、D-葡萄糖醛酸、D-甘露糖、D-木糖组成的碱不溶性多糖。⑤胞外多糖，主要由岩藻糖、阿拉伯糖、木糖、甘露糖、葡萄糖醛酸组成。

银耳多糖能增强体液的免疫功能，能明显增加小鼠血清溶血抗体含量，并能对环磷酰胺等免疫抑制剂所致细胞免疫抑制都有明显的抵抗作用。银耳多糖能提高 T 淋巴细胞和 B 淋巴细胞的转化率，亦能提高肿瘤患者外周血 T 淋巴细胞水平，增强非特异性免疫。此外，银耳多糖对小鼠网状内皮系统（RES）有明显的激活作用，能激活小鼠腹腔巨噬细胞，提高吞噬百分率及吞噬指数，增强其吞噬功能。

3. 猴头菇多糖

猴头菇多糖能激发机体细胞免疫和体液免疫，增强宿主抗病毒、抗肿瘤及抗细菌感染的能力。经体外试验结果，可抑制一些癌细胞的 DNA 和 RNA 的合成。服用猴头菇后，所产生的干扰素能增强抗癌效果，对于小白鼠肉瘤 S-180 和艾氏腹水癌有明显的抑制作用。

猴头菇多糖由葡萄糖、半乳糖及甘露糖所组成，葡萄糖含量最多。其中具有抗癌活性的组分是 FIo-a-α（木聚糖）、FIo-a-β（葡萄糖木聚糖）、FIo-b（杂木糖葡聚糖）、FII-1（杂木糖葡聚糖与蛋白质复合体）、FIII-2b（半乳糖木糖葡聚糖与蛋白复合体）5 种。食用猴头菇后，能提高人体巨噬细胞和淋巴细胞包围吞噬外来细菌、病毒和体内异常细胞的功能，所以猴头菇也是一种良好的免疫增强剂。

4. 灰树花多糖

灰树花多糖是β-葡聚糖，具有明显的抗肿瘤效果。灰树花新鲜子实体水溶性多糖和水不溶性多糖成分，具有较高抗鼠肉瘤 S-180 活性的水溶性多糖是 F_{10}-α-β1 和 FA-α-β1 组分，水不溶性多糖是 F11-3 和 F111 组分。经结构分析，F_{10}-α-β1 是含 β-1, 6-糖苷键、3 个葡萄糖残基和平均 5 个残基链长分支的 β-(1, 3)-D-葡聚糖，分子质量约为 1000kDa。F11-3 由葡萄糖、木糖组成，在 β-(1, 3)葡聚糖上有一个(1, 6)和(1, 2)支链，分子质量为 50kDa。

（三）黄原胶

1. 黄原胶生产菌种

黄原胶生产用微生物是黄单胞菌。甘蓝黑腐病黄单胞菌（*Xanthomonas campestris*）最初是从芜菁甘蓝上分离的一种天然杆菌。此菌在甘蓝提取物和人工制成的培养基中发酵产生有相同化学组成的多糖，因此甘蓝黑腐病黄单胞菌是工业生产黄原胶的优良菌种。除甘蓝黑腐病黄单胞菌外，黄单胞菌属的其他种，如大豆斑疹黄单胞菌（*Xanthomonas phaseoil*）、棉花角斑黄单胞菌（*Xanthomonas malvacearum*）、胡萝卜黄单胞菌（*Xanthomonas carotae*）等也能产生黄原胶。

2. 黄原胶的工业化生产和应用

甘蓝黑腐病黄单胞菌是工业化黄原胶生产的优良菌种。长期传代会退化出现小菌落，导致黄原胶产量、丙酮酸含量明显低于大菌落。定期进行菌种纯化和复壮是维持其优良性状的重要方法。筛选细胞壁合成缺陷或某些抗生素抗性菌株可能获得黄原胶高产菌株。黄原胶产生菌在生长过程中对营养并无特殊要求，一般情况下，碳源可用葡萄糖、蔗糖、玉米淀粉等；而氮源则选用蛋白胨、鱼粉、豆粉、硝酸盐等；无机盐要有适当比例的 KH_2PO_4、$MgSO_4$、$CaCO_3$ 及 Fe^{3+}、Mn^{2+}、Zn^{2+}等。此外，研究表明，谷氨酸、柠檬酸、延胡索酸可促进黄原胶的生物合成。

以美国的 KELCO 公司生产的食品级黄原胶产品 Keltrol 为例，黄原胶的应用见表 8-5。

表 8-5　黄原胶的功能及应用

食品种类	功能及应用效果
果汁	Keltrol 的触变性使果汁有良好的灌注性，并能黏着在冰淇淋、水果和薄煎饼上，能控制流动和渗透
风味面包	用 Keltrol 作风味面包的乳化剂得到了稳定性好、质地光滑的风味面包，并可节约生产时间
面包馅	用 Keltrol 可以冷制面包馅，使面包馅有良好的质地、口感和风味释放，使馅不被糕点吸收
罐头食品	能实现黏度的良好控制，可替代部分淀粉，在维持食品营养质量和外形的基础上，可加速传热
冷冻食品	能控制脱水收缩作用并对温度稳定，所以在加热和冷冻循环中能为酱汁、调味汁提供良好的乳化及悬浮稳定性，并维持其黏度。同时能改进冷冻食品的稳定性
液体饮料	低浓度的 Keltrol 能长时间、有效地悬浮水果肉质，这样可保持风味、浓度和口感的均一性
干酪涂抹食品	用 Keltrol 制作巴氏灭菌的干酪涂抹食品，可很好地触化，并稳固切片，释放风味

（四）右旋糖酐

右旋糖酐的分子质量为 1×10^4～2×10^7Da 或更高一些。有许多细菌能产生右旋糖酐，但工业上所使用的种属还只限于肠膜明串珠菌（*Leuconostoc mesenteroides*）和右旋链杆菌（*Streptobacterium dextranicum*）。工业化右旋糖酐的生产所用培养基含有 10%的蔗糖、0.5% K_2HPO_4、0.25% 酵母膏和 0.02% $MgSO_4$。发酵过程中 pH 降低，培养基黏度增高，到发酵结束，发酵液的 pH 为 4.5，黏度为 400～700cp。

右旋糖酐在临床上是一种优良的血浆代用品，可抗血栓，改善微循环。对弹性蛋白酶、尿激酶、SOD、胰岛素有稳定作用。

二、微生物与食品风味物质

食品风味物质的工业化产品，主要包括香味剂、酸味剂、甜味剂、鲜味剂等，是食品中不可缺少的组成部分和影响食品质量的重要成分。由于食品原料中内源风味、芳香物质或因含量少或因加工而挥发，往往需要外援增补强化。

（一）微生物香味剂

食用香精、香料等香味物质主要是利用芳香植物来提取或萃取。但或因芳香植物资源少或因芳香成分含量稀或因芳香物质分子结构牢固难分离，这类天然风味物质生产成本高、价格贵，难以用于食品工业。因此，利用微生物生产食品风味物质就有了用武之地。

众所周知，微生物对传统发酵食品，如酒、发酵调味品、乳、肉制品、面食等的风味形成起着决定性作用，且不同微生物菌种、发酵条件和底物原料会产生不同的风味。用微生物生产风味物质的途径主要是利用微生物次生代谢产物和酶促转化风味前体物质等。由微生物产生的有代表性的香味物质有以下几种。

1）萜烯类化合物　具有香精油的特殊香味，以五碳异戊二烯为基本单位，具有开链、闭链、环式、饱和或不饱和结构。产萜烯类的微生物大多是真菌，属子囊菌类和担子菌纲，还有酶及生香酵母菌等。

2）内酯类化合物　具有果味、椰子味、奶油味、可可味、甜味或坚果味，是食品香气的主要成分。微生物能生产具有旋光特性的内酯，比化学合成内酯更优越。

3）酯类化合物　是果香的主要成分。早在100多年前，科学家就发现并合成了这类果味酯及利用微生物生产果味酯的方法。1976年，Morgan提出果味酯的形成机理，促进了微生物生产果味酯的发展。例如，担子菌纲的气味栓菌能产生蜂蜜香味的甲基-乙酸苯酯和茴香味的甲基-对-甲氧基乙酸苯酯等。

4）吡嗪类化合物　吡嗪为含N的杂环化合物，是热加工食品的典型香味成分，如咖啡味、巧克力味、爆米花味、坚果味、香蕉味等，是国际通用型香料。牛肚菌中含有吡嗪；谷氨酸棒杆菌、枯草芽孢杆菌发酵能产生4-甲基吡嗪；假单胞菌属可产生烷基吡嗪等。

5）蘑菇香味剂　蘑菇香味的主要成分是不挥发的谷氨酸、5′-鸟苷酸及挥发性的C_8化合物等，如野生蘑菇中含有3-羟基辛烯的特有香味；二孢蘑菇中含有3-羟基辛烯的前体物亚油酸等。营养性蘑菇抽提物调味料在欧洲、美国、日本市场很流行。

6）酶转化风味物质　应用酶促风味前体物转化为风味物质或直接合成、提取风味物质，用于增强食品风味或除去、掩盖食品杂味和异味，是食品风味生物技术的研究热点。酶具有很强的催化功能，并对反应有选择性、基质有专一性。食品原料中的蛋白质、脂肪、碳水化合物和核酸等成分，均可通过相应的酶促反应，转化或生成特定的风味物质。

（二）微生物鲜味剂

酵母浸膏又称酵母抽提物，是酵母自溶和酶解及发酵过程中产生的氨基酸、核苷酸、生物肽等混合物提纯精制而成，属新型氨基酸调味料。其肌苷酸、鸟苷酸含量为5%，高的可达20%，特别鲜美，能提升肉味，协调动植物蛋白水解物的鲜味。

酵母浸膏有膏状和粉状两种产品，主要用作复合调味液、鲜酱油、调味粉、罐头食品、肉制品、蔬菜制品、水产品等的增鲜剂，可掩盖杂味；也常用于动物浸膏的复配增鲜。酵母浸膏含有全部的必需氨基酸、维生素及核糖核酸、烟酸、味酸、谷胱苷肽等，矿物质元素品种和含量也很丰富，是常用的营养药物，具有助消化、降血压、治贫血等功能，也可用作食品营养强化剂和保健食品素材。酵母菌生长快、易培养。发展酵母浸膏生产，前景广阔。例如，利用埃切毕赤酵母浸出液可提取牛肉型调味料；利用色串孢酵母提取物可作色拉调味料；利用乙醇纯培养色串孢酵母，制取的色串孢蛋白，具有豆油口感，可制作豆香调味料；酵母自溶物含有丰富的谷氨酸，具有肉香味，可作肉汁代用品；富硒酵母自溶物含有丰富的有机硒，可用作富硒调味料等。

（三）微生物风味物质的工业化产品

微生物香味剂的工业化生产具有诱人的前景，国外许多微生物香味剂已达到工业生产规模。几乎所有生产风味物质的大公司都已应用发酵技术生产微生物香味剂。例如，德国 BASF 公司用微生物生产 4-癸内酯；美国的 U-nileaer 公司以 5-十二酮酸为原料，采用面包酵母生产 R-δ-十二酸酐，环化生成黄油味的内酯，已达到 30 000L 发酵罐规模；美国 ESCA 公司利用生物反应器生产出含 85%香草醛及 200 多种天然香草成分的香草香精；国际香精香料公司（IFF）利用 Tenax 捕集器收集水果挥发性芳香物质，浓缩制成 15 种“活体香精”，推向市场，可用于果酱、果汁、饮料、糕点增香；1991 年，荷兰 Unochema International 公司利用脂肪酶生产出“Bioester”系列生物芳香酯；美国 Herlules 公司采用微生物生产丁酸和丁酸乙酯；英国 Stafford 食品配料制品公司用黑曲霉菌株生产青纹干酪的重要风味物质甲基酮；美国公司还优选原料、优化发酵条件，生产出高浓度啤酒香味剂，用于啤酒或低醇、无醇啤酒增香；日本协和发酵公司用从面包酵母中选育的对 4-氮杂-DL-亮氨酸具有专一性的异丁醇和异戊醇变异株，生产出面包增香剂，用于烘焙食品增香；该公司还利用啤酒酵母和面包酵母在乳清和糖培养基中常温发酵，制成面包类风味改良剂。国外在 20 世纪 70 年代已经开始用深层发酵法生产液体蘑菇菌丝体类香味物质等。

复习思考题

1. 试从酿造原理及工艺角度比较啤酒、葡萄酒、白酒的差别。
2. 以我国传统发酵食醋的生产为例，阐述多菌相发酵食品品质形成的一般生化历程。
3. 试述以谷物为原料酿醋时参与发酵的微生物种类及其作用。
4. 简述葡萄酒酿造中苹果酸-乳酸发酵对产品质量的意义。
5. 简述酸乳发酵菌种之间的共生关系及其对酸乳发酵生产的意义。
6. 简述酿醋细菌、米曲霉菌、酿酒酵母的基本特性。
7. 参与酱油酿造的微生物有哪些？试述酱油酿造过程中的微生物菌群演替规律。
8. 什么是发酵剂？常用的乳品发酵剂有哪些类型？
9. 什么是曲？试述酒曲对于我国白酒酿造的微生物学和生化意义。
10. 微生物来源的食品功能因子及食品添加剂主要有哪些？
11. 试比较大曲、小曲、麸曲的微生物、酶系的异同。

第九章 微生物污染食品的来源及引起食品变质的主要微生物

【内容提要】

本章介绍了微生物污染食品的来源，主要是经过土壤、空气、水、人及动物、加工机械及设备、包装材料、原料及辅料等污染；介绍了引起食品腐败变质的细菌；食品中菌落总数和大肠菌群的卫生学意义；霉菌及毒素对食品的污染。

【教学目标】

1. 熟练掌握微生物污染食品的途径。
2. 熟练掌握引起食品腐败变质的主要细菌种类，并掌握食品菌落总数的卫生学意义。
3. 熟练掌握食品中大肠菌群的概念和卫生学意义。
4. 了解霉菌及毒素对食品的污染。
5. 掌握霉菌毒素的产毒条件和特性，以及霉菌及其毒素的食品卫生学意义。

【重要的概念及名词】

菌落总数　大肠菌群

第一节　污染食品的微生物来源

在自然界，不同环境中存在的微生物类型和数量不尽相同。食品从原料到餐桌的各个环节，常常与环境发生各种方式的接触，导致微生物污染。污染食品的微生物来源包括土壤、空气、水、人及动物体、加工机械及设备、包装材料等。概括起来，食品中微生物污染的途径可分为两大类：一是作为食品原料的动植物体在生长过程中，由于本身带有的微生物而造成，称为内源性污染；二是原料在收获、加工、运输、贮藏、销售过程中被环境微生物污染所致，称为外源性污染。

1. 土壤

土壤中含有大量可被微生物利用的碳源和氮源，同时还含有大量的硫、磷、钾、钙、镁等无机元素及硼、钼、锌、锰等微量元素，并且土壤还具有一定的保水性、通气性及适宜的酸碱度（pH 3.5～10.5），其温度变化通常在10～30℃，而且表面土壤的覆盖能起到保护微生物免遭太阳紫外线伤害的作用，可见土壤为微生物的生长繁殖提供了有利的营养和环境条件，素有“微生物的天然培养基”和“微生物大本营”之称。

土壤中的微生物种类十分繁杂，数量可达10^7～10^9个/g，其中细菌比例最大，可达70%～80%，放线菌占5%～30%，其次是真菌、藻类和原生动物。不同土壤中的微生物种类和数量有很大差异，地表下3～25cm的土壤是微生物最活跃的场所，肥沃土壤中微生物的数量和种类较多，果园土壤中酵母菌数量较多。土壤中的微生物除了自身繁殖外，空气、水、人及动植物体的微生物也会不断进入土壤。许多病原菌就是随着动植物残体及人和动物的排泄物进入土壤的。一般来讲，无芽孢菌在土壤中存活时间较短，有芽孢菌生存时间较长。例如，沙门氏菌只能生存数天至数周，而炭疽芽孢杆菌却能生存数年或更长时间。土壤中的微生物可污染水源、空气，以及附着在食品原料表面或寄生于食品内部，同时土壤也是一个开放的环境，也不断地遭到污染。

2. 空气

空气中没有微生物生长繁殖所需要的营养物质和充足的水分，加之经常接受紫外线照射，所以空气不是微生物生长繁殖的良好场所。然而空气中确实含有较多的微生物，这些微生物主要来自土壤、水、人和动植物体表的脱落物和呼吸道、消化道的排泄物，随风飘扬而悬浮在大气中或附着在扬尘或液滴上。

空气中常见的微生物类群抵抗力较强、耐干燥和耐紫外线，如霉菌、放线菌的孢子和细菌的芽孢及酵母。空气中的微生物数量随条件不同而不同，公共场所、街道、畜舍、屠宰场及通气不良处的空气中的微生物数量较高。空气中的尘埃越多，所含微生物数量也就越多。越接近地面的空气，微生物数量越多。污染严重的空气中微生物数量可达 10^6 个/m^3，海洋、高山、乡村、森林等空气清新的地方微生物数量较少。空气中可能会存在一些病原微生物，它们直接来自人或动物呼吸道、皮肤干燥脱落物及排泄物或间接来自土壤，如结核杆菌、金黄色葡萄球菌、沙门氏菌、流感嗜血杆菌和病毒等，患病者口腔喷出的飞沫小滴含有 1 万～2 万个细菌。

3. 水

江、河、湖、海等各种淡水与咸水水域中都生存着相应的微生物。不同水域的有机物和无机物种类和含量、温度、酸碱度、含盐量、含氧量不同，加之深度、光照度等的差异，各种水域中的微生物种类和数量呈明显差异。通常水中微生物的数量主要取决于有机物质的含量，水中有机物质含量越多，微生物数量也就越大。

淡水域中的微生物可分为两大类型：第一类是清水型水生微生物，习惯在洁净水中生活，以自养型微生物为主，被看作水体环境中的土居微生物，如硫细菌、铁细菌、衣细菌及含有光合色素的蓝细菌、绿硫细菌和紫细菌等。也有部分腐生型细菌，如色杆菌属（*Chromobacterium*）、无色杆菌属（*Achromobacter*）和微球菌属（*Micrococcus*）的一些种就能在低营养成分的水中生长。霉菌中也有一些水生型种类，如水霉属（*Saprolegnia*）和绵霉属（*Achlya*）的一些种可以生长于腐烂的有机残体上。此外还有单细胞和丝状藻类以及一些原生动物也常在水中生长，但数量通常不大。第二类是腐生型水生微生物，来自于土壤、空气、生产生活污水、人畜粪便，是造成水体污染、疾病传播的重要原因，如变形杆菌属（*Proteus*）、大肠杆菌、产气肠杆菌（*Enterobacter aerogenes*）和产碱杆菌属（*Alcaligenes*）等，还有芽孢杆菌属、弧菌属（*Vibrio*）和螺菌属（*Spirillum*）中的一些种。

海水中也含有大量的水生微生物，主要是嗜盐性细菌。近海中常见的细菌有假单胞菌属（*Pseudomonadaceae*）、无色杆菌、黄杆菌属（*Flavobacterium*）、微球菌属、芽孢杆菌属和噬纤维菌属（*Cytophaga*），它们能引起海产动植物的腐败，有的是海产鱼类的病原菌。海水中还存在可引起人类食物中毒的病原菌，如副溶血性弧菌（*Vibrio parahemolyticus*）。矿泉水和深井水中通常含有很少的微生物。

水在食品加工中是食品的原料及配料成分，也是清洗、冷却、冷冻不可缺少的物质，各种天然水源包括地表水（江水、河水、湖水、海水）和地下水（深井水、泉水）不仅是微生物的污染源，也是微生物污染食品的主要途径。在很多情况下，食品之所以会被微生物污染，主要是由水这一媒介造成的。如果自来水管出现漏洞、管道中压力不足及暂时变成负压时，则会引起管道周围环境中的微生物渗漏进入管道发生污染。

4. 人及动物体

人接触食品时人体可作为媒介引起食品的微生物污染，特别是由人手造成食品微生物污染最为常见。如果食品从业人员患有某些疾病，接触食品部位不注意清洗消毒，指甲不常修剪，极易引起食品的微生物污染，如志贺氏菌和葡萄球菌食物中毒主要是由人污染食品而引起的。动物的皮肤、毛发、口腔、消化道、呼吸道均带有大量的微生物，未经清洗的动物皮毛微生物数量可达 10^5～10^6 个/cm^2。有些引起人患病的菌种是人畜共患病原菌，如沙门氏菌、结核杆菌、布氏杆菌（*Bacterium burgeri*）。这些病菌可通过直接接触或通过呼吸道和消化道向体外排出而污染食品。

蚊、蝇及蟑螂等昆虫也携带有大量的微生物，其中包括多种病原微生物，它们接触食品同样也会造成微生物的污染。

5. 加工机械及设备

应用于食品的一切用具，如运输工具、生产设备、包装材料或容器等都可能成为媒介污染食品。这些用具本身没有微生物所需的营养物质，但在食品加工过程中，食品的汁液或颗粒会黏附于其表面，在食品生产结束时机械设备如果没有得到彻底的清洗灭菌，原本少量的微生物便会在其上大量生长繁殖，成为污染源，这些机械设备在以后的使用过程中就会通过与食品直接接触而造成微生物污染。在食品生产过程中，不经消毒灭菌的设备越多，造成微生物污染的机会相应也越多。

6. 包装材料

包装材料处理不当同样会带有微生物。一次性包装材料通常比循环使用的包装材料所带有的微生物数量要少。塑料包装材料由于带有电荷会吸附微尘及微生物。经过消毒灭菌的食品，如果使用未经无菌处理的包装材料，则会造成食品的重新污染。

7. 原料及辅料

即使是来自健康的动植物，食品原料表面及内部不可避免地也会带有一定数量的微生物。如果在加工过程中处理不当，容易使食品变质，有些来自动物原料的食品还有引起疫病传播的可能。

辅料如各种调味料、淀粉、面粉、糖等，虽然仅占食品总量的一小部分，但往往带有大量微生物，调料中的含菌量可高达 10^8 个/g。佐料、淀粉、面粉、糖中都含有耐热菌。原辅料中的微生物一是来自于生活在原辅料体表与体内的微生物；二是在原辅料的生长、收获、运输、贮藏、加工处理过程中受到二次污染。

第二节　食品的细菌污染

自然界中的细菌种类繁多，但由于食品理化性质、所处环境条件及加工处理等因素的限制，在食品中存在的细菌只是自然界细菌的一小部分，包括致病菌、条件致病菌和非致病菌。非致病菌一般不引起人类疾病，但其中一部分为腐败菌，与食品腐败变质有密切关系，是评价食品卫生质量的重要指标。

一、引起食品腐败变质的主要细菌

食品中细菌来自内源和外源污染，在食品卫生学上称为食品细菌。它们既是评价食品卫生质量的重要指标，也是食品腐败变质的原因。在《伯杰氏系统细菌学手册》（1984～1989）中，污染食品后可引起腐败变质、造成人食物中毒和引起疾病的常见细菌分为以下科属。

（一）革兰氏阴性需氧或微需氧、能运动的螺旋形或弯曲细菌

这一类细菌中与食品有关的主要是弯曲杆菌属（*Campylobacter*），该属菌为革兰氏阴性、微需氧的螺旋状细菌。菌体大小为（0.5～5）μm×（0.2～0.8）μm。在菌体的一端或两端生有一根鞭毛，能运动。

该属菌生长时需要 8%～15%的氧，在含有 0.5%～1.5% NaCl 的培养基中才能生长，在不含 NaCl 的蛋白胨水和琼脂上不生长。不能利用葡萄糖等糖类化合物，不产生吲哚。氧化酶阳性。

弯曲杆菌广泛分布于世界各地。食入含有该菌的食物后，可发生食物中毒，引起细菌性肠炎，症状为下痢、腹痛、发热、恶心、呕吐等。

（二）革兰氏阴性需氧杆菌和球菌

1. 假单胞菌科（Pseudomonadaceae）

在食品中最常见的是假单胞菌属（*Pseudomonas*）。该属菌为革兰氏阴性、无芽孢、需氧、直或稍弯曲杆菌。菌体大小为（0.5～1）μm×（1.5～4）μm，大部分极生鞭毛，能运动。氧化酶阳性，糖代谢方式为呼吸型。营养要求简单，大部分菌种在不含维生素、氨基酸的合成培养基中仍能良好生长。假单胞菌属的细菌多具有分解蛋白质和脂肪的能力，其中有些分解能力很强。

此外，假单胞菌增殖速度快，部分种能在 5℃的低温下生长，具有很强的产生氨等腐败产物的能力，因此假单胞菌污染肉及肉制品、鲜鱼贝类、禽蛋类、牛乳和蔬菜等食品后可引起腐败变质，并且是冷藏食品腐败的重要菌。例如，荧光假单胞菌（*P. fluorescens*）在低温下可使肉、乳及乳制品腐败；生黑色腐败假单胞菌（*P. nigrifaciens*）能使动物性食品腐败，并在其上产生黑色素。与食品腐败有关的菌种还有草莓假单胞菌（*P. fragi*）、类蓝假单胞菌（*P. syncyanea*）、类黄假单胞菌（*P. synxantha*）、腐臭假单胞菌（*P. taetrolens*）、腐败假单胞菌（*P. putrefaciens*）等。假单胞菌属中有些种对人或动物有致病性。该属菌多分布于土壤和水中及各种植物体上。

2. 盐杆菌科（Halobacteriaceae）

盐杆菌科包括盐杆菌属（*Halobacterium*）和盐球菌属（*Halococcus*）两个属，对高渗均具有很强的耐受能力，可在高盐环境中（3.5%饱和盐溶液中）生长。低盐可使细菌由杆状变

为球状。盐杆菌和盐球菌可在咸肉和盐渍食品上生长，引起食物变质。

3. 乙酸杆菌科（Acetobacteraceae）

1）乙酸杆菌属（*Acetobacter*）　该属菌的细胞为椭圆形至杆状，直或稍弯曲，单个、成对或成链存在。有些菌株常出现退化。以周生鞭毛或侧生鞭毛运动，或不运动，无芽孢。菌落灰白色，大多数菌株不产生色素，少数菌株产生褐色水溶性色素，或由于细胞内含卟啉而使菌落呈粉红色。专性好氧。幼龄为革兰氏阴性杆菌，老龄常变为阳性。最适宜生长温度为25～30℃。该属菌能将乙醇氧化成乙酸，并可将乙酸和乳酸进一步氧化成CO_2和水。其生长所需的最好碳源是乙醇、甘油和乳酸。乙酸杆菌属的细菌主要分布在花、果实、葡萄酒、啤酒、苹果汁、醋厂和果园土壤等环境中，并可引起菠萝的粉红病和苹果、梨的腐烂。该属菌在食品工业上用于食醋酿造。

2）葡糖杆菌属（*Gluconobacter*）　该属细菌为椭圆状或杆状，单生、成对或排列成链状，有或无鞭毛。菌落灰白色，专性好氧，最适生长温度为 25～30℃，在 37℃不生长。最适 pH 5.5～6.0，大多数菌株能在 pH3.6 生长。老龄菌常由革兰氏阴性变为阳性。能氧化乙醇成乙酸，但不能将乙酸或乳酸氧化成CO_2和H_2O。该属菌广泛分布于花、果实、蜂蜜、苹果汁、葡萄酒、醋和软饮料等环境中，可导致含乙醇饮料变酸。

3）所属科未定的属　该类群中与食品关系较密切的是产碱杆菌属（*Alcaligenes*）。该菌为杆状、球杆状或球状，通常单个存在，周生鞭毛，可运动。适宜生长温度为20～37℃。专性好氧，有些菌株能在硝酸盐或亚硝酸盐存在时进行厌氧呼吸。能利用各种有机酸和氨基酸作为碳源，并能利用几种有机盐和酰胺产生碱。

产碱杆菌广泛分布于土壤、水、腐朽物质、人及动物肠道内等自然界中，与高蛋白食品变质有关，但不分解酪蛋白。

（三）革兰氏阴性兼性厌氧杆菌

1. 肠杆菌科（Enterobacteriaceae）

肠杆菌科细菌为革兰氏阴性杆菌，大小为（0.4～0.7）μm×（1.0～4.0）μm。大部分周生鞭毛、能运动，少数无鞭毛、不运动。最适生长温度为37℃（除欧文氏菌属和耶尔森氏菌属外）。氧化酶阳性，能发酵糖类，大部分能发酵糖产酸产气，对热抵抗力弱，可被巴氏消毒杀死。

肠杆菌科的细菌大多存在于人和动物的肠道内，是肠道菌群的一部分。其中一些菌种是人和动物的致病菌，一些是植物的病原菌，还有一些是引起食品腐败变质的腐败菌。该科与食品有关的主要属如下。

1）埃希氏菌属（*Escherichia*）　细胞呈直杆状，单个或成对存在。许多菌株产荚膜或微荚膜，周生鞭毛运动或不运动。有些菌株表面生有大量菌毛。化能有机营养，兼性厌氧。埃希氏菌属中的代表菌种是大肠埃希氏菌（*E. coli*），简称大肠杆菌。大肠杆菌多具有鞭毛，能发酵乳糖产酸产气，产生吲哚。通常单生。菌落光滑、低凸、潮湿和灰白、表面有光泽、边缘整齐，或粗糙、干燥，也可形成黏液状菌落。大肠杆菌是人和动物肠道正常菌群之一，绝大多数大肠杆菌在肠道内无致病性，极少部分可产生肠毒素等致病因子，引起食物中毒。此外，该菌大多具有组氨酸脱羧酶活性，污染食品后，可在食品中产生组胺，引起过敏性食物中毒。大肠杆菌是食品中常见的腐败菌，也是食品和饮用水的粪便污染指示菌之一。

2）志贺氏菌属（*Shigella*）　该属菌为直杆菌，革兰氏阴性、兼性厌氧、不运动、无芽孢，菌落中等大小、半透明、光滑。不能利用柠檬酸或丙二酸作为唯一碳源，大多数菌株不分解乳糖。该菌污染食品经口进入人体后，可侵入大肠的上皮细胞，引起以下痢、发热、腹痛为主的细菌性红痢。

3）沙门氏菌属（*Salmonella*）　该属为革兰氏阴性无芽孢直杆菌，大小为(0.5～0.8)μm×(3～4)μm。菌体周生鞭毛，能运动。兼性厌氧，最适生长温度为35～37℃。该属菌能发酵葡萄糖产酸产气，不分解乳糖，产生H_2S。

沙门氏菌广泛分布于自然界，已从人和家畜等哺乳动物、禽类、蛇、龟、蛙等两栖动物中分离出该菌。从自然环境中的蚯蚓、鱼等中也分离出该菌。该菌常污染鱼、肉、禽、蛋、乳等食品，在食品中增殖，人食入后可在消化道内增殖，引起急性胃肠炎和败血症等。该菌是重要的食物中毒性细菌之一。

4）肠杆菌属（*Enterobacter*）　该属菌为直杆状，周生鞭毛，能运动，兼性厌氧。可发酵葡萄糖产酸产气。在人肠道内比大肠杆菌少，广泛分布于土壤、水和食品中，是条件致病菌，可从尿液、痰、呼吸道等分离到。该属菌污染食品后可引起食品的腐败变质。此外，有部分低温性菌株可引起冷藏食品的腐败。

5）柠檬酸细菌属（*Citrobacter*）　该属菌能运动，可以柠檬酸盐作为碳源。广泛分布于自然界，可引起食品腐败变质。该属中有部分低温性菌株可在4℃增殖，引起冷藏食品的腐败变质。

6）欧文氏菌属（*Erwinia*）　该属菌为直杆状，单个、成对、有时呈短链存在。周生鞭毛，能运动，兼性厌氧。既有寄居在人和动物肠道内的细菌，也有植物的病原菌和腐生菌。例如，解淀粉欧文氏菌（*E. amylovora*）可使植物发生癌瘤和枯萎；胡萝卜软腐欧文氏菌（*E. carotovora*）具有果胶酶，可引起植物软腐病。

7）克雷伯氏菌属（*Klebsiella*）　该属菌为直杆状，单个、成对或短链排列，革兰氏阴性、有荚膜、不运动。广泛分布于水、土壤、人和动物的消化道及呼吸道、粮食和冷藏食品上。可引起食品变质，感染人引起上呼吸道感染、肺炎、败血症等。

8）沙雷氏菌属（*Serratia*）　该属菌呈直杆状，两端钝圆，周生鞭毛。菌落大多不透明，略有光泽，白色、粉色或红色，许多菌株可产生红色色素。兼性厌氧。该属菌广泛分布于水、土壤和植物表面，是腐败作用较强的腐败细菌，也是人类的条件致病菌。对食品中的蛋白质具有较强的分解能力，并产生大量挥发性氨态氮等腐败性产物，使食品产生很强的腐败性气味。

9）变形菌属（*Proteus*）　该属菌呈直杆状，并随培养条件不同，可形成丝状、球杆状。周生鞭毛，能急速运动，在湿润的培养基表面上，大多数菌株有周期性的群游而产生的同心圆带，或扩展成均匀的菌膜。该属菌为兼性厌氧，广泛分布于动物肠道、土壤和水中，具有很强的蛋白质分解能力，是重要的食品腐败菌之一。

10）哈夫尼菌属（*Hafnia*）　该属菌广泛分布于污水、土壤、人和动物粪便中，是蜜蜂等昆虫的病原菌。该属中的嗜冷性菌株可在4℃左右增殖，使食品特别是包装食品在低温贮藏时腐败变质。

11）耶尔森氏菌属（*Yersinia*）　该属中与食品关系最密切的是小肠结肠炎耶尔森氏菌（*Y. enterocolitica*）。该菌为短杆菌，无荚膜和芽孢，大多周生鞭毛，兼性厌氧。该菌在25～30℃培养时具有运动性，在37℃培养时则失去运动性。该菌广泛分布于自然界，污染食品后可引起以肠胃炎为主的食物中毒。

2. 弧菌科（Vibrionaceae）

弧菌科包括4个属，菌体为球杆、直的或弯曲状，革兰氏阴性，以极生鞭毛运动，兼性厌氧。大多数种的最佳生长需要以2%～3% NaCl或海水为基础。主要为水生，广泛分布于土壤、淡水、海水和鱼贝类中。有几个种是人类、鱼、鳗和蛙，以及其他脊椎或无脊椎动物的病原菌。该科中与食品密切相关的属如下。

1）弧菌属（*Vibrio*）　该属为革兰氏阴性弯曲或直杆菌，单端生鞭毛，兼性厌氧，氧化酶阳性，发酵糖类产酸不产气，不产生水溶性色素。广泛分布于淡水、海水和鱼贝中。在海洋沿岸、浅海海水中、海鱼体表和肠道、浮游生物等中，均有较高的检出率。海产动物死亡后，在低温或中温保藏时，该菌可在其中增殖，引起腐败。该菌污染食品后，可引起食用者感染型食物中毒，发生腹痛、下痢、呕吐等典型的急性肠胃炎。该属中重要的菌种有副溶血性弧菌（*V. parahaemolyticus*）、霍乱弧菌（*V. cholerae*）等，它们都是人和动物的病原菌。

2）气单孢菌属（*Aeromonas*）　该属菌为杆状至近球状，两端钝圆。以单个、成对或短链状存在，单端鞭毛，在固体培养基上的幼龄菌可形成周生鞭毛。兼性厌氧，氧化酶阳性，发酵糖类产气或不产气。一些菌株可产生褐色水溶性色素。该属菌主要分布在海水和淡水中，可引起鱼类、蛙类和禽类疾病，还可引起海产食品的腐败变质及食用者的肠胃炎。

（四）革兰氏阳性球菌

1. 微球菌科（Micrococcaceae）

细胞直径0.5～2.5μm，在一个以上的平面分裂，形成规则或不规则的细胞簇。不运动或很少运动，好氧或兼性厌氧。所有菌株都能在5% NaCl环境中生长，许多菌株还能在10%～15% NaCl环境中生长。某些种是动物和人的条件致病菌。

1）微球菌属（*Micrococcus*）　该属菌为好氧、不运动、氧化酶和过氧化氢酶阳性的球菌。单生、双生或四联球状排列，有的四联球可以连接成立方堆团或不规则的簇群。菌落通常为圆形、凸起，可产生黄、橙或红色色素，光滑，某些菌株可以形成粗糙菌落。细胞壁中不含磷壁酸，DNA的G+C含量为65%～75%。对干燥和高渗有较强的抵抗力，最适生长温度为25～37℃。该属菌广泛存在于人和动物的皮肤上，也广泛分布于土壤、水、植物和食品上，是重要的食品腐败菌。在新鲜食品、加工食品和腐败的食品中，该菌的检出率都很高。可引起肉类、鱼类、水产制品、大豆制品等食品的腐败。

2）葡萄球菌属（*Staphylococcus*）　该属菌为兼性厌氧、过氧化氢酶阳性的球菌，以多个平面分裂，单个、成对以及不规则的葡萄串状排列。不运动。菌落圆形、低凸起、光滑、闪光奶油状，不透明，可产生金黄色、柠檬色、白色等非水溶性色素。细胞壁中含有磷壁酸，DNA的G+C含量为30%～39%。该属具有很强的耐高渗能力，可在7.5%～15% NaCl环境中生长。本属中与食品关系最为密切的是金黄色葡萄球菌（*S. aureus*），该菌除具有上述特征外，还能发酵葡萄糖、分解甘露醇，卵磷脂酶阳性，可产生肠毒素等多种毒素及血浆凝固酶等。该菌存在于人体和动物体的化脓处及健康人的鼻腔、手指、皮肤和毛发上，并广泛分布于动物体表、垃圾中及人类的生活环境中。污染食品后可在其中繁殖，产生毒素，引起食物中毒。该菌感染人或动物后，可引起各种化脓性疾病、肺炎、败血症、心内膜炎等。

2. 所属科未定的属

这一类群中与食品有密切关系的属有链球菌属（*Streptococcus*）、明串珠菌属（*Leuconostoc*）、片球菌属（*Pediococcus*）和气球菌属（*Aerococcus*）等。它们均为革兰氏阳性、兼性厌氧、过氧化氢酶阴性球菌。

1）链球菌属　细胞通常为球形或卵球形，直径小于2μm。无芽孢，不运动，革兰氏阳性。在液体培养基中成对或链状排列，有的种有荚膜。兼性厌氧，过氧化氢酶阴性，发酵糖类产生乳酸，不产气。DNA的G+C含量为43%～46%。该属中许多种为共栖菌或寄生菌，见于人和动物的口腔、上呼吸道、肠道等处，其中有些是致病菌。少数为腐生菌，存在于自然界，污染食品后可引起腐败变质。

乳酸链球菌群中的有些种，如乳链球菌（*S. lactis*）、乳脂链球菌（*S. cremoris*）、嗜热链球菌（*S. thermophilus*）可用于生产乳酸发酵食品。

2）明串珠菌属　该属菌细胞呈球形或卵圆形，在成对或链状时长大于宽。在长链时呈具圆端的短杆状。革兰氏阳性，不运动，不产芽孢，兼性厌氧。生长缓慢，可形成小菌落，直径常小于1.0mm，光滑、圆形、略显灰白色。最适生长温度为20～30℃。发酵葡萄糖产生D型乳酸、乙醇和CO_2。该属中的肠膜明串珠菌肠膜明串珠亚种（*L. mesenteroides* subsp. *mesenteroides*）和肠膜明串珠菌葡聚糖亚种（*L. mesenteroides* subsp. *dextoranicum*），可发酵蔗糖产生特征性的葡聚糖黏质物，存在于黏质物中的菌可耐受80～85℃高温。广泛分布于果蔬、乳及乳制品中，能在高浓度的含糖食品中生长。对植物、动物和人无致病性。可使牛乳变黏；造成制糖工业中糖液黏度增加，影响过滤而降低糖的产量。

3）片球菌属　细胞球形，直径1.2～2.0μm。成对或沿着两个垂直平面形成四联状排列，罕见单个细胞，不形成链状。不运动，不形成芽孢，有的菌株在有氧时会抑制生长。同型发酵产生乳酸，从葡萄糖、果糖和甘露糖产酸不产气。最适生长温度为25～40℃。该属主要包括啤酒片球菌、乳酸片球菌、戊糖片球菌、嗜盐片球菌等，主要存在于发酵的植物材料和腌渍蔬菜中，与啤酒等乙醇饮料的变质有关。

（五）革兰氏阳性芽孢杆菌和球菌

1. 芽孢杆菌属

芽孢杆菌属（*Bacillus*）对不良环境条件有很强的抵抗力。周生鞭毛，需氧或兼性厌氧，绝大多数菌种产生过氧化氢酶。该菌广泛分布于土壤、植物、腐殖质及食品上。其中包括人和动物的病原性细菌炭疽芽孢杆菌（*B. anthracis*）、食物中毒性细菌蜡样芽孢杆菌（*B. cereus*）、昆虫的病原菌苏云金芽孢杆菌（*B. thuringiensis*）。此外，也包括可用于食品工业生产的枯草芽孢杆菌（*B. subtilis*）。

1）蜡样芽孢杆菌　该菌广泛分布于土壤、水、调味料、乳及咸肉中，污染牛乳后可产生卵磷脂酶，破坏脂肪球膜，使得脂肪不能很好地乳化，还可以产生类似凝乳酶的酶，使乳在酸度不高时即可发生凝固。蜡样芽孢杆菌的生长温度为10～48℃，pH为4.9～9.3，发芽温度为1～59℃。该菌污染食品后，可以引起食品腐败变质，并且产下痢性毒素、肠毒素、溶血素、呕吐毒素及肠管坏死毒素等，引起人食物中毒。

2）枯草芽孢杆菌　该菌菌落呈圆形或不规则形状，表面粗糙或有皱纹，呈奶油色或褐色，菌落形态与培养基成分有关。枯草芽孢杆菌污染面粉后，可以使发酵面团液化生成黏丝，使烤制的面包或馒头出现斑点或斑纹，且伴有异味。在肉类表面可产生黏液并有异味。在肉类罐头及其他肉制品上经常可以分离到该菌，但在密封的罐头中较少引起变质。在牛乳中生长，可以使牛乳变稠，有时在不变酸时使牛乳凝固，即产生所谓的甜凝乳现象。

3）巨大芽孢杆菌（*B. megaterium*）　巨大芽孢杆菌可以在含氨的环境中生长，不需要生长因子，无卵磷脂酶活性。在厌氧条件下，于葡萄糖肉汤中不生长，多数菌株可在培养基中产生黄、粉红、褐或黑色色素。适宜生长温度为28～37℃。该菌可以从鲜乳、消毒乳、干酪、肉类等食品中分离到，可使浓缩乳凝固并产生干酪味和气体，使肉类罐头变质胀罐。

4）嗜热脂肪芽孢杆菌（*B. stearothermophilus*）　菌落为圆形或不规则圆形小菌落，表面光滑或粗糙，能在49～65℃生长，对热的抵抗力很强。该菌在pH5.0以下的培养基上不生长。该菌主要引起罐藏食品和淀粉类食品的腐败。

5）凝结芽孢杆菌（*B. coagulans*）　菌落为不透明的小菌落，生长温度为18～60℃，可在酸性条件下生长。在有氧条件下于葡萄糖肉汤中生长，产生乙酸、乳酸和CO_2。在厌氧条件下主要产生乳酸，不产气。该菌能在pH3.5～4.5的食品中生长，引起食品变质，罐头食品变质后外观不膨胀。在炼乳罐头中，通常使乳形成坚实凝结，偶尔呈碎片状凝结，并有乳清析出。此种变质亦常发生于含有蔗糖的乳制品中。

2. 梭菌属

梭菌属（*Clostridium*）的绝大多数种为厌氧菌，只有少数种可在大气条件下生长，但在大气中不形成芽孢。该属菌形成的芽孢多呈球形，位于菌体中央，使菌体呈梭状。对不良环境条件具有极强的抵抗力。该属菌对营养的需要因菌种不同而异。可耐受2.5%～6.5% NaCl，对亚硝酸钠和氯敏感。

梭菌广泛分布于土壤、污泥、海水沉淀物、腐败植物、食品、人和其他哺乳动物的肠道内。该属中的一些菌种，如丁酸梭菌（*C. butyricum*）可分解碳水化合物产生各种有机酸（乙酸、丙酸、丁酸）和醇类（乙醇、异丙醇、丁醇），在食品加工上用以生产某些酸、醇和酮类。一些菌种，如腐化梭菌（*C. putrefaciens*）分解蛋白质和氨基酸产生H_2S、硫醇、甲基吲哚（粪臭素）等具有恶臭味的腐败产物，在乳中生长时可使乳中酪蛋白完全胨化，在熟肉上生长使肉变黑，在罐头中生长因产气使罐头膨胀。肉毒梭菌（*C. botulinum*）在食品中繁殖时可产生肉毒毒素，当人们食入含有该毒素的食品时，可发生毒素型食物中毒，早期症状为全身无力、头痛、头晕，继而出现眼睑下垂、视力模糊、瞳孔散大、吞咽困难等症状直至死亡。此外某些梭菌，如破伤风梭菌（*C. tetani*）是人和动物破伤风病的病原菌。

（六）革兰氏阳性规则无芽孢杆菌

该类群中与食品关系最为密切的是乳杆菌属（*Lactobacillus*），该属细菌细胞呈杆状、规则，大小为(0.5～1.2)μm×(1.0～10.0)μm。通常为长杆状，但有时呈球杆状，通常成短链。革兰氏染色或亚甲蓝染色时，有的菌株显示出两极体、细胞内颗粒或横纹。细胞罕见以周生鞭毛运动。菌落凸起，直径 2～5mm。兼性厌氧，或微好氧，在有氧时生长差，降低氧分压时生长较好。有的菌刚分离时为厌氧菌。通常 5% CO_2 可促进其生长。发酵分解糖的代谢终产物中 50%以上是乳酸。最适生长温度为 30～40℃。广泛分布于乳制品、肉制品、鱼制品、谷物及果蔬制品等许多环境，它们是人类和许多动物口腔、消化道和阴道的正常菌群，罕见致病。该属中的许多种可用于生产乳酸或发酵食品，污染食品后也可以引起食品变质。

（七）革兰氏阳性不规则无芽孢杆菌

这一类群包括的属很多，其中在食品中常见的属有以下几个。

1）棒杆菌属（*Corynebacterium*） 为直的或弯曲的棒状杆菌，有时呈椭圆、卵圆形，细胞突然分裂而形成“八”字形和栅栏状排列，不运动，过氧化氢酶阳性，好氧或兼性厌氧。主要分布在土壤、水和动植物上。通常可以在奶酪、乳、鸡肉、鸡蛋、肉类及鱼类等食品中发现。可引起食品腐败，但腐败作用不强。该属中有人和动物病原菌、植物病原菌和腐生菌。

2）节杆菌属（*Arthrobacter*） 该属菌呈明显多形性，为杆状或球状，运动或不运动，移植到新鲜培养基上时从球状细胞上可伸出 1～3 个芽管，由芽管再形成杆状细胞，杆状细胞随着时间的延长，可变成球状。革兰氏染色大部分为阳性，少数呈阴性。过氧化氢酶阳性，适宜生长温度为 25～30℃，严格好氧。该属细菌存在于土壤、肉与肉制品、乳制品、乳品加工废水及污泥中等。

3）短杆菌属（*Brevibacterium*） 幼龄培养物的细胞呈不规则的杆状，大小为（0.6～1.2）μm×（1.5～6.0）μm。单个或成对排列，常呈“V”字形排列，可出现分枝，但不形成菌丝体，老培养物变成球状。革兰氏阳性，不运动，不产芽孢，可在含有 8% NaCl 的培养基中生长。具有蛋白分解能力，可在灭菌鱼肉中生长，引起腐败，但腐败能力不强。广泛分布于乳制品，某些菌株可参与干酪成熟过程。

4）微杆菌属（*Microbacterium*） 该属菌为革兰氏阳性不规则的小杆菌，大小为（0.4～0.9）μm×（1.0～3.0）μm，单个或成对，有的排列成直角到“V”字形，不常见分枝，不形成菌丝体，老培养物杆状缩短，可出现球状。革兰氏阳性，不形成芽孢，能运动或不运动。好氧，弱厌氧。DNA 的 G+C 含量为 69%～75%。该属菌可存在于猪肉、牛肉、禽肉、禽蛋及乳制品上，可使肉制品腐败产生异味。

5）丙酸杆菌属（*Propionibacterium*） 该属菌为不规则的杆菌，有分枝，有时呈球状。不形成芽孢，不运动。兼性厌氧。能使葡萄糖发酵产生丙酸、乙酸和气体。最适生长温度为 30～37℃。主要存在于乳酪、乳制品和人的皮肤上，参与乳酪成熟，使乳酪产生特殊香味和气孔。

6）双歧杆菌属（*Bifidobacterium*） 细胞呈各种形态的杆状，包括弯、棒状和分枝状。单生、成对、“V”字形排列，有时成链，细胞平行成栅栏状，或玫瑰花结状，偶尔呈膨大的球杆状。大小为（0.5～1.3）μm×（1.5～8.0）μm。革兰氏阳性，通常染色不规则。不运动，不产芽孢。厌氧，少数种可在含 10% CO_2 的空气中生长。pH 低于 4.5 和高于 8.5 时不生长。发酵糖类化合物活跃，发酵产物主要是乙酸和乳酸，不产生 CO_2。最适生长温度为 37～41℃。主要存在于人和各种动物的肠道内。

二、食品中菌落总数及卫生学意义

（一）菌落总数的定义及测定方法

食品中的菌落总数（colony count），通常是以每单位（1g，1ml，1cm^2）食品中所含的活菌个数来表示。测定食品中细菌数量的方法，由于所用检测计数方法不同分为两种。一种是在严格规定的培养方法和培养条件（样品处理、培养基成分、培养温度与时间、pH、需氧条件、计数方法等）下进行的，使得适应这些条件的每一个活菌必须而且只能够生成一个肉眼可见的菌落，所生成的菌落总数即是该食品中的细菌总数。用此法测得的结果，常用 cfu（菌落形成单位，colony forming unit）表示。由于菌落总数测定是在需氧条件下进行的，而且不能区别细菌种类，因此菌落总数又称为需氧菌数（aerobic bacterial count）或杂菌数。另一种方法是将食品经过适当处理（溶解和稀释），在显微镜下对细菌的细胞数进行直接计数。这样计数的结果，既包括活菌，也包括尚未被分解的死菌体，因此称为细菌总数。

天然食品内部一般没有或只有很少的细菌，食品中细菌主要来自产、贮、运、销等各个环节的外界污染。

（二）检测菌落总数的食品卫生学意义

食品中菌落总数的食品卫生学意义主要有两方面。一是可作为食品被微生物污染程度即清洁状态的指标。食品中细菌数量越多，说明食品被污染的程度越重、腐败变质速度加快。相反，食品中细菌数量越少，说明食品被污染的程度越轻，食品卫生质量越好。在我国的食品卫生标准中，针对各类不同食品分别制定出了不允许超过的数量标准，借以控制食品污染的程度。二是可以用来预测食品可存放的期限，食品中细菌数量越少，食品可存放的时间就越长，相反，可存放时间就越短。例如，菌落总数为 10^5cfu/cm^2 的牛肉在 0℃时可存放 7 天，而菌落总数为 10^2cfu/cm^2 时，在同样条件下可存放 18 天；在 0℃时菌落总数为 10^5cfu/cm^2 的鱼可存放 6 天，而菌落总数为 10^3cfu/cm^2 时，存放时间则可延长至 12 天。

菌落总数指标只有和其他一些指标配合，才能对食品卫生质量做出比较正确的判断，这是因为虽然有时食品中的细菌总数很多，但是不一定会出现腐败变质现象。由于食品的性质、处理方法及存放条件的不同，对食品卫生质量具有重要影响的细菌种类和相对数量比也不一致，因而目前在食品细菌数量和腐败变质之间还难以找出适用于任何情况的对应关系。

三、食品中大肠菌群的概念及其卫生学意义

1. 大肠菌群的概念

大肠菌群是指一群来自人和动物肠道、好氧及兼性厌氧，在 37℃经过 24h 能发酵乳糖产酸产气的革兰氏阴性无芽孢杆菌。它主要包括肠杆菌科的埃希氏菌属、肠杆菌属、柠檬酸杆菌属和克雷伯菌属。大肠菌群中以埃希氏菌属为主，称为典型大肠杆菌，其他三属习惯上称为非典型大肠杆菌。

2. 大肠菌群的特性

大肠菌群能在很多培养基和食品上生长繁殖。生长温度为–2～50℃，pH 为 4.4～9.0。大肠菌群能在仅有一种有机碳源如葡萄糖和一种氮源如硫酸铵以及一些无机盐组成的培养基上生长。多数大肠菌群成员对寒冷抵抗力弱，特别易在冷藏食品中死亡。大肠菌群的一个最显著特点是能发酵乳糖产酸产气，利用这一点能够把大肠菌群与其他细菌区别开来。

3. 检测大肠菌群的食品卫生学意义

如果食品中能检出大肠菌群，表明食品曾受到人与温血动物粪便的直接或间接污染，所以大肠菌群被用作食品被粪便污染的指标菌，另外也可用它作为肠道致病菌污染的指示菌。一般认为，作为食品被粪便污染的理想指示菌应具备以下特征，而大肠菌群比较符合这些要求：①仅来自于人或动物的肠道，才能显示出指标的特异性；②在肠道中占有极高的数量，即使被大量稀释也可检出；③在肠道以外的环境中，具有与肠道病原菌相同的对外界不良因素的抵抗力，能生存一定时间，生存时间应与肠道致病菌大致相同或稍长。④培养、分离、鉴定比较容易。

肠道致病菌如沙门氏菌属和志贺氏菌属是引起食物中毒的重要致病菌，然而对食品经常进行逐批逐件的检验又不可能，鉴于大肠菌群与肠道致病菌来源相同，而且一般在外环境中生存时间也与主要肠道病原菌一致，所以可用它作为肠道致病菌污染的指示菌。当然食品中检出大肠菌群，只能说明有肠道病原菌存在的可能性，两者并非一定平行存在，但只要食品中检出大肠菌群，则说明有粪便污染，即使无病原菌，该食品仍可被认为是不卫生的。

4. 大肠菌群数与大肠菌群检测方法

食品中大肠菌群的数量，我国和许多国家均采用以每 100g 或 100ml 检样中大肠菌群最近似数（MPN）来表示，这是按照一定检验方法得到的估计数值，我国统一采用样品三个稀释度各接种三支管的“乳糖胆盐三步法”，然后根据大肠菌群的 MPN 检索表报告结果。

四、致 病 菌

可以引起食物中毒或以食品为传播媒介的致病菌主要有痢疾杆菌、致病性大肠杆菌、沙门氏菌、霍乱弧菌、炭疽杆菌、鼻疽杆菌、结核菌、布氏杆菌、猪丹毒杆菌等。由于致病菌种类繁多，食品的加工、贮藏条件不同，被污染的情况也不同。食品中致病菌限量标准是食品安全基础标准的重要组成部分。2012 年 9 月 25 日卫生部在网站公布食品安全国家标准《食品中致病菌限量》征求意见稿，首次制定食品中致病菌限量标准。标准提出了沙门氏菌、金黄色葡萄球菌、副溶血性弧菌、单核细胞增生李斯特氏菌、大肠杆菌等几种主要致病菌在肉制品、水产制品、粮谷类制品、即食加工果蔬、饮料及冷冻饮品等食品中的限量要求。其中，公众比较熟悉的沙门氏菌在各类食品中的限量值均为 0，也就是说，样品中不得检出这类致病菌，金黄色葡萄球菌在各类食品中的限量值均为 100cfu/g。

如何检验食品中的致病菌，只有根据不同食品可能污染的情况来做针对性的检查。不同的食品所检验的致病菌种类不同。例如，海产品以副溶血性弧菌作为参考菌群，蛋与蛋制品以沙门氏菌、金黄色葡萄球菌、变形杆菌作为参考菌群；米、面类食品以蜡样芽孢杆菌、变形杆菌、霉菌等作为参考菌群；罐头食品以耐热性芽孢菌作为参考菌群等。

第三节　食品的酵母菌污染

酵母菌在食品环境中无处不在，食品加工生产过程中的任何一个环节（原辅材料的获得、处理和加工、成品包装、运输、销售）都可能导致酵母菌污染，但这些污染大多数不会导致食品的腐败，因为多数食品并不是酵母菌存活和生长的最佳场所。食品腐败变质通常被认为是细菌和霉菌相互作用引起的，但在某些情况下，酵母菌引起的食品腐败现象也会出现。

一、酵母菌污染的特点

在食品中的酵母菌比细菌少，生长也慢，所以成为食品中微生物群落优势菌的情况较少。多数酵母菌对蛋白质和脂肪的分解活性低，故成为食品变质直接原因的情况也不多。除乙醇发酵产生气体导致容器膨胀和破裂或在食品表面有红色酵母菌繁殖外，酵母菌对食品的污染一般不能明显观察到，也无实际损害。但是，大量酵母菌的存在往往可引起食品风味下降或变质，以致适于细菌的生长。酵母菌对各种防腐剂、电离辐射、冷冻等的抵抗性强，这些方法处理后，菌体仍可存活或仅有少数发生死亡，因而酵母菌也有可能成为引起食品变质的优势菌。酵母菌利用食品成分生长繁殖，产生一系列终产物，并改变食物的化学、生理和感官特点。

1）*利用糖代谢产生二氧化碳*　　酵母菌利用食品中的糖类物质进行代谢产生二氧化碳，导致食品胀袋。另外，次级代谢产物如乙醇、有机酸、甘油、酯类、醛、酮等物质的产生，亦对食品感官质量产生影响。

2）*可降解果胶和淀粉类物质*　　果胶只存在于果蔬类产品中，果胶的降解会降低食物的质感、坚实度和黏性。淀粉降解酵母菌常存在于谷类产品和其他用淀粉作为配料的产品中（如肉肠、酸乳、果冻、色拉味调料、酱汁），并引起食品腐败。

3）*产生一系列挥发性含硫化合物*　　酵母菌生长繁殖过程中，可能会产生挥发性含硫化合物，最主要的是硫化氢、二氧化硫和二甲基硫，以及少量的其他有机亚硫、硫醇和硫酯，从而影响产品的气味和风味。

二、食品中酵母菌的污染及其卫生学意义

（一）各类食品的酵母菌污染

1. 肉及肉制品

刚刚宰杀的牛肉、羊肉、猪肉、家禽和海产品中只有少量的酵母菌，占总细胞数的5%～10%。一般情况下，细菌是导致肉类及其制品变质的主要原因。在限制细菌生长的条件下加工和保藏肉类，才会导致酵母菌的大量生长，目前已分离出酵母属、红酵母属、球拟酵母属、假丝酵母属、隐球酵母属等。这些酵母菌都不是食品腐败的主要原因，部分食品在加工过程中使用抑菌剂，导致微生物群落发生变化，酵母菌的群体增大。例如，盐腌和熏肉因加工过

程中添加了盐、亚硝酸钠、二氧化硫和各种酸化剂，不适合细菌等致腐微生物的生长而更易于被酵母菌腐败，使肉及其制品表面发黏，气味难闻。

2. 乳及乳制品

多数乳制品适于酵母菌生长，尤其是添加了水果、糖类、谷类等辅料的乳制品，酵母菌导致的腐败极易发生。例如，炼乳球拟酵母和球拟圆酵母会导致加糖炼乳罐头的膨胀；乳糖发酵性酵母导致奶油和酸乳酪变质；红色酵母和球拟酵母属、假丝酵母属等可在黄油表面形成菌落，分解脂肪。发酵奶制品更容易被酵母菌腐败，因为发酵制品的高酸度限制了细菌的生长而更利于酵母菌的大量繁殖。当然也不排除酵母菌对某些乳制品发酵有利的情况。

在奶制品中生长的酵母菌一般具有以下特征：乳糖发酵、产胞外蛋白酶和脂肪酶、耐盐、利用乳酸和柠檬酸、低温生长。

3. 果蔬制品

新鲜水果的腐败大多由真菌引起，水果的结构完整性被破坏后，暴露出来的含糖、含酸的组织是发酵酵母理想的生长条件，从而引起酵母菌腐败。水果加工成诸如果汁、罐头、果脯、蜜饯等时，由于有较高的糖浓度，也易滋养酵母菌，从而导致腐败变质。新鲜蔬菜富含营养成分并且 pH 接近中性，酵母菌较难繁殖，由酵母菌导致的蔬菜腐败变质一般发生在发酵蔬菜中，如酵母属、德巴利酵母属等可引起泡菜变质。

4. 冷冻食品

酵母菌对低温冻结的抵抗性比细菌强，在冷冻食品的微生物群落中酵母菌占优势。有人从冷冻畜肉类、鱼贝类、水果、蔬菜中分离出酵母属、有孢汉逊氏酵母属、假丝酵母属、球拟酵母属和红酵母属等。冷冻食品中污染的酵母菌，多数在低温下生长良好。酵母菌对冷冻食品的污染，除红色酵母属污染外，一般无直接损害，但会降低制品的风味。

（二）测定酵母菌的食品卫生学意义

酵母菌引起食品腐败时还可破坏食品的色、香、味，使食品产生不良气味、颜色改变等。如前文所述，酵母菌易引起下述 3 类食品的腐败变质：①pH 低、湿度低、含盐和含糖高的食品；②低温条件下贮藏的食品；③含有抗生素而不适于细菌生长的食品。

如果食品中酵母菌含量超标，一方面以酵母菌数判断食品的污染程度，作为评价食品卫生质量的指标之一，体现了该食品的生产环节卫生质量；另一方面意味着这种食品可能已过分发酵，很容易变质。抵抗力特别差的人如果食用酵母菌含量超标的食品，可能出现急性腹泻等问题。

第四节　霉菌及其毒素对食品的污染

霉菌是丝状真菌，在自然界分布很广，同时由于其可形成各种微小的孢子，因而很容易污染食品。霉菌污染食品后不仅可造成腐败变质，而且有些霉菌还可产生毒素，造成人畜误食霉菌毒素中毒。霉菌毒素是霉菌产生的一种有毒的次生代谢产物，自 20 世纪 60 年代发现强致癌的黄曲霉毒素以来，霉菌与霉菌毒素对食品的污染日益引起重视。霉菌毒素通常具有耐高温、无抗原性、主要侵害实质器官的特性，而且霉菌毒素多数还具有致癌作用。

一、主要产生毒素的霉菌

实际上，种内霉菌并非所有菌株都能产生毒素，确切地说产毒霉菌是指已经发现能产生毒素的菌株。已知的可污染粮食及食品的产毒霉菌主要有以下几属。

1）曲霉属（*Aspergillus*） 曲霉在自然界分布极为广泛，对有机质分解能力很强。曲霉属中有些种如黑曲霉（*A. niger*）等被广泛用于食品工业。同时，曲霉也是重要的食品污染霉菌，可导致食品腐败变质，有些种还产生毒素。曲霉属中可产生毒素的种有黄曲霉（*A. flavus*）、赫曲霉（*A. ochraceus*）、杂色曲霉（*A. versicolor*）、烟曲霉、构巢曲霉（*A. nidulans*）和寄生曲霉（*A. parasiticus*）等。

2）青霉属（*Penicillium*） 青霉分布广泛，种类很多，经常存在于土壤和粮食及果蔬上。有些种具有很高的经济价值，能产生多种酶及有机酸。另外，青霉可引起水果、蔬菜、谷物及食品的腐败变质，有些种及菌株同时还可产生毒素。例如，岛青霉（*P. islandicum*）、橘青霉（*P. citrinum*）、黄绿青霉（*P. citreoviride*）、红色青霉（*P. rubrum*）、扩展青霉（*P. expansum*）、圆弧青霉、纯绿青霉、展开青霉（*P. patulum*）、斜卧青霉（*P. decumbens*）等。

3）镰刀菌属（*Fusarium*） 该属的气生菌丝发达或不发达，分生孢子分大小两种类型，大型分生孢子有3～7个隔，产生在菌丝的短小爪状突起上，或产生在黏孢团中，形态多样，如镰刀形、纺锤形等。小型分生孢子有1～2个隔，产生在分生孢子梗上，有卵形、椭圆形等形状。气生菌丝、黏孢团、菌核可呈各种颜色，并可将基质染成各种颜色。

镰刀菌属包括的种很多，其中大部分是植物的病原菌，并能产生毒素，如禾谷镰刀菌（*F. graminearum*）、三线镰刀菌（*F. trincintum*）、玉米赤霉、梨孢镰刀菌（*F. poae*）、无孢镰刀菌、雪腐镰刀菌、串珠镰刀菌、拟枝孢镰刀菌（*F. sporotrichioides*）、木贼镰刀菌、窃属镰刀菌、粉红镰刀菌等。

4）交链孢霉属（*Alternaria*） 菌丝有横隔，匍匐生长，分生孢子梗较短，单生或成丛，大多不分枝。分生孢子梗顶端生长分生孢子，其形状大小不定，形态为桑葚状，也有椭圆形和卵圆形，其上有纵横隔膜、顶端延长成喙状，多细胞。孢子褐色，常数个连接成链。尚未发现有性世代。交链孢霉广泛分布于土壤和空气中，有些是植物病原菌，可引起果蔬的腐败变质，产生毒素。

5）其他属 可产生毒素的霉菌还有粉红单端孢霉、木霉属、漆斑菌属、黑色葡萄穗霉等。

二、主要的霉菌毒素

（一）黄曲霉毒素

黄曲霉毒素（aflatoxin，AFT或AT）是黄曲霉和寄生曲霉中产毒菌株的代谢产物。寄生曲霉的所有菌株都能产生黄曲霉毒素，但我国寄生曲霉罕见。黄曲霉是我国粮食和饲料中常见的真菌，由于黄曲霉毒素的致癌力强，因而受到重视，但并非所有的黄曲霉都是产毒菌株，即使是产毒菌株也必须在适合产毒的环境条件下才能产毒。

1. 黄曲霉毒素的性质

黄曲霉毒素是一类结构相似的化合物，化学结构是一个双氢呋喃和一个氧杂萘邻酮。现已分离出 B_1、B_2、G_1、G_2、B_2a、G_2a、M_1、M_2、P_1 等十几种。其中以 B_1 的毒性和致癌性最强，它的毒性比氰化钾大 100 倍，仅次于肉毒毒素，是真菌毒素中最强的；致癌作用比已知的化学致癌物都强，比二甲基亚硝胺强 75 倍。黄曲霉毒素具有耐热的特点，裂解温度为 280℃，在水中溶解度很低，能溶于油脂和多种有机溶剂。因此一般的加工烹调方式不能把它消除，但加碱能破坏一部分，遇 5%次氯酸钠瞬间即可破坏。

2. 黄曲霉的产毒条件

黄曲霉产毒的温度是 12～42℃，最适产毒温度为 33℃，最适水分活度（A_w）为 0.93～0.98。黄曲霉在水分为 18.5%的玉米、稻谷、小麦上生长时，第 3 天开始产生黄曲霉毒素，第 10 天产毒量达到最高峰，以后便逐渐减少。菌体形成孢子时，菌丝体产生的毒素逐渐排到基质中。黄曲霉产毒的这种迟滞现象，意味着高水分粮食如在两天内进行干燥，粮食水分降至 13%以下，即使污染黄曲霉也不会产生毒素。

黄曲霉毒素污染可发生在多种食品上，如粮食、油料、水果、干果、调味品、乳和乳制品、蔬菜、肉类等。其中以玉米、花生和棉籽油最易受到污染，其次是稻谷、小麦、大麦、豆类等。花生和玉米等谷物是产生黄曲霉毒素菌株适宜生长并产生黄曲霉毒素的基质。花生和玉米在收获前就可能被黄曲霉污染，使成熟的花生不仅污染黄曲霉而且可能带有毒素，玉米果穗成熟时，不仅能从果穗上分离出黄曲霉，还能够检出黄曲霉毒素。

黄曲霉主要产生 B_1 和 B_2 两种毒素，因此测定黄曲霉毒素的含量多以 B_1 为代表。鉴于黄曲霉毒素的毒性大、致癌力强、分布广，对人畜威胁极大，我国各种食品中黄曲霉毒素允许标准见表 9-1。

表 9-1 我国食品中黄曲霉毒素 B_1 允许标准

品种	标准/(μg/kg)
玉米、花生米、花生油	20
玉米及花生仁制品	20
大米及其他食品	10
其他粮食类、豆类、发酵食品	5
婴儿代乳品	不得检出

3. 中毒症状

黄曲霉毒素是一种强烈的肝脏毒，对肝脏有特殊亲和性并有致癌作用。它主要破坏 DNA 的模板，强烈抑制肝脏细胞中 RNA 的合成，阻止和影响蛋白质、脂肪、线粒体、酶等的合成与代谢，干扰动物的肝功能，导致突变、癌症及肝细胞坏死。同时，饲料中的毒素可以蓄积在动物的肝脏、肾脏和肌肉组织中，人食入后可引起慢性中毒。

黄曲霉毒素的中毒症状分为以下三种类型：①急性和亚急性中毒。短时间摄入黄曲霉毒素量较大，迅速造成肝细胞变性、坏死、出血及胆管增生，在几天或几十天死亡。②慢性中毒。持续摄入一定量的黄曲霉毒素，使肝脏出现慢性损伤，生长缓慢、体重减轻，肝功能降低，出现肝硬化。在几周或几十周后死亡。③致癌。实验证明许多动物小剂量反复摄入或大剂量一次摄入皆能引起癌症，主要是肝癌。

（二）杂色曲霉毒素

杂色曲霉毒素（sterigmatocystin, ST）是杂色曲霉、构巢曲霉、焦曲霉等的代谢产物，基本结构为一个双呋喃环和一个氧杂蒽酮。其中的杂色曲霉毒素 IVa 是毒性最强的一种，不溶于水，可导致动物的肝癌、肾癌、皮肤癌和肺癌，其致癌性仅次于黄曲霉毒素。由于杂色曲霉和构巢曲霉经常污染粮食和食品，而且有 80%以上的菌株产毒，因此杂色曲霉毒素在肝癌病因学研究上很重要。糙米中易污染杂色曲霉毒素，糙米经加工成标二米后，毒素含量可以减少 90%。

（三）镰刀菌毒素

镰刀菌毒素种类很多，已发现的有十几种，按化学结构可分为三大类，即单端孢霉烯族化合物、玉米赤霉烯酮和丁烯酸内酯。镰刀菌毒素问题同黄曲霉毒素一样被看作自然发生的最危险的食品污染物。镰刀菌毒素是由镰刀菌产生的。镰刀菌在自然界广泛分布，侵染多种作物。有多种镰刀菌可产生对人畜健康威胁极大的镰刀菌毒素。

1. 单端孢霉烯族化合物

单端孢霉烯族化合物（tricothecenes）是由雪腐镰刀菌、禾谷镰刀菌、梨孢镰刀菌、拟枝孢镰刀菌等多种镰刀菌产生的一类毒素。它是引起人畜中毒最常见的一类镰刀菌毒素。

在单端孢霉烯族化合物中，我国粮食和饲料中常见的是脱氧雪腐镰刀菌烯醇（DON）。DON 主要存在于麦类赤霉病的麦粒中，在玉米、稻谷、蚕豆等作物中也能感染赤霉病而含有 DON。赤霉病的病原菌是赤霉菌（*G. zeae*），其无性阶段是禾谷镰刀菌。这种病原菌适合在阴雨连绵、湿度高、气温低的气候条件下生长繁殖。如在麦粒形成乳熟期感染，则随后成熟的麦粒皱缩、干瘪、有灰白色和粉红色霉状物；如在后期感染，麦粒尚且饱满，但胚部呈粉红色。DON 又称致吐毒素（vomitoxin），易溶于水、热稳定性高。烘焙温度 210℃、油煎温度 140℃或煮沸，只能破坏 50%。

人误食含 DON 的赤霉病麦（含 10%病麦的面粉 250g）后，多在 1h 内出现恶心、眩晕、腹痛、呕吐、全身乏力等症状。少数伴有腹泻、颜面潮红、头痛等症状。以病麦喂猪，猪的体重增重缓慢，宰后脂肪呈土黄色、肝脏发黄、胆囊出血。DON 对狗经口的致吐剂量为 0.1mg/kg。

2. 玉米赤霉烯酮

玉米赤霉烯酮（zearalenone）是一种雌性发情毒素。动物吃了含有这种毒素的饲料，就会出现雌性发情综合症状。禾谷镰刀菌、黄色镰刀菌、粉红镰刀菌、三线镰刀菌、木贼镰刀菌等多种镰刀菌均能产生玉米赤霉烯酮。

玉米赤霉烯酮不溶于水，溶于碱性水溶液。禾谷镰刀菌接种在玉米培养基上，在 25～28℃培养 2 周后，再在 12℃下培养 8 周，可获得大量的玉米赤霉烯酮。赤霉病麦中有时可能同时含有 DON 和玉米赤霉烯酮。饲料中含有 1～5mg/kg 玉米赤霉烯酮时才出现症状，500mg/kg 含量时出现明显症状。玉米中也可检测出玉米赤霉烯酮。

3. 丁烯酸内酯

丁烯酸内酯（butenolide）在自然界发现于牧草中，牛饲喂带毒牧草导致烂蹄病。哈尔滨医科大学大骨节病防治研究所报道：在黑龙江和陕西的大骨节病区所产的玉米中发现有丁烯酸内酯存在。丁烯酸内酯是由三线镰刀菌、雪腐镰刀菌、拟枝孢镰刀菌和梨孢镰刀菌产生的，易溶于水，在碱性水溶液中极易水解。

（四）棕曲霉毒素

棕曲霉毒素是由棕曲霉（*A. ochraceus*）、纯绿青霉、圆弧青霉和产黄青霉等产生的。现已确认的有棕曲霉毒素A和棕曲霉毒素B两类。它们易溶于碱性溶液，可导致多种动物肝肾等内脏器官的病变，故称为肝毒素或肾毒素，此外还可导致肺部病变。

棕曲霉产毒的适宜基质是玉米、大米和小麦。产毒适宜温度为20～30℃，A_W为0.953～0.997。在粮食和饲料中有时可检出棕曲霉毒素A。

（五）黄变米毒素

黄变米毒素是20世纪40年代日本在大米中发现的。谷类在贮藏时含水量过高而被真菌污染发生霉变，使得米呈黄色，故称黄变米。一些菌株侵染大米后产生毒性代谢产物，统称黄变米毒素。黄变米毒素可分为三大类，分别由不同的霉菌产生。

1. 黄绿青霉毒素

大米水分为 14.6%时感染黄绿青霉，在12～13℃便可形成黄变米，米粒上有淡黄色病斑，同时产生黄绿青霉毒素（citreoviridin）。该毒素不溶于水，加热至270℃失去毒性。黄绿青霉毒素为神经毒，毒性强，中毒特征为中枢神经麻痹，进而心脏及全身麻痹，最后呼吸停止而死亡。

2. 橘青霉毒素

橘青霉污染大米后形成橘青霉黄变米，米粒呈黄绿色。精白米易污染橘青霉形成该种黄变米。橘青霉可产生橘青霉毒素（citrinin），暗蓝青霉、黄绿青霉、扩展青霉、点青霉、变灰青霉、土曲霉等霉菌也能产生这种毒素。该毒素难溶于水，为一种肾脏毒，可导致实验动物肾脏肿大，肾小管扩张和上皮细胞变性坏死。

3. 岛青霉毒素

岛青霉污染大米后形成岛青霉黄变米，米粒呈黄褐色溃疡性病斑，同时含有岛青霉产生的毒素，包括黄天精、环氯肽、岛青霉素、红天精。前两种毒素都是肝脏毒，急性中毒可造成动物发生肝萎缩现象；慢性中毒发生肝纤维化、肝硬化或肝肿瘤，可导致大白鼠肝癌。

（六）展青霉毒素

展青霉毒素（patulin）主要是由扩展青霉产生的，可溶于水、乙醇，在碱性溶液中不稳定，易被破坏。污染扩展青霉的饲料可造成牛中毒，展青霉毒素对小白鼠的毒性表现为严重水肿。扩展青霉在麦秆上产毒量很大。

扩展青霉是苹果贮藏期的重要霉腐菌，它可使苹果腐烂。以这种腐烂苹果为原料生产出的苹果汁会含有展青霉毒素。例如，腐烂达50%的烂苹果制成的苹果汁，展青霉毒素可达20～40μg/L。

（七）交链孢霉毒素

交链孢霉是粮食、果蔬中常见的霉菌之一，可引起许多果蔬发生腐败变质。交链孢霉产生多种毒素，主要有4种：交链孢霉酚（alternariol, AOH）、交链孢霉甲基醚（alternariol methyl ether, AME）、交链孢霉烯（altenuene, ALT）、细偶氮酸（tenuazonic acid, TeA）。

AOH和AME有致畸和致突变作用。小鼠或大鼠口服50～398mg/kg 的TeA钠盐，可导致胃肠道出血死亡。交链孢霉毒素在自然界产生水平低，一般不会导致人或动物发生急性中毒，但长期食用其慢性毒性值得注意，在番茄及番茄酱中检出过 TeA。

三、霉菌及其毒素的食品卫生学意义

霉菌及其毒素污染食品后从食品卫生学角度应该考虑两方面的问题，霉菌及其毒素引起的食品腐败变质及引起食物中毒的问题。

1. 霉菌污染引起食品腐败变质

霉菌最初污染食品后，基质及环境条件适应时，首先引起食品腐败变质，不仅可使食品呈现异样颜色、产生霉味等异味，食用价值降低，甚至完全不能食用，而且还可使食品原料的出粉率、出米率、黏度等加工品质下降。粮食及其制品被霉菌污染而造成的损失最为严重，据估算，全世界每年平均至少有 2%的粮食因污染霉菌发生霉变而不能食用。

2. 引起人畜中毒

许多霉菌污染食品及食品原料后，不仅可引起腐败变质，还可产生毒素引起误食者霉菌毒素中毒。霉菌毒素中毒是指霉菌毒素引起的对人体健康的各种损害。食品受到产毒菌株污染有时不一定能检测出霉菌毒素，这种现象比较常见，因为产毒菌株必须在适宜产毒的特定条件下才能产毒。但也有时从食品中检验出有某种毒素存在，而分离不出产毒菌株，这往往是食品在贮藏和加工中产毒菌株已经死亡，而毒素不易破坏的缘故。一般来说，产毒霉菌菌株主要在谷物粮食、发酵食品及饲草上生长产生毒素，直接在动物性食品，如肉、蛋、乳上产毒的较为少见。霉菌毒素中毒的临床表现较为复杂，有急性中毒，也有因少量长期食入含有霉菌毒素的食品而引起的慢性中毒，也有的诱发癌肿、造成畸形和引起体内遗传物质的突变。

霉菌污染食品，特别是霉菌毒素污染食品对人类危害极大，就全世界范围而言，不仅造成很大的经济损失，而且可以造成人类的严重疾病甚至大批的死亡。20 世纪 60 年代英国发现黄曲霉毒素污染饲料一次性造成 19 万只火鸡死亡的事件，开始引起了人们对霉菌及霉菌毒素污染食品问题的重视和研究。癌症是当今人类社会的一大杀手，癌症发病率与人们是否食入了含有霉菌毒素的食物以及食入的食品所含霉菌毒素量的多少有很大的关系。因此从一定意义上讲，不食用霉变及含有霉菌毒素的食物可以在很大程度上降低癌症发病率。

复习思考题

1. 试述污染食品的微生物来源。
2. 常见的污染食品并可引起食品腐败变质的细菌有哪些？它们各自的主要生物学特性是什么？
3. 什么是大肠菌群？检测大肠菌群有何卫生学意义？
4. 什么是 cfu？食品中菌落总数的检测有何卫生学意义？
5. 简述食品的酵母污染的特点及其食品卫生学意义。
6. 污染食品并可产生毒素的霉菌有哪些？各产生什么毒素？霉菌毒素有何特性？产毒霉菌的产毒特点是什么？
7. 霉菌及其毒素的食品卫生学意义是什么？

第十章 食品的腐败变质及其控制

【内容提要】

本章介绍了食品腐败变质的基本条件，包括食品的营养、pH、水分、渗透压，以及食品的环境条件，如温度、湿度、气体等对食品质量变化的影响，同时介绍了食品腐败变质的鉴定方法、各类食品腐败变质的特征、食品腐败变质的综合控制方法。

【教学目标】

1. 掌握微生物引起食品腐败变质需要的基本条件。
2. 理解食品腐败变质发生的化学过程。
3. 了解食品腐败变质的初步鉴定方法及卫生学意义。
4. 重点掌握各类主要食品的腐败变质现象、原因及目前常用的食品防腐保藏方法、原理及其他卫生管理措施。
5. 能够独立分析一个食品是否可能发生变质，分析变质的原因及在生产中如何采取合理的预防措施。

【重要概念及名词】

食品腐败　食品保藏　水分活度　酸败　腐败　发酵或酵解　消毒　防腐　灭菌

第一节　食品的腐败变质

一、微生物引起食品变质的基本条件

一般来说，食品发生腐败变质，与食品本身的性质、污染微生物的种类和数量，以及食品所处的环境等因素有着密切的关系，而它们三者之间相互作用、相互影响。

（一）食品的基质特性

1. 食品的营养成分

食品含有蛋白质、糖类、脂肪、无机盐、维生素和水分等丰富的营养成分，是微生物的良好培养基。因而微生物污染食品后很容易迅速生长繁殖造成食品的变质。富含蛋白质的食品，容易受到对蛋白质分解能力很强的变形杆菌、青霉等微生物的污染而发生腐败；含糖类较高的食品，易受到对碳水化合物分解能力强的曲霉属、根霉属、乳酸菌、啤酒酵母等微生物的污染而变质；而脂肪含量较高的食品，易受到分解脂肪能力很强的黄曲霉和假单胞杆菌等微生物的污染而发生酸败变质。

2. 食品的氢离子浓度

各种食品都具有一定的氢离子浓度。各类微生物都有其最适宜的 pH 范围，食品中氢离

子浓度可影响菌体细胞膜上电荷的性质。当微生物细胞膜上的电荷性质受食品氢离子浓度的影响而改变后，微生物对某些物质的吸收机制会发生改变，从而影响细胞正常物质代谢活动和酶的作用，因此食品基质的 pH 高低是制约微生物生长，影响食品腐败变质的重要因素之一。

大多数细菌的最适生长 pH 是 7.0 左右，酵母菌和霉菌生长的 pH 范围较宽，因而非酸性食品适合于大多数细菌及酵母菌、霉菌的生长；细菌生长下限一般在 pH4.5 左右，pH 在 4.0 以下时只有个别耐酸细菌能生长，故酸性食品的腐败变质主要是由于酵母和霉菌的生长。

另外，食品的 pH 也会因微生物的生长繁殖而发生改变，当微生物生长在含糖和蛋白质的食品基质中，微生物首先分解糖产酸使食品的 pH 下降；当糖不足时，蛋白质被分解，pH 又回升。由于微生物的活动，使食品基质 pH 发生很大变化，当酸或碱积累到一定量时，反过来又会抑制微生物的继续活动。

3. 食品的水分

食品中的水分含量决定了生长的微生物种类。一般来说，水分较多的食品，细菌容易繁殖；水分少的食品，则霉菌和酵母菌容易繁殖。

食品中的水分以游离水和结合水两种形式存在。通常使用水活度来表示食品中可被微生物利用的水。

水活度（A_w）是指食品在密闭容器内的水蒸气压（P）与纯水蒸气压（P_0）之比，即 $A_w=P/P_0$。纯水的 $A_w=1$；无水食品的 $A_w=0$。由此可见，食品的 A_w 在 0～1。食品的 A_w 在 0.60 以下，则认为微生物不能生长。一般认为食品 A_w 在 0.64 以下，该食品的含水量是食品安全贮藏的防霉含水量。$A_w=0$～0.25，食品水分含量为 0%～7%；$A_w=0.25$～0.8，食品水分含量为 7%～32%；$A_w=0.8$～0.99，食品水分含量大于 40%。

A_w 为 0.80～0.85 的食品，一般只能保存几天；A_w 为 0.72 左右的食品，可以保存 2～3 个月；A_w 在 0.65 以下，则可保存 1～3 年。

在实际中，常用百分率来表示食品的含水量，并以此作为控制微生物生长的一项衡量指标。为了达到保藏目的，奶粉含水量应在 8%以下，大米含水量应在 13%左右，豆类在 15%以下，脱水蔬菜在 14%～20%。这些食品的含水量百分率虽然不同，但其 A_w 基本一致，在 0.70 以下。

4. 食品的渗透压

渗透压与微生物的生命活动有一定的关系。如将微生物置于低渗溶液中，菌体吸收水分发生膨胀，甚至破裂；若置于高渗溶液中，菌体则发生脱水，甚至死亡。一般来讲，微生物在低渗透压的食品中有一定的抵抗力，较易生长；而在高渗食品中，常因脱水而死亡。当然微生物种类不同对渗透压的耐受能力大不相同。

绝大多数细菌不能在较高渗透压的食品中生长，但盐杆菌属（*Halobacterium*）中的一些种，在 20%～30%的食盐浓度的食品中能够生活；肠膜明串珠菌能耐受高浓度糖。酵母菌和霉菌一般能耐受较高的渗透压，但异常汉逊氏酵母（*Hansenula anomala*）、鲁氏酵母（*Saccharomyces rouxii*）、膜毕赤氏酵母（*Pichia membranafaciens*）等能耐受高糖，常引起糖浆、果酱、果汁等高糖食品的变质。霉菌中比较突出的耐渗代表是灰绿曲霉（*Aspergillus glaucus*）、青霉属、芽枝霉属等。

食盐和糖是形成不同渗透压的主要物质。在食品中所加入的糖或盐越多，渗透压越大，食

品的 A_W 就越小。通常为了防止食品腐败变质，常用盐腌和糖渍方法来较长时间地保存食品。

5. 食品的存在状态

完好无损的食品，一般不易发生腐败，如没有破碎和伤口的马铃薯、苹果等，可以放置较长时间。如果食品组织溃破或细胞膜碎裂，则易受到微生物的污染而发生腐败变质。

（二）导致食品变质的微生物种类

微生物的污染是导致食品发生腐败变质的根源。能引起食品发生腐败变质的微生物主要有细菌、酵母菌和霉菌，一般情况下细菌比酵母菌占优势。在这些微生物中，有病原菌和非病原菌，有芽孢菌和非芽孢菌，有嗜热性菌、嗜温性菌和嗜冷性菌，有好气菌或厌氧菌，有分解蛋白质、糖类、脂肪能力强的菌。

1. 分解蛋白质类食品的微生物

分解蛋白质而使食品变质的微生物主要是细菌、霉菌和酵母菌，它们多数是通过分泌胞外蛋白酶来完成的。

细菌中的芽孢杆菌属、梭状芽孢杆菌属、假单胞菌属、变形杆菌属、链球菌属等分解蛋白质能力较强，即使无糖存在，它们在以蛋白质为主要成分的食品上也生长良好；肉毒梭状芽孢杆菌分解蛋白质能力很微弱，但该菌为厌氧菌，可引起罐头的腐败变质；小球菌属、葡萄球菌属、黄杆菌属、产碱杆菌属、埃希氏菌属等分解蛋白质的能力也较弱。

许多霉菌都具有分解蛋白质的能力，霉菌比细菌更能利用天然蛋白质，常见的有青霉属、毛霉属、曲霉属、木霉属、根霉属等。而多数酵母菌对蛋白质的分解能力极弱，如啤酒酵母属、毕赤氏酵母属、汉逊氏酵母属、假丝酵母属、球拟酵母属等能使凝固的蛋白质缓慢分解。

2. 分解碳水化合物类食品的微生物

虽然绝大多数细菌都具有分解某些糖的能力，特别是利用单糖的能力极为普遍，但细菌中能分解淀粉的为数不多，主要是芽孢杆菌属和梭状芽孢杆菌属的某些种，如枯草芽孢杆菌、巨大芽孢杆菌、马铃薯芽孢杆菌、蜡样芽孢杆菌、淀粉梭状芽孢杆菌等，它们是引起米饭发馊、面包黏液化的主要菌株；能分解纤维素和半纤维素的只有芽孢杆菌属、梭状芽孢杆菌属和八叠球菌属的一些种。某些细菌能利用有机酸或醇类；能分解果胶的细菌主要有芽孢杆菌属、欧氏植病杆菌属、梭状芽孢杆菌属中的部分菌株，它们参与果蔬的腐败。

多数霉菌都有分解简单碳水化合物的能力；能够分解纤维素的霉菌并不多，常见的有青霉属、曲霉属、木霉属等中的某些种，其中绿色木霉、里氏木霉、康氏木霉分解纤维素的能力特别强。分解果胶质的霉菌活力强的有曲霉属、毛霉属、蜡叶芽枝霉等；曲霉属、毛霉属和镰刀菌属等还具有利用某些简单有机酸和醇类的能力。

绝大多数酵母菌不能直接水解和利用淀粉；少数酵母菌，如拟内胞霉属能分解多糖；极少数酵母菌，如脆壁酵母能分解果胶；大多数酵母菌有利用有机酸的能力。

3. 分解脂肪类食品的微生物

分解脂肪的微生物能生成脂肪酶，使脂肪水解为甘油和脂肪酸。一般来讲，对蛋白质分解能力强的需氧性细菌，同时大多数也能分解脂肪。能分解脂肪的霉菌比细菌多，在食品中常见的有曲霉属、代氏根霉、娄地青霉和芽枝霉属等。

分解脂肪的酵母菌主要是白地霉、解脂假丝酵母。解脂假丝酵母对糖类不发酵，但分解脂肪和蛋白质的能力很强。因此，在肉类食品、乳及其制品中脂肪酸败时，也应考虑到是否因酵母菌而引起。

（三）食品的环境条件

影响食品变质的最重要环境因素是温度、气体和湿度。

1. 温度

根据微生物生长所需的温度范围不同，可将微生物分为低温菌、中温菌和高温菌三类，它们都有各自的最低、最适、最高生长温度范围。大多数微生物属于中温菌。微生物对高温的耐受性差，高温往往引起蛋白质的凝固、变性，最终导致微生物死亡，故可用热力对食品进行灭菌。低温时微生物的生长繁殖会受到抑制，多数情况下使生理活动下降，生长缓慢、停滞或处于休眠状态，绝大部分微生物耐低温（10℃以下）。在低温条件下，微生物的代谢活动降低或接近停止，不再繁殖，但能较长时间维持生命。

1）低温对微生物生长的影响　低温微生物是引起冷藏、冷冻食品变质的主要微生物。在低温下生长的微生物主要有假单胞杆菌属、黄色杆菌属、无色杆菌属等革兰氏阴性无芽孢杆菌；小球菌属、乳杆菌属、小杆菌属、芽孢杆菌属和梭状芽孢杆菌属等革兰氏阳性菌；假丝酵母属、隐球酵母属、圆酵母属、丝孢酵母属等酵母菌；青霉属、芽枝霉属、葡萄孢属和毛霉属等霉菌。这些微生物虽然能在低温条件下生长，但其新陈代谢活动极为缓慢，生长繁殖的速度也非常迟缓，因而它们引起冷藏食品变质的速度也较慢。

有些微生物在很低温度下能够生长，其机理还不完全清楚。但至少可以认为它们的酶在低温下仍能起作用。另外也观察到嗜冷微生物的细胞膜中不饱和脂肪酸含量较高，推测可能是由于它们的细胞膜在低温下仍保持半流动状态，能进行活跃的物质传递。而其他微生物则由于细胞膜中饱和脂肪酸含量高，在低温下成为固体而不能发挥正常功能。

2）高温对微生物生长的影响　在高温条件下，仍然有少数微生物能够生长。通常把凡能在45℃以上温度条件下进行代谢活动的微生物，称为高温微生物或嗜热微生物。嗜热微生物的酶和蛋白质对热的稳定性比中温菌强得多；它们细胞膜上富含饱和脂肪酸。由于饱和脂肪酸相对于不饱和脂肪酸可以形成更强的疏水键，从而使膜能在高温下保持稳定；它们的生长曲线独特，和其他微生物相比，延滞期、对数期都非常短，进入稳定期后，迅速死亡。

在食品中生长的嗜热微生物，主要是嗜热细菌，如芽孢杆菌属中的嗜热脂肪芽孢杆菌（*Bacillus stearothermophilus*）、凝结芽孢杆菌（*B. coagulans*）；梭状芽孢杆菌属中的肉毒梭菌（*Clostridium botulinum*）、热解糖梭状芽孢杆菌（*C. thermosaccharolyticum*）、致黑梭状芽孢杆菌（*C. nigrificans*）；乳杆菌属和链球菌属中的嗜热链球菌（*Streptococcus thermophilus*）、嗜热乳杆菌等。霉菌中纯黄丝衣霉（*Byssochlamys fulva*）耐热能力也很强。

在高温条件下，嗜热微生物的新陈代谢活动加快，所产生的酶对蛋白质和糖类等物质的分解速度也比其他微生物快，因而使食品发生变质的时间缩短。它们在食品中经过旺盛的生长繁殖后，很容易死亡，所以在实际中，若不及时进行分离培养，就会失去检出的机会。高温微生物造成的食品变质主要是酸败，分解糖类产酸而引起。

2. 气体

在有氧环境中，微生物进行有氧呼吸，生长、代谢速度快，食品变质速度也快；缺氧条件下，由厌氧微生物引起的食品变质速度较慢。O_2存在与否决定着兼性厌氧微生物是否生长和生长速度的快慢。

新鲜的食品原料中，由于组织内一般存在着还原性物质（如动物原料组织内的巯基），因而具有抗氧化能力。在食品原料内部生长的微生物绝大部分应该是厌氧微生物；而在原料表面生长的则是需氧微生物。食品经过加工，物质结构改变，需氧微生物乘机进入组织内部，食品更易发生变质。

另外，H_2和CO_2等气体的存在，对微生物的生长也有一定的抑制作用。实践中可通过控制它们的浓度来防止食品变质。

3. 湿度

空气湿度与微生物生长和食品变质的关系很大，尤其是未经包装的食品。例如，把含水量少的脱水食品放在湿度大的地方，食品则易吸潮，表面水分将迅速增加。长江流域梅雨季节，粮食容易发霉，就是因为空气湿度太大（相对湿度70%以上）的缘故。

每种微生物只能在一定的A_w范围内生长，与空气直接接触的食品，A_w要受到空气湿度的影响。

二、食品腐败变质的化学过程

食品腐败变质的机理实质上是食品中蛋白质、脂肪和碳水化合物等被所污染的微生物分解代谢或自身组织酶进行的某些生化过程。

（一）食品中蛋白质的分解

肉、鱼、禽蛋和豆制品等富含蛋白质的食品，蛋白质分解为其腐败变质的特征。由微生物引起蛋白质食品发生的变质，通常称为腐败。

蛋白质在动植物组织酶以及微生物分泌的蛋白酶和肽链内切酶等的作用下，首先水解成多肽，进而裂解形成氨基酸。氨基酸通过脱羧基、脱氨基、脱硫等作用进一步分解成相应的氨、胺类、有机酸类和各种碳氢化合物，食品即表现出腐败特征。

蛋白质分解后所产生的胺类是碱性含氮化合物，如胺、伯胺、仲胺及叔胺等具有挥发性和特异的臭味。不同的氨基酸分解产生的腐败胺类和其他物质各不相同，甘氨酸产生甲胺，鸟氨酸产生腐胺，精氨酸产生色胺进而又分解成吲哚，含硫氨基酸分解产生硫化氢和氨、乙硫醇等。这些物质都是蛋白质腐败产生的主要臭味物质。

1. 氨基酸的分解

1）*脱氨反应*　在氨基酸脱氨反应中，通过氧化脱氨生成羧酸和c-酮酸，直接脱氨则生成不饱和脂肪酸，若还原脱氨则生成有机酸。例如：

$$RCH_2CHNH_2COOH + O_2 \longrightarrow RCH_2COCOOH\ (\text{c-酮酸}) + NH_3$$

$$RCH_2CHNH_2COOH + O_2 \longrightarrow RCOOH(\text{羧酸}) + NH_3 + CO_2$$

$$RCH_2CHNH_2COOH \longrightarrow RCH = CHCOOH(\text{不饱和脂肪酸}) + NH_3$$

$$RCH_2CHNH_2COOH + H_2 \longrightarrow RCH_2CH_2COOH(\text{有机酸}) + NH_3$$

2）*脱羧反应*　氨基酸脱羧生成胺类；有些微生物能脱氨、脱羧同时进行，通过加水分解、氧化和还原等方式生成乙醇、脂肪酸、碳氢化合物和氨、二氧化碳等。例如：

$$NH-CH_2-COOH(\text{甘氨酸})\longrightarrow CH_3NH_2(\text{甲胺})+CO_2$$

$$NH_2-CH_2-(CH_2)_2-CHNHCOOH(\text{鸟氨酸})\longrightarrow NH_2-(CH_2)_4-NH_2(\text{腐胺})+CO_2$$

$$HN=C(NH_2)-NH-(CH_2)_3-CH(NH_2)-COOH(\text{精氨酸})\longrightarrow$$
$$NH_2-(CH_2)_5-NH_2(\text{尸胺})+CO_2$$

$$NH-CH=N-CH=C-CH_2-CH(NH_2)-COOH(\text{组氨酸})\longrightarrow$$
$$N_2H-(CH_2)_2-NH_2(\text{组胺})+CO_2$$

$$(CH_3)_2-CH-CH(NH_2)-COOH(\text{缬氨酸})+H_2O\longrightarrow$$
$$(CH_3)_2-CH-CH_2-OH(\text{异丁醇})+NH_3+CO_2$$

$$CH_3-CH(NH_2)-COOH(\text{丙氨酸})+O_2\longrightarrow CH_3-COOH(\text{乙酸})+NH_3+CO_2$$

$$NH_2-CH_2-COOH(\text{甘氨酸})+H_2\longrightarrow CH_4(\text{甲烷})+NH_3+CO_2$$

2. 胺的分解

腐败中生成的胺类通过细菌的单胺氧化酶被分解成醛，经过羧酸再氧化生成 CO_2 和水。

3. 硫醇的生成

硫醇是通过含硫化合物的分解而生成的。例如，甲硫氨酸被甲硫氨酸脱硫醇脱氨基酶催化的分解作用。

$$CH_3-S-(CH_2)-CH(NH_2)-COOH(\text{甲硫氨酸})+H_2O\longrightarrow$$
$$CH_3-SH(\text{甲硫醇})+NH_3+CH_3-CO-COOH(\text{酮酸})$$

4. 甲胺的生成

鱼、贝、肉类的正常成分三甲胺氧化物可被细菌的三甲胺氧化还原酶还原生成三甲胺，此过程需要有机酸、糖、氨基酸等作为氢供体。

（二）食品中脂肪的分解

脂肪发生变质的特征是产生酸和刺激的“哈喇”味。人们一般把脂肪发生的变质称为酸败。

食品中油脂酸败的化学反应，主要是油脂自身氧化过程，其次是加水水解。油脂的自身氧化是一种自由基的氧化反应；而水解则是在微生物或动物组织中的解脂酶作用下，使食物中的中性脂肪分解成甘油和脂肪酸等。

1. 油脂的自身氧化

油脂的自身氧化是一种自由基（游离基）氧化反应，其过程主要包括：脂肪酸（RCOOH）在热、光线或铜、铁等因素作用下，被活化生成不稳定的自由基 R·H·，这些自由基与 O_2 生成过氧化物自由基；接着自由基循环往复不断地传递生成新的自由基，在这一系列的氧化过程中，生成了氢过氧化物、羰基化合物（如醛类、酮类、低分子脂肪酸、醇类、酯类等）、羟酸，以及脂肪酸聚合物、缩合物（如二聚体、三聚体等）。

2. 脂肪水解

脂肪酸败也包括脂肪的加水分解作用，产生游离脂肪酸、甘油及其不完全分解的产物。

脂肪酸可进而断链而形成具有不愉快味道的酮类或酮酸；不饱和脂肪酸的不饱和键可形成过氧化物；脂肪酸也可再氧化分解成特臭的醛类和醛酸，即所谓的“哈喇”味。这就是食用油脂和含脂肪丰富的食品发生酸败后感官性状改变的原因。

脂肪自身氧化以及加水分解所产生的复杂分解产物，使食用油脂或食品中脂肪带有若干明显特征：首先是过氧化值上升，这是脂肪酸败最早期的指标；其次是酸度上升，羰基（醛酮）反应阳性。脂肪酸败过程中，由于脂肪酸的分解，其固有的碘价（值）、凝固点（熔点）、密度、折光指数、皂化价等也必然发生变化，导致形成特有的“哈喇”味；超期的肉、鱼类食品脂肪氧化变黄；鱼类的“油烧”现象等常被作为油脂酸败鉴定中较为实用的指标。

食品中脂肪及食用油脂的酸败程度，受脂肪的饱和度、紫外线、氧、水分、天然抗氧化剂，以及铜、铁、镍离子等触媒的影响。油脂中脂肪酸不饱和度、油料中动植物残渣等均有促进油脂酸败的作用；而油脂的脂肪酸饱和程度、维生素 C、维生素 E 等天然抗氧化物质及芳香化合物含量高时，则可减慢氧化和酸败。

（三）食品中碳水化合物的分解

食品中的碳水化合物包括淀粉、纤维素、半纤维素、糖原及双糖和单糖等。含这些成分较多的食品主要是粮食、蔬菜、水果和糖类及其制品。在微生物及动植物组织中的各种酶及其他因素作用下，这些食品组成成分被分解成单糖、醇、醛、酮、羧酸、二氧化碳和水等低级产物。由微生物引起糖类物质发生的变质，习惯上称为发酵或酵解。

碳水化合物含量高的食品，其变质的主要特征为酸度升高、产气和稍带有甜味、醇类气味等。

三、食品腐败变质的鉴定

鉴别食品的腐败变质一般是从感官、化学、物理和微生物 4 个方面来进行。

（一）感官鉴定

感官鉴定是以人的视觉、嗅觉、触觉、味觉对食品的色、香、味、体等进行初期腐败变质检验的一种简单而灵敏的方法。

1. 色泽

如有些微生物繁殖引起食品变质时，色泽就会发生改变。有些微生物产生色素，分泌至细胞外，色素不断累积就会造成食品原有色泽的改变，另外，由于微生物代谢产物的作用促使食品发生化学变化时，也可引起食品色泽的变化。例如，肉及肉制品的绿变就是由于硫化氢与血红蛋白结合形成硫化氢血红蛋白所引起的。腊肠由于乳酸菌增殖过程中产生了过氧化氢促使肉色素褪色。

2. 气味

食品本身有一定的气味，动植物原料及其制品因微生物的繁殖而产生极轻微的变质时，人们的嗅觉就能敏感地察觉到有不正常的气味产生。例如，氨、三甲胺、乙酸、硫化氢、乙硫醇、粪臭素等具有腐败臭味，这些物质在空气中浓度为 10^{-11}～10^{-8} mol/m^3 时，人们的嗅觉就可以察觉到。此外，食品变质时，其他胺类物质、甲酸、乙酸、酮、醛、醇类、酚类、靛基质化合物等也可察觉到。

食品中产生的腐败臭味，常是多种臭味混合而成的。有时也能分辨出比较突出的不良气味，如霉臭味、乙酸臭味、胺臭味、粪臭味、硫化氢臭味、酯臭味等。但有时产生的有机酸、水果变坏产生的芳香味，人的嗅觉习惯认为不是臭味。因此评定食品质量不是以香、臭来划分，而是应该按照正常气味与异常气味来评定。

3. 口味

微生物造成食品腐败变质时也常引起食品口感的变化，如酸味和苦味的变化。一般碳水化合物含量多的低酸食品，变质初期的主要特征是产酸。但对于原来酸味就高的食品，如番茄制品，微生物造成酸败时，酸味稍有增高，辨别起来就不那么容易。另外，某些假单胞菌污染消毒乳后可产生苦味；蛋白质被大肠杆菌、小球菌等微生物污染也会产生苦味。

4. 组织状态

固体食品变质时，动植物性组织因微生物酶的作用，可使组织细胞破坏，造成细胞内容物外溢，引起食品变形和软化。例如，肉类食品会呈现肌肉松弛、弹性差，有时出现发黏等现象；粉碎后加工制成的食品，如鱼糕、乳粉、果酱等，微生物引起变质后常引起黏稠、结块、表面变形、湿润或发黏现象。

液态食品变质后即会出现浮膜、浑浊、沉淀、变稠等现象，如鲜乳因微生物作用引起变质可出现凝块、乳清析出、变稠等现象，有时还会产气。

（二）化学鉴定

微生物的代谢，可引起食品化学组成的变化，并产生多种腐败性产物。因此，直接测定这些腐败产物作为判断食品质量的依据。

一般氨基酸和蛋白质丰富的食品，如鱼、虾、贝类及肉类，在需氧性腐败时，常以测定挥发性盐基氮含量作为评定的化学指标；对于含氮量少而碳水化合物含量丰富的食品，在缺氧条件下腐败时，常以测定有机酸的含量或pH作为评定的化学指标。

1. 挥发性盐基总氮（TVBN）

肉类食品及其制品由于酶和细菌的作用，在腐败过程中蛋白质分解而产生氨以及胺类等碱性含氮物质（主要是二甲胺和三甲胺），此类物质具有挥发性，可在碱性溶液中蒸出。常用蒸馏法或Conway微量扩散法定量，该指标现已列入我国食品卫生标准。例如，一般在低温有氧条件下，鱼类挥发性盐基氮的量达到30mg/100g时，即认为是变质的标志。

2. 三甲胺

三甲胺是构成挥发性盐基总氮的主要胺类物质，是季胺类含氮物经微生物还原产生的，常温下为无色气体，有鱼腥恶臭味，其含量可用气相色谱法进行定量，或者三甲胺制成碘的复盐，用二氯乙烯抽取测定。检测鱼新鲜度的气体传感器即是通过检测三甲胺来实现的。新鲜鱼虾等水产品、肉中没有三甲胺，初期腐败时，其量可达4～6mg/100g。

3. 组胺

鱼贝类可通过细菌分泌的组氨酸脱羧酶使组氨酸脱羧生成组胺而发生腐败变质。当鱼肉中的组胺达到 4～10mg/100g 时，就会发生变态反应样的食物中毒。组胺中毒的潜伏期一般为 0.5～1h，最短可为 5min，最长达 4h。组胺检测通常用圆形滤纸色谱法，应用最多的是酶联免疫吸附法（ELISA）。

4. *K*值

*K*值（*K* value）是指 ATP 的分解物肌苷（HxR）和次黄嘌呤（Hx）低级产物占 ATP 系列分解产物（ATP＋ADP＋AMP＋IMP＋HxP＋Hx）的百分比，*K*值主要适用于鉴定鱼类早期腐败。若 $K \leqslant 20\%$，说明鱼体绝对新鲜；若 $K \geqslant 40\%$，鱼体开始有腐败迹象。

5. pH 的变化

一方面微生物作用或食品原料中的内源酶作用引起食品 pH 下降；另一方面也可以由微生物作用所产生的氨而促使 pH 上升。一般腐败开始时食品的 pH 略微降低，随后上升，因此多呈现“V”字形变动。例如，家畜和一些青皮红肉的鱼在死亡之后，肌肉中因碳水化合物的消耗，造成乳酸和磷酸的累积，引起 pH 下降，随后因腐败微生物繁殖，肌肉被分解，造成氨积累，pH 上升。借助于 pH 计测定则可评价食品变质的程度。

但由于食品的种类、加工方法不同及污染的微生物种类不同，pH 的变动有很大差别，所以一般不用 pH 作为初期腐败的指标。

6. 过氧化值

油脂在氧化过程中形成的中间产物容易分解产生挥发性和非挥发性脂肪酸、醛、酮等，具有特殊的臭味和发苦的滋味，影响油脂的感官性质和食用价值。

油脂在氧化过程中产生的过氧化物很不稳定，能氧化碘化钾成为游离碘，用硫代硫酸钠标准溶液滴定，根据析出的碘计算过氧化值（POV）。

7. 羰基价

油脂氧化所生成的过氧化物进一步分解为含羰基的化合物。一般油脂随着贮藏时间的延长以及受不良条件的影响，羰基价的数值呈不断增高的趋势。因为多数羰基化合物都具有挥发性，且其气味最接近于油脂自动氧化的酸败臭，所以用羰基价来评价油脂中氧化产物的含量和酸败劣变的程度比较准确。

（三）物理指标

食品腐败变质的物理指标，主要是根据食品变质时分解出小分子物质增多这一现象，测定食品浸出物量、浸出液电导率、折光率、冰点、黏度、pH 等物理指标的变化来判断食品的变质。其中肉浸液的黏度测定尤为敏感，能反映腐败变质的程度。

（四）微生物检验

微生物与食品腐败变质有着重要的因果关系，微生物生长繁殖数量的多少与食品腐败变质程度有着密切的关系。对食品进行微生物菌数测定，可以反映食品被微生物污染的程度及判定是否发生变质，同时它是判定食品生产的一般卫生状况以及食品卫生质量的一项重要依据。在我国食品卫生标准中常用细菌总菌落数和大肠菌群的近似值来评定食品的卫生质量。一般来说，日常食品中的活菌数为 10^4～10^7cfu/g，食品中细菌总数越多，则表明该食品受污染的程度越重，腐败变质速度将越快。当食品中的活菌数达到 10^8cfu/g 时，可认为处于初期腐败阶段。例如，活的家禽皮肤表面的细菌数可低到 1.5×10^3cfu/cm^2，加工后马上检测可达 $3.5\times$

10^4cfu/cm^2。当菌落数为 10^7cfu/cm^2 时表示确已腐败，鸡肉的细菌数达 10^8cfu/cm^2 时产生异味并变黏。通常食品中细菌数量越多，腐败变质的进程将被加速，甚至可能引起食用者的不良反应。

四、腐败变质食品的卫生学意义及处理原则

食品腐败变质首先改变食品的感官性状，如产生刺激气味、异常颜色、酸臭味道和组织溃烂、黏液污秽感等；其次是营养成分降解，营养价值严重降低。同时腐败变质的食品一般由于微生物污染严重，菌相复杂和菌量增多，使致病菌和产毒霉菌存在的机会增多，引起人的不良反应，甚至中毒，对人体造成直接损害。因此对食品的腐败变质要及时准确鉴定，并严加控制。防止食品变质的措施是对食品进行加工处理，延长食品供食用的期限，即进行有效的食品保藏。同时强调一切处理的前提，都必须以确保人体健康为原则。

五、各类食品的腐败变质

食品从原料到成品，随时都有被微生物污染的可能。这些污染的微生物在适宜条件下即可生长繁殖，分解食品中的营养成分，使食品失去原有的营养价值，成为不符合卫生要求的食品。

由于各类食品的基质条件不同，因而引起各类食品腐败变质的微生物类群及腐败变质症状也不完全相同。

（一）乳及乳制品的腐败变质

各种不同的乳，如牛乳、羊乳、马乳等，其成分虽各有差异，但都含有丰富的营养成分，容易消化吸收，是微生物生长繁殖的良好培养基。乳品被微生物污染后，在适宜条件下微生物就会迅速繁殖，导致食品腐败变质而失去食用价值，甚至可能引起食物中毒或其他传染病的传播。

1. 鲜乳中微生物的来源及种类

1）*微生物的来源*　刚生产出来的鲜乳，总是会含有一定数量的微生物，而且在运输和贮存过程中还会受到微生物污染，使乳中的微生物数量增多。

（1）乳房内微生物的污染。健康乳畜的乳房内，也可能生长正常菌群（细菌），主要是小球菌属和链球菌属。这些细菌能适应乳房的环境而生存，称为乳房细菌。另外，乳畜体内感染致病微生物后可通过乳房进入乳汁。常见的致病微生物主要有结核分枝杆菌、布氏杆菌、炭疽杆菌、葡萄球菌、溶血性链球菌、沙门氏菌等。

（2）环境中的微生物。主要来自挤乳过程中环境、器具及操作人员。污染微生物的种类、数量直接受畜体表面卫生状况、畜舍的空气、挤奶用具、容器，挤奶工人的个人卫生情况的影响。另外，挤出的奶未及时处理，也会增加新的污染机会，而且会使原来存在于鲜乳内的微生物数量增多，导致鲜乳变质。所以挤奶后要尽快进行过滤和冷却。

2）*鲜牛乳中微生物的种类*　新鲜的乳液中含有多种抑菌物质，它们能维持鲜乳在一段时间内不变质。鲜乳若不经消毒或冷藏处理，污染的微生物将很快生长繁殖造成腐败变质。鲜乳的菌数为 10^3～10^6cfu/ml。

自然界中多种微生物可以通过不同途径进入乳液中，但在鲜乳中占优势的微生物主要是

一些细菌、酵母菌和少数霉菌，如乳酸菌、胨化细菌、脂肪分解菌、酪酸菌、产气细菌、产碱菌、酵母菌、霉菌以及病原菌等。

2. 鲜乳的腐败变质

乳中含有溶菌酶等抑菌物质，使乳汁本身具有抗菌特性，抑菌特性延续时间的长短，随乳汁温度高低和细菌的污染程度而不同。通常新挤出的乳，迅速冷却到0℃可保持48h，5℃可保持36h，10℃可保持24h，25℃可保持6h，30℃仅可保持2h，在此期间，乳内细菌是受到抑制的。

当乳的自身抑菌作用消失后，乳静置于室温下，可观察到乳所特有的菌群交替现象。这种有规律的交替现象分为以下几个阶段。

1）抑制期（混合菌群期） 在新鲜的乳液中含有溶菌酶、乳素等抗生素物质，对乳中存在的微生物具有杀灭或抑制作用。在自身杀菌作用终止后，乳中各种细菌均发育繁殖，由于营养物质丰富，暂时不发生互联或拮抗现象。这个时期约持续12h。

2）乳链球菌期 鲜乳中的抗菌物质减少或消失后，存在于乳中的一些蛋白质分解菌如乳链球菌、乳酸杆菌、大肠杆菌等迅速繁殖，其中乳酸链球菌的生长繁殖居优势，分解乳糖产生乳酸，使乳中的酸性物质不断积累，乳液酸度增高，抑制了腐败菌、产碱菌的生长。以后随着产酸增多乳链球菌本身的生长也受到抑制，数量开始减少。

3）乳杆菌期 当乳链球菌在乳液中繁殖，乳液pH下降至4.5以下时，由于乳酸杆菌耐酸力较强，尚能继续繁殖并产酸。在此时期，乳中可出现大量乳凝块，并有大量乳清析出，这个时期约有2天。

4）真菌期 当酸度继续下降至pH3.0～3.5时，绝大多数细菌生长受到抑制或死亡。而霉菌和酵母菌尚能适应高酸环境，并利用乳酸作为碳源而开始大量生长繁殖。由于乳酸被利用，乳液的pH回升，逐渐接近中性。

5）腐败期（胨化期） 此时乳中的乳糖已基本上消耗完，而蛋白质和脂肪含量相对较高，能分解蛋白质和脂肪的细菌开始活跃，凝乳块逐渐被消化，乳的pH不断上升，向碱性转化，同时伴随有芽孢杆菌属、假单胞杆菌属、变形杆菌属等腐败细菌的生长繁殖，牛奶出现腐败臭味。

鲜乳的腐败变质还会出现产气、发黏和变色的现象：①气体主要是由细菌及少数酵母菌产生，它们分解乳糖产酸并产生CO_2或H_2；②发黏现象是具有荚膜的细菌生长造成的，主要是产碱杆菌属、肠杆菌属和乳酸菌中的某些种；③变色主要是由假单胞菌属、黄色杆菌属和酵母菌等的一些种造成的。

鲜乳腐败变质过程中微生物的菌群交替可从图10-1中直观地看出。

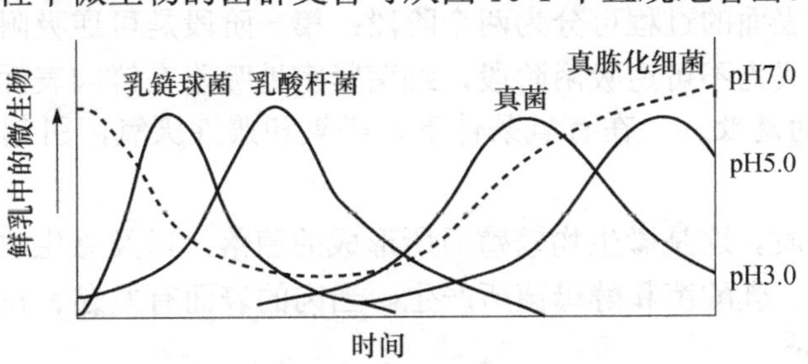

图10-1 鲜乳中微生物活动曲线

虚线表示腐败期（胨化期），乳的pH不断上升，向碱性转化

（二）肉类的腐败变质

各种肉及肉制品均含有丰富的蛋白质、脂肪、水、无机盐和维生素，是微生物良好的天然培养基。

1. 肉及肉制品中微生物的来源

1）*屠宰前微生物来源*　屠宰前健康的畜禽具有健全而完整的免疫系统，能有效地防御和阻止微生物的侵入和在肌肉组织内的扩散。正常机体组织内部一般是无菌的，而畜禽体表、被毛、消化道、上呼吸道等器官总是有微生物存在。健康畜禽如果被毛和皮肤污染了粪便，便增加了胴体微生物污染的机会。患畜的器官及组织内部带有一定数量的微生物。

2）*屠宰后的微生物来源*　屠宰后的畜禽丧失了先天的防御机能，微生物侵入组织后迅速繁殖。屠宰过程中卫生管理不当将造成广泛的微生物污染机会。在屠宰、分割、加工、贮存和配销过程中的每一个环节，微生物污染都可能发生。

肉类一旦被微生物污染，微生物的生长繁殖是很难完全抑制的。

限制微生物污染的最好方法是在严格的卫生管理条件下进行屠宰、加工和运输，这也是获得高品质肉类及其制品的重要措施。对已遭受微生物污染的胴体，抑制微生物生长的最有效方法则是进行迅速冷却和及时冷藏。

2. 肉及肉制品中微生物的种类及特性

参与肉类腐败过程的微生物是多种多样的，一般常见的有腐生微生物和病原微生物。

1）*腐生微生物*　①细菌。主要是需氧的革兰氏阳性菌，如蜡样芽孢杆菌、枯草芽孢杆菌和巨大芽孢杆菌等；需氧的革兰氏阴性菌有假单胞杆菌属、无色杆菌属、黄色杆菌属、产碱杆菌属、埃希氏菌属、变形杆菌属等；此外还有腐败梭菌、溶组织梭菌和产气荚膜梭菌等厌氧梭状芽孢杆菌。②酵母菌和霉菌。主要包括假丝酵母菌属、丝孢酵母属、交链孢霉属、曲霉属、芽枝霉属、毛霉属、根霉属和青霉属。

2）*病原菌*　病畜、禽肉类可能带有沙门氏菌、金黄色葡萄球菌、结核分枝杆菌、炭疽杆菌和布氏杆菌等病菌。它们对肉的主要影响并不在于使肉腐败变质，严重的是传播疾病，造成食物中毒。

3. 鲜肉的腐败变质现象和原因

健康动物的血液、肌肉和内部组织器官一般无微生物，但由于屠宰、运输、保藏和加工过程中的污染，致使肉体表面污染了一定数量的微生物。这时，肉体若能及时通风干燥，使肉体表面的肌膜和浆液凝固形成一层薄膜时，可固定和阻止微生物侵入内部，从而延缓肉的变质。细菌吸附鲜肉表面的过程可分为两个阶段：第一阶段是可逆吸附阶段，细菌与鲜肉表面微弱结合；第二阶段为不可逆吸附阶段，细菌紧密地吸附在鲜肉表面，使整个肉变质。

1）*有氧条件下的腐败*　在有氧条件下，需氧和兼性厌氧菌引起肉类的腐败表现为以下几点。

（1）产生黏状物质。这是微生物繁殖后所形成的菌落，以及微生物分解蛋白质的产物。主要由革兰氏阴性菌、乳酸菌和酵母菌所产生。当肉的表面有发黏、拉丝现象时，其表面含菌数一般为 10^7cfu/cm^2。

（2）变色。肉类腐败变质，常在肉的表面出现各种颜色变化。最常见的是绿色，这是由于蛋白质分解产生的硫化氢与肉质中的血红蛋白结合后形成的硫化氢血红蛋白（H_2S-Hb）造成的，这种化合物蓄积在肌肉和脂肪表面，即显示暗绿色。个别细菌会产生红色斑点、蓝色、黄色，发磷光的细菌能产生磷光；有些酵母菌能产生白色、粉红色、灰色等斑点。

（3）霉斑。肉体表面有霉菌生长时，往往形成各种颜色的霉斑，特别是一些干腌肉制品更为多见。例如，美丽枝霉和刺枝霉在肉表面产生羽毛状菌丝；白色侧孢霉产生白色霉斑；草酸青霉产生绿色霉斑；蜡叶芽枝霉在冷冻肉上产生黑色斑点。

（4）异味。肉体腐烂变质通常伴随不正常或难闻的气味。例如，微生物分解蛋白质会产生恶臭味；乳酸菌和酵母菌作用会产生挥发性有机酸的酸味；霉菌生长繁殖产生霉味；放线菌产生泥土味等。

2）无氧条件下的腐败　在室温条件下，一些不需要严格厌氧条件的梭状芽孢杆菌首先在肉上生长繁殖，随后其他一些严格厌氧的梭状芽孢杆菌，如双酶梭状芽孢杆菌、生孢梭状芽孢杆菌、溶组织梭状芽孢杆菌等开始生长繁殖，分解蛋白质产生恶臭味。

牛、猪、羊的臀部肌肉很容易出现深部变质现象，有时鲜肉表面正常，切开时有酸臭味，股骨周围的肌肉变为褐色，骨膜下有黏液出现，这种变质称为骨腐败。

塑料袋真空包装并贮存于低温条件时可延长保存期，此时如塑料袋透气性很差，袋内氧气不足，将会抑制需氧菌的生长，而以乳杆菌和其他厌氧菌生长为主。

4. 鲜肉变质过程

通常鲜肉保藏在0℃左右的低温环境中，可存放10天左右而不变质。当保藏温度上升时，表面的微生物就能迅速繁殖，其中以细菌的繁殖速度最为显著，它沿着结缔组织、血管周围或骨与肌肉的间隙蔓延到组织深部，最后使整个肉变质。宰后畜禽的肉体由于酶的存在，肉组织产生自溶作用，结果使蛋白质分解产生蛋白胨和氨基酸，这样更有利于微生物的生长。

随着保藏条件的变化与变质过程的发展，细菌向深部侵入的同时，细菌的种类也发生变化，呈现菌群交替现象。这种菌群交替现象一般分为3个时期，即需氧菌繁殖期、兼性厌氧菌繁殖期和厌氧菌繁殖期。

1）需氧菌繁殖期　细菌分解前3～4天，细菌主要在表层蔓延，最初见到各种球菌，继而出现大肠杆菌、变形杆菌、枯草杆菌等。

2）兼性厌氧菌繁殖期　腐败分解3～4天后，细菌已在肉的中层出现，能见到产气荚膜杆菌等。

3）厌氧菌繁殖期　在腐败分解的7～8天后，深层肉中已有细菌生长，主要是腐败杆菌。

值得注意的是，这种菌群交替现象与肉的保藏温度有关，当肉的保藏温度较高时，杆菌的繁殖速度较球菌快。

5. 肉制品的腐败变质

1）熟肉类制品　鲜肉经过热加工制成各种熟肉制品后理应不含菌体，但由于加热程度不同，带有芽孢的细菌可存留下来，这是贮存期间造成肉制品败坏的主要隐患。

在熟肉制品上存在的其他细菌、霉菌及酵母菌常是热加工后的二次污染菌。熟肉制品腐败可出现酸味、黏液和恶臭味。若被厌氧梭状芽孢杆菌污染，熟肉制品深部会发生腐败，甚至产生毒素。

2）腌腊制品　肉类经过腌制可达到防腐和延长保存期的目的，并有改善肉品风味的作用。假单胞菌是冷藏鲜肉的重要腐败菌，其数量的多寡是腊肉制品微生物学品质优劣的标志，该菌在腌制液中能存活。弧菌是腌腊肉制品的重要变质菌，该菌在胴体肉上很少发现，但在腌腊肉上很易分离到。弧菌具有一定的嗜盐性，并能在低温条件下生长，有还原硝酸盐和亚硝酸盐的能力，在 pH5.9 以上时生长，在肉表面生长形成黏液。

3）香肠和灌肠制品　香肠和灌肠加工过程中，分布在肉表面的微生物及环境中的微生物会大量扩散到肉中。为防止微生物生长，绞碎与搅拌过程应在低温条件下进行。

中国腊肠虽含有一定盐分但仍不足以抑制微生物的生长。酵母菌可在肠衣外面形成黏液层，微杆菌能使肉肠变酸和变色，革兰氏阴性杆菌也可使肉肠发生腐败变质。

熟肉肠类是经过热加工制成的产品，因此可杀死肉馅中微生物的营养体，但一些细菌的芽孢仍可能存活。如加热不充分，不形成芽孢的细菌也可能存活。因此，熟制后的肉肠也应进行冷藏，使肠内中心温度在 4～6h 降低至 5℃，否则梭状芽孢杆菌的芽孢可能萌发并繁殖。

4）干制品　肉干含水量一般在 15%以下，A_w 在 0.70 以下，并置于干燥环境或装入不透气包装材料内贮存。因此绝大多数的微生物都不能在其上生长，仅有少数霉菌，如灰绿曲霉偶尔可在肉干上缓慢生长。当肉干含水量增高，表面可发现霉菌生长并产生霉味。

（三）鱼类的腐败变质

1. 微生物的来源及种类

捕获鱼的水域卫生状况是影响鱼微生物污染的关键，除水源之外，每个加工过程如剥皮、去内脏、分割、拌粉、包装都会造成微生物污染。健康的鱼组织内部是无菌的，微生物在鱼体存在的地方主要是外层黏膜、鱼鳃和鱼体肠内。淡水鱼或温水鱼含较多的嗜温性革兰氏阳性菌，海水鱼则含大量的革兰氏阴性菌。

目前一般认为，新捕获的健康鱼类，其组织内部和血液中是无菌的，但在鱼体表面的黏液中、鱼鳃以及肠道内存在着微生物。当然由于季节、渔场、种类的不同，体表所附细菌数有所差异。

存在于鱼类中的微生物主要有假单胞菌属、无色杆菌属、黄杆菌属、不动杆菌属、拉氏杆菌属和弧菌属。淡水中的鱼还有产碱杆菌、气单孢杆菌和短杆菌属。另外，芽孢杆菌、大肠杆菌、棒状杆菌等也有报道。

2. 鱼类的腐败变质原因

一般情况下，鱼类比其他肉类更易腐败，因为通常鱼类在捕获后，不是立即清洗处理，多数情况下是带着容易腐败的内脏和鳃进行运输，这样就容易引起腐败。另外，鱼体本身含水量高（70%～80%），组织脆弱，鱼鳞容易脱落，细菌容易从受伤部位侵入，而鱼体表面的黏液又是细菌良好的培养基，因而鱼类死后很快就会腐败变质。

（四）蛋类的腐败变质

1. 鲜蛋中的微生物

鲜蛋蛋壳表面有一层黏液胶质层，具有防止水分蒸发，阻止外界微生物侵入的作用。另外，在蛋壳膜和蛋白中，存在一定的溶菌酶，可以杀灭侵入壳内的微生物，故正常情况下鲜蛋可保存较长的时间而不发生变质。

鲜蛋中常见的微生物有大肠菌群、无色杆菌属、假单胞菌属、产碱杆菌属、变形杆菌属、青霉属、枝孢属、毛霉属、枝霉属等。另外，卵黄中也可能存在病原菌，如沙门氏菌、金黄色葡萄球菌等垂直性传播疾病的病原体。

2. 鲜蛋的腐败变质

鲜蛋腐败主要是由细菌引起的，腐败后蛋黄膜破裂，蛋黄流出与蛋白混合（即散黄蛋）。如果进一步发生腐败，蛋黄中的核蛋白和卵磷脂也被分解，产生恶臭的 H_2S 气体和其他有机物，使整个内含物变为灰色或暗黑色，主要是由变形杆菌属、某些假单胞菌和气单孢菌引起。

鲜蛋霉变过程中，霉菌菌丝经过蛋壳气孔侵入后，首先在蛋壳膜上生长，逐渐形成斑点菌落，造成蛋液粘壳，蛋内成分分解，并有不愉快的霉变气味产生。

（五）罐藏食品的腐败变质

存在于罐藏食品上的微生物能否引起食品变质，是由多种因素决定的。其中食品的 pH 是一个重要因素，因为食品的 pH 多与食品原料的性质和确定食品的杀菌工艺条件有关，也与引起食品变质的微生物有关。

罐藏食品腐败变质通常分为嗜热菌、中温菌、不产芽孢菌、酵母菌和霉菌引起的腐败。

1）*芽孢杆菌* 嗜热脂肪芽孢杆菌、凝结芽孢杆菌是引起罐头酸腐败（产酸不产气腐败）的嗜热菌；枯草芽孢杆菌、巨大芽孢杆菌和蜡样芽孢杆菌是引起罐头酸腐败的中温菌；也有少数中温芽孢细菌引起罐头腐败变质时伴随有气体产生，如多黏芽孢杆菌、浸麻芽孢杆菌；TA 菌（如嗜热解糖梭菌）是一种分解糖、专性嗜热、产芽孢的厌氧菌；特别是厌氧的肉毒梭状芽孢杆菌，在食品中繁殖能产生肉毒毒素，且毒性很强，因此罐藏食品常常把杀死肉毒梭菌的芽孢作为灭菌标准。

2）*非芽孢细菌* 一类是肠杆菌，如大肠杆菌、产气杆菌、变形杆菌等；另一类是球菌，如乳链球菌、粪链球菌和嗜热链球菌等，它们能分解糖类产酸，并产生气体造成罐头胀罐。如果罐头中发现有不产芽孢的细菌，这常常是罐头密封不良、漏气而造成的，或杀菌温度过低造成的。

3）*酵母菌* 引起罐藏食品变质的酵母菌主要是球拟酵母属、假丝酵母属、啤酒酵母属。由于罐头食品加热杀菌不充分，或罐头密封不良而导致酵母菌残存于罐内。罐藏食品因酵母菌引起的变质，绝大多数发生在酸性或高酸性罐头食品。酵母菌多为兼性厌氧菌，发酵糖产生二氧化碳而造成腐败胀罐。

4）*霉菌* 霉菌具有耐酸、耐高渗透压的特性，因此引起罐藏食品变质，常见于酸度高（pH 4.5 以下）的罐头食品中。但霉菌多为好氧菌，且一般不耐热，若罐头食品中有霉菌出现，说明罐头食品真空度不够、漏气或杀菌不充分而导致了霉菌残存，如青霉属、曲霉属等。但也有少数几种霉菌耐热，如纯黄丝衣霉菌和雪白丝衣霉菌等较耐热、耐低氧，可引起水果罐头发酵糖产生二氧化碳而胀罐。

（六）果蔬及其制品的腐败变质

水果与蔬菜中一般都含有大量的水分、糖类、较丰富的维生素和一定量的蛋白质。水果的 pH 大多数在 4.5 以下，而蔬菜的 pH 一般在 5.0～7.0。

1. 微生物的来源

一般情况下，健康果蔬的内部组织应是无菌的。但其内部组织中也可能有微生物存在，这是在果蔬开花期侵入并生存于果实内部的微生物；植物病原微生物可在果蔬的生长过程中通过根、茎、叶、花、果实等不同途径侵入组织内部，或在收获后的贮藏期间侵入组织内部。

果蔬表面直接接触外界环境，因而存在有大量的微生物，其中除大量的腐生微生物外，还有植物病原菌，还可能有来自人畜粪便的肠道致病菌和寄生虫卵。

另外，在果蔬的运输和加工过程中也会造成微生物的污染。

2. 果蔬的腐败变质

新鲜果蔬的表皮及表皮外覆盖的蜡质层可防止微生物侵入，当这层防护屏障受到机械损伤或昆虫的刺伤时，微生物便会从伤口侵入其内进行生长繁殖，使果蔬腐烂变质，主要是霉菌、酵母菌和少数的细菌造成的。

霉菌或酵母菌会在果蔬表皮损伤处，或由霉菌在表面有污染物黏附的部位生长繁殖。霉菌侵入果蔬组织后，细胞壁的纤维素首先被破坏，进一步分解细胞的果胶质、蛋白质、淀粉、有机酸、糖类等成为简单物质，随后酵母菌和细菌开始大量生长繁殖，果蔬内的营养物质被分解、破坏。

新鲜果蔬在贮藏期间，组织内的酶和其他环境因素对微生物所造成的果蔬变质有一定的协同作用。

3. 果汁的腐败变质

果汁是以新鲜水果为原料，经压榨后加工制成的。由于水果原料本身带有微生物，而且在加工过程中还会受到再污染，所以制成的果汁中必然存在许多微生物。

微生物在果汁中能否繁殖，主要取决于果汁的 pH 和糖分含量。果汁的 pH 一般在 2.4～4.2，糖含量高，生长的微生物主要是酵母菌，其次是霉菌和极少数细菌。

浓缩果汁由于糖度高，细菌的生长受到抑制，只有一些耐渗酵母和霉菌生长，如鲁氏酵母和蜂蜜酵母等，初期当糖浓度较高时，酵母浮于浓糖液的表层，后期当果汁中糖被酵母转化后，相对密度下降，酵母就会沉至下面。当浓缩果汁置于 4℃条件保藏，酵母的发酵作用减弱甚至停止，可以防止浓缩果汁变质。

微生物引起果汁变质的表现主要有以下几种：①浑浊。造成浑浊的原因除化学因素外，是细菌和酵母菌产生的分泌物也会形成沉淀而导致浑浊发生。②产生乙醇。引起果汁产生乙醇主要是酵母菌的作用，此外有少数细菌和霉菌也能利用果汁生成乙醇。③有机酸的变化。果汁中主要含有酒石酸、柠檬酸和苹果酸等有机酸，当微生物分解了这些有机酸或改变了它们的含量及比例，就会使果汁原有风味遭到破坏，甚至产生不愉快的异味。

第二节　食品腐败变质的控制

食品的腐败变质主要是由于食品中的酶和微生物的作用。食品腐败变质的控制就是要针对引起腐败变质的各种因素，采取不同的方法或方法组合，杀死腐败微生物或抑制其在食品中的生长繁殖，从而达到延长食品货架期的目的。

一、食品的防腐保藏技术

食品保藏的基本原理围绕着防止微生物污染、杀灭或抑制微生物生长繁殖以及延缓食品自身组织酶的分解作用，采用物理、化学和生物学方法，使食品在尽可能长的时间内保持其原有的营养价值，以及色、香、味、体等良好的感官性状。

防止微生物污染，就需要对食品进行必要的包装，使食品与外界环境隔绝，并在储藏中始终保持其完整性和密封性，因此食品的保藏与食品的包装是紧密联系的。

（一）物理方法

1. 食品的低温保藏

在低温下，食品中的内源酶活性及化学反应得到延缓，残存微生物生长繁殖速度大大降低或完全被抑制，低温保藏可以防止或减缓食品变质，在一定时期内，可较好地保持食品的品质。

低温保藏一般可分为冷藏和冷冻两种方式。新鲜果蔬类和短期贮藏的食品常用冷藏法。动物性食品常用冷冻法。

1）**食品的冷藏**　冷藏的温度一般设定在-1～10℃，当然冷藏也只能是食品贮藏的短期行为（一般为数天或数周）。

对于动物性食品，冷藏温度越低越好，但对新鲜的蔬菜、水果来讲，如温度过低，则将引起果蔬的生理机能障碍而受到冷害（冻伤）。因此应按其特性采用适当的低温，并且还应结合环境的湿度和空气成分进行调节。水果、蔬菜收获后，仍保持着呼吸作用等生命活动，不断地产生热量，并伴随着水分的蒸发散失，从而引起新鲜度的降低，因此在不致造成细胞冷害的范围内，也应尽可能降低其贮藏温度。湿度高虽可抑制水分的散失，但也容易引起微生物的繁殖，故湿度一般保持在85%～95%。

2）**食品的冷冻保藏**　食品在冰点以上时，只能做较短期的保藏，较长期保藏需在-18℃以下冷冻贮藏。当食品中的微生物处于冰冻时，细胞内游离水形成冰晶体，失去了可利用的水分，A_w降低，渗透压提高，细胞内细胞质因浓缩而增大黏性，引起pH和胶体状态的改变，从而使微生物的活动受到抑制，甚至死亡；微生物细胞内的水结为冰晶，冰晶体对细胞也有机械性损伤作用，可直接导致部分微生物的裂解死亡。

食品在冻结过程中，不仅损伤微生物细胞，鲜肉类、果蔬等生鲜食品的细胞也同样受到损伤，致使其品质下降。冻结速度越快，形成的晶核多，冰晶越小，且均匀分布于细胞内，不致损伤细胞组织，解冻后复原情况也较好。因此快速冻结有利于保持食品的品质，表10-1列出了各种食品的冻藏条件及贮存期限。

目前人们对食品冻结速度的划分，还没有完全统一，通常食品冻结速度可用食品热中心温度下降的速度或结冰面前进的速度来表示。

表 10-1 各种食品的冻藏条件及贮存期限

品名	结冰温度/℃	冻藏温度/℃	相对湿度/%	贮存期限
奶油	−2.2	−29～−2.3	80～85	1 年
加糖奶酪	—	−26	—	数月
冰淇淋	—	−26	—	数月
脱脂乳	—	−26	—	短期
冻结鸡蛋	−0.6～−0.45	−23～−18	90～95	1 年以上
冻结鱼	−1.0	−23～−18	90～95	8～10 个月
猪油	—	−18	90～95	12～14 个月
冻结牛肉	—	−23～−18	90～95	9～18 个月
冻结猪油	—	−23～−18	90～95	4～12 个月
冻结羊肉	—	−23～−18	90～95	8～10 个月
冻结兔肉	—	−23～−18	—	6 个月以上
冻结果实	—	−23～−18	—	6～12 个月
冻结果蔬	—	−23～−18	—	2～6 个月
三明治	—	−18～−15	95～100	5～6 个月

所谓食品的热中心是指冻结过程中食品内部温度最高的坐标点。对于成分均匀且几何形状规则的食品，热中心就是几何中心。以食品热中心温度从−1℃降至−5℃所用时间长短来衡量冻结速度，即以最大冰结晶生成带作为起止温度区间。若通过最大冰结晶生成带的时间在30min 以内，为快速冻结；若超过 30min 为慢速冻结。以往人们认为这种快速冻结对食品质量影响很小，特别是果蔬食品。然而，由于食品的种类、冻结点、前处理不同，其耐冻程度也不一样，因此用此种方法判断冻结速度快慢并非绝对可靠。

用结冰面前进速度表示冻结速度，最早由德国学者普朗克提出，指的是单位时间内−5℃的结冰面从食品表面向中心推进的距离，单位为 cm/h，此方法将冻结速度分为三类：冻结速度为 0.1～1cm/h 的称为慢速冻结；冻结速度为 1～5cm/h 的称为中速冻结；冻结速度为 5～20cm/h 的称为快速冻结。实践证明对中等厚度的半片猪肉在 20h 内由 0～4℃冻结到−18℃，冻结质量是好的。对大多数食品来说，冻结速度在 2～5cm/h 即可避免质量的下降。

肉类中的蛋白质在冻结时会引起酶活性、溶解性、黏度、凝胶形成力、起泡性等一系列变化。一般来说，冻结速度越慢，冻结的最终温度越低，蛋白质变性的程度也越大。肌肉蛋白质尤其是肌球蛋白在−3～−2℃变性速度最快。快速冻结时，食品在此温度范围内停留时间很短，肌球蛋白的变性程度很轻。防止动物性蛋白质的冻结变性，对于食品的价值及原料品质的保持有重要的意义。

淀粉老化最适宜的温度区间为−1～1℃，提高冻结速度，可以减轻 α 淀粉 β 化。

3）*食品的解冻*　　解冻是冻结的逆过程。通常是冻品表面先升温解冻，并与冻品中心保持一定的温度梯度。由于各种原因，解冻后的食品并不一定能恢复到冻结前的状态。

通常是以流动的冷空气、水、盐水、冰水混合物等作为解冻媒体进行解冻，温度控制在0～10℃为好，可防止食品在过高温下造成微生物和酶的活动，防止水分的蒸发。对于即食食品的解冻，可以用高温快速加热，用微波解冻是较好的解冻方法。

2. 食品的气调保藏

气调保藏是指用阻气性材料将食品密封于一个改变了气体的环境中，从而抑制腐败微生物的生长繁殖及生化活性，达到延长食品货架期的目的。

1）*气调保藏的原理* 果蔬的变质主要是由于果蔬的呼吸、微生物生长、食品成分的氧化或褐变等作用，而这些作用与食品贮藏的环境气体有密切的关系，如 O_2、CO_2、N_2、水分和温度等。如果能控制食品贮藏环境气体的组成，如增加环境气体中 CO_2、N_2 比例，降低 O_2 比例，控制食品变质的因素，可达到延长食品保鲜或保藏期的目的。

气调保藏可以降低果蔬的呼吸强度；降低果蔬对乙烯作用的敏感性；延长叶绿素的寿命；减慢果胶的变化；减轻果蔬组织在冷害温度下积累乙醛、醇等有毒物质，从而减轻冷害；抑制微生物的活动；防止虫害；抑制或延缓其他不良变化。因此，气调保藏特别适合于鲜肉、果蔬的保鲜，另外还可用于谷物、鸡蛋、肉类、鱼产品等的保鲜或保藏。

各种蔬菜水果的最适 CO_2 浓度均有所差别，一般水果为 2%～3%，蔬菜为 2.5%～5.5%，同时也都受到 O_2 浓度和环境温度的影响。O_2 浓度过低或 CO_2 浓度过高都可能会引起果蔬的异常代谢，从而使组织受到伤害。

2）*气调保藏的方法* 根据气体调节原理可将气调贮藏分为 MA（modified atmosphere）和 CA（controlled atmosphere）两种。前者指用改良的气体建立气调系统，在贮藏期间不再调整；后者指在贮藏期间，气体的浓度一直控制在某一恒定的值或范围内，这种方法效果更为确切。要想控制食品的贮藏气体环境，则必须将食品封闭在一定的容器或包装内，如气调库、气调车、气调垛、气调袋（即 CAP 或 MAP）、涂膜保鲜、真空包装和充气包装等。

气调的方法较多，主要有自然气调法、置换气调法（即 N_2、CO_2 置换包装）、O_2 吸收剂封入包装、涂膜气调法、减压（真空）保藏和充气包装等。

3. 加热杀菌保藏

1）*微生物的耐热性及影响加热杀菌的因素* 微生物具有一定的耐热性，细菌的营养细胞及酵母菌的耐热性因菌种不同而有较大差异。一般病原菌（梭状芽孢杆菌属除外）的耐热性差，通过低温杀菌（如 63℃、30min）就可将其杀死。细菌的芽孢具有较高的耐热性，肉毒梭状芽孢杆菌就是非酸性罐头的主要杀菌目标，该菌芽孢的耐热性很强，必须特别注意。一般霉菌及其孢子在有水分的状态下，加热至 60℃，保持 5～10min 即可被杀死，但在干燥状态下，孢子的耐热性非常强。加热过程中环境的水分越低，细胞的耐热性就越强。如果用高压杀菌釜湿热法 120℃、20～30min 即可完全灭菌。

然而许多因素影响微生物的加热杀菌效果。首先，食品中的微生物密度（原始带菌量）与抗热力有明显关系。因为菌体细胞能分泌对菌体有保护作用的蛋白类物质，故菌体细胞增多，这种保护性物质的量也就增加。其次，微生物的抗热力随水分的减少而增大，即使是同一种微生物，它们在干热环境中的抗热性较大。此外，基质向酸性或碱性变化，杀菌效果则显著增大。

基质中的脂肪、蛋白质、糖及其他胶体物质，对细菌、酵母、霉菌及其孢子起着显著的保护作用，这可能是细胞质的部分脱水作用阻止蛋白质凝固的缘故。因此对高脂肪及高蛋白食品的加热杀菌需加以注意。多数香辛料，如芥子、丁香、洋葱、胡椒、蒜、香精等，对微生物孢子的耐热性有显著的降低作用。

2）*加热杀菌的方法*　食品加热杀菌的方法很多，主要有巴氏杀菌法（常压杀菌）、低温杀菌、超高温瞬时杀菌、微波杀菌、远红外线加热杀菌和欧姆杀菌等。

（1）巴氏杀菌法。巴氏杀菌是一种温度比较低的热处理方式，一般在低于水沸点温度下进行。它是一门古老的也是最早的杀菌技术，由 19 世纪法国微生物学家和免疫学家巴斯德首创，至今仍有一定的应用价值。

巴氏杀菌利用热水作为传热介质。杀菌条件为 61～63℃、30min 或 72～75℃、10～15min。加热时应注意物料表面温度较内部温度低 4～5℃；此外，当表面产生气泡时，泡沫部分难以达到杀菌要求。这种杀菌方法，由于所需时间长，生产过程不连续，长时间受热容易使某些热敏成分变化，杀菌也不够理想。目前在大中型食品厂中已很少采用。

（2）低温杀菌。低温杀菌是对食品中存在的微生物进行部分杀菌的加热方法。通常使用 100℃以下的温度。由于低温杀菌后，食品中的菌残存较多，为了延长产品的货架期，再使用冷藏、发酵、加入添加剂、脱氧等加工技术。该法主要适用于 pH4.5 以下的酸性食品及采用较强加热处理会明显导致品质降低的食品。在近几年，对牛奶及保存期较短的商品也采用该法。

（3）超高温瞬间杀菌。超高温杀菌简称 UHT 杀菌。一般加热温度为 125～150℃，加热时间为 2～8s，加热后产品达到商业无菌要求的杀菌过程称为 UHT 杀菌。这种杀菌方法，能在瞬间达到杀菌目的，杀菌效果特别好，几乎可以达到或接近灭菌要求，而引起的化学变化很小。它具有提高处理能力、节约能源、缩小设备体积、稳定产品质量，并可实行设备原地无拆卸循环清洗。

牛乳在高温下保持较长时间，则易发生一些不良的化学反应。例如，蛋白质和乳糖发生美拉德反应，使乳产生褐变现象；蛋白质分解而产生 H_2S 的不良气味；糖类焦糖化而产生异味；乳清蛋白质变性、沉淀等。若采用超高温瞬时杀菌既能方便工艺条件，满足灭菌要求，又能减少对牛乳品质的损害。

（4）微波杀菌。微波（超高频），一般是指频率在 300～300 000MHz 的电磁波。目前 915MHz 和 2450MHz 两个频率已广泛地应用于微波加热。915MHz 可以获得较大穿透厚度，适用于加热含水量高、厚度或体积较大的食品；对含水量低的食品宜选用 2450MHz。

微波杀菌的机理是基于热效应和非热生化效应两部分。热效应即微波作用于食品，食品表里同时吸收微波能，温度升高。污染的微生物细胞在微波场的作用下，其分子被极化并做高频振荡，产生热效应，温度的快速升高使其蛋白质结构发生变化，从而使菌体死亡。非热生化效应，即微波使微生物生命化学过程中产生大量的电子、离子，使微生物生理活性物质发生变化；电场也使细胞膜附近的电荷分布改变，导致膜功能障碍，使微生物细胞的生长受到抑制，甚至停止生长或死亡。另外，微波还可以导致细胞 DNA 和 RNA 分子结构中的氢键松弛、断裂和重新组合，诱发基因突变。

（5）远红外线加热杀菌。远红外线是指波长为 2.5～1000μm 的电磁波。食品的很多成分对 3～10μm 的远红外线有强烈的吸收，因此食品往往选择这一波段的远红外线加热。

远红外线加热具有热辐射率高；热损失少；加热速度快，传热效率高；食品受热均匀，不会出现局部加热过度或夹生现象；食物营养成分损失少等特点。

远红外加热杀菌不需经过热媒，照射到待杀菌的物品上，加热直接由表面渗透到内部，因此远红外加热已广泛应用于食品的烘烤、干燥、解冻，以及坚果类、粉状、块状、袋装食品的杀菌和灭酶。

(6) 欧姆杀菌。这是一种新型的热杀菌方法。欧姆加热是利用电极，将电流直接导入食品，由食品本身介电性质所产生的热量，以达到直接杀菌的目的。一般所使用的电流是50～60Hz的低频交流电。

欧姆杀菌与传统罐装食品的杀菌相比具有不需要传热面，热量在固体产品内部产生，适合于处理含大颗粒固体产品和高黏度物料；系统操作连续、平稳，易于自动化控制；维护费用、操作费用低等优点。

英国APV Baker公司已制造出工业化规模的欧姆加热设备，可使高温瞬时技术推广应用于含颗粒（粒径高达25mm）食品的加工。近年来，英国、日本、法国和美国已将该技术及设备应用于低酸性食品或高酸性食品的杀菌。

4. 非加热杀菌保藏

所谓非加热杀菌（又称冷杀菌）是相对于加热杀菌而言，不需要对物料进行加热，利用其他灭菌机理杀灭微生物，因而避免了热对食品成分的破坏作用。冷杀菌方法有多种，如辐照杀菌、超声波杀菌、高压放电杀菌、高压杀菌等。

1）辐照杀菌　食品的辐照保藏是指用放射线辐照食品，借以延长食品保藏期的技术。辐照射线主要包括紫外线（UV）、X射线和γ射线等，其中紫外线穿透力弱，只有表面杀菌作用，而X射线和γ射线（比紫外线波长更短）是高能电磁波，能激发被辐照物质的分子，引起电离作用，进而影响生物的各种生命活动。

(1) 辐照对微生物的影响。微生物受电离放射线的辐照，细胞膜、细胞质分子引起电离，进而引起各种化学变化，使细胞直接死亡；在放射线高能量的作用下，水电离为OH^-和H^+，从而也间接引起微生物细胞的致死作用；微生物细胞中的DNA和RNA对放射线的作用尤为敏感，放射线的高能量引起DNA的较大损伤和突变，直接影响细胞的遗传和蛋白质的合成。

杀灭食品中活菌数的90%（即减少一个对数周期）所需要吸收的射线剂量称为D值，其单位为“戈瑞”（Gy，即1kg被辐照物质吸收1J的能量为1Gy），常用“千戈瑞”（kGy）表示。

(2) 环境条件对辐照杀菌的影响。一般来说，有氧气存在的情况下，放射线杀菌的效果更好，但无氧时对食品成分破坏不及有氧时的1/10，故实际运用放射线对食品杀菌时，多在厌氧状态下进行。温度高时辐照对食品的破坏性增大。食品中的半胱氨酸、谷胱甘肽、氨基酸、葡萄糖等化合物对微生物有保护作用。放射线辐照对于食品中原有毒素的破坏几乎是无效的。因此在辐照时，应尽量采用低温、缺氧，以减轻辐照杀菌对食品的副作用，同时达到杀菌效果。

(3) 辐照在食品保藏中的应用。放射线辐照由于其具有节约能源（节约70%～97%）、杀菌效果好、可改善某些食品品质、便于连续工业化生产等优点，目前已有70多个国家批准应用于食品保藏，并已有相当规模的实际应用。

低剂量辐照：为了调节和控制生理机能（如抑制种子发芽）及驱除虫害等。低剂量对食品组织及成分的影响是极微小的。

中剂量辐照：是以延长食品保藏期为目的。该辐照剂量尚不能将微生物孢子完全杀死，但对肉、鱼、虾类、香肠等加工食品表面所附着的主要病原菌及附着菌可全部杀灭。通过辐照可延长保藏期 2～4 倍。

高剂量辐照：是以食品在常温下进行长期贮藏为目的而进行的完全杀菌。但完全杀菌所用辐照剂量较高，将引起食品不同程度的变质。为了尽量减少副作用，在操作时应结合脱氧、冻结、杀菌增强剂及食品保护剂等方法。

（4）辐照食品的卫生安全性。辐照食品的卫生安全性问题，尤其是食品经辐照后是否有放射性物质残留，是否产生新的放射源，是否引起化学劣变或毒性物质等卫生安全问题，一直是人们所关注的。各国科学家对辐照食品的安全性进行了数十年的研究，通过长期的动物饲养实验、临床症状、血液学、病理学、繁殖及致畸等方面的研究，其结果证明都是安全的，证明上述疑虑是可以消除的。

1980 年 11 月，WHO、FAO 和国际原子能机构（IAEA）三个国际组织的联合专家委员会，经过对 10 年的研究结果和各国进行辐照食品安全性的数据的审查，得出"任何食品总体平均剂量低于 10kGy，没有毒理学危险，用此剂量辐照的食品不再要求做毒理学实验，同时在营养和微生物学上也是安全的"的结论。目前已有几十个国家批准应用放射线辐照肉类及其制品、果蔬类和粮食及其制品等食品的杀菌保藏。

2）*超声波杀菌*　9kHz 以上的声波都为超声波。超声对细菌的破坏作用主要是：①强烈的机械震荡作用，使细胞破裂死亡；②超声波作用于液体物料，产生空化效应，空化泡剧烈收缩和崩溃的瞬间，泡内会产生几百兆帕的高压、强大的冲击波及数千摄氏度的高温，对微生物会产生粉碎和杀灭作用；③加热和氧化作用。

超声波灭菌机制可用于食品杀菌、食具的消毒和灭菌等。用超声波对牛乳消毒 15～16s，乳液可保持 5 天不发生腐败；常规消毒乳再经超声波处理，冷藏条件下，保存 18 个月未发现变质。日本生产的气流式超声餐具清洗机，清洗餐具可使细菌总数降低 10^5cfu 以上，若同时使用洗涤剂或杀菌剂，可做到完全无菌。

3）*高压放电杀菌*　高压放电杀菌采用的电源一般为脉冲电压。高压脉冲电场产生常用 LG 震荡电路，产生强度为 15～100kV/cm，脉冲为 1～100kHz，放电频率为 1～20Hz。

脉冲放电杀菌是电化学效应、冲击波空化效应、电磁效应和热效应等综合作用结果，并以电化学效应和冲击波空化效应为主要作用。可使细胞膜穿孔；液体介质电离产生臭氧，微量的臭氧可有效杀灭微生物。高压放电杀菌的效果取决于电场强度、脉冲宽度、电极种类、液体食品的电阻、pH、微生物种类及原始污染程度等因素。

由于放电杀菌的介质为液体，故只能用于液态食品的杀菌。现在，高压放电杀菌已成功用于牛奶、果汁等的杀菌。

5. 高压杀菌

所谓高压杀菌就是将食品物料以某种方式包装以后，置于高压（200MPa 以上，2000 多个大气压）装置中加压，使微生物的形态结构、生物化学反应、基因机制以及细胞壁和细胞膜等发生多方面的变化，进而使微生物的生理机能丧失或发生不可逆变化而致死，达到灭菌和长期安全保存的目的。

1）*高压对微生物的影响*　在高压作用下，细胞膜的磷脂双分子层结构随着磷脂分子横截面的收缩而收缩，表现为细胞膜通透性变化。20～40MPa 高压能使较大细胞的细胞壁因超过应力极限而发生机械断裂，从而使细胞裂解。一般来讲，真核微生物比原核微生物对压力更为敏感。在 300MPa 以上的压力下，细菌、霉菌和酵母菌都可被杀死，但芽孢耐压强，在 600MPa 才能被杀死。

2）*高压对食品成分的影响*　高压使蛋白质结构伸展，体积改变而变性，即压力凝固，如鸡蛋蛋白在超过 300MPa 的压力下会发生不可逆变性。高压作用下，大多数酶会钝化或失活。高压可使淀粉改性，常温下加压到 400～600MPa，淀粉发生糊化而呈不透明的黏稠糊状。但高压对食品中的风味物质、维生素、色素及各种小分子物质的天然结构几乎没有影响。

3）*高压杀菌的应用*　采用高压技术对肉类进行加工处理，与常规方法相比，肉制品在柔嫩度、风味、色泽、成熟度及保藏性等方面都得到不同程度的改善。高压处理水产品可最大限度地保持水产品的新鲜风味，增大鱼肉制品的凝胶性。在果酱加工中采用高压杀菌，不仅可杀灭其中的微生物，而且还可使果肉糜粒成酱，简化生产工艺，提高产品质量。

6. 食品的干燥和脱水保藏

食品的干燥脱水保藏，是一种传统的保藏方法。其原理是降低食品的含水量（水活性），使微生物得不到充足的水而不能生长。

各种微生物要求的最低水分活性值是不同的。一般细菌要求的最低 A_w 为 0.94～0.99；霉菌要求的最低 A_w 为 0.73～0.94，酵母要求的最低 A_w 为 0.88～0.94。但有些干性霉菌，如灰绿曲霉最低 A_w 仅为 0.64～0.70（含水量 16%），某些食品 A_w 在 0.70～0.73（含水量约 16%）曲霉和青霉即可生长，因此干制食品的防霉 A_w 要达到 0.64 以下（含水量 14%以下）才较为安全。

食品干燥、脱水方法主要有日晒、阴干、喷雾干燥、减压蒸发和冷冻干燥等。生鲜食品干燥和脱水保藏前，一般需破坏其酶的活性，最常用的方法是热烫（亦称杀青、漂烫）或硫黄熏蒸（主要用于水果）或添加抗坏血酸（0.05%～0.1%）及食盐（0.1%～1.0%）。肉类、鱼类及蛋中因含 0.5%～2.0% 肝糖（又称肝淀粉、糖原），干燥时常发生褐变，可添加酵母或葡萄糖氧化酶处理或除去肝糖再干燥。

（二）化学方法

化学保藏法就是在食品生产和贮运工程中上采用化学制品来提高食品的耐贮性和尽可能保持食品原有品质的一种方法，也就是防止食品变质和延长保质期，包括盐藏、糖藏、醋藏、酒藏和防腐剂保藏等。盐藏和糖藏都是通过提高食物的渗透压和降低 A_w 来抑制微生物活动，醋和酒在食物中达到一定浓度时也能抑制微生物的生长繁殖，防腐剂能抑制微生物酶系的活性以及破坏微生物的细胞膜结构。

1. 盐藏

食盐的防腐作用主要在于提高渗透压，使细胞原生质浓缩发生质壁分离；降低水分活性，不利于微生物生长；减少水中溶解氧，使好气性微生物的生长受到抑制等。

嗜盐性微生物如红色细菌、接合酵母属和革兰氏阳性球菌在较高浓度的食盐溶液（15%以上）中仍能生长。约 5%的食盐浓度能抑制无色杆菌属等一般腐败性微生物的生长，抑制肉毒梭状芽孢杆菌等病原菌的生长需要 7%～10%的食盐浓度。一般霉菌对食盐都有较强的耐受性，如某些青霉菌株在 25%的食盐浓度中尚能生长。

由于各种微生物对食盐浓度的适应性不同，因而食盐浓度的高低就决定了所能生长的微生物菌群。例如，食盐浓度在5%以下时，肉类中主要是细菌的繁殖，5%以上时存在较多的是霉菌，超过20%时主要生长的微生物则是酵母菌。

2. 糖藏

糖藏也是利用增加食品渗透压、降低水分活度，从而抑制微生物生长的一种贮藏方法。

一般微生物在糖浓度超过50%时生长便受到抑制。但有些耐透性强的酵母和霉菌，在糖浓度高达70%以上仍可生长。因而仅靠增加糖浓度有一定局限性，但若再添加少量酸（如食醋），微生物的耐渗透力将显著下降。

果酱等因其原料果实中含有有机酸，在加工时又添加蔗糖，并经加热，在渗透压、酸和加热3个因子的联合作用下，可得到非常好的保藏性。但有时果酱也会因微生物作用而腐败变质，其主要原因是糖浓度不足。

3. 防腐剂保藏

防腐剂按其来源和性质可分为有机防腐剂和无机防腐剂两类。有机防腐剂又可分为合成有机防腐剂和天然有机防腐剂，目前以合成有机防腐剂在生产中使用最广泛。合成有机防腐剂包括苯甲酸及其盐类、山梨酸及其盐类、脱氢乙酸及其钠盐、对羟基苯甲酸酯类及其钠盐、丙酸盐类、双乙酸钠、联苯醚、单辛酸甘油酯、二甲基二碳酸盐（又名维果灵）等。天然有机防腐剂包括乳酸链球菌素（nisin）、溶菌酶、肉桂醛、ε-聚赖氨酸、ε-聚赖氨酸盐酸盐、纳他霉素等。无机防腐剂包括硝酸盐和亚硝酸盐、二氧化碳、亚硫酸盐等。

1）苯甲酸及其钠盐　　苯甲酸（C_6H_5COOH）和苯甲酸钠（C_6H_5COONa）又称安息香酸（benzoic acid）和安息香酸钠（sodium benzoate），是白色结晶。苯甲酸微溶于水，易溶于乙醇；苯甲酸钠易溶于水。苯甲酸对人体较安全，是我国国家标准中允许使用的两种有机防腐剂之一。

苯甲酸的抑菌机理是它能抑制微生物细胞呼吸酶系统的活性，特别是对乙酰辅酶缩合反应有很强的抑制作用。在高酸性食品中杀菌效力为微碱性食品的100倍，苯甲酸未被解离的分子态才有防腐效果，苯甲酸对酵母菌影响大于霉菌，而对细菌效力较弱。

2）山梨酸及其钾盐　　山梨酸和山梨酸钾为无色、无味、无臭的化学物质。山梨酸难溶于水（600∶1），易溶于乙醇（7∶1），山梨酸钾易溶于水。它们对人有极微弱的毒性，是近年来各国普遍使用的安全防腐剂，是我国国家标准中允许使用的两种有机防腐剂之一。

山梨酸分子能与微生物细胞酶系统中的巯基（—SH）结合，从而达到抑制微生物生长和防腐目的。山梨酸和山梨酸钾对细菌、酵母和霉菌均有抑制作用，但对厌氧性微生物和嗜酸乳杆菌几乎无效。其防腐范围较苯甲酸广，pH5～6以下使用适宜。效果随pH增高而减弱，在pH3时抑菌效果最好，在腌制黄瓜时可用于控制乳酸发酵。

3）双乙酸钠（又名二乙酸钠，缩写为SDA）　　双乙酸钠为白色结晶，略有乙酸气味，极易溶于水（1g/ml）；10%水溶液pH为4.5～5.0。双乙酸钠成本低，性质稳定，防霉防腐作用显著。可用于粮食、食品、饲料等防霉防腐（一般用量为1g/kg），还可作为酸味剂和品质改良剂。

4）联苯醚（又名二苯醚）　　无色结晶体或液体，类似天竺葵气味。食品添加剂的国家标准规定用于柑橘类的表面处理。对柑橘类果皮上的霉菌，尤其对指状青霉和意大利青霉的防治效果较好。一般不直接使用于果皮，而是将该药浸透于纸中，再将浸有此药液的纸放置于贮藏和运输的包装容器中，让其慢慢挥发（25℃下蒸汽压为1.3Pa），待果皮吸附后，即可产生防腐效果。

5）硝酸盐和亚硝酸盐　硝酸盐和亚硝酸盐主要是作为肉的发色剂而被使用。亚硝酸与血红素反应，形成亚硝基肌红蛋白，使肉呈现鲜艳的红色。另外，硝酸盐和亚硝酸盐也有延缓微生物生长作用，尤其是对防止耐热性的肉毒梭状芽孢杆菌芽孢的萌发，有良好的抑制作用。但亚硝酸在肌肉中能转化为亚硝胺，有致癌作用。

6）亚硫酸及其盐类　亚硫酸是强还原剂，具有漂白和抗氧化作用，属于酸性防腐剂，以其未分解的分子起杀菌作用。亚硫酸分子在防腐上最有效。亚硫酸盐易溶于水，溶于水后产生亚硫酸起杀菌防腐作用。常用的亚硫酸盐有亚硫酸氢钠、无水亚硫酸钠、焦亚硫酸钠和低亚硫酸钠。燃烧硫黄熏蒸可以生成亚硫酸，同样起到杀菌防腐作用。亚硫酸对细菌的杀灭作用强，对酵母菌的作用弱。

（三）生物方法

生物防腐物质直接来源于生物体自身组成成分或其代谢产物，不仅具有良好的抑菌作用，而且一般都可被生物降解，具有无味、无毒、安全等特点，不会造成二次污染。其原理包括抑制或杀死食品中的微生物、隔离食品与空气的接触、延缓氧化作用、调节贮藏环境的气体组成及相对湿度等。

生物防腐剂包括植物源生物防腐剂、动物源生物防腐剂和微生物源生物防腐剂三大类。植物源生物防腐剂主要是由植物中的抗菌物质醛类、酮类、酚类和脂类物质等构成，如肉桂醛。动物源生物防腐剂有溶菌酶。微生物源生物防腐剂有乳酸链球菌素。生物防腐范围广，保鲜期长。目前国家批准使用的生物防腐剂种类有乳酸链球菌肽、ε-聚赖氨酸、溶菌酶、纳他霉素和肉桂醛。

1. 乳酸链球菌肽

乳酸链球菌素又称nisin，是从乳酸链球菌（*S. lactis*）发酵产物中提取的一类多肽化合物，食入胃肠道易被蛋白酶所分解，是一种安全的天然食品防腐剂。现已有52个国家和地区在使用nisin作为食品防腐剂。

nisin的抑菌机制是作用于菌体细胞膜，使细胞膜和磷脂化合物的合成受阻；还可抑制细胞壁中肽聚糖的生物合成，从而导致细胞内物质的外泄，甚至引起细胞裂解。也有的学者认为nisin是一个疏水带正电荷的小肽，能与细胞膜结合形成管道结构，使小分子和离子通过管道流失，造成细胞膜渗漏。

nisin的作用范围相对较窄，仅对大多数革兰氏阳性菌（G^+）具有抑制作用，如金黄色葡萄球菌、链球菌、乳酸杆菌、微球菌、单核细胞增生李斯特氏菌、丁酸梭菌等，且对芽孢杆菌、梭状芽孢杆菌孢子的萌发抑制作用比对营养细胞的作用更大。但nisin对真菌和革兰氏阴性菌没有作用，因而只适用防止革兰氏阳性菌引起的食品腐败。新近报道，nisin与螯合剂EDTA二钠共用，可以抑制沙门氏菌、志贺氏菌和大肠杆菌等一些革兰氏阴性菌生长。不与常用的其他抗生素如青霉素、链霉素等产生交叉抗性，与溶菌酶联合使用效果更好。

nisin在中性或碱性条件下溶解度较小，因此添加nisin防腐的食品必须是酸性的食品。

目前nisin已成功地应用于高酸性食品（pH<4.5）的防腐；对于非酸性罐头食品，添加nisin可减轻罐头热处理的温度和时间，更好地保持产品的营养和风味；用于鱼类、肉类，在不影响肉的色泽和防腐效果情况下，可明显降低硝酸盐的使用量，达到有效防止肉毒梭状芽孢杆菌毒素形成目的。

在乙醇饮料中，nisin对革兰氏阴性菌、酵母和霉菌几乎没有作用，因此在生产啤酒、果酒和烈性乙醇饮料时，加入适量的nisin对乳杆菌、片球菌等酸败革兰氏阳性菌均有抑制作用。

2. 溶菌酶

溶菌酶为白色结晶，含有129个氨基酸，等电点为10.5～11.5。溶于水，在酸性溶液中较稳定，55℃活性无变化。

溶菌酶能破坏多种细菌的细胞壁而达到抑菌、杀菌目的，由于其作用机理是破坏肽聚糖骨架使其散架，故对酵母和霉菌几乎无效。溶菌作用的最适pH为6～7，温度为50℃。食品中的羧基和硫酸能影响溶菌酶的活性，因此将其与其他抗菌物如乙醇、植酸、聚磷酸盐等配合使用，效果更好。目前溶菌酶已用于发酵酒、干酪和再制干酪及其类似品的防腐保鲜。

3. 纳他霉素

纳他霉素（natamycin）又称pimaricin，商品名为霉克。纳他霉素是由纳他链霉菌受控发酵制得一种白色至乳白色的无臭无味的结晶粉末，通常以烯醇式结构存在。它的作用机理是与真菌的麦角甾醇及其他甾醇基团结合，阻遏麦角甾醇生物合成，从而使细胞膜畸变，引起菌体内氨基酸电解质等重要物质渗漏，使细胞死亡。

所以纳他霉素作为一种天然的生物食品防腐剂可以广泛应用于易受真菌污染的食品工业各领域。而对不存在类似固醇化合物的微生物（如细菌、病毒）无抗菌活性。如把natamycin直接添加到干酪发酵制品中，能有效抑制霉菌和酵母菌，而不杀死益生菌。

4. 肉桂醛

肉桂醛（cinnamaldehyde）是一种丙烯醛衍生物，为黄色黏稠状液体，大量存在于肉桂等植物体内。肉桂醛具有抗真菌活性，可抑制霉菌生长，作用力强；对大肠杆菌、枯草芽孢杆菌及金黄色葡萄球菌、白色葡萄球菌、志贺氏痢疾杆菌、伤寒和副伤寒甲杆菌、肺炎球菌、产气杆菌、变形杆菌、炭疽杆菌、肠炎沙门氏菌、霍乱弧菌等也有抑制作用，且对革兰氏阳性菌杀菌效果显著。

由于具有杀菌、消毒、防腐功能，现在美国和日本已将肉桂醛用作食品添加剂。肉桂醛作为食品防霉剂，对人体无毒或低毒，能溶于乙醇、乙醚、氯仿、油脂等。肉桂醛的浓度为0.25mg/L时，对黄曲霉、黑曲霉、橘青霉、串珠镰刀菌、交链孢霉、白地霉和酵母均有强烈的抑菌效果。

肉桂醛的防腐功效，在槟榔加工品中也得到有力证实。湖南省的简易包装槟榔长久不变质，其重要原因是槟榔经过了肉桂醛溶液的浸泡。肉桂醛作为防腐剂不但可以大大延长保质期，进入人体后也会在肠道降解为人体所需的营养成分，对人体无害有益。

5. ε-聚赖氨酸

ε-聚赖氨酸是由25～30个赖氨酸单体聚合而成的直链状聚合物。为淡黄色粉末、吸湿性强，略有苦味，不受pH影响，对热稳定(120℃、20min)，溶于水，微溶于乙醇。它是日本酒井平一和岛昭二两位博士在大量筛选有价值的放线菌时发现的一种新型聚合物。ε-聚赖氨酸作用机理主要表现在破坏微生物的细胞膜结构，引起细胞的物质、能量和信息传递中断，最终导致细胞死亡。

ε-聚赖氨酸抑菌谱广，在酸性和微酸性环境中对革兰氏阳性菌、革兰氏阴性菌、酵母菌和霉菌均有一定的抑菌效果，对其他天然防腐剂不易抑制的大肠杆菌、沙门氏菌抑菌效果非常好，而且对耐热性芽孢杆菌和一些病毒也有抑制作用。ε-聚赖氨酸能在人体内分解为赖氨酸，而赖氨酸是人体必需的 8 种氨基酸之一。ε-聚赖氨酸已应用于焙烤食品、熟肉制品、果蔬汁及其饮料中。

二、食品综合防腐保鲜理论与技术

食品的防腐保鲜技术一直是食品科技工作者研究的热点，各种各样的技术相继被应用并对保鲜理论有了更新的认识。没有任何单一保鲜措施是完美无缺的，必须采用综合保鲜技术。目前保鲜研究的主要理论依据是栅栏因子理论。栅栏因子理论是德国肉类食品专家 Leistner 博士提出的一套系统而科学地控制食品保质期的理论。

（一）栅栏技术与微生物的内平衡

食品防腐中一个值得注意的现象就是微生物的内平衡。微生物的内平衡是微生物处于正常状态下内部环境的稳定和统一，并且具有一定的自我调节能力，只有其内环境处于稳定的状态下，微生物才能生长繁殖。

栅栏因子理论认为：食品要达到可贮性与卫生安全性，其内部必须存在能够阻止食品所含腐败菌和病原菌生长繁殖的因子，这些因子通过临时和永久性地打破微生物的内平衡，从而抑制微生物的致腐与产毒，保持食品品质，这些因子称为栅栏因子。栅栏因子包括温度、水分活度、酸碱度（pH）、氧化还原电势、防腐剂等，这些因子及其互作效应决定了食品的微生物稳定性，这就是栅栏效应。

将栅栏技术应用于食品的防腐，各种栅栏因子的防腐作用可能不仅仅是单个因子作用的累加，而是发挥协同效应，针对微生物细胞中的不同目标进行攻击，这样就可以从数方面打破微生物的内平衡，从而实现栅栏因子的交互效应。在实际生产中，这意味着应用多个低强度的栅栏因子将会起到比单个高强度的栅栏因子更有效的防腐作用，更有益于食品的保质。这一“多靶保藏”技术将会成为一个大有前途的研究领域。

对于防腐剂的应用而言，栅栏技术的运用意味着使用小量、温和的防腐剂，比大量、单一、强烈的防腐剂效果要好得多。

（二）食品中的防腐保质栅栏因子

食品防腐上最常用的栅栏因子，无论是通过加工工艺还是添加剂方式设置的，应用时仅有少数几个。随着对食品保鲜研究的发展，至今已经确认可以应用于食品的栅栏因子很多。例如，高温处理、低温冷藏、降低水分活性、调节酸度、降低氧化还原电位、应用乳酸菌等竞争性或拮抗性微生物，以及应用亚硝酸盐、山梨酸盐等防腐剂。

（三）栅栏技术与食品的品质

从栅栏技术的概念上理解食品防腐技术，似乎侧重于保证食品的微生物稳定性，然而栅栏技术还与食品的品质密切相关。食品中存在的栅栏因子将影响其可贮性、感官品质、营养品质、工艺特性和经济效益。同一栅栏因子的强度不同，对产品的作用也可能是相反的。例如，在发酵香肠中，pH 需降至一定的限度才能有效抑制腐败菌，但过低则对感官品质不利。因而在实际应用中，各种栅栏因子应科学合理地搭配组合，其强度应控制在一个最佳的范围。

三、加强食品企业的质量管理

作为食品企业，食品质量能否禁得起考验，直接关系到企业的市场信誉和销售业绩，工作质量能否达标直接关系到企业的管理水平和劳动效率。为做好食品企业质量管理工作，严格执行《质量手册》和《管理体系程序文件》，贯彻企业制定的质量方针，明确质量职责，加强过程控制，完善质量管理体系，改进提高食品质量。

（一）加强食品卫生的法制监督管理

《中华人民共和国食品安全法》是我国对食品生产、经营卫生监督管理的最高层次法律规范。它标志着我国食品卫生管理进入了法制管理的轨道。它规定了国家与从事食品生产、经营的单位与个人之间，以及食品生产者、经营者与消费者之间有关食品卫生管理、监督中所发生的社会关系，特别是经济关系，以及违反本法后的惩罚措施。

食品工业企业认真贯彻实施《中华人民共和国食品安全法》和《条例》等食品安全法律法规，按照质检总局、工业和信息化部等 5 部门联合印发的《关于依法规范食品加工企业的指导意见》（国质检食监联〔2009〕470 号），加强对食品生产企业普法和质量诚信宣传；指导企业加快推行先进的质量管理方法，建立健全从技术创新、产品研发、生产加工到储运销售的全面质量管理体系；依法督促食品生产企业加强产品售后服务、质量追溯、缺陷产品召回与不合格产品处置等各项管理制度建立和落实，切实承担起食品质量安全的主体责任。履行食品工业行业质量管理职责，确保食品质量安全。

（二）加强食品企业生产的卫生质量管理

食品企业是食品生产的主体，食品质量的好坏，企业是关键，国家职能部门是保障。食品的卫生管理首先取决于食品企业的卫生管理要求，食品企业应该抓好环境卫生和生产中的卫生管理，严格遵守我国的食品卫生法规和标准。同时还需借鉴国际上先进的食品卫生管理经验和模式，并尽快和国际食品卫生管理标准和管理模式接轨。

1）**全面卫生管理体系**　全面卫生管理体系（total sanitation control）的内容包括食品企业的选址、厂房建筑、生产流程、生产机械设备、上下水与污染处理、原辅料、食品添加剂、食品包装容器、生产经营场所和环境、从业人员健康管理和卫生知识教育、半成品、成品、包装贮存、销售等全部环节都有一套完善的卫生监督和管理措施以及检测方法，从而确保食品的卫生质量。

2）*GMP 管理体系*　良好操作规范（good manufacturing practice，GMP）或良好生产工艺是由食品生产企业与卫生部门共同制定的，规定了在加工、贮藏和食品分配等各个工序中所要求的操作和管理规范。它要求食品生产企业应具备合理的生产工艺过程，良好的生产设备，正确的生产知识，严格的操作规范及食品质量管理体系。其主要内容涵盖食品生产和经营的选址、设计、厂房建筑、设备、工艺过程、检测手段、人员组成、个人卫生、管理职责、卫生监督程序、满意程度等一系列食品生产经营条件，并提出了卫生学评价的标准和规范。

3）*危险分析与关键点控制体系*　危险分析与关键点控制体系（hazard analysis critical control point, HACCP）是国际上共同认可和接受的食品安全保证体系，主要是对食品中微生物、化学和物理危害进行安全控制。目前已为全世界接受的 ISO 质量认证体系也将 HACCP 纳入其中。

HACCP 系统的最大特点是充分利用检验手段，对生产流程中各个环节进行抽样检测和有效分析，预测食品污染的原因，从而提出危害关键控制点（包括能保证控制有害事故发生的 CCP_1 和能最大限度减少事故发生但不能对危害事故控制的 CCP_2）及危害等级，再根据危害关键控制点提出控制项目（这些因素通常指温度、时间、湿度、水分活度、pH、可滴定酸、氯浓度、黏度等）、控制标准（管理关键限值）、检测方法、监控方法以及纠正的措施。通过采取这些相应的措施，从而预防了危害的发生。同时也能将正确的措施及时反馈到工艺流程中，如此循环反复、不断改进和提高。同时能对每一个关键控制点的操作进行日常监测，并记录所有检测结果，建立准确可靠的档案资料系统和检查 HACCP 体系工作状况的程序，出现问题有据可查。

HACCP 管理体系的核心是将食品质量的管理贯穿于食品从原料到成品的整个生产过程当中，侧重于预防性监控，不依赖于对最终产品进行检验，打破了传统检验结果滞后的缺点，从而将危害消除或降低到最低限度，HACCP 是一个系统工程，各级领导必须重视，必须全员投入，协调作战才能保证 HACCP 的正常运转并取得预期效果。

HACCP 系统在发达国家已广泛应用。我国目前也正将此管理体系尝试性应用于生产当中。HACCP 管理体系是我国今后食品企业管理的发展方向，也是防止食品腐败变质，延长货架期的主要管理模式。

四、加强进、出口食品的卫生管理

在我国对外贸易中进出口食品占有相当的比例，今后还有更大的发展，近年来疯牛病、口蹄疫、二噁英、地沟油、塑化剂、孔雀石绿、毒奶粉及红心鸭蛋等安全事件不断出现，促使各国加强了食品卫生的监督管理。依据《中华人民共和国食品安全法》《中华人民共和国进出口商品检验法》及其实施条例等有关法律、行政法规的规定，加强进出口食品的卫生管理。进出口食品的卫生管理不仅关系到人类的健康，而且也直接影响我国的种植业、养殖业和食品工业，乃至市场经济体制的建设和发展。

复习思考题

1. “食品的腐败变质”与“发酵食品”的本质是什么？两者有何异同处？
2. 微生物引起食品变质的基本条件有哪些？
3. 酸性食品和非酸性食品的划分对实际生产有何作用？
4. 食品的化学保藏法通常有哪些？需要注意什么问题？
5. 食品加工业中“脱水”的作用和目的是什么？需要应用在哪些方面？有何优劣？
6. 低温能否进行消毒灭菌？与食品工业关系如何？
7. 高温对微生物有否影响？在食品工业中有何应用？
8. 食品腐败变质的原因是什么？怎样进行食品腐败变质的鉴定？
9. 阐述含蛋白质、含脂肪、含碳水化合物等为主体的食品腐败变质的机理，以及主要参与作用的微生物。
10. 详述液态奶消毒灭菌方法。
11. 阐述乳、肉、鱼、蛋、罐藏、果蔬、糕点等几种主要食品的腐败变质现象、机理及其参与的主要微生物。
12. 食品的杀菌工艺中，何谓冷杀菌？何谓热杀菌？各包括哪些具体措施？其杀菌机理是什么？

主要参考文献

布林顿·麦·米勒. 1986. 工业微生物学. 居乃琥译. 北京：中国轻工业出版社.

布洛克 TD. 1980. 微生物生物学. 四川大学，武汉大学，复旦大学，等译. 北京：人民教育出版社.

曹军卫，马辉文，张甲耀. 2007. 微生物工程. 2 版. 北京：科学出版社.

菲尔斯 ML. 1987. 食品微生物学基础. 陈炳卿译. 北京：人民卫生出版社.

管远志. 2009. 肠道菌群及其生物学意义. 临床儿科杂志，27（11）：1095-1097.

郭慧玲，邵玉宇，孟和毕力格，等. 2015. 肠道菌群与疾病关系的研究进展. 微生物学通报，42（2）：400-410.

何国庆. 2001. 食品发酵与酿造工艺学. 北京：中国农业出版社.

何国庆，贾英民. 2014. 食品微生物学. 北京：中国农业大学出版社.

贺稚非. 2013. 食品微生物学. 北京：中国质检出版社，中国标准出版社.

贺稚非，李平兰. 2010. 食品微生物学. 重庆：西南大学出版社.

胡希荣. 1993. 食品微生物学. 北京：中国农业出版社.

黄秀梨. 1997. 微生物学. 北京：高等教育出版社.

江汉湖. 2002. 食品微生物学. 2 版. 北京：中国农业出版社.

江汉湖，董明盛. 2014. 食品微生物学. 3 版. 北京：中国农业出版社.

金志华，林建平，梅乐和. 2006. 工业微生物遗传育种学原理与应用. 北京：化学工业出版社.

李建政，任南琪. 2005. 污染控制微生物生态学. 哈尔滨：哈尔滨工业大学出版社.

李平兰，贺稚非. 2005. 微生物学实验原理与技术. 北京：中国农业出版社.

凌代文. 1999. 乳酸菌——生物学基础及应用. 北京：中国轻工业出版社.

刘慧. 2011. 现代食品微生物学. 北京：中国轻工业出版社.

刘如林. 1995. 微生物工程概论. 天津：南开大学出版社.

刘志恒. 2008. 现代微生物学. 北京：科学出版社.

刘祖洞，江绍慧. 1987. 遗传学实验. 2 版. 北京：高等教育出版社.

罗佳，金锋. 2014. 肠道菌群影响宿主行为的研究进展. 科学通报，59（22）：2169-2190.

沈萍，范秀容，李广武. 2002. 微生物学实验. 3 版. 北京：高等教育出版社.

沈萍，陈向东. 2006. 微生物学. 2 版. 北京：高等教育出版社.

盛祖嘉. 2007. 微生物学遗传学. 3 版. 北京：科学出版社.

施莱杰 HG. 1990. 普通微生物学. 陆卫平，周德庆译. 上海：复旦大学出版社.

斯塔尼尔 RY，阿德尔伯格 EA，英格拉哈姆 JL. 微生物世界.《微生物世界》翻译组译. 北京：科学出版社.

微生物研究法讨论会. 1981. 微生物学实验法. 北京：科学出版社.

无锡轻工业学院，天津轻工业学院. 1985. 食品微生物学. 北京：中国轻工业出版社.

无锡轻工大学，天津轻工业学院. 2004. 食品微生物学. 北京：中国轻工业出版社.

吴金鹏. 1990. 食品微生物学. 北京：农业出版社.

武汉大学，复旦大学微生物学教研室. 1991. 微生物学. 北京：高等教育出版社.

邢来君，李明春. 1999. 普通真菌学. 北京：高等教育出版社.

杨汝德. 2001. 现代工业微生物学. 广州: 华南理工大学出版社.
郁庆福，杨均培. 1983. 卫生微生物学. 北京：人民卫生出版社.
张克旭，陈宁，张蓓. 1998. 代谢控制发酵. 北京：中国轻工业出版社.
张兰威. 2012. 发酵食品工艺学. 北京：中国农业出版社.
张培强，李明奇. 2004. 微生物学. 郑州：河南大学出版社.
张文治. 1995. 新编食品微生物学. 北京：中国轻工业出版社.
郑晓冬. 2001. 食品微生物学. 杭州：浙江大学出版社.
周德庆. 2002. 微生物学教程. 2 版. 北京：高等教育出版社.
周长林. 2009. 微生物学. 北京：中国医药科技出版社.
朱乐敏. 2006. 食品微生物. 北京：化学工业出版社.
Cowan MK, Talaro KP. 2006. Microbiology: A Systems Approach. New York: McGraw Hill Higer Education: 214-244.
Grinsted J. 1988. Methods in Microbiology. New York: Academic Press.
Jay JM. 2000. Modern Food Microbiology. 6th ed. Gaithersburg: An Aspen Publication.
Jay JM, Loessner MJ, Golden DA. 2008. 现代食品微生物学. 7 版. 何国庆，丁立孝，宫春波译. 北京：中国农业大学出版社.
Madigan MT, Martinko JM, Parder J. 2001. Brock 微生物生物学. 8 版. 杨文博等译. 北京：科学出版社.
Nicklin J, Graeme-Cook K, Paget T, et al. 1999. 微生物学（影印版）. 北京：科学出版社.
Prescott LM, Harley JP. 2003. 微生物学. 5 版. 沈萍，彭珍荣译. 北京：高等教育出版社.
Talaro KP, Chess B. 2013. 微生物学基础. 8 版. 北京：高等教育出版社.
Tortora GJ, Funke BR, Case CL. 2006. Microbiology: An Introduction. 7th ed. San Francisco: Benjamin Cummings.
Willey JM, Sherwood LM, Woolverton CJ. 2009. Prescott 微生物学原理（影印版）. 北京：高等教育出版社.
Wood BJB. 2001. 发酵食品微生物学. 徐岩译. 北京：中国轻工业出版社.